TEMAS DE DIREITO PROCESSUAL DO TRABALHO E OUTROS ESTUDOS JURÍDICOS

AUTORIA

LUIZ RONAN NEVES KOURY

LTr

TEMAS DE DIREITO PROCESSUAL DO TRABALHO E OUTROS ESTUDOS JURÍDICOS

2023

LTr®

LTr Editora Ltda.

Rua Jaguaribe, 571
CEP 01224-003
São Paulo, SP — Brasil
Fone: (11) 2167-1101
www.ltr.com.br
Maio, 2023

Projeto Gráfico e Editoração Eletrônica: Peter Fritz Strotbek – The Best Page
Projeto de Capa: Danilo Rebello
Impressão: Meta Brasil

Versão impressa: LTr 6414.3 — ISBN 978-65-5883-235-5
Versão digital: LTr 9885.9 — ISBN 978-65-5883-236-2

Dados Internacionais de Catalogação na Publicação (CIP)
(Câmara Brasileira do Livro, SP, Brasil)

Koury, Luiz Ronan Neves
Temas de direito processual do trabalho e outros estudos jurídicos / Luiz Ronan Neves Koury. — São Paulo : LTr, 2023.

Bibliografia.
ISBN 978-65-5883-235-5

1. Direito processual do trabalho - Brasil I. Título.

23-152352 CDU-347.9:331(81)

Índice para catálogo sistemático:

1. Brasil : Direito processual do trabalho
347.9:331(81)

Aline Graziele Benitez – Bibliotecária – CRB-1/3129

Sumário

Neste sentido, o artigo de autoria de Mariana Septímio em que diz que "a partir dos filósofos gregos, o ser humano, dotado de razão, passa a ser considerado um ser especial, isto é, simplesmente por nascer humano, o indivíduo já possui um rol de direitos invioláveis. Surgem, assim, os chamados direitos naturais".[3]

Ainda de acordo com a perspectiva que vê na Antiguidade Clássica Ocidental o nascimento dos direitos humanos, a autora informa que em Roma se verifica a ampliação desses direitos, "mesmo durante o período de expansão do Império, com a inclusão de estrangeiros sob a abrangência do sistema jurídico romano".[4]

Ingo Wolfgang Sarlet, por sua vez, ensina que mesmo que os direitos fundamentais não tenham tido origem no mundo antigo, é certo que as primeiras ideias de proteção do ser humano surgiram nessa época. Esclarece que valores essenciais de proteção do ser humano, como "dignidade da pessoa humana, liberdade e igualdade encontram suas raízes na filosofia clássica, especialmente no pensamento greco-romano e na tradição judaico-cristã".[5]

Assevera também que, em Atenas, o sistema político imperante fundava-se no ser humano e no respeito à sua individualidade, assim como a concepção judaico-cristã que tinha o homem como criação divina, sendo certo que dessas duas visões do homem surgiram "as teses da unidade da humanidade e a igualdade de todos os homens em dignidade (para os cristãos, perante Deus)".[6]

Jorge Miranda, por sua vez, ao tratar dos direitos da pessoa humana, faz distinção em relação a quatro períodos a serem considerados para melhor compreensão da extensão da matéria.

Para o referido autor, tem-se como primeira diferenciação, citando Benjamin Constant, a "distinção entre liberdade dos antigos e liberdade dos modernos, na distinção entre a maneira de encarar a pessoa na antiguidade e a maneira de encarar a partir do Cristianismo. Para os antigos, a liberdade é, inicialmente, participação na vida da cidade; para os modernos, antes de mais nada, realização da vida pessoal".[7]

Na Idade Média, quando a influência do Cristianismo se fez presente, havia uma relação do ser humano com o divino no sentido de que, como criação de Deus e de devoção a Ele, deveria ser valorizado.

---

(3) SEPTÍMIO, Mariana. Breves apontamentos acerca dos direitos humanos. In: VIVAS, Marcelo Dayrell (Coord.). *Cidadania, direitos humanos e lideranças:* coletânea de textos-base em comemoração dos 60 Anos da Declaração Universal dos Direitos Humanos. Belo Horizonte: Escritório de Direitos Humanos de Minas Gerais – EDH, 2008. p. 12-18, p. 12.

(4) SEPTÍMIO, Mariana, *op. cit., loc. cit.*

(5) SARLET, Ingo Wolfgang; MARINONI, Luiz Guilherme; MITIDIERO, Daniel. *Curso de Direito Constitucional.* 7. ed. São Paulo: Saraiva Educação, 2018. p. 310.

(6) SARLET, Ingo Wolfgang, *op. cit.*, p. 310-311.

(7) MIRANDA, Jorge. *Direitos fundamentais.* Coimbra: Almedina, 2016. p. 20.

Segundo Marcelo Franco, há relatos escritos de surgimento dos direitos fundamentais na Idade Média em razão da "difusão do Cristianismo". Atribui-se ao Cristianismo a origem dos direitos fundamentais, sustentando até mesmo que seu surgimento se deve às pregações de Jesus.(8)

Sarlet, por sua vez, cita a relevância da doutrina de Santo Tomás de Aquino na Idade Média, porquanto professava "a concepção da cristã igualdade dos homens perante Deus" com a ideia do Direito Natural "como expressão da natureza racional do homem" e Direito Positivo como garantia desse último.(9)

É, todavia, na Idade Moderna, em fins do séc. XVIII, que se estabelece o marco de surgimento dos direitos humanos e fundamentais com as Declarações dos Direitos da Virgínia, nos Estados Unidos da América, em 12 de junho de 1776 e a Declaração dos Direitos do Homem e do Cidadão, de 1789, decorrente da Revolução Francesa.

Nesses Estatutos, de expressão internacional, ficam assentadas as garantias e direitos do ser humano, independentemente de qualquer circunstância de raça, sexo ou nacionalidade, configurando-se como verdadeira proteção aos direitos do homem.

Nesse ponto, cabe mais uma vez citar Marcelo Veiga Franco quando diz que: "Em suma, os direitos elementares, entendidos como inerentes ao homem e oponíveis ao Estado, surgiram em fins do século XVIII, com as declarações de direitos da França e dos Estados Unidos, sendo que as eventuais manifestações históricas anteriores apenas devem se juntar antecedentes cronológicos que serviram de subsídio para formação de uma identidade ideológica dos direitos humanos e fundamentais".(10)

Jorge Miranda ensina que antes da Modernidade se pode chamar de fases pré-históricas dos direitos humanos e que, a partir das previsões interna e internacional, passa-se a ter a história dos direitos fundamentais.

Nesse passo, o autor anteriormente mencionado diz que "a quarta e última distinção prende-se com a proteção interna e a proteção internacional dos direitos do homem. Até há cerca de setenta anos, os direitos fundamentais, concebidos contra, diante ou através do Estado, só por este podiam ser assegurados; agora também podem ser assegurados por meio de instâncias internacionais".(11)

Canotilho procura retratar o espírito coletivo dessa época, em que se tinha um homem atuante no sentido de garantia dos direitos civis, mas sobretudo se tinha uma atividade política intensificada, que determinava uma maior participação nas grandes questões e repercussão na sociedade.

---

(8) FRANCO, Marcelo Veiga, *op. cit.*, p. 14.

(9) SARLET, Ingo Wolfgang, *op. cit.*, p. 311.

(10) FRANCO, Marcelo Veiga, *op. cit.*, p. 15.

(11) MIRANDA, Jorge, *op. cit.*, p. 21.

Nesse sentido, o constitucionalista português sustenta que "o homem republicano não é, porém, o sujeito politicamente abstímico, embora civilmente enérgico e atuante do individualismo possessivo; é o homem politicamente combatente a favor do progresso, da educação, da instrução, do associacionismo, enfim, de soluções positivas para a política"; citando Teófilo Braga.[(12)]

O tratamento dos direitos humanos, nas mais variadas épocas, explicita a história da humanidade em direção a um processo civilizatório mais apurado, em que se reconhece todo o ser humano como igual e ao mesmo tempo preserva a sua individualidade.

Os direitos humanos têm, inicialmente, uma proteção que parte de uma perspectiva clássica greco-romana, em que a individualidade ganha destaque, e passam posteriormente para uma situação de crescente influência religiosa, em decorrência do Cristianismo, para sua consolidação definitivamente em uma perspectiva internacional de proteção e respeito a eles.

2. Direitos humanos — Conceito — Classificação — Perspectivas

2.1. Conceito

Para fixação de um conceito de direitos humanos, fundamentais ou mesmo da correlação com a dignidade da pessoa humana, tem-se muitas vezes que verificar a forma de sua constituição, o tratamento jurídico que lhe é dado, tanto interna como externamente, para se ter com nitidez o seu verdadeiro significado.

Flávia Piovesan sustenta que os direitos humanos não têm um nascimento uniforme, sendo igualmente certo que não são um dado, mas um construído e, nesse passo, adota a concepção de Hannah Arendt, que ressalta o permanente "processo de construção e reconstrução dos direitos humanos".[(13)]

A autora mencionada esclarece que retratam aspectos do nosso passado, presente e futuro, mas, sobretudo, representam um "espaço de luta pela dignidade humana", que se verifica nos planos político, social e normativo.

Nessa perspectiva normativa, Canotilho sustenta a posição dos direitos fundamentais que se encontram em nível de superioridade em relação a todo o sistema e, sobretudo, no bojo do sistema constitucional.

O constitucionalista português ensina que "o sistema dos direitos fundamentais constitucionalmente consagrado concebe-se como um complexo normativo de hierarquia

---

(12) CANOTILHO, José Joaquim Gomes. *Estudos sobre os direitos fundamentais.* 2. ed. Coimbra: Coimbra, 2008. p. 30-31.

(13) PIOVESAN, Flávia. Discriminação. In: Tribunal Superior do Trabalho (Org.). *Fórum Internacional sobre Direitos Humanos e Direitos Sociais.* São Paulo: LTr, 2004. p. 332-341, p. 332-333.

superior no conjunto do sistema jurídico em geral e do sistema jurídico-constitucional em particular".(14)

Em perspectiva realista, Bobbio anota que os direitos humanos, muito mais do que os fundamentos para sua existência, necessitam de efetivação, esclarecendo que documentos internacionais já estabelecem um consenso a respeito da necessidade de serem observados ou ainda de quais seriam esses direitos humanos.

Bobbio afirma que "a efetivação de uma maior proteção dos direitos do homem está ligada ao desenvolvimento global da civilização humana. É um problema que não pode ser isolado, sob pena não digo de não resolvê-lo, mas de sequer compreendê-lo em sua real dimensão". Afirma, em tom de arremate, que somente dessa forma poderemos dar um tratamento aos direitos humanos com senso de realismo.(15)

Determinado segmento da doutrina defende que o critério da positivação seria determinante para fixação dos conceitos de direito natural, direitos humanos e direitos fundamentais, estando sempre subjacente a ideia de dignidade da pessoa humana.

Neste sentido, Leonardo de Farias Duarte esclarece que, referindo-se ao critério da positivação, "segundo esse critério, os direitos naturais seriam aqueles não positivados, ao passo que os direitos humanos estariam positivados em documentos internacionais. Já os direitos fundamentais se achariam expressos na ordem constitucional de determinado Estado, normalmente abrigados no próprio texto constitucional. Donde a assertiva e que não há direitos fundamentais sem a Constituição".(16)

Para melhor definir os temas objeto deste estudo (dignidade da pessoa humana/ direitos humanos), que têm uma interação conceitual muito grande, sendo igualmente certo que a preservação da dignidade da pessoa humana pode servir de fundamento para os direitos humanos assim como esses garantem a preservação dessa dignidade, que se constitui em seu objetivo, tem-se a doutrina abaixo citada.

Eduardo C. B. Bittar, nesta ordem de entendimento, diz que "a dignidade da pessoa humana serve como fundamento da cultura contemporânea dos direitos humanos". Acrescenta que há uma interdependência da democracia, do direito e dos direitos humanos, tendo como vetor a dignidade da pessoa humana.

---

(14) CANOTILHO, José Joaquim Gomes, *op. cit.*, p. 117.

(15) BOBBIO, Norberto. *A era dos direitos*. Tradução de Carlos Nelson Coutinho. Rio de Janeiro: Campus, 1992. p. 45.

(16) DUARTE, Leonardo de Farias. Uma reflexão sobre o fundamento último ou fundamento dos direitos humanos. In: PINTO, Hélio Pinheiro; LIMA NETO, Manoel Cavalcante de; LIMA, Alberto Jorge Correia de Barros; SOTTO-MAYOR, Lorena Carla Santos Vasconcelos; DIAS, Luciana Raposo Josué Lima (Coords.). *Constituição, direitos fundamentais e política:* estudos em homenagem ao Professor José Joaquim Gomes Canotilho. Belo Horizonte: Fórum, 2017. p. 487-504, p. 487.

O autor acima citado sustenta que o raciocínio anterior é a base da "Filosofia do Direito Contemporâneo com o reforço desses pressupostos". Aduz que "sob a cultura universal de busca por uma ética dos direitos humanos, a dignidade da pessoa humana passa a significar princípio fundante, valor-fonte, ideal universal, dela derivando e tendo nela de se equilibrar os demais valores, a saber, a liberdade, a ordem, a igualdade, a segurança, a solidariedade, a paz, a diversidade, a justiça".(17)

Em Galuppo encontra-se uma abordagem dos direitos fundamentais que se vale da teoria discursiva do direito, superando a perspectiva liberal ou comunitária, elevando os direitos fundamentais à condição de paradigmas do Estado Democrático de Direito.

O autor, depois de lidar com as categorias da faticidade e validade em que vai encontrar apoio permanente em Habermas, define os direitos fundamentais como aqueles "direitos que os cidadãos precisam reciprocamente reconhecer uns aos outros em dado momento histórico, se quiserem que o direito por eles produzido seja legítimo, ou seja, democrático".(18)

2.2. Classificação

Galuppo trabalha com o que deveria ser o conteúdo básico dos direitos fundamentais ou também se pode dizer de sua classificação ou forma de atuação desses direitos, da seguinte forma: "a) Direito à maior medida possível de iguais liberdades individuais de ação; b) Direitos fundamentais que resultam da elaboração politicamente autônoma do *status* de membro em uma associação voluntária sob o direito; c) Direitos fundamentais que resultam imediatamente da possibilidade de adjudicação de ações protetivas e da configuração politicamente autônoma da proteção jurídica individual; d) Direitos fundamentais a iguais oportunidades de participação em processos de formação da opinião e da vontade públicas nos quais os cidadãos exercitam sua autonomia política e através dos quais elas positivam um direito legítimo; e) Direitos fundamentais à provisão de condições de vida que sejam socialmente, tecnologicamente e ecologicamente assegurados".(19)

Sarlet, na perspectiva de uma dimensão ontológica da dignidade, com referência à matriz greco-romana, assevera que, como "qualidade intrínseca, da pessoa humana, é irrenunciável e inalienável, constituindo elemento que qualifica o ser humano como tal e dele não

---

(17) BITTAR, Eduardo Carlos Bianca. *Introdução ao estudo do Direito:* humanismo, democracia e justiça. São Paulo: Saraiva Educação, 2018. p. 83.

(18) GALUPPO, Marcelo Campos. O que são os direitos fundamentais? In: SAMPAIO, José Adércio Leite. *Jurisdição constitucional e direitos fundamentais*. Colaboração Executiva de Carla Pirfo e Maria Célia Neri de Oliveira. Belo Horizonte: Del Rey, 2003. p. 213-238. p. 236.

(19) GALUPPO, Marcelo Campos, *op. cit.*, p. 235.

pode ser destacado, de tal sorte que, nesta perspectiva, não se pode cogitar na possibilidade de determinada pessoa ser titular de uma pretensão a que lhe seja concedida a dignidade".[20]

Ainda tratando da dimensão ontológica, o autor supracitado diz que pouco importa a condição do ser humano para que seja respeitada a sua dignidade, ainda que se trate de um incapaz do ponto de vista mental ou mesmo um criminoso/que não se porta bem com seus semelhantes, a sua dignidade sempre será garantida pela sua condição de ser humano de acordo com uma perspectiva ontológica.

Sustenta que a dignidade do ser humano a ser preservada não desaparece em relação à sua condição. Nesse passo, é criticada a posição de São Tomás de Aquino, que não concede ao delinquente uma condição equivalente a outro ser humano, uma vez que decai em dignidade.

Na linha kantiana, de considerar a dignidade como um "*a priori*", independentemente de consagração constitucional ou experiência especulativa, Sarlet entende que "... não se deverá olvidar que a dignidade — ao menos de acordo com o que parece ser a opinião largamente majoritária — independe das circunstâncias concretas, já que inerente (embora não inata) a toda e qualquer pessoa humana, visto que, em princípio, todos — mesmo o maior dos criminosos — são iguais em dignidade, no sentido de serem reconhecidos como pessoas — ainda que não se portem de forma igualmente digna nas suas relações com seus semelhantes, inclusive consigo mesmos".[21]

A dignidade também é retratada como decorrência ou em função de relações intersubjetivas, explicitando-se a dimensão comunitária e o reconhecimento pelo outro como fundamento para o seu reconhecimento.

Sarlet, nesse ponto, afirma que "mesmo sendo possível — na linha dos desenvolvimentos precedentes — sustentar que a dignidade da pessoa encontra-se, de algum modo, ligada (também) à condição humana de cada indivíduo, não há como desconsiderar a necessária dimensão comunitária (ou social) desta mesma dignidade de cada pessoa e de todas as pessoas, justamente por serem todos reconhecidos como iguais em dignidade e direitos (na iluminada fórmula da Declaração Universal de 1948) pela circunstância de nesta condição conviverem em determinada comunidade. Aliás, consoante já anunciado, a própria dimensão ontológica (embora não necessariamente biológica) da dignidade assume seu pleno significado em função no contexto da intersubjetividade que marca todas as relações humanas e, portanto, também o reconhecimento dos valores pela e para a comunidade de pessoas humanas".[22]

---

(20) SARLET, Ingo Wolfgang. As dimensões da dignidade da pessoa humana no Estado Democrático de Direito. In: MOURA, Lenice S. Moreira de (Org.). *O novo constitucionalismo na era pós-positivista:* homenagem a Paulo Bonavides. São Paulo: Saraiva, 2009. p. 85-120, p. 91-92.

(21) SARLET, Ingo Wolfgang, *op. cit.*, p. 93.

(22) SARLET, Ingo Wolfgang, *op. cit.*, p. 95-96.

De acordo com uma terceira faceta ou característica da dignidade, o autor supracitado aponta a dignidade como um processo em construção, na perspectiva histórico-cultural, em que vai se consolidando como algo inato ao ser humano, mas também resultado de uma construção histórica e cultural realizada pelo próprio ser humano.

Nessa linha de entendimento, Sarlet diz que, "já por esta razão, há quem aponte para o fato de que a dignidade da pessoa não deve ser considerada exclusivamente como algo inerente à natureza humana (no sentido de uma qualidade inata pura e simplesmente) na medida em que a dignidade possui também um sentido cultural, sendo fruto do trabalho de diversas gerações e da humanidade em seu todo, razão pela qual as dimensões natural e cultural da dignidade da pessoa se complementam e interagem mutuamente, guardando, além disso, relação direta com o que se poderá designar de dimensão prestacional (ou positiva) da dignidade".(23)

2.3. Perspectivas

O marco regulatório dos Direitos Humanos, como já tivemos oportunidade de mencionar, é a Declaração dos Direitos do Homem e do Cidadão de 1948, que realiza uma internacionalização na proteção dos direitos humanos, considerada como requisito indispensável para o respeito a esses direitos.

Segundo Piovesan, a multicitada Declaração de 1948 "confere lastro axiológico e unidade valorativa a este campo do Direito, com ênfase na universalidade, indivisibilidade e interdependência dos direitos humanos".(24)

A autora diz que "o processo de universalização dos direitos humanos permitiu a formação de um sistema internacional de proteção destes direitos. Este sistema é integrado por tratados internacionais de proteção que refletem, sobretudo, a consciência ética contemporânea compartilhada pelos Estados, na medida em que invocam o consenso internacional acerca de temas centrais aos direitos humanos, fixando parâmetros protetivos mínimos".(25)

Em seguida, a autora aponta a adesão de vários Estados em inúmeros documentos internacionais sobre os direitos humanos, chamando a atenção para o número significativo de Estados que aderem a eles.

O que se tem hoje em nível mundial e até mesmo regional é uma quantidade de organismos e tratados internacionais que têm em sua pauta o respeito e a preservação dos direitos humanos como forma de impedir a sua violação, inclusive com questões temáticas para uma maior ampliação dessa proteção.

---

(23) SARLET, Ingo Wolfgang, *op. cit.*, p. 99-100.

(24) PIOVESAN, Flávia, *op. cit.*, p. 333.

(25) PIOVESAN, Flávia, *op. cit.*, *loc. cit.*

Segundo Ana Beatriz Costa Koury e Sílvia Corradi Sander, como proteção específica em contextos sociais distintos, tem-se que, "além dos instrumentos de proteção geral dos direitos humanos que compõem a Carta Internacional dos Direitos Humanos, a Declaração Universal dos Direitos do Homem e os Pactos Internacionais de 1960, foram criados outros tratados de direitos humanos sobre temas específicos. Tais tratados visam a ampliar a proteção dos seres humanos em determinadas matérias. Entre eles podem ser citados: a Convenção Internacional Sobre a Eliminação de Todas as Formas de Discriminação Racial; a Convenção Internacional Sobre a Eliminação de Todas as Formas de Discriminação Contra a Mulher; a Convenção Sobre os Direitos das Crianças; a Convenção Contra a Tortura e Outros Tratamentos e Penas Cruéis, Desumanas ou Degradantes; a Convenção Internacional Sobre a Proteção dos Direitos de Todos os Trabalhadores Migrantes e seus Familiares".(26)

As autoras supramencionadas demonstram que esses tratados e organismos internacionais são uma consequência da universalização e indivisibilidade no tratamento dos direitos humanos, incorporada na Declaração de 1948, seguindo a doutrina preconizada por Flávia Piovesan.

Procedendo a um desdobramento das categorias da universalização e indivisibilidade, as autoras supramencionadas esclarecem que "a ideia da universalidade dos direitos humanos é trazida, de imediato, pelo preâmbulo da Declaração, na qual é afirmada a dignidade inerente a toda pessoa, titular de direitos iguais e inalienáveis. Tal acepção pode ser interpretada de forma que a condição de pessoa é suficiente para titularidade de direitos. Assim sendo, não há distinção alguma seja de raça, sexo, idade ou religião para que um indivíduo seja tratado com a dignidade inerente à condição de ser humano dotado de direitos".(27)

Também tratam de indivisibilidade no pressuposto sempre admitido de que os direitos humanos devem ser considerados em seu conjunto e de que eventuais separações têm o objetivo estratégico de reforçar a sua defesa.

Neste sentido, dizem que, "no que concerne à indivisibilidade dos direitos humanos, a Declaração Universal propôs, pela primeira vez, a união do catálogo de direitos civis e políticos (arts. 3º a 21) com o catálogo dos direitos econômicos, sociais e culturais (arts. 22 a 28). Em outras palavras, pode-se dizer que conjugou, ineditamente, o valor da liberdade com o valor da igualdade".(28)

---

(26) KOURY, Ana Beatriz Costa; SANDER, Sílvia Corradi. A proteção internacional dos direitos humanos: sistema global e sistemas regionais. In: VIVAS, Marcelo Dayrell (Coord.). *Cidadania, direitos humanos e lideranças:* coletânea de textos-base em comemoração aos 60 anos da Declaração Universal dos Direitos Humanos. Belo Horizonte: Escritório de Direitos Humanos de Minas Gerais – EDH, 2008. p. 26-35, p. 30.

(27) KOURY, Ana Beatriz Costa; SANDER, Sílvia Corradi, *op. cit.*, p. 27-28.

(28) KOURY, Ana Beatriz Costa; SANDER, Sílvia Corradi, *op. cit.*, p. 28.

Como se vê, a perspectiva no tratamento dos direitos humanos é principalmente a de uma universalização em razão de seu reconhecimento nos Tratados e Organismos Internacionais, com uma grande adesão por parte dos Estados Soberanos, a compor, nesse passo, uma verdadeira federação mundial irmanada no reconhecimento e defesa dos direitos humanos e fundamentais.

Em tema de direitos humanos, o que se vê também é a sua adoção pelo constitucionalismo do pós-guerra como uma espécie de defesa preventiva dos Estados para evitar situações como as que ocorreram no séc. XX. É como se as Constituições representassem um anteparo para que tragédias genocidas não mais aconteçam.

Na visão de Franco, "os direitos humanos, pois, sofrem um intenso processo de constitucionalização, ao passo que os direitos fundamentais se sujeitam a um significativo passo rumo à sua universalização, o que acarreta, em tempos modernos, a criação do chamado Direito Constitucional Internacional dos Direitos Humanos. Com isso, desenvolve-se um ramo jurídico internacional autônomo, mas de conteúdo materialmente constitucional (proteção dos direitos elementares), que institui obrigações e responsabilidade para os Estados em face de todos os seres humanos, independentemente de sua nacionalidade".[29]

Nessa mesma linha de raciocínio, defendendo os direitos humanos na perspectiva constitucional e internacional, tem-se a sempre requisitada doutrina de Flávia Piovesan ao dizer que "a Declaração Universal de 1948 objetiva delinear uma ordem pública mundial fundada no respeito à dignidade humana, ao consagrar valores básicos universais. Desde seu preâmbulo, é afirmada a dignidade inerente a toda pessoa humana, titular de direitos iguais e inalienáveis. Vale dizer, para a Declaração Universal a condição de pessoa é o requisito único e exclusivo para titularidade de direitos. A universalidade dos direitos humanos traduz absoluta ruptura com o legado nazista, que condicionava a titularidade de direitos à pertinência, à determinada raça (a raça pura ariana). A dignidade humana como fundamento dos direitos humanos é concepção que, posteriormente, vem a ser incorporada por todos os tratados e declarações de direitos humanos, que passam a integrar o chamado Direito Internacional de Direitos Humanos".[30]

Interessantes são também os escritos de Bobbio a respeito dessa universalização e avanço dos direitos humanos que sempre encontram limites em relação à época em que foram formulados, traduzindo a realidade do ser humano em determinada conjuntura histórica, mas que nem por isso mesmo não deixam de representar um avanço por parte da humanidade cujo grande desafio é a sua implementação.

---

(29) FRANCO, Marcelo Veiga, *op. cit.*, p. 20.

(30) PIOVESAN, Flávia. *Direitos Humanos e Direito Constitucional Internacional.* 2. ed. São Paulo: Max Limonad, 2000. p. 134-135.

Bobbio ensina que "quando se diz que a Declaração Universal representou apenas o momento inicial da fase final de um processo, o da conversão universal em direito positivo dos direitos do homem, pensa-se habitualmente na dificuldade de implementar medidas eficientes para sua garantia numa comunidade como a internacional, na qual ainda não ocorreu o processo de monopolização da força que caracterizou o nascimento do Estado Moderno. Mas há também problemas de desenvolvimento, que dizem respeito ao próprio conteúdo da declaração. Com relação ao conteúdo, ou seja, à quantidade e à qualidade dos direitos elencados, a Declaração não pode apresentar nenhuma pretensão a ser definitiva. Também os direitos do homem são direitos históricos, que emergem gradualmente das lutas que o homem trava por sua própria emancipação e das transformações das condições de vida que essas lutas produzem. A expressão 'direitos do homem', que é certamente enfática — ainda que oportunamente enfática —, pode provocar equívocos, já que faz pensar na existência de direitos que pertencem a um homem abstrato e, como tal, subtraídos do fluxo da história, a um homem essencial e eterno, de cuja contemplação derivaríamos o conhecimento infalível dos seus direitos e deveres".[(31)]

Bobbio tem a preocupação de registrar a contingência histórica da Declaração Universal que reflete a posição de uma determinada época e do homem no contexto do pós-guerra. A avalanche de atrocidades representada por duas guerras mundiais e os avanços de racionalidade e humanidade trazidos pelo Iluminismo, Revolução Francesa e Independência Americana acabaram por moldar o conjunto de valores que adquiriram relevância por ocasião da Declaração Universal de 1948.

Neste sentido, é a posição de Bobbio sobre a Declaração Universal de 1948 quando afirma que "os direitos elencados na Declaração não são os únicos e possíveis direitos do homem: são os direitos do homem histórico, tal como este se configurava na mente dos redatores da Declaração após a tragédia da Segunda Guerra Mundial, numa época que tivera início com a Revolução Francesa e desembocara na Revolução Soviética". "A Declaração Universal representa a consciência histórica que a humanidade tem dos próprios valores fundamentais na segunda metade do séc. XX. É uma síntese do passado e uma inspiração para o futuro: mas suas tábuas não foram gravadas de uma só vez para sempre".[(32)]

Na atualidade, a questão dos direitos humanos tem severo questionamento por parte de nacionalistas de todos os quadrantes. Há uma forte tendência da adição de ideias que, em muitos casos, estão distanciadas e na contramão dos direitos humanos.

O que se vê é a existência de uma parcela significativa da população mundial que se direciona para as vertentes do individualismo, nacionalismo e patriotismo patológico (porque é justificativa para alimentar a xenofobia, o racismo e outras modalidades de discriminação), absolutamente afastadas da ideia de força representada pelos direitos humanos.

(31) BOBBIO, Norberto, *op. cit.*, p. 32.

(32) BOBBIO, Norberto, *op. cit.*, p. 33-34.

É a tentativa da imposição de uma nova ordem mundial potencializada pela eleição de governantes que professam a ideologia do egoísmo e do afastamento do coletivismo e da solidariedade, contrários aos valores dos tratados internacionais celebrados sobre o tema dos direitos do homem e do cidadão.

A perspectiva que se tem instalado não é de uma visão universal e solidária, mas de uma preocupação em atender interesses nacionalistas que, do ponto de vista dos Estados e dos homens, é a política do individualismo, materialismo e do atendimento às necessidades pragmáticas das mais diversas nações.

De acordo com a visão de Bobbio, de que as Declarações de Direito refletem o homem histórico e a conjuntura vivenciada, é certo que provavelmente não teríamos hoje a redação de uma Declaração Universal nos mesmos moldes da de 1948, mas sim com uma acentuada restrição de direitos e mesmo a dificuldade em sua implementação.

O fato é que qualquer Carta de Direitos a ser escrita atualmente não pode deixar de garantir direitos humanos que têm a marca da atemporalidade no tocante ao que representam de proteção do ser humano, mas que, com certeza, não terá a nota de solidariedade e coletivismo que marcou a Declaração de 1948.

3. Dignidade da pessoa humana

O tratamento constitucional da dignidade da pessoa humana tem como marco o período posterior à Segunda Guerra Mundial na medida em que as atrocidades provocadas pelo conflito trouxeram a necessidade de se voltar para a preservação dos direitos do homem e da sobrevivência do ser humano.

No período anterior, embora fazendo referência à dignidade da pessoa humana em textos constitucionais, não havia uma preocupação na sua positivação e mesmo uma universalização em seu tratamento.

Sarlet, em obra já referenciada, informa que "verifica-se, assim, que, juntamente com a Constituição de Weimar (1919), a Constituição Portuguesa de 1933 e a Constituição da Irlanda (1937), a Constituição Brasileira de 1934 se situa entre as poucas que fizeram expressa referência à dignidade (da pessoa) humana antes mesmo da viragem provocada pela Segunda Guerra Mundial, quando, como reação às graves e inolvidáveis atrocidades cometidas especialmente pelos regimes totalitários, tanto a Declaração dos Direitos do Homem da ONU (1948) quanto uma série de constituições nacionais, com destaque para a Lei Fundamental da Alemanha (1949), passaram a proclamar e garantir a dignidade da pessoa humana, incluindo a Constituição Federal Brasileira de 1988, que justamente constitui o objeto da presente análise".(33)

(33) SARLET, Ingo Wolfgang; MARINONI, Luiz Guilherme; MITIDIERO, Daniel. *Curso de Direito Constitucional.* 7. ed. São Paulo: Saraiva Educação, 2018. p. 265.

Mais adiante, na mesma obra, Sarlet volta a se referir à dimensão usufruída pela dignidade da pessoa humana em termos constitucionais e internacionais e a sua vinculação com o tratamento dado aos direitos humanos e fundamentais.

Desse modo, o autor esclarece "por outro lado, assim como a dignidade humana ganhou em representatividade e importância no cenário constitucional e internacional, portanto, numa perspectiva tanto quantitativa quanto qualitativa, também se verificam, no plano da literatura (e não apenas no campo do Direito) e da jurisprudência, uma crescente tendência no sentido de enfatizar a existência de uma íntima e, por assim dizer, indissociável ligação entre dignidade da pessoa humana e os direitos humanos e fundamentais reconhecidos e protegidos na esfera do direito internacional e do direito constitucional, muito embora não exista — precisamente em virtude do relativamente recente reconhecimento da dignidade humana como valor de matriz constitucional! — na perspectiva da evolução histórica do constitucionalismo, uma relação necessária entre direitos fundamentais e a dignidade da pessoa humana", citando o *Manual de Direito Constitucional* de Jorge Miranda.[(34)]

Jorge Miranda explicita a aproximação existente entre a dignidade da pessoa humana e os direitos fundamentais ou humanos. Sustenta que, desde as concepções de acentuada religiosidade, já era cogitada, mas é no séc. XVIII que o seu conceito e extensão são mais bem explicados por Kant, apontando a concepção de alguns filósofos sobre o seu significado.

Dissertando sobre o tema, Jorge Miranda ensina que, "ora, a história mostra que, dos direitos fundamentais, é inseparável uma ideia, um valor, um princípio, um metaprincípio (como se queira): a dignidade da pessoa humana. Apesar de subjacente às concepções religiosas do homem criado à imagem de Deus, vindas de muito longe, só nos finais do séc. XVIII, quando do aparecimento das Constituições Modernas, ela seria explicitada por Kant".[(35)]

Neste último aspecto, o jurista português transcreve a belíssima concepção de Kant sobre a dignidade da pessoa humana e, mais adiante, transcreve a visão de Dworkin e Habermas sobre o mesmo tema.

Para Kant, "nos reinos dos fins, tudo tem um preço, uma dignidade. Quando uma coisa tem um preço, pode-se pôr em vez dela qualquer outra como equivalente, mas quando uma coisa está acima de todo preço e, portanto, não permite o equivalente, então tem ela dignidade". Dworkin ensina que "uma pessoa só pode alcançar a dignidade e o respeito próprio indispensáveis para uma vida bem-sucedida se mostrar respeito pela humanidade em todas as suas formas. Jürgen Habermas expõe que "os direitos fundamentais só podem cumprir politicamente a promessa moral de respeitar a dignidade humana de todos os povos se agirem em articulação uns com os outros de forma igual em todas as suas categorias".[(36)]

---

(34) SARLET, Ingo Wolfgang, *op. cit.*, p. 265-266.

(35) MIRANDA, Jorge, *op. cit.*, p. 76.

(36) MIRANDA, Jorge, *op. cit.*, p. 76, 78.

Nesse ponto é também importante verificar o tratamento dado à dignidade da pessoa humana nas Constituições, em especial as Constituições Portuguesa e Brasileira.

Na Constituição Portuguesa consta, em seu art. 1º, a referência à dignidade da pessoa humana como fundamento da República Portuguesa, ou seja, mais do que um princípio, funciona como fundamento e verdadeiro pilar dela.

Em comentário ao referido dispositivo constitucional, Canotilho e Vital Moreira afirmam que a dignidade da pessoa humana não só confere fundamento e unidade aos direitos fundamentais — "pessoais (direito à vida, à integridade física e moral), direitos sociais (direito ao trabalho, à saúde, à habitação)[(37)], passando pelo direito dos trabalhadores (direito à segurança no emprego, liberdade sindical) — mas também à organização econômica (princípio da igualdade, da riqueza e dos rendimentos)".

Acrescentam que o conceito de dignidade da pessoa humana deve levar em conta uma densidade normativa que considere o seu amplo sentido normativo-constitucional, com abrangência sobre os direitos sociais, como forma mais ampla possível de "garantir as bases da existência humana".[(38)]

Quanto à Constituição da República Brasileira, é inegável a influência da Constituição Portuguesa de 1976 sobre ela, em especial no que se refere às garantias e direitos fundamentais, porquanto ambas representam uma virada de página em relação a regimes autoritários.

A Constituição Brasileira de 1988 também prevê a dignidade da pessoa humana como seu fundamento, juntamente com a soberania, cidadania, valores sociais do trabalho e da livre-iniciativa e o pluralismo político.

Sarlet explica que: "... a CF inovou ao inserir a dignidade da pessoa humana no elenco dos fundamentos do Estado Democrático de Direito Brasileiro (art. 1º, III), portanto, situando-a no âmbito dos princípios fundamentais e estruturantes, logo após o Preâmbulo. Mas a dignidade da pessoa humana (ou dignidade humana, expressões que aqui usaremos em sentido alargado e como sinônimos) também foi objeto de previsão expressa em outras partes do texto constitucional, seja – a exemplo da tradição inaugurada com a Constituição de 1934, já referida – quando, no título da ordem econômica, art. 170, *caput*, dispõe que a ordem econômica tem por finalidade assegurar a todos uma existência digna, seja quando, na esfera da ordem social, fundou o planejamento familiar nos princípios da dignidade da pessoa humana e da paternidade responsável (art. 226, § 6º), além de assegurar à criança e ao adolescente o direito à dignidade (art. 227, *caput*). Mais adiante, em outra passagem do texto constitucional, art. 230, ficou consignado que "a família, a sociedade e o Estado têm o

---

(37) CANOTILHO, José Joaquim Gomes; MOREIRA, Vital. *Constituição da República Portuguesa anotada*. 3. ed., rev. Coimbra: Coimbra, 1993. p. 59.

(38) CANOTILHO, José Joaquim Gomes; MOREITA, Vital, *op. cit., loc. cit.*

dever de amparar as pessoas idosas, assegurando a sua participação na comunidade, defendendo sua dignidade e bem-estar e garantindo-lhes o direito à vida".[39]

Pode-se dizer, em linhas gerais, que é esse o tratamento que recebe a dignidade da pessoa humana, tanto na Constituição Portuguesa quanto na Constituição Brasileira, referência indispensável para aplicação da norma constitucional e infraconstitucional, em especial na garantia de proteção jurisdicional.

É importante também fazer um recorte no tocante ao acesso à justiça na medida em que se fala em proteção jurisdicional. Nesse passo, em termos de Constituição Brasileira, cabe citar o art. 5º, XXXV, em que se tem a garantia do mais amplo acesso à justiça como direito fundamental não só de um ponto de vista formal, mas, sobretudo, permitindo que esse acesso se dê com a ampliação dos legitimados, o acesso às técnicas processuais e às cláusulas do devido processo legal, a oportunidade de influenciar na decisão judicial e a possibilidade de recurso.

Também no Sistema Interamericano de Proteção dos Direitos Humanos, mais especificamente na Corte Interamericana, encontram-se inúmeros julgados com um viés de proteção aos direitos humanos e de facilitação do acesso à justiça tendo sempre por base a dignidade humana.

Neste sentido, cabe citar Luiz Guilherme Costa Koury ao informar que "um dos aspectos mais relevantes desse processo histórico de Evolução do Sistema Interamericano, capitaneado pela atividade jurisdicional da Corte Interamericana, refere-se à crescente participação dos indivíduos e, especificamente nos dias atuais, à perspectiva de adquirirem a plena capacidade jurídica, tendo acesso direto à Corte. Essa questão tem estreita relação com os objetivos do Sistema Interamericano, que podem ser resumidos pela busca constante de proteger os direitos humanos dos indivíduos no continente americano".[40]

Em arremate à informação anterior e para ratificar a abertura democrática do Sistema, Luiz Guilherme esclarece que "em princípio, portanto, não há nada mais justo e coerente do que proporcionar aos indivíduos, finalidade última do Sistema, os meios para terem acesso direito à Corte. Aliás, os atores do Sistema Interamericano não têm maiores divergências quanto a esta constatação. Um Sistema voltado para os indivíduos deve ser obviamente o mais humano possível e, nesse caso, não há nada que possa humanizar mais o regime de proteção interamericano do que o acesso dos indivíduos ao principal órgão do Sistema".[41]

---

(39) SARLET, Ingo Wolfgang; MARINONI, Luiz Guilherme; MITIDIERO, Daniel, *op. cit.*, p. 267.

(40) KOURY, Luiz Guilherme Costa. Os indivíduos e o sistema interamericano: evolução da participação e as perspectivas para o acesso direito das vítimas à Corte Interamericana. In: OLIVEIRA, Márcio Luís de (Coord.). *O Sistema Interamericano de Proteção dos Direitos Humanos:* interface com o Direito Constitucional contemporâneo. Belo Horizonte: Del Rey, 2007. p. 293-316, p. 313.

(41) KOURY, Luiz Guilherme Costa, *op. cit.*, *loc. cit.*

Cumpre também dizer, ainda, como recorte no tratamento e respeito à dignidade da pessoa humana, que ela deve se dar em vários níveis de atuação em que esteja presente o ser humano, seja no campo científico propriamente dito como também nas relações de trabalho.

No primeiro, no campo científico, não se pode admitir as experiências científicas contra a dignidade humana, a exemplo de nascituro ou de algo que não seja de seu próprio interesse, como também as práticas da criação de embriões excedentários e sua experimentação, conforme ensina a Professora Stela Barbas.[42]

É desnecessário dizer que, como a legislação infraconstitucional é um desdobramento da legislação constitucional, em várias normas e princípios se tem a presença subjacente da dignidade da pessoa humana e mesmo o respeito aos direitos fundamentais.

A este propósito cabe lembrar o princípio da proteção, estruturante do direito do trabalho e do direito processual do trabalho, que vale por todos os demais e que visa a assegurar que o trabalhador não seja aviltado em sua dignidade.

Em outras palavras, a proteção concedida pelo legislador procura evitar a renúncia de direitos básicos que servem de fundamento ao contrato de trabalho e tem por base a garantia de respeito à pessoa humana do trabalhador, numa relação que é extremamente desigual e desequilibrada.

Neste ponto, a jurisdição deve ter uma atuação indispensável na medida em que deve fazer uma leitura do texto legal, que se transforma em norma na sua aplicação, com os olhos postos na Constituição Federal e com o objetivo de não perder de vista a dignidade da pessoa humana e os direitos fundamentais.

É assim que deve verificar, com argúcia e sensibilidade, as inúmeras situações em que há ofensa à dignidade da pessoa humana e aos direitos fundamentais, procurando não exceder nas interpretações ou, ainda, não deixar sem reparo as inúmeras situações de desrespeito.

Fruto da experiência de julgados na Justiça do Trabalho, pode ser citada a hipótese em que se exige o cumprimento de metas em vendas como inerente à atividade produtiva e que não corresponde a qualquer tipo de ofensa à dignidade humana, desde que não submeta o empregado a uma situação de constrangimento.

Nesse passo podem ser citadas formas de exigência ou de desrespeito ao trabalhador no setor de vendas, quando se configura uma baixa produtividade, o que flagrantemente depõe contra a sua dignidade, como também a utilização de sua imagem sem autorização.

Por outro lado, como zona limite, tem-se a hipótese em que o empregador fixa horários para ida ao banheiro, o que pode ser interpretado como resultado da organização empresária

(42) BARBAS, Stela Marcos de Almeida Neves. *Direito ao patrimônio genético*. Coimbra: Almedina, 1998, p. 79, 111.

ou, ao contrário, a impossibilidade de pautar algo que não tem como ser pautado, que são as necessidades fisiológicas.

Verifica-se, assim, que é no exame do caso concreto que o Judiciário é provocado a definir ou não situações de ofensa à dignidade do ser humano e os respectivos valores para indenização.

Considerações finais

A dignidade da pessoa humana e os direitos humanos ocupam papel central nos ordenamentos constitucionais e internacional pelo que representam como garantia de respeito à pessoa humana.

A proteção e a preocupação com esses direitos remontam à Antiguidade, com ênfase para o pensamento greco-romano, passando pela Idade Média em razão da forte influência do Cristianismo.

Na Idade Moderna, mais especificamente no séc. XVIII, é que se tem o verdadeiro marco histórico do surgimento e proteção aos Direitos Humanos, a exemplo das Declarações de Direitos da Independência dos Estados Unidos e da Revolução Francesa, sendo que no período anterior se tem apenas alguns espasmos no tratamento do tema.

O que se verifica na trajetória de reconhecimento dos direitos humanos é o caminhar da humanidade para um processo civilizatório mais apurado, reconhecendo os seres humanos como iguais e ao mesmo tempo diferentes em face de sua individualidade, que sempre deve ser respeitada.

Têm-se, na sequência, as várias acepções dos direitos humanos, relevando-se a informação de que não são dados, mas construídos, representando um espaço de luta, de avanços e recuos, na sua efetiva proteção.

Também se estabelece um paralelo com a dignidade humana para definição dos direitos humanos, concluindo-se pela necessidade de sua integração para ideia de um Estado Democrático de Direito em que, mais do que a sua previsão, é a efetivação dos direitos humanos que se torna uma verdadeira exigência.

Em termos de perspectivas, tem-se como relevante o estágio atual de sua universalização e interdependência trazido pela Declaração Universal de 1948, reforçada também com a sua constitucionalização, figurando como direitos fundamentais nas Constituições vigentes.

Bobbio refere-se a essa positivação como consequência da quadra histórica então existente, asseverando que outros direitos também poderão ser considerados como direitos humanos, mas que o período em referência é uma síntese do passado e uma inspiração para o futuro.

Em relação às Constituições Brasileira e Portuguesa, verifica-se uma similitude de tratamento da dignidade da pessoa humana e dos direitos humanos e fundamentais, denotando com isso a influência da segunda sobre a primeira

É importante registrar que o respeito à dignidade humana e aos direitos humanos deve se dar em todos os níveis, desde as experiências científicas, como lembra bem a Professora Stela Barbas, como também no que se refere às relações de trabalho, em que muitas vezes as situações de submissão e dependência do trabalhador resvalam para o desrespeito aos direitos humanos.

Referências

BARBAS, Stela Marcos de Almeida Neves. *Direito ao patrimônio genético*. Coimbra: Almedina, 1998.

BITTAR, Eduardo Carlos Bianca. *Introdução ao estudo do Direito:* humanismo, democracia e justiça. São Paulo: Saraiva Educação, 2018.

BOBBIO, Norberto. *A era dos direitos*. Tradução de Carlos Nelson Coutinho. Rio de Janeiro: Campus, 1992.

CANOTILHO, José Joaquim Gomes; MOREIRA, Vital. *Constituição da República Portuguesa anotada*. 3. ed., rev. Coimbra: Coimbra, 1993.

______. *Estudos sobre os direitos fundamentais*. 2. ed. Coimbra: Coimbra, 2008.

DUARTE, Leonardo de Farias. Uma reflexão sobre o fundamento último ou fundamento dos direitos humanos. In: PINTO, Hélio Pinheiro; LIMA NETO, Manoel Cavalcante de; LIMA, Alberto Jorge Correia de Barros; SOTTO-MAYOR, Lorena Carla Santos Vasconcelos; DIAS, Luciana Raposo Josué Lima (Coords.). *Constituição, direitos fundamentais e política:* estudos em homenagem ao Professor José Joaquim Gomes Canotilho. Belo Horizonte: Fórum, 2017. p. 487-504.

FRANCO, Marcelo Veiga. Direitos Humanos x Direitos Fundamentais: matriz histórica sob o prisma da tutela da dignidade da pessoa humana. In: OLIVEIRA, Márcio Luís de. (Coord.). *O Sistema Interamericano de Proteção dos Direitos Humanos:* interface com o Direito Constitucional contemporâneo. Belo Horizonte: Del Rey, 2007. p. 03-28.

GALUPPO, Marcelo Campos. O que são os direitos fundamentais? In: SAMPAIO, José Adércio Leite. *Jurisdição constitucional e direitos fundamentais*. Colaboração Executiva de Carla Pirfo e Maria Célia Neri de Oliveira. Belo Horizonte: Del Rey, 2003. p. 213-238.

KOURY, Ana Beatriz Costa; SANDER, Sílvia Corradi. A proteção internacional dos direitos humanos: sistema global e sistemas regionais. In: VIVAS, Marcelo Dayrell (Coord.). *Cidadania, direitos humanos e lideranças:* coletânea de textos-base em comemoração aos 60 anos da Declaração Universal dos Direitos Humanos. Belo Horizonte: Escritório de Direitos Humanos de Minas Gerais – EDH, 2008. p. 26-35.

KOURY, Luiz Guilherme Costa. Os indivíduos e o sistema interamericano: evolução da participação e as perspectivas para o acesso direito das vítimas à Corte Interamericana. In: OLIVEIRA, Márcio Luís de (Coord.). *O Sistema Interamericano de Proteção dos Direitos Humanos:* interface com o Direito Constitucional contemporâneo. Belo Horizonte: Del Rey, 2007. p. 293-316.

MIRANDA, Jorge. *Direitos fundamentais.* Coimbra: Almedina, 2016.

PIOVESAN, Flávia. *Direitos Humanos e Direito Constitucional Internacional.* 2. ed. São Paulo: Max Limonad, 2000.

PIOVESAN, Flávia. Discriminação. In: Tribunal Superior do Trabalho (Org.). *Fórum Internacional sobre Direitos Humanos e Direitos Sociais.* São Paulo: LTr, 2004. p. 332-341.

SARLET, Ingo Wolfgang. As dimensões da dignidade da pessoa humana no Estado Democrático de Direito. In: MOURA, Lenice S. Moreira de (Org.). *O novo constitucionalismo na era pós-positivista:* homenagem a Paulo Bonavides. São Paulo: Saraiva, 2009. p. 85-120.

SARLET, Ingo Wolfgang; MARINONI, Luiz Guilherme; MITIDIERO, Daniel. *Curso de Direito Constitucional.* 7. ed. São Paulo: Saraiva Educação, 2018.

SEPTÍMIO, Mariana. Breves apontamentos acerca dos direitos humanos. In: VIVAS, Marcelo Dayrell (Coord.). *Cidadania, direitos humanos e lideranças:* coletânea de textos-base em comemoração dos 60 Anos da Declaração Universal dos Direitos Humanos. Belo Horizonte: Escritório de Direitos Humanos de Minas Gerais – EDH, 2008. p. 12-18.

O Poder Diretivo do Juiz no Modelo Cooperativo de Processo

Introdução

É indiscutível que se deve ter um maior aprofundamento no estudo da atuação do juiz na direção do processo em razão da centralidade de sua posição nos variados sistemas de justiça.

O julgador, como se sabe, em especial no nosso ordenamento jurídico, não pode se conformar apenas com o que é apresentado pelas partes em termos probatórios, porque trazem subjacentes a eles a defesa de seus interesses, tornando-se imperativa a adoção de iniciativas na instrução para favorecer o melhor exercício da jurisdição, independentemente das alegações e provas apresentadas pelo autor e pelo réu.

A direção efetiva do processo pelo juiz atende aos interesses da sociedade e dos sistemas jurídicos, especialmente em países que adotam, em seu formato institucional, o Estado de Direito ou Democrático de Direito (Estado Constitucional), que se obrigou à busca da verdade e à implementação de respostas justas aos jurisdicionados, havendo também, quanto a isso, uma legítima expectativa por parte desses últimos.

Peter Häberle deixa clara a necessidade de uma cadeia procedimental apta a permitir que se atinja a verdade por meio da jurisdição. O autor afirma que a existência de um poder independente, cercado de balizas procedimentais, que também "são condições da verdade", favorece que se alcance esse objetivo, a exemplo da "independência pessoal e funcional do juiz, normas de suspeição, postulado da investigação imparcial da verdade, publicidade como garantia conexa da busca da verdade".(43)

Em uma perspectiva democrática — não perdendo o juiz o seu protagonismo na condução do processo, não em um sentido autoritário, o que pode parecer, à primeira vista, com a utilização dessa expressão, mas com a responsabilidade de agente do Estado que está incumbido de dar a resposta jurisdicional correta a que os sistemas de justiça se obrigaram —, deve ser mencionado o modelo cooperativo de processo.

---

(43) HÄBERLE, Peter. *Os problemas da verdade no Estado Constitucional*. Tradução de Urbano Carvelli. Porto Alegre: Sérgio Antônio Fabris, 2008. p. 118.

Esse modelo, de inegável caráter democrático, permite que as partes dividam com o juiz, sem que esse perca a sua condição relevante de representante do Estado, mas se amoldando a essa nova realidade, a responsabilidade pela concessão da mais adequada jurisdição, contribuindo para a efetividade e celeridade da tutela jurisdicional a ser realizada.

É como se surgisse uma nova onda de acesso à justiça na perspectiva de maior humanização do processo, em que os espaços procedimentais ocupados não impedem a flexibilização e até mesmo o desenvolvimento de uma solidariedade dos atores do processo na linha da contribuição para o melhor desempenho da jurisdição.

Embora tratando da classificação dos sistemas que imperam no Poder Judiciário de vários países, com a análise de sua estrutura, é certo que o modelo democrático de Judiciário, na obra de Eugenio Raúl Zaffaroni, tem reflexos na imposição de uma forma aberta de condução do processo, com a ampliação da atuação dos agentes nele envolvidos.

Zaffaroni afirma que os "modelos democráticos contemporâneos" têm servido para colocar as instituições judiciárias no trilho da democracia, fazendo referência à superada imagem asséptica do juiz, que tem uma maior participação na vida social e na postura cidadã, o que inegavelmente terá repercussões no processo.[(44)]

A quebra de estruturas formalistas, sem prejuízo da segurança jurídica, mas tendo como vetor o compartilhamento de responsabilidades na prestação jurisdicional, com a demarcação dos papéis dos atores do processo sem afetar a essência da lide como pretensão resistida, é a nova perspectiva procedimental que se apresenta na ótica do Estado Constitucional e de respeito aos direitos humanos.

São, portanto, dois aspectos de subjetividade do processo, de atuação de seus atores, a serem harmonicamente conjugados. O primeiro, o de uma atuação proativa do juiz, inerente ao seu dever institucional de conduzir o procedimento na direção de uma prestação jurisdicional de excelência a fim de se aproximar da verdade e, em maior grau possível, da justiça. O segundo, no modelo cooperativo, a exigir uma participação maior das partes, um verdadeiro protagonismo compartilhado também e, mais do que isso, a sua responsabilidade em atuar de forma que a jurisdição atinja os seus objetivos com celeridade e em prazo razoável.

1. Atuação dos atores processuais no Estado Constitucional

O acesso à justiça no Estado Constitucional impõe-se como direito fundamental, levando-se em conta a lógica do seu papel de garantia para observância dos demais direitos.

Para a sociedade e os cidadãos, de uma forma geral, é essencial que o sistema de justiça tenha funcionalidade, na medida em que promessas constitucionais de respeito aos

(44) ZAFFARONI, Eugenio Raúl. *Poder judiciário:* crise, acertos e desacertos. Tradução de Juarez Tavares; apresentação de João Marcelo. São Paulo: Revista dos Tribunais, 1995. p. 169-185.

direitos fundamentais, e até mesmo a previsão constante das Cartas de Direitos Humanos, necessitam adquirir concretude em consequência da atuação da jurisdição.

É oportuno, neste ponto, fazer referência à doutrina preconizada por Ferdinand Lassalle, que faz a distinção da Constituição como mera folha de papel e a Constituição real que reflete no bojo dela os fatores reais de poder, instrumentos de ação política que têm atuação na sociedade e têm repercussão na forma da constituição do Estado.

Lassalle afirma que os fatores reais de poder, quando "adquirem expressão escrita", deixam essa condição e passam a ser "verdadeiro direito — instituições jurídicas", como "fatores jurídicos". Aduz que é inerente aos Estados Modernos a existência de uma Constituição escrita, "cuja missão é a de estabelecer documentalmente, numa folha de papel, todas as instituições e princípios do governo vigente".(45)

Nesse passo, a Constituição deve ter a indispensável identidade com os valores da sociedade em determinada quadra da história, sob pena de não passar de mera folha de papel, inscrevendo-se, nessa linha de raciocínio, entre outros, a garantia do efetivo acesso à jurisdição.

Konrad Hesse, ao alertar para a necessária força normativa da Constituição, esclarece que, embora ela seja "determinada pela realidade social", é também "determinante em relação a ela", defendendo posição de que não pode haver separação e autonomia da "pura normatividade, nem a simples eficácia das condições sociopolíticas e econômicas".(46)

A Constituição, como restou mencionado, é o catálogo dos valores da sociedade em determinado tempo histórico, aspecto confirmado na doutrina do autor citado no parágrafo anterior, em que a força normativa da Constituição está na "incorporação espiritual (*geistige situation*) de seu tempo" e não apenas "os elementos sociais, políticos e econômicos dominantes".(47)

Desse modo, a referência ao acesso à justiça não pode ser considerada em uma perspectiva meramente formal, de simples ajuizamento de uma ação, mas de um ângulo substancial e mais amplo, com a observância das cláusulas do devido processo legal (princípios processuais constitucionais), técnicas processuais, jurisdição tempestiva, imparcialidade jurisdicional e a possibilidade de influência no convencimento do julgador.

Para garantia desse efetivo acesso à jurisdição, como extensão de um amplo exercício da cidadania e do caráter democrático e civilizatório que deve imperar na sociedade, mostra-se necessária a existência de um Judiciário que cumpra com presteza a sua função jurisdicional, com realce na centralidade do juiz.

---

(45) LASSALLE, Ferdinand. *A essência da Constituição*. Rio de Janeiro: Lumen Juris, 2001. p. 17, 27.

(46) HESSE, Konrad. *A força normativa da Constituição*. Tradução de Gilmar Ferreira Mendes. Porto Alegre: Sérgio Antônio Fabris, 1991. p. 15.

(47) HESSE, Konrad, *op. cit.*, p. 20.

O desafio que se impõe é compatibilizar a atuação jurisdicional nos lindes constitucionais com o paradigma do modelo cooperativo a fim de que ambas as atuações (das partes e do juiz) representem uma otimização na condução do processo, de acordo com suas finalidades, e não seja apenas uma arena de embates por conquista de espaço procedimental e para influência na decisão de acordo com os respectivos interesses das partes.

Torna-se necessária uma leitura diferenciada das normas já existentes, e até mesmo considerar a perspectiva de uma iniciativa regulatória, para conciliar as expectativas e as atuações dos atores do processo na direção de seu aperfeiçoamento, como também para não permitir que o processo perca de vista os vetores que justificam a sua existência.

2. Funcionalidade do sistema de justiça

Na sequência do que restou mencionado no item anterior, no que se refere à atuação jurisdicional coadjuvada ou em parceria com as partes para garantia de um efetivo acesso à justiça, como primeiro direito fundamental a ser garantido e pressuposto de garantia dos demais direitos, deve ser mencionada a doutrina clássica sobre o tema.

A referência primeira é a Bobbio, quando esclarece que já se encontra ultrapassada a ideia relacionada com os direitos humanos e fundamentais no que se refere à sua enumeração, classificação, natureza e fundamentos, impondo-se agora fazer com que não sejam violados, apesar das solenes Declarações, tratando-se de um problema jurídico e, mais do que isso, político.(48)

Também clássica é a doutrina de Cappelletti ao ensinar que o acesso à justiça deve ser entendido como um sistema no qual as pessoas possam reivindicar os seus direitos para a solução das pendências de forma justa. Sustenta que a ideia de justiça, como valor que se procura insistentemente ser alcançado, pressupõe necessariamente o acesso à justiça.(49)

Em Canotilho tem-se a dimensão universal do tema, demonstrando a sua relevância científica e a necessidade de tratamento no campo mais reduzido de atuação do juiz em conjunto com as partes, quando diz que há uma imbricação entre direitos fundamentais e o direito de acesso aos Tribunais, que se traduz em "uma garantia jurisdicional de justiça a cargo do Estado". E, o mais importante, esse dever não resulta apenas da Constituição, "mas também de um princípio geral (de direito das nações civilizadas) que impõe um dever de proteção através dos Tribunais".(50)

---

(48) BOBBIO, Norberto. *A era dos direitos*. Tradução de Carlos Nelson Coutinho. Rio de Janeiro: Campus, 1992. p. 25.

(49) CAPPELLETTI, Mauro; GARTH, Bryant. *Acesso à justiça*. Tradução de Ellen Grace Northfleet. Porto Alegre: Fabris, 1988. p. 8.

(50) CANOTILHO, José Joaquim Gomes. *Direito Constitucional e Teoria da Constituição*. 7. ed. Coimbra: Almedina, 2003. p. 497.

De forma mais específica, em relação à atuação do juiz nos sistemas do *common law* e *civil law*, não se pode deixar de mencionar, evidenciando a relevância científica do tema, a doutrina de Taruffo, que procede a um verdadeiro escrutínio da atuação judicial e a sua relação com as partes nos dois sistemas.

Taruffo esclarece que, na relação existente entre o juiz e as partes em tema de prova, não se pode falar em princípios dispositivo e inquisitivo inflexíveis ou mesmo com os clichês de que o primeiro seria sinônimo de igualdade, participação e democracia e o segundo representaria um indicativo de autoritarismo e intervenção na esfera privada, devendo prevalecer, sobretudo, a concepção de processo como garantia do direito das partes.(51)

O tema, objeto desse resumido estudo, tem relevância científica na medida em que tem origem e procura concretizar normas de caráter universal consagradas nas Declarações de Direitos e nas Constituições das nações civilizadas que professam o Estado Democrático de Direito, procurando refletir sobre a possibilidade de maior funcionalidade do sistema de justiça em conjunto com o paradigma do método cooperativo.

3. Efetividade da jurisdição como fator de garantia no processo

A atuação do juiz no processo e a direção e fiscalização exercidas por ele têm inegável repercussão nas mais variadas áreas do direito, porquanto a necessidade de funcionalidade do sistema de justiça interessa a todos os ramos do direito, além de seu significado como mecanismo de materialização dos direitos fundamentais.

Em sua quarta tese em tema de direitos fundamentais, Ferrajoli, apoiado em Kelsen, apresenta para discussão a tese de que a proclamação de direitos fundamentais, seja na Constituição ou em normas internacionais, não revestidos da correlata garantia, não podem ser considerados rigorosamente como um direito. Entende que não se pode esvaziar essas importantes conquistas do constitucionalismo moderno, sob pena da perda de significado de temas como "a internacionalização dos direitos fundamentais e a constitucionalização dos direitos sociais", que não podem ser "reduzidos a simples declarações retóricas" ou "a vagos programas políticos juridicamente irrelevantes".(52)

O autor assinala que na linha das garantias, indispensáveis aos direitos fundamentais, a jurisdição desempenha papel essencial, com repercussão em todas as áreas do direito, como forma de garantir a observância da Constituição e a interpretação e aplicação das normas. Cabe proceder não apenas à descrição da lei, mas, sobretudo, à sua crítica em relação ao direito que esteja em contraste com a Constituição, "a reinterpretação, à luz dos princípios estabelecidos na Constituição, do inteiro sistema normativo; análise das antinomias e das

(51) TARUFFO, Michele. *A prova*. Tradução de João Gabriel Couto. São Paulo: Marcial Pons, 2014. p. 108.

(52) FERRAJOLI, Luigi. *Por uma teoria dos direitos e dos bens fundamentais*. Tradução de Alexandre Salim, Alfredo Copetti Neto, Daniela Cademartori, Hermes Zaneti Júnior e Sérgio Cademartori. Porto Alegre: Livraria do Advogado, 2021. p. 35.

lacunas; elaboração e projeção das garantias faltantes ou inadequadas e, todavia, impostas por normas constitucionais".[(53)]

Jorge Miranda, dissertando também sobre os direitos fundamentais, mais especificamente sobre o princípio da tutela jurídica que deles faz parte, ensina que a sua referência no ordenamento jurídico português encontra previsão nos arts. 20 e 202 da Constituição, que regulamentam a competência dos Tribunais na defesa dos direitos, atribuindo uma finalidade objetiva à função judicial.[(54)]

O autor deixa claro que o art. 10 da Declaração Universal serve para conjugar bem o comando dos dispositivos referidos bem como o art. 6º da Convenção Europeia de Direitos Humanos e o art. 14 do Pacto Internacional de Direitos Civis e Políticos.[(55)]

António Manuel Hespanha sustenta que a jurisprudência (entendida como papel da jurisdição) acaba sendo uma "instância de reconhecimento de outras fontes do direito". Acrescenta que os julgamentos dos Tribunais (atuação jurisdicional) representam uma excelente forma de verificar se a norma específica teve aceitação em uma determinada comunidade.[(56)]

Como a atuação do juiz no curso do procedimento visa à construção da decisão bem como as iniciativas das partes — tudo enquadrado em uma perspectiva contemporânea de contraditório, em que as alegações das partes não podem deixar de ser consideradas pelo juiz —, a repercussão das decisões na interpretação e aplicação das normas, independentemente do ramo do direito, acaba por representar precioso direcionamento para a doutrina e fator de influência no comportamento das partes e dos jurisdicionados de uma forma geral.

4. Modelos de processo: modelo cooperativo

Os modelos inquisitório e dispositivo acabam não sendo mais suficientes para melhor atuação da jurisdição, muitas vezes contaminados por excessiva formalidade e ausência de interação.

Nesse ponto surge a alternativa representada pelo modelo cooperativo, que exige uma conformação diferenciada na atuação do juiz e das partes e uma verdadeira revisão no paradigma de seus respectivos comportamentos.

Em relação ao juiz, o abandono de uma postura exclusivista na direção do processo e a adoção de um perfil mais colaboracionista visam a um melhor esclarecimento sobre a

---

(53) FERRAJOLI, Luigi, *op. cit.*, p. 46.

(54) MIRANDA, Jorge. *Direitos fundamentais*. Coimbra: Almedina, 2016. p. 393.

(55) MIRANDA, Jorge, *op. cit.*, *loc. cit.*

(56) HESPANHA, António Manuel. *Pluralismo jurídico e direito democrático*: prospectivas do direito no século XXI. Coimbra: Almedina, 2019. p. 88.

controvérsia em relação à qual é convocado a decidir, prevenindo e consultando as partes quanto às pretensões apresentadas e atuando em seu auxílio nas hipóteses de maior vulnerabilidade de uma delas sem, evidentemente, o comprometimento de sua imparcialidade.

Tal forma de atuação é também exigida das partes que, sem prejuízo da defesa de seus interesses, devem contribuir com a jurisdição, esclarecendo a matéria objeto do litígio, sendo diligentes às solicitações judiciais e não opondo obstáculos ao exercício da jurisdição.

A doutrina específica sobre o tema realça o papel do princípio cooperativo como típico do Estado Constitucional, caracterizado por uma abertura à participação das partes e à ampliação dos responsáveis para a mais adequada prestação jurisdicional.(57)

Na perspectiva do Estado Constitucional, caracterizado pela força normativa da Constituição, a via judicial procura alcançar a justiça no caso concreto, que se legitima pela promoção dos direitos fundamentais. Em termos éticos, "pressupõe absoluta e recíproca lealdade entre as partes e o juízo, entre o juízo e as partes", com o objetivo de alcançar uma "aproximação possível da verdade, tornando-se a boa-fé pauta de conduta principal no processo civil do Estado Constitucional".(58)

De forma derradeira, assevera que há necessidade de reorganização do formalismo processual a fim de que o processo possa servir "de ponto de encontro de direitos fundamentais, propiciando uma tutela jurisdicional justa e efetiva".(59)

Em linha de reforço a tudo quanto se escreveu sobre o princípio da cooperação e a sua importância para uma nova concepção de processo e atuação das partes, José Lebre de Freitas explicita a sua condição de dever processual das partes com previsão nos arts. 7 e 417 do Código de Processo Civil Português. Informa sobre a tendência de acentuação desses deveres às partes e, sobretudo, a sua ampliação aos próprios magistrados, esclarecendo que "partes e juízes devem cooperar entre si para que o processo realize a sua função em prazo razoável".(60)

O autor esclarece sobre a existência de uma cooperação em sentido material e em sentido formal. A primeira, para a necessidade de apuração da verdade por todos aqueles que participam do processo, permitindo que seja prolatada a decisão mais correta. A segunda, na busca de se decidir no menor tempo possível, compatível com as exigências do processo

(57) MITIDIERO, Daniel. *Colaboração no Processo Civil:* pressupostos sociais, lógicos e éticos. Prefácio de Carlos Alberto Álvaro de Oliveira. 2. ed. São Paulo: Revista dos Tribunais, 2011. p. 20.

(58) MITIDIERO, Daniel, *op. cit., loc. cit.*

(59) MITIDIERO, Daniel, *op. cit.*, p. 21.

(60) FREITAS, José Lebre de. *Introdução ao processo civil:* conceito e princípios gerais à luz do novo código. 3. ed. Coimbra: Coimbra Editora, 2013. p. 185.

ou mesmo, quando for o caso, a adoção das providências executivas necessárias. De qualquer forma, fica afastada a ideia liberal de arbitramento das questões do processo exclusivamente pelo juiz.[61]

A questão a ser estudada é a redefinição dos papéis no processo, com a fixação dos respectivos limites de atuação. Exige-se, também, e esse é o verdadeiro significado dessa alteração de paradigma, na convivência dos atores do processo, que esse relacionamento não perca de vista o vetor representado pela necessidade de entrega da melhor prestação jurisdicional.

Em linha de princípio, não se pode deixar de entender que o juiz deve continuar com a atuação que se exige de sua responsabilidade institucional como agente imprescindível de garantia do funcionamento do sistema de justiça. As partes também devem ter a compreensão de que, como a morosidade da justiça é um problema de caráter geral, a sua atuação deve convergir para assunção da responsabilidade em colaborar com a maior funcionalidade do sistema de justiça.

O estabelecimento dos parâmetros de atuação dos atores do processo e a melhor forma de garantir a excelência da prestação jurisdicional, em termos qualitativos e, ao mesmo tempo, quantitativos, são algumas das questões que se apresentam para o estudo e a pesquisa do tema.

Em outras palavras, o desfio é como otimizar concretamente um paradigma novo de condução do processo que, em abstrato, tem todas as condições para oferecer uma convivência democrática e produtiva, mas que necessita da fixação de parâmetros objetivos de atuação, em que não poderá haver comprometimento da imparcialidade judicial e a renúncia das partes na defesa de seus interesses.

Considerações finais

Na perspectiva do Estado Constitucional, que se compromete com a descoberta da verdade e a entrega da solução justa ao jurisdicionado, a atuação judicial ganha inegável centralidade pela sua condição de agente responsável pelo cumprimento da finalidade a que se obrigou o Estado.

Na atualidade, essa atuação judicial encontra-se compartilhada com os demais atores do processo representados pelo autor e réu que, embora adquiram esse papel em uma visão democrática e contemporânea de processo, não deixam de defender os seus interesses em juízo ainda que comprometidos com o oferecimento da mais escorreita jurisdição.

O esvaziamento do formalismo, sem o comprometimento da segurança jurídica, mas tendo como vetor o compartilhamento de responsabilidades na prestação jurisdicional, com

(61) FREITAS, José Lebre de, *op. cit.*, p. 186, 191.

uma nova demarcação dos papéis dos atores do processo, sem que a lide perca a sua essência de pretensão resistida, é o novo enfoque procedimental que se apresenta no Estado Constitucional e de respeito também aos direitos humanos.

Surge uma espécie de nova onda de acesso à justiça em que os procedimentos processuais, em que pesem a sua rigidez, cedem espaço a uma flexibilização com o referencial de maior humanização e de atuação comunitária, embora o processo não perca a sua essência de conflito de interesses submetido à jurisdição.

O desafio que se apresenta é a criação de regras objetivas de atuação dos atores do processo a fim de que não haja invasão de espaços institucionais ou procedimentais ou mesmo a descaracterização na atuação de cada um deles, sempre presente a necessidade de efetivação da jurisdição independentemente da conclusão que se venha a adotar.

Referências

ALEXY, Robert. *Teoria da argumentação jurídica:* a teoria do discurso racional como teoria da fundamentação jurídica. Tradução de Zilda Hutchinson Schild Silva; revisão técnica da tradução e introdução à edição brasileira de Cláudia Toledo. 2. ed. São Paulo: Landy, 2005.

BELTRÁN, Jordi Ferrer. *Prova e verdade no Direito.* Tradução de Vitor de Paula Ramos. São Paulo: Revista dos Tribunais, 2017.

BOBBIO, Norberto. *A era dos direitos.* Tradução de Carlos Nelson Coutinho. Rio de Janeiro: Campus, 1992.

CANOTILHO, José Joaquim Gomes. *Direito Constitucional e Teoria da Constituição.* 7. ed. Coimbra: Almedina, 2003.

CAPPELLETTI, Mauro; GARTH, Bryant. *Acesso à Justiça.* Tradução de Ellen Grace Northfleet. Porto Alegre: Fabris, 1988.

DWORKIN, Ronald. *A justiça de toga.* Tradução de Jefferson Luiz Camargo. São Paulo: WMF Martins Fontes, 2010.

FERRAJOLI, Luigi. *Por uma teoria dos direitos e dos bens fundamentais.* Tradução de Alexandre Salim, Alfredo Copetti Neto, Daniela Cademartori, Hermes Zaneti Júnior e Sérgio Cademartori. Porto Alegre: Livraria do Advogado, 2021.

FREITAS, José Lebre de. *Introdução ao Processo Civil:* conceito e princípios gerais à luz do novo código. 3. ed. Coimbra: Coimbra Editora, 2013.

GARAPON, Antoine. *Bem julgar:* ensaio sobre o ritual judiciário. Tradução de Pedro Filipe Henriques. Lisboa: Minerva, 1997.

GRAU, Eros Roberto. *Por que tenho medo dos juízes:* a interpretação/aplicação do direito e os princípios. 9. ed. refundida do Ensaio e Discurso sobre a Interpretação/Aplicação do Direito. São Paulo: Malheiros, 2018.

HÄBERLE, Peter. *Os problemas da verdade no Estado Constitucional.* Tradução de Urbano Carvelli. Porto Alegre: Sérgio Antônio Fabris, 2008.

HESPANHA, António Manuel. *O caleidoscópio do Direito*. Coimbra: Almedina, 2009.

______. *Pluralismo jurídico e Direito Democrático:* prospectivas do direito no século XXI. Coimbra: Almedina, 2019.

HESSE, Konrad. *A força normativa da Constituição*. Tradução de Gilmar Ferreira Mendes. Porto Alegre: Sérgio Antônio Fabris, 1991.

LASSALLE, Ferdinand. *A essência da Constituição*. Rio de Janeiro: Lumen Juris, 2001.

MIRANDA, Jorge. *Direitos fundamentais*. Coimbra: Almedina, 2016.

MITIDIERO, Daniel. *Colaboração no Processo Civil:* pressupostos sociais, lógicos e éticos. Prefácio de Carlos Alberto Álvaro de Oliveira. 2. ed. São Paulo: Revista dos Tribunais, 2011.

STRECK, Lenio Luiz. *Verdade e consenso*. 6. ed., rev. e ampl. São Paulo: Saraiva, 2017.

TARUFFO, Michele. *A prova*. Tradução de João Gabriel Couto. São Paulo: Marcial Pons, 2014.

TARUFFO, Michele. *Processo Civil comparado:* ensaios. Apresentação, organização e tradução de Daniel Mitidiero. São Paulo: Marcial Pons, 2013. (Coleção Processo e Direito).

ZAFFARONI, Eugenio Raúl. *Poder judiciário:* crise, acertos e desacertos. Tradução de Juarez Tavares; apresentação de João Marcelo. São Paulo: Revista dos Tribunais, 1995.

Boa-Fé Objetiva, Abuso Processual e Responsabilidade por Dano Processual no Processo Civil e no Processo do Trabalho

Introdução

O estudo da boa-fé, do abuso processual e da responsabilidade por dano processual adquire enorme importância não só em função da constitucionalização do processo, fator de especial relevo para a sua observância, mas também em razão do referencial representado pela verdade, vetor do tema, de excepcional reverência no Estado Democrático de Direito, que a tem como valor primordial.

Os temas do presente estudo têm uma transversalidade tal que é impossível a sua análise apenas considerando o texto legal e a sua previsão no processo, pois se trata de matéria de inequívoca transcendência na medida em que valores mais elevados, previstos no texto constitucional, a eles estão vinculados.

A retidão das condutas no itinerário procedimental a ser percorrido deve ser exigida das partes e de todos que nele atuam, especialmente pela natureza pública do processo, como instrumento de concretização das normas constitucionais e, mais do que isso, como mecanismo em que a eticidade deve ter acentuada presença.

Cabe dizer que a exigência de uma conduta processual isenta, que se refere a todos que atuam no processo, não se atém apenas a um determinado ordenamento jurídico, mas extrapola fronteiras, com previsão também em outros países como consequência do constitucionalismo do pós-guerra.

Não se trata, portanto, de uma previsão fundada exclusivamente no cotejo dos inúmeros sistemas constitucionais ou processuais, mas de uma verdadeira onda a inundar o direito e o processo, como outras tantas que se sucederam ao longo do tempo.

A busca pela verdade como premissa em todas as ciências e, de uma forma mais densa, na filosofia, não deixa de se refletir no direito, em especial no processo como instrumento para se chegar à justiça, o que impõe uma atuação correta de todos que dele participam para se atingir esse objetivo.

A universalidade da verdade como requisito para ditar pesquisas científicas, comportamentos sociais e atuações no processo é consequência da sua condição de "tema da humanidade e, ao mesmo tempo, um tema de toda e qualquer pessoa na totalidade de sua precária existência individual", acrescentando-se "que a verdade permanece um tema para todas as ciências, especialmente para uma teoria constitucional".[(62)]

Como reflexo dessa onda, característica de um Estado Constitucional, ganha especial dimensão o republicanismo presente em nossa Constituição, em que se tem um processo dirigido por fundamentos e princípios constitucionais, referenciado pela ideia de uma permanente busca da verdade e do ideal de se fazer justiça.

É por isso que quando se fala em boa-fé, abuso processual e responsabilidade por dano processual, o que está em jogo é uma dimensão bem mais ampla do que a prevista na lei, tratando-se de aspectos que têm a ver com a estruturação do processo numa perspectiva da satisfação de valores republicanos e éticos previstos constitucionalmente.

Na Constituição vigente tem-se traços que evidenciam uma perseguição da ética de forma obsessiva por parte do constituinte, na medida em que valoriza o acesso à justiça como uma constante e irrenunciável tentativa de se chegar a esse valor superior, muitas vezes inalcançável.

Deixa-se, portanto, assentado, que o estudo da boa-fé, do abuso do processo e da responsabilidade por dano processual tem nuances que ultrapassam o mero tratamento positivista do tema, repercutindo nos fundamentos necessários para que o processo atinja as suas finalidades.

Em termos históricos, desde os nossos primeiros diplomas processuais, houve uma preocupação com o dano processual, que não era inicialmente identificado de forma nítida ou expressa, como também o reconhecimento da correlata responsabilidade para que o processo pudesse cumprir a sua missão.

Essa questão adquiriu uma perspectiva nova na medida em que se consideraram também as atividades aparentemente lícitas como danosas, uma vez que o processo, em sua atual configuração, não se mostra disposto a transigir com atitudes que possam acarretar algum desvio em sua finalidade.

Cabe explicitar também as posições adotadas em outros ordenamentos, o que se fará ao longo desse texto na mesma linha de não se admitir iniciativas que comprometam os patamares ético e de correção já atingidos pelo processo, que acaba por se defender dele mesmo considerando os abusos na utilização de medidas processuais.

---

(62) HÄRBELE, Peter. *O problema da verdade no Estado Constitucional.* Tradução de Urbano Carvelli. Porto Alegre: Sérgio Antônio Fabris, 2008. p. 13.

Os temas da boa-fé, do abuso processual e da responsabilidade por dano processual, que têm as suas origens em uma perspectiva de extrema valorização da ética no processo, refletindo-se na guarida dada a eles no ordenamento infraconstitucional para garantia de sua necessária concretização, têm expressa previsão no Código de Processo Civil com desdobramento na CLT, o que será objeto de um estudo comparativo.

A preocupação retratada no CPC vigente, além da adequação ao sistema nele previsto, é a de elevar o patamar de exigência da atuação processual em decorrência da norma fundamental representada pela boa-fé, com previsão de atuação positiva das partes e não somente da punição por comportamentos negativos.

Dentro desse enfoque, até mesmo de que iniciativas que não sejam literalmente ilícitas possam acarretar algum tipo de dano, pode-se chegar ao abuso processual e, consequentemente, à responsabilidade daquele que praticou o ato processual reprovável.

No processo do trabalho, em que há uma inegável dimensão social a exigir rigor para a obtenção de uma atuação de boa-fé, que deve ser acompanhada de penalidades caso não seja observada, as repercussões materiais do abuso ou do dano processual são sempre de maior envergadura, porquanto podem acarretar impacto na sobrevivência de uma das partes.

É que questões como o comprometimento da subsistência estão sempre presentes na relação jurídica processual trabalhista, o que é um fato incontestável e sem qualquer resquício ideológico. A existência de um processo, no caso, já é um fator de desgaste e de risco para a sobrevivência de uma das partes, especialmente quando, em seu bojo, são utilizadas iniciativas que possam comprometer a lisura do procedimento.

O tema desse estudo, é importante sempre ressaltar, está diretamente vinculado a uma visão de justiça e processo, caracterizada pela busca da verdade, de interesse direto do Estado Constitucional, o que não se compatibiliza com procedimentos que possam representar algum tipo de desvio dessa perspectiva.

1. Histórico

1.1. A relação da verdade com o processo

Procedendo-se a um recuo histórico considerável para demonstrar a vinculação de nosso estudo com a noção de verdade e de retidão de conduta a serem preservadas pelo Direito, tem-se a enumeração dos preceitos do Direito realizada por Ulpiano no *Digesto*, com forte influência aristotélica e do estoicismo, em que tem destaque o "viver honestamente" ou "*honeste vivere*", ressaltando-se o valor da honestidade como virtude suprema. A expressão "viver honestamente" passa a ter um significado mais amplo, envolvendo "a boa-fé, a ideia de justiça e, também, de lealdade".[63]

(63) DONNINI, Rogério. Bona Fides: do direito material ao processual. *Revista de Processo*, São Paulo, v. 251, ano 41, p. 113-126, jan. 2016, p. 115-117.

Também deve ser destacado o preceito, do mesmo Ulpiano, de não se permitir que se prejudique o outro ou que se atue em prejuízo de outrem, ou seja, a impossibilidade de ofensa como princípio de Direito, a vedação à lesão ou prevenção para que essa não se verifique.

O que se tem, portanto, é um entrelaçamento deste último princípio com o anterior na medida em que viver honestamente tem vinculação direta com a necessidade de não lesionar a outra pessoa, ambos imbricados na ideia de justiça, que tem a lealdade como pressuposto.(64)

As condutas anteriormente mencionadas, voltadas para a realização de um procedimento correto, têm por destinatária a ideia de se chegar à verdade como um objetivo maior a ser perseguido, tendo como contraponto a ela atitudes e iniciativas que possam conduzir à mentira, o que não se compatibiliza com a ideia de direito.

A mentira sempre foi objeto de repúdio na filosofia ao longo dos tempos com o pensamento de Aristóteles, na Antiguidade, na sua multicitada *Ética a Nicômaco*, também com a obra de Santo Agostinho, *Confissões*, ao aduzir que a "felicidade advém da verdade, condenando efusivamente a mentira, tampouco admitindo exceções para sua utilização". Ainda no final da Idade Média e nos albores da Idade Moderna, com a *Suma teológica* de São Tomás de Aquino, e mesmo no início da Idade Contemporânea, com Kant, em sua *Metafísica dos costumes*, sempre se refutou "a mentira, em qualquer hipótese", defendendo-se "uma obediência incondicional à verdade".(65)

Dissertando sobre as inúmeras teorias da verdade e a necessidade de que essa seja atingida, Marilena Chauí esclarece que, como ela está presente "no discurso ou na linguagem", não depende "apenas do pensamento e das próprias coisas", mas também da vontade em explicitá-la ou negá-la. Muito mais do que pensar o verdadeiro, em razão das "ideias e das coisas" como um relato da experiência, tem importância "o nosso querer", com destaque para o aspecto voluntário da verdade.(66)

É indiscutível, portanto, em toda teoria do conhecimento, a necessidade de se chegar ou se aproximar da verdade, não se admitindo procedimentos que procurem tangenciá-la. O processo, como instrumento indispensável de busca da verdade, não se compatibiliza com iniciativas e procedimentos que impeçam o seu curso normal para restabelecê-la.

Não é por outro motivo que se deve apenar com rigor aquele que impede que o processo atinja a sua finalidade e que causa danos ao curso normal do procedimento. É que esse tipo de atitude não permite a concretização do objetivo essencial do processo que é exatamente apurar a verdade e de se chegar a ela pelos meios de prova que restaram evidenciados no curso do procedimento.

---

(64) DONNINI, Rogério, *op. cit.*, p. 116-117.

(65) DONNINI, Rogério, *op. cit.*, p. 121-122.

(66) CHAUÍ, Marilena. *Convite à Filosofia*. 8. ed. São Paulo: Ática, 2000. p. 102.

A responsabilidade por dano processual, mesmo quando o processo ainda não havia adquirido a conotação publicística que hoje o caracteriza, mas que ainda tinha um formato mais adversarial ou de coisa das partes, não deixou de ser uma preocupação, como de resto a responsabilidade por qualquer dano, que é tema central do direito.

Nesse ponto, pode-se dizer que é antiga a preocupação da legislação em parametrizar, de um ponto de vista ético, a atuação das partes em juízo. O objetivo sempre foi o de impedir que houvesse o falseamento da verdade, a utilização de armas desleais e procedimentos que pudessem prejudicar o convencimento judicial, o andamento do processo, a administração da justiça e criar óbices ao caminho reto a ser imposto pela jurisdição.[67]

Rigorosamente, o que prevalecia era a exigência da adoção de regras que deveriam servir para humanizar ou tornar minimamente civilizado o embate das partes no processo, ainda que houvesse resistência em decorrência do exacerbamento ideológico de uma visão extremamente liberal que, neste caso, chegava a se mostrar inconsequente e irresponsável.

Referindo-se a essa posição, numa perspectiva histórica, Barbosa Moreira lembra que se chegou a ter uma concepção falsamente liberal, de valorização do individualismo, que ofereceu resistência ao objetivo de impedir que posturas desleais e de improbidade prevalecessem no processo. Assiste-se, diz o referido autor, a afirmação foi feita quando da publicação do artigo em referência, no ano de 1978, a um arrefecimento de qualquer tipo de resistência em se apenar posturas desleais por força do caráter publicístico do processo na sua condição de tema de interesse da sociedade, com a ampliação dos poderes do órgão judicial para coibir essas condutas.[68]

1.2. Evolução legislativa do tema no Brasil

No Brasil, pode-se dizer que houve uma primeira referência ao tema no Regulamento n. 737, de 25 de novembro de 1850, que tratava de matéria comercial, mas que tinha normas de processo, sendo certo que, se não trata da litigância de má-fé em capítulo próprio, faz menção ao comportamento de má-fé do devedor para se eximir de eventual dívida (art. 343, § 5º).

A doutrina informa que o referido Regulamento n. 737, que também passou a ter aplicação às causas cíveis, vez que antes apenas tratava das causas de natureza comercial, como mencionado, não tinha regra específica sobre a "responsabilidade por dano processual

(67) MOREIRA, José Carlos Barbosa. Responsabilidade das partes por dano processual. In: WAMBIER, Luiz Rodrigues; WAMBIER, Teresa Arruda Alvim (Orgs.). *Teoria Geral do Processo II:* Processo Civil. v. 3. São Paulo: Revista dos Tribunais, 2011. p. 477-499 (Coleção Doutrinas Essenciais), p. 477. José Carlos Barbosa Moreira, complementando o raciocínio anterior, assevera que "visto ao ângulo dos litigantes e de seus interesses, o processo é sem dúvida um prélio, e como tal não pode excluir o recurso à habilidade na escolha e na realização das táticas julgadas mais eficazes para obtenção do resultado vantajoso, a isso contudo sobrepairam as exigências éticas inerentes à significação do processo como instrumento de função essencial do Estado" (MOREIRA, José Carlos Barbosa, *op. cit.*, p. 477).

(68) MOREIRA, José Carlos Barbosa, *op. cit.*, p. 477-478.

ou por abuso do processo". Apesar dessa omissão, trazia a previsão de multas para coibir a má-fé nas hipóteses de propositura de suspeição, de forma caluniosa (art. 94). No mesmo sentido quanto à possibilidade de ação por perdas e danos em razão de embargo causado por arresto requerido de má-fé (art. 337).(69)

Os Códigos Estaduais que se seguiram, que pouco avançaram em novas normas de processo sobre o tema, acompanharam o referido Regulamento, destacando-se como avançados o de Minas Gerais (Lei n. 830, de 07.09.1922) e o de São Paulo (Lei n. 2.421, de 14.01.1930), sem também trazerem disposição específica sobre a responsabilidade por dano processual.

1.2.1. CPC de 1939

Na Exposição de Motivos do Código de Processo Civil de 1939, o legislador já antecipou a sua preocupação com a conduta das partes no processo a fim de que o referido diploma legal pudesse atingir a sua finalidade de garantir que as pretensões fossem apreciadas, sem que se admitisse qualquer vantagem àquele que se utilizava de formas ilegítimas para lesar o direito de outrem e protelar o desfecho do processo.

Nesse sentido cabe transcrever a seguinte passagem da Exposição de Motivos do CPC de 1939:

> O processo era mais uma congerie de regras, de formalidades e de minúcias rituais e técnicas a que não se imprimira nenhum espírito de sistema e, peior, a que não mais animava o largo pensamento de tornar eficaz o instrumento de efetivação do direito. Incapaz de colimar o seu objetivo técnico, que é o de tornar precisa em cada caso a vontade da lei, e de assim tutelar os direitos que os particulares deduzem em juízo, o processo decaíra da sua dignidade de meio revelador do direito e tornara-se uma arma do litigante, um meio de protelação das situações ilegítimas, e os seus benefícios eram maiores para quem lesa o direito alheio do que para quem acorre em defesa do próprio.

De qualquer forma, o CPC/39 foi o primeiro diploma processual brasileiro que "traçou regras sobre o princípio de probidade", com abrangência sobre o "abuso do direito de demandar, ainda que com normas pouco precisas e muito condensadas". Tratava-se de iniciativa do próprio legislador — de um ponto de vista pessoal, literalmente, pois o Congresso não estava funcionando em razão do Estado Novo — na tentativa de enfrentamento do problema da necessidade de garantir a eticidade no processo.(70)

---

(69) CAMPOS, Paulo Cerqueira. *Critério objetivo de imputação da reparação dos danos decorrentes de violação da boa-fé processual:* responsabilidade objetiva do litigante de má-fé no Código de Processo Civil de 2015. 2016. Dissertação (Mestrado em Direito) – Instituto CEUB de Pesquisa e Desenvolvimento, Centro Universitário de Brasília, Brasília, 2016. p. 20.

(70) LIMA, Alcides de Mendonça. Abuso do direito de demandar. In: WAMBIER, Luiz Rodrigues; WAMBIER, Teresa Arruda Alvim (Orgs.). *Teoria Geral do Processo II*. Processo Civil. v. 3. São Paulo: Revista dos Tribunais, 2011. p. 501-512. (Coleção Doutrinas Essenciais), p. 503-504.

Embora o CPC/39 não tratasse da lealdade processual, de maneira expressa e com referência específica, tinha a preocupação de evitar a ilicitude, reforçando o papel a ser dado ao juiz para garantir a marcha correta do procedimento. Nesse aspecto teve como referência o Código de Processo Civil italiano que, já naquela época, tinha influência em nosso processo com a previsão expressa do dever de lealdade e probidade, incentivando o seu tratamento pela doutrina brasileira.(71)

É, portanto, no Código de Processo Civil de 1939, nosso primeiro código de processo civil nacional, que se encontra a primeira referência expressa a respeito da responsabilidade por dano processual, no Livro I, Das Disposições Gerais, Título I, Introdução, em seu art. 3º, segundo o qual: "responderá por perdas e danos a parte que intentar demanda por espírito de emulação, mero capricho, ou erro grosseiro" e, em seu parágrafo único, acrescenta que "o abuso de direito verificar-se-á por igual, no exercício dos meios de defesa, quando o réu opuzer maliciosamente, resistência injustificada ao andamento do processo".

Vê-se da leitura do dispositivo processual transcrito, em seu *caput*, que haverá punição por perdas e danos à parte (dirigido exclusivamente às partes) pelo ajuizamento de ação com objetivo de, por mera disputa e competição, prejudicar a parte contrária, por mero capricho (desnecessária a demanda) ou erro grosseiro em relação à parte contrária ou ao próprio objeto da demanda.

No parágrafo único do referido art. 3º há referência às atitudes descritas no *caput*, como abuso de direito, estendendo tal imputação ao réu que utilizar, na sua defesa, a oposição maliciosa e injustificada ao andamento do processo.

Em comentário ao aludido dispositivo legal restou assentado que o exame das atitudes do autor e do réu se caracteriza por um acentuado subjetivismo, sem a possibilidade de se estabelecer de forma minimamente objetiva o enquadramento das partes na tipificação legal. Assim se diz que o capricho não é suficiente para a sua aplicação, mas teria de estar acompanhado do "mero", que significa "de simples ou de somenos importância".(72)

Da mesma forma, com a carga subjetiva que lhe é inerente, o erro também não poderia ser consequência de uma "apreciação indevida", mas que seja grosseiro a revelar uma "intenção maldosa". E, por fim, mas é a primeira referência no dispositivo legal em comento, a emulação ou o espírito de emulação, que carrega a mesma carga de desnecessidade, do mero capricho para se estar em juízo, sendo que também em relação a esses vícios de atuação se atém à defesa em sentido lato.(73)

---

(71) VICENZI, Brunela Vieira de. *A boa-fé no processo civil*. São Paulo: Atlas, 2003. p. 83.

(72) LIMA, Alcides de Mendonça, *op. cit.*, p. 504.

(73) LIMA, Alcides de Mendonça, *op. cit.*, p. 505.

Numa comparação dos arts. 3º e 63, que são os que basicamente cuidam do tema no CPC/39, o autor citado, com transcrição dos ensinamentos de Pontes de Miranda, esclarece que no segundo dispositivo a atuação da justiça é disciplinar, podendo o juiz atuar até mesmo de ofício, o que não ocorria em relação ao requerimento das partes, pois havia uma reserva em seu acolhimento como se estivessem desviando "a atenção do direito invocado".(74)

O que se depreende da leitura do dispositivo transcrito é uma preocupação do legislador, já naquela época, em garantir que não se propusessem demandas desnecessárias e oposições maliciosas que acarretassem um volume desnecessário de processos e um entrave à solução rápida das demandas, tudo isso na parte de "Disposições Gerais" e introdutória do Código, como uma espécie de norma geral a reger os procedimentos e as iniciativas das partes por todo o ordenamento processual.

No parágrafo único, o legislador também faz referência às atitudes previstas no *caput* como se se tratasse de abuso de direito por parte daquele que postula por desnecessidade ou imperícia técnica, o que, em relação ao réu, tem o significado de oposição maliciosa e resistência injustificada, procurando em ambos os casos garantir o respeito à jurisdição não permitindo que seja usada indevidamente.

Na mesma linha do que restou mencionado anteriormente, resta esclarecido que o conceito genérico de abuso de direito se desdobra nas vertentes do direito de demandar e o de defesa do réu, em sentido restrito de referência à ação. Quando se tipificassem quaisquer das referidas atitudes das partes, tinha-se o entendimento prevalecente de que "não era no mesmo processo que se promovia a responsabilidade da parte cujo comportamento fosse abusivo: ao prejudicado corria o ônus de propor, com esse objetivo, ação autônoma".(75)(76)

Como complemento à disposição contida no art. 3º do CPC/39 já mencionado, tem-se o *caput* do art. 63 do mesmo Código, em que se adiciona uma penalidade à parte vencida que alterar a verdade de forma intencional ou que se tenha conduzido de maneira temerária a provocar incidentes desnecessários, com a condenação de reembolso à vencedora.

A condenação da conduta temerária, que se desdobra nos parágrafos do referido art. 63, deixa evidenciada, como foi mencionado na introdução deste estudo, o referencial representado pela verdade como objetivo a ser atingido pelo procedimento, inclusive para pautar as iniciativas adotadas pelas partes no seu curso. As atitudes temerárias, objeto de repúdio legal, têm sempre como contraponto a verdade e a proteção ao desvio da finalidade do processo.

---

(74) LIMA, Alcides de Mendonça, *op. cit., loc. cit.*

(75) LIMA, Alcides de Mendonça, *op. cit.*, p. 485.

(76) Brunela Vieira de Vicenzi esclarece que: "O abuso do direito no exercício da demanda e no exercício dos meios de defesa delineados no artigo transcrito está diretamente ligado à teoria dos atos ilícitos e do abuso do direito material, disciplinados nos arts. 159 e 160, I, do Código Civil de 1916, e nos arts. 186 e 188, I, do nosso novo Código Civil. Em outras palavras transportaram-se para o processo os postulados da teoria da responsabilidade adotada pelo direito civil brasileiro" (VICENZI, Brunela Vieira de, *op. cit.*, p. 84).

Como parte do combate à incorreção da conduta das partes, privilegiando o respeito que se deve ter pela jurisdição e com destaque para impedir a incorreta e desrespeitosa utilização do processo para fins que fogem aos seus objetivos, cabe citar o art. 115 do CPC/39, que fecha o ciclo de combate às condutas reprováveis do referido ordenamento processual e demonstra a seriedade que se exige do jurisdicionado em relação ao processo.

O referido dispositivo (art. 115 do CPC/39) é semelhante ao art. 129 do CPC/73, sendo que em ambos "se confere ao juiz o poder de prevenir ou reprimir imediatamente o uso do processo para obtenção de fins ilícitos e para realizar atos simulados, determinando que seja proferida sentença que obste o objetivo simulado ou ilegal. O artigo visa a atingir o dolo processual bilateral, que ocorre quando as partes se unem para fraudar a lei ou para a prática do processo simulado".(77)

Apesar das críticas ao tratamento legal do tema da responsabilidade no CPC de 1939, alguns entendendo que é restritiva em relação às hipóteses encontradas na realidade e que é pouco clara a redação das normas legais, como se vê do art. 63 do CPC/39, o fato é que não se pode deixar de aplaudir o pioneirismo no tratamento do tema em nosso sistema jurídico.

Nesse aspecto cabe registrar a análise doutrinária sobre o tema contida no CPC/39, quando diz que o referido ordenamento processual invoca os institutos de direito civil na definição dos vícios processuais, em especial o dolo, a fraude e a simulação, entre outros. Também é apontada, na análise realizada, que o CPC/39 utiliza a técnica de tipos abertos, a exemplo do tratamento da temeridade e do dolo, como forma de ampliar as hipóteses de abuso tendo em vista que o legislador não consegue abarcar todas elas.(78)

Resta, portanto, como indiscutível, que o CPC/39 representou um avanço no tratamento da responsabilidade processual, porquanto, em que pese não ter a melhor técnica no aprofundamento e sistematização da matéria, possibilitou, com suas cláusulas abertas sobre a matéria, o enquadramento legal das mais variadas situações tidas como abusivas a fim de elevar o nível de eticidade do processo.

1.2.2. CPC de 1973

Na exposição de motivos do CPC de 1973, especificamente no tratamento "Das inovações constantes do Livro I", restou mencionada a preocupação de que as partes não se sirvam do processo com objetivos diversos dos que ele se propõe, tangenciando a verdade com atitudes desleais e com o emprego de artifícios fraudulentos. Sustentou-se que não se compatibiliza com a dignidade do processo, como instrumento de atuação do direito e de realização da justiça, a utilização de meios que não observem características ético-jurídicas.

---

(77) VICENZI, Brunela Vieira de, *op. cit.*, p. 90.

(78) ABDO, Helena Najjar. *O abuso do processo.* Apresentação de Andrea Proto Pisani. São Paulo: Revista dos Tribunais, 2007. (Coleção Estudos de Direito de Processo Enrico Tullio Liebman, v. 60), p. 145.

Nesse exato sentido encontra-se vazada a referida Exposição de Motivos:

> Posto que o processo civil seja de sua índole, eminentemente dialético, é reprovável que as partes se sirvam dele, faltando ao dever da verdade, agindo com deslealdade e empregando artifícios fraudulentos, porque tal conduta não se compadece com a dignidade de um instrumento que o Estado põe à disposição dos contendores para atuação do direito e realização da justiça.

O CPC/73 tinha uma seção própria, Seção II, com o título "Da Responsabilidade das Partes por Dano Processual", realçando o cuidado do legislador em expungir do processo atitudes que representassem um risco para o desvio de suas finalidades. É que, de acordo com essa concepção, o cidadão tem a expectativa de que o sistema judicial apure a verdade e faça justiça, sem quaisquer desvios.

Antes dela, no entanto, no capítulo "Dos Deveres das Partes e seus Procuradores", há uma Seção, correspondente ao art. 14, tratando dos deveres de todos que participam do processo em que são discriminados os deveres de não faltar com a verdade; de proceder com lealdade e boa-fé; de não formular pretensões e defesas destituídas de fundamento; de não produzir provas ou atos desnecessários; e de cumprir e não criar embaraços aos provimentos. No parágrafo único do referido art. 14 tem-se, como ato atentatório ao exercício da jurisdição, a violação de seu inciso V e a aplicação de multa.

Não há dúvida de que, com apoio em respeitável doutrina, há o reconhecimento de uma melhor técnica utilizada no CPC/73, agrupando dispositivos fundamentais de forma coerente. No art. 16 encontra-se o princípio geral da responsabilidade e, no art. 17, a enumeração casuística das hipóteses que se configuram como de má-fé, em que se adotou o procedimento, à época, da legislação portuguesa e colombiana. O último artigo sobre o tema, art. 18, traz a previsão das multas e indenizações em relação àquele que incidir nas condutas previstas nos artigos anteriores.(79)

Barbosa Moreira cita, ainda, outros dispositivos do CPC/73 que tratam da obrigação de indenizar como no caso de execução provisória da sentença (art. 588, I), também em sede de cautelar, em razão dos prejuízos decorrentes da implementação da medida (art. 811), havendo possibilidade de concorrência dessas normas com aquelas que tratam da litigância de má-fé.(80)

Ainda com base em uma visão geral e sistemática do tratamento dado pelo CPC/73 à responsabilidade por dano processual em comparação com o CPC/39, cabe registrar que aquele "deixou de lado a indicação genérica dos vícios do ato processual" na perspectiva do

---

(79) MOREIRA, José Carlos Barbosa, *op. cit.*, p. 486.

(80) MOREIRA, José Carlos Barbosa, *op. cit.*, p. 486-487.

direito civil e valorizou, na linha das codificações europeias à época, "o princípio da lealdade processual". Em outras palavras, o legislador processual de 1973 apontou, de forma discriminada, "os comportamentos incorretos das partes", com a sua classificação como casos de litigância de má-fé.(81)

Tem-se entendido, também, que há uma assimilação dos "deveres processuais à litigância de má-fé, sendo que essa conduta encontra repressão nos arts. 16 e 18 do referido CPC/73, não havendo prevenção para que os atos tipificados legalmente não ocorram", sendo que a atuação da norma legal é repressiva após a prática do ato e prejuízo à parte atingida. Também se reconhece que o instituto deveria ser ampliado para reprimir atitudes que acarretassem prejuízos "ao processo e à jurisdição".(82)

Trata-se da utilização da teoria da responsabilidade civil subjetiva do direito civil para o processo civil, sem prejuízo da chamada responsabilidade objetiva, independentemente da comprovação da intenção de prejudicar ou mesmo da culpa pela existência de um dano, o que impõe também o dever de indenizar. É a responsabilidade que decorre da movimentação da máquina judiciária (não se tratando de penalidade ou sanção por ato ilícito), consequência dos riscos da demanda, em que a parte arca com as despesas do processo sem considerar a sua conduta, dividindo-se a responsabilidade em subjetiva (arts. 16 a 18) e objetiva (art. 20), sendo que esta última independe da prática do abuso de direito.(83)

Na alteração introduzida pela Lei n. 8.952/94, no *caput* do art. 18, fixou-se a possibilidade da condenação de ofício do litigante de má-fé, independentemente de requerimento da parte contrária. Tal alteração permitiu ao juiz não ficar na dependência dos litigantes quando vislumbra uma conduta de má-fé da parte, ressaltando o caráter publicístico do processo que não se compatibiliza com atitudes ilegítimas, diferindo nesse ponto do CPC/39 em que havia necessidade de requerimento (art. 63) para que se imputasse à parte contrária a pecha de litigante de má-fé.(84)

Em artigo em que comenta a exigência de boa-fé no processo e o papel do juiz sob a égide do CPC/73, Humberto Theodoro Júnior assevera que o nosso ordenamento processual "reprime, de várias maneiras, a má-fé processual" como forma de valorizar as atitudes éticas no processo, dizendo que se procura "eliminar a pior mácula moral que uma atividade de pacificação social comprometida com a justiça poderia apresentar: a mentira e, consequentemente, a injustiça".(85)

---

(81) ABDO, Helena Najjar, *op. cit.*, p. 156.

(82) VICENZI, Brunela Vieira de, *op. cit.*, p. 98.

(83) VICENZI, Brunela Vieira de, *op. cit.*, p. 99, 102.

(84) VICENZI, Brunela Vieira de, *op. cit.*, p. 99.

(85) THEODORO JÚNIOR, Humberto. Boa-fé e processo: princípios éticos na repressão à litigância de má-fé — papel do juiz. In: MARINONI, Luiz Guilherme (Coord.). *Estudos de Direito Processual Civil*. São Paulo: Revista dos Tribunais, 2003. p. 636-647, p. 641.

Na linha de crítica ao abuso de direito como manifestação da quebra da boa-fé, inicialmente no direito civil, cumpre dizer que representou uma oposição dos valores éticos à frieza do texto legal no direito material, procurando demonstrar que o exercício abusivo do direito não se compatibiliza com o seu exercício regular, considerando como tal aquele que contraria a boa-fé, a moral e os bons costumes.(86)

Utiliza-se o Código Civil como paradigma sobre o tema, especialmente o art. 187, que qualifica o abuso de direito como ato ilícito no sentido de uma conduta disfuncional "com o desvio dos fins sociais, econômicos e éticos da lei". Verifica-se a repressão ao abuso de direito porque o ordenamento jurídico se acha comprometido em observar uma "ética inafastável do comportamento humano em sociedade".(87)

Na transposição da matéria para o CPC/73, o que se verifica é que noções como "lealdade e boa-fé, resistência injustificada, procedimento temerário", entre outros, não são precisas, significando muito mais parâmetros do que comando normativo como uma espécie de principiologia em relação à atuação da parte no processo. Trata-se de regra aberta a exigir complemento ou mesmo conteúdo por parte da jurisdição, exigindo a pesquisa de padrões éticos e morais por parte do juiz para o seu preenchimento na prática, seguindo "um determinado *standard* de moralidade que se identifica com a dignidade da justiça".(88)

A referência à previsão legal mencionada como sendo "uma cláusula geral processual" ou mesmo "uma cláusula geral de boa-fé", considerando as inúmeras situações de deslealdade que podem surgir no processo e que não conseguem ser abrangidas pela enumeração legal, porque, nesse ponto, mais do que em qualquer outro, o legislador não consegue vislumbrar todas as hipóteses que podem ocorrer na realidade. Nesse sentido entende-se que a legislação brasileira acertadamente fez a opção por uma norma geral que se encontra no art. 14, inciso II, do CPC/73, o que dispensaria a enumeração das demais condutas desleais.(89)

Ainda tendo por fundamento a positivação da boa-fé no CPC/73, tem-se a distinção entre boa-fé subjetiva, que é uma exigência nos atos processuais praticados, como mencionado no art. 273, II, do CPC/73, quando se tem "o manifesto propósito protelatório", e a boa-fé objetiva, que é norma de conduta a pautar comportamentos e procedimentos. Nessa linha de ideias deve ser mencionado o art. 14, II, do CPC/73, que não se relaciona à boa-fé subjetiva quanto à intenção daquele que pratica o ato processual, mas sim "de norma que

---

(86) THEODORO JÚNIOR, Humberto, *op. cit.*, p. 642.

(87) THEODORO JÚNIOR, Humberto, *op. cit.*, p. 642-643.

(88) THEODORO JÚNIOR, Humberto, *op. cit.*, p. 645-646.

(89) DIDIER JÚNIOR, Fredie. *Curso de Direito Processual Civil:* teoria geral do processo e processo de conhecimento. Salvador: JusPodivm, 2009. p. 46.

impõe condutas em conformidade com a boa-fé objetivamente considerada, independentemente de boas ou más intenções".[90]

Percebe-se, com estudo e previsão do tema no CPC/39 e, agora, no CPC/73, uma evolução em seu tratamento. O CPC/39 condena a atitude abusiva das partes, autor e réu, com extremo subjetivismo nas imputações, mas não deixando de exigir que se tenha um processo enxuto para afastar atitudes que não se guiem pela ética e pela moral. Procura impor o respeito à jurisdição, condenando atitudes irresponsáveis que possam comprometê-la logo em sua Introdução, até mesmo como princípio a servir de diretriz para as partes que atuam no processo.

O CPC/73 já tem Capítulo e Seção próprios sobre o tema, ampliando a exigência da observância dos deveres processuais, não apenas às partes como também em relação a todos aqueles que participam do processo. Entre os deveres, o do inciso II do art. 14, relativamente ao procedimento com lealdade e boa-fé, já evidencia a preocupação do legislador não só com atitudes que não sejam negativas, mas valorizando e tendo por referência comportamentos positivos guiados pela lealdade e boa-fé.

Depois de fixar os deveres de todos que estão no processo, o CPC/73 estabelece as hipóteses de responsabilidade por dano processual, arts. 16 e 17, que não são exaustivas, mas que servem para balizar o comportamento do que é vedado no processo com as punições decorrentes, como se vê do art. 18.

Pode-se dizer, então, que o CPC/73 abre caminho para uma visão que vai se consolidar no CPC vigente no sentido de se proceder a uma análise objetiva do comportamento das partes e de todos que participam do processo, considerando os atos praticados e não o subjetivismo representado pela descoberta das reais intenções de cada um.

2. Breves considerações de direito comparado

O avanço nos estudos do processo e o seu grau de desenvolvimento nos inúmeros ordenamentos processuais dos mais variados países preveem a existência de normas para fiscalizar a correção do procedimento daqueles que nele atuam.

Pode-se dizer que há uma preocupação comum contida nas diferentes legislações em exigir uma atuação de boa-fé e que seja vedada a prática de atos abusivos no processo, ficando as diferenças no tratamento do tema por conta da maior ou menor extensão das punições àqueles que atuam de forma irregular e a catalogação dos atos de má-fé de forma específica ou genérica, entre outros aspectos que envolvem o tema.

Nesse ponto cabe citar o Relatório Geral do professor Michele Taruffo, opção que se faz neste trabalho para apresentação de um quadro comparativo do assunto, que contém

---

(90) DIDIER JÚNIOR, Fredie, *op. cit., loc. cit.*

informações sobre o tratamento do tema em diversos países e sistemas jurídicos e, embora já tenham transcorrido alguns anos de sua elaboração, serve ainda para estabelecer um panorama da matéria nas diversas legislações processuais.[(91)]

A partir deste parágrafo, então, será feita uma síntese das principais conclusões do referido Relatório Geral, iniciando por dizer que se refere ao abuso de direitos processuais como ADP, sigla também agora adotada, com a informação de que em alguns países, como a França, existem regras claras para a sanção de abusos enquanto outros países não tratam abertamente do tema, havendo disposições gerais referindo-se à lealdade e à honestidade como padrões para a conduta processual das partes. Nesse quadro há uma posição identificada como de meio termo em que o ADP é concebido claramente e muitas vezes não se apresenta regulado de forma mais detalhada.[(92)]

Em relação aos países do *common law* há o relato de que não se têm definições gerais de ADP, mas sim tipologias e exemplos específicos de sua configuração e a existência de sanções para a sua prevenção e punição. No *civil law* não há uma uniformização na abordagem e, em alguns casos, fixam regras gerais e princípios que não se referem de forma expressa ao abuso, que é tratado como cláusula geral.[(93)]

No *civil law*, a boa-fé é a cláusula geral mais comum, "arraigada nas ideias gerais do direito", especialmente em tema do direito de propriedade do direito substantivo, derivando de valores gerais da lealdade, de forma mais geral e específica. No *common law* não se invoca uma cláusula geral de boa-fé, mas sim o devido processo legal como modelo de lealdade e padrão geral de aferição das "práticas processuais inadequadas".[(94)]

Entende-se também que o ADP, em que pese o seu endereçamento à parte contrária, no sentido de lhe trazer alguma desvantagem no processo, dirige-se, também, à administração da justiça. Em outras palavras, "práticas dilatórias podem ser consideradas de um ponto de vista da desvantagem imposta à outra parte, mas elas também podem ser negativamente consideradas em si mesmas, ou seja, como obstáculos objetivos ao funcionamento eficiente de procedimentos judiciais".[(95)]

Embora a possibilidade da prática de abusos pode se verificar em toda a extensão do procedimento, a sua presença é mais frequente nos pedidos de tutela sumária em que se omite parte das informações necessárias pelo receio de não se dar guarida à pretensão. Além das situações envolvendo os recursos e a execução, é na produção de provas que se manifesta

(91) TARUFFO, Michele. Abuso de direitos processuais: padrão comparativo de lealdade processual (Relatório Geral). *Revista de Processo*, São Paulo, v. 177, ano 34, p. 153-183, nov. 2009, p. 153.

(92) TARUFFO, Michele, *op. cit.*, p. 154-155.

(93) TARUFFO, Michele, *op. cit.*, p. 155-156.

(94) TARUFFO, Michele, *op. cit.*, p. 156-159.

(95) TARUFFO, Michele, *op. cit.*, p. 167.

com frequência a prática de atos abusivos, como requerimentos probatórios excessivos, impedimento a uma das partes de fazer uma prova importante em que o adversário não queira que essa seja realizada e, por último, a juntada de documentos em número desnecessário considerando-se o objeto da lide.(96)

De um ponto de vista subjetivo, o Relatório aponta os sujeitos do processo como passíveis de cometer ADP, iniciando pelo juiz, que pode cometer um "abuso de discricionariedade que é praticado principalmente pelo mau uso dos poderes gerenciais", no "desenvolvimento dos procedimentos judiciais" e na adoção de decisões equivocadas. Na mesma linha de entendimento, essa possibilidade pode também ser detectada na atuação do membro do Ministério Público.(97)

É, todavia, na atuação das partes e advogados que se tem a presença maciça dessa prática, inclusive no que se refere à separação de um e outro para responsabilização e pelo abuso cometido. Nos sistemas de *civil law* há uma tendência de se fundir a figura da parte e do advogado, sem distinção, não se atribuindo "ao advogado a responsabilidade principal pelo ADP". No *common law*, de uma forma geral, a orientação é diferente, considerando o ADP, de forma precípua, "como um problema relativo à responsabilidade profissional e ética do advogado", havendo um maior realismo do sistema como o reconhecimento do verdadeiro papel do advogado "e dos deveres e obrigações da profissão jurídica como um todo".(98)

No quesito das sanções a serem aplicadas, destacam-se a imposição "de pagamentos monetários ao autor do abuso; a previsão de consequências processuais em decorrência do abuso verificado como as nulidades, preclusões, rejeição de pretensões, entre outros; e, também, a possibilidade de comunicação ao órgão de classe para adoção de eventual medida punitiva".(99)

Tem-se acima, em síntese, as informações contidas no mencionado Relatório Geral acerca do tratamento do tema nos mais variados países e sistemas que, ainda que de forma diferenciada, encontra consenso no sentido de garantir a moralidade processual, aspecto que se encontra em permanente evolução.(100)

Cabe fazer um registro especial sobre a previsão da boa-fé na legislação processual portuguesa em razão da proximidade cultural e jurídica com o Brasil, da própria edição do CPC português, que é pouco mais de dois anos anterior ao nosso CPC vigente, e da identidade no tratamento da matéria.

---

(96) TARUFFO, Michele, *op. cit.*, p. 170-171.

(97) TARUFFO, Michele, *op. cit.*, p. 172-173.

(98) TARUFFO, Michele, *op. cit.*, p. 173-174.

(99) TARUFFO, Michele, *op. cit.*, p. 176-180.

(100) TARUFFO, Michele, *op. cit.*, *loc. cit.*

O CPC português, como o nosso, tem um Título específico (Título I) que trata das "Disposições Gerais e dos Princípios Fundamentais", figurando, no art. 8º, o dever de boa-fé processual, dispondo que as partes devem agir de boa-fé e observar os deveres de cooperação previstos no artigo anterior.(101)(102)

Não se fala, no ordenamento processual português, em espécies de boa-fé, objetiva ou subjetiva, aspecto que também se verifica no nosso ordenamento. A diferença de tratamento em relação ao nosso sistema processual é que não há, no nosso CPC, o título "Dever de Boa-fé Processual", sendo ainda certo que o CPC português se dirige apenas às partes enquanto o CPC brasileiro se refere a todos aqueles que participam do processo.

Na norma processual portuguesa há remissão aos deveres de cooperação como complemento a uma ação que deve ser guiada pela boa-fé, compondo um bloco de princípios/deveres que servem de diretriz para o comportamento das partes.

José Lebre de Freitas ensina que as partes no processo civil português, além de estarem sujeitas a ônus, não deixam de prestar reverência a deveres processuais, como os da boa-fé, cooperação, apresentação de documentos e recíproca correção, o que também tem aplicação "a terceiros intervenientes acidentais". O autor ressalta, referindo-se à cooperação no processo, o que também tem inteira aplicação ao dever de boa-fé, que as partes devem cooperar entre si (aí estão implícitas atitudes que se revistam de boa-fé) a fim de que o processo "realize a sua função em prazo razoável".(103)

Para a doutrina portuguesa, o CPC português de 2013 não trouxe maiores alterações em relação ao instituto da litigância de má-fé, mas que, embora não tenha tido maiores mudanças neste tema específico, sofreu as consequências do novo paradigma de processo. É que o princípio da boa-fé, colocado como disposição geral, está vinculado "ao exercício do direito de ação e à função do processo" e, nesta perspectiva, é que cabe analisar a atuação das partes.(104)

---

(101) Para Taruffo, que faz um comentário final sobre a evolução do tema e o seu tratamento, "essas reformas não caíram subitamente do céu: realmente, elas são o resultado de uma mudança ampla e profunda de atitudes acerca de problemas de lealdade processual que ocorreram em diversos países nas últimas décadas e ainda está em progresso. A ideia tradicional de que não há moralidade processual e que qualquer conduta processual é boa, desde que apenas se respeite a sua forma legal, não é mais confiável. Padrões de moralidade processual, justiça, lealdade, boa-fé, devido processo, correção, etc. tornam-se mais e mais penetrantes e relevantes mesmo em países onde eles não tinham real significância recentemente. Este fenômeno extremamente importante está em desenvolvimento. Ele emerge em diversas formas e em diferentes (e algumas vezes apenas parciais) resultados e evolui em diferentes ritmos. Todavia, a sua existência na maioria dos sistemas legais modernos parece inegável" (TARUFFO, Michele, *op. cit.*, 2009, p. 181).

(102) "Art. 8º Dever de boa-fé processual. As partes devem agir de boa-fé e observar os deveres de cooperação resultantes do preceituado no artigo anterior."

(103) FREITAS, José Lebre de. *Introdução ao processo civil.* 3. ed. Coimbra: Coimbra Editora, 2013. p. 185-186.

(104) XAVIER, Rita Lobo; FOLHADELA, Inês; CASTRO, Gonçalo Andrade e. *Elementos de Direito Processual Civil:* teoria geral, princípios, pressupostos. 2. ed. Porto: Universidade Católica, 2018. p. 81.

A avaliação de uma conduta abusiva deve, portanto, observar essa nova feição do sistema e a sua "respectiva lógica operativa", analisando-se a situação processual que comprometa a função do processo em violação da boa-fé processual. Tudo na forma prevista no art. 8º, que trata da boa-fé em "correlação com o princípio da cooperação previsto no art. 7º", ou seja, a aferição da boa-fé considerando a "lógica do sistema" que, por sua vez, é determinada pela função do processo em termos de processo cooperativo.[105]

Também não se pode deixar de citar, na legislação processual portuguesa, o art. 542º, que trata da "Responsabilidade no caso de má-fé — Noção de má-fé", dispondo que a litigância de má-fé acarreta a condenação em multa e indenização, ficando atrelada ao pedido da parte, sendo certo, ao que parece, que a exigência de requerimento diz respeito apenas à indenização.

Entre as hipóteses que caracterizam a litigância de má-fé, que se identificam com a nossa casuística legal, cabe destacar a previsão expressa contida na alínea "*c*" que se refere a quem "tiver praticado omissão grave do dever de cooperação" que, embora não figure em nosso ordenamento com os mesmos dizeres, pode ser extraída do conjunto das previsões legais sobre o tema, demonstrando a integração da boa-fé e da cooperação existente na legislação portuguesa mencionada anteriormente.

Na mesma linha de tratamento do tema, no sentido de impedir a utilização nociva do processo em detrimento de sua correta finalidade como instrumento de justiça e de busca da verdade, deve ser ainda apontado o art. 612º do CPC português ao se referir ao "Uso Anormal do Processo", em que as partes, em conluio, se servem do processo para praticar ato simulado ou proibido em lei, cabendo ao Judiciário impedir que esse procedimento tenha êxito e seja levado adiante.

A respeito desses dispositivos legais, a doutrina processual portuguesa esclarece que a hipótese de simulação de um litígio, como previsto no art. 612º, constitui-se em "violação ao dever de boa-fé processual". Acrescenta, na interpretação do referido artigo, que o essencial, citando Lebre de Freitas, é "o desvio consistente na pretensão de realização por acordo entre ambas as partes, de uma finalidade divergente da finalidade do processo civil", impondo-se uma reação do juiz com fundamento nas ausências do interesse de agir e de um verdadeiro conflito de interesses.[106]

Na comparação dos arts. 612º e 542º, a doutrina esclarece que este último trata das hipóteses de litigância de má-fé praticadas por uma das partes, "censurada pela lei independentemente do resultado", sendo que a aplicação da multa é realizada de ofício, observando-se apenas o contraditório para definição da litigância de má-fé. Como conclusão da comparação efetuada em relação a ambos os dispositivos mencionados, tem-se o entendimento

(105) XAVIER, Rita Lobo; FOLHADELA, Inês; CASTRO, Gonçalo Andrade e, *op. cit.*, p. 81-82.

(106) XAVIER, Rita Lobo; FOLHADELA, Inês; CASTRO, Gonçalo Andrade e, *op. cit.*, p. 80.

de que as situações de uso anormal do processo, previstas no art. 612º, incluem-se também como de litigância de má-fé.(107)

Pode-se dizer, como síntese do que se escreveu anteriormente sobre o tratamento do tema da responsabilidade por dano processual nos diversos ordenamentos e sistemas, que há um denominador comum representado pela preocupação de tornar o processo livre de atitudes que não se guiem pela boa-fé no procedimento, considerada como paradigma para atuação de todos aqueles que participam do processo.

Nessa mesma direção constata-se que, com o objetivo de garantir a prevalência da boa-fé, os sistemas têm diferentes disposições, gerais e específicas, sobre o tema, com fundamentos diversos, como a própria boa-fé e a observância do devido processo legal como referencial das condutas. Há, também, divergências em relação à punição das partes e dos advogados, estabelecendo a fixação de responsabilidades de forma diferenciada, assim como as punições.

Tem-se, por fim, que o ordenamento processual português, assim como o nosso, coloca a previsão da boa-fé como norma fundamental do processo no mesmo patamar de outros princípios também essenciais, fixando-a como diretriz a ser observada em todo o ordenamento jurídico.

3. Boa-fé

A boa-fé, do latim *bona fides*, significa correção, retidão, não se diferenciando o seu sentido daquilo que deve estar presente no cotidiano, tanto nas intenções como nas ações, como também no processo como instrumento fundamental para a pesquisa e a demonstração da verdade.

Como restou mencionado, na evolução histórica do tema, é no direito romano que se encontram estudos sobre a boa-fé, atribuindo-lhe um significado ético a compor os ordenamentos jurídicos dos vários países. Na Idade Média, com forte influência do Cristianismo, que serve para caracterizar essa etapa da história, a boa-fé tem relevância em razão da influência do direito canônico.(108)

No Estado Liberal que se seguiu, a boa-fé ficou em segundo plano em nome do contratualismo apoiado na autonomia da vontade, positivando-se apenas com o Código de Napoleão, mas de forma atenuada pela visão do juiz como mera "boca da lei". Aponta-se o BGB, Código Civil alemão, de 1900, como grande precursor da boa-fé no direito material

(107) SILVA, Bruno Freire e; MAZZOLA, Marcelo. Litigância de má-fé no novo CPC: realidades e questões controvertidas — responsabilidade do advogado. *Revista de Processo*, São Paulo, v. 264, ano 42, p. 51-81, fev. 2017, p. 53.

(108) XAVIER, Rita Lobo; FOLHADELA, Inês; CASTRO, Gonçalo Andrade e, *op. cit.*, p. 80-81.

(códigos civis europeus), em suas espécies subjetiva e objetiva, em especial nos Códigos italiano (1942), português (1966) e espanhol (1974).[109]

No Brasil, a repressão ao abuso de direito surge, inicialmente, nas Ordenações Filipinas por orientação das Ordenações Manuelinas, sendo certo que a expressão boa-fé apenas apareceu no art. 131 do Código Comercial de 1850 como regra de interpretação dos contratos e não como norma de criação de deveres. Também há previsão da boa-fé no Código Civil de 1916, mas de forma restritiva e não como cláusula geral, o que só veio a ocorrer no Código de Defesa do Consumidor de 1990 e, de forma mais acentuada, com o Código Civil de 2002, passando a figurar como cláusula geral nas "normas de direito contratual".[110]

No plano do processo – já assentada a distinção entre boa-fé subjetiva e objetiva, com preponderância desta última como "um padrão objetivo de conduta, lealdade e transparência", pouco importando a intenção das partes –, surge como decorrência do princípio geral da boa-fé com a previsão de responsabilidade das partes por dano causado e a fixação de sanções (CPC/39), mas, principalmente no CPC/73, elencando "os novos deveres das partes e de todos aqueles que participam do processo".[111]

Retomando o que foi citado na Introdução deste trabalho, ou seja, a verdade como tema de especial relevância, não se pode deixar de reconhecer, em universo mais restrito, que ela é indispensável ao Estado Constitucional, verdadeiro contraponto do Estado Totalitário, na medida em que a verdade ou a busca da verdade é uma de suas características.

A doutrina constitucional alemã deixa evidenciado que, na sociedade, em sua composição, há o objetivo de ser trilhado "o caminho da busca da verdade, o que representa o seu próprio objetivo", acrescentando que o Estado busca verdades objetivas com verdades subjetivas a exemplo da prova testemunhal. No Judiciário, com a denominação de terceiro poder, cuja independência é pressuposta para que se procure, de forma incisiva, a investigação da verdade por meio de seus procedimentos, pode-se citar a "independência pessoal e funcional do juiz, normas de suspeição, postulado da investigação imparcial da verdade e a publicidade" como garantias conexas da busca da verdade.[112]

Peter Häberle acrescenta que, no Estado Constitucional, o princípio nele presente do Estado de Direito estabelece uma intensa vinculação com o "eterno processo da busca da verdade". O autor ensina também que há uma ligação dos "problemas da verdade com o Estado Constitucional", essencial à sua existência, porquanto o ser humano que o compõe "é predisposto à verdade e, pelo menos, à veracidade".[113]

---

(109) SILVA, Bruno Freire e; MAZZOLA, Marcelo, *op. cit.*, p. 53-54.

(110) SILVA, Bruno Freire e; MAZZOLA, Marcelo, *op. cit.*, p. 54-55.

(111) SILVA, Bruno Freire e; MAZZOLA, Marcelo, *op. cit.*, p. 56-57.

(112) HÄBERLE, Peter, *op. cit.*, p. 118.

(113) HÄBERLE, Peter, *op. cit.*, p. 138.

O constitucionalista alemão deixa clara a conexão da verdade com a liberdade, democracia, equidade e o bem comum, valores consagrados no Estado Constitucional, e que a verdade, ao figurar no Preâmbulo das Constituições, tem natureza ético-constitucional, sendo que a proibição constitucional da mentira é conexa à dignidade da pessoa humana no sentido de Kant ("quem mente, fere a sua própria dignidade e a da humanidade").(114)

É nesse sentido que a boa-fé se inscreve como princípio processual na medida em que é uma norma de conduta que deve estar presente no processo com direcionamento para a obtenção da verdade, na mencionada busca eterna por ela, inerente ao Estado Constitucional e objeto de seu instrumento representado pelo processo.

Indiscutivelmente que o nosso sistema se encontra sob a égide do Estado Constitucional, em que a preponderância da Constituição dita processual funciona como determinante para fundamentar os princípios processuais e estabelecer as suas diretrizes como ocorre com a boa-fé.

Tratando desse novo paradigma representado pelo Estado Constitucional, a doutrina esclarece, referindo-se ao nosso sistema jurídico, que se tem atualmente o "surgimento de um Estado Constitucional, acarretando alteração nos modelos conceituais de jurisdição". Neste sentido entende-se que o princípio da legalidade ganha nova dimensão e, por força do Estado Constitucional brasileiro, há uma quebra de paradigma, não havendo como "ensinar (estudar) direito processual civil sem antes tratar de uma teoria do processo elaborada à luz do Estado Constitucional e das teorias dos direitos fundamentais".(115)

Nessa nova concepção, representada pelo Estado Constitucional, agregou-se o "qualificativo substancial" para demonstrar a "conformação da lei com a Constituição" e com os direitos fundamentais. Essa ideia é consequência de um positivismo crítico com elementos para oferecer ao juiz a possibilidade de se ter a lei em consonância com a Constituição.(116)

É nessa perspectiva de Estado Constitucional, referido de uma forma geral por Peter Häberle e, de forma específica, tratando de nossa realidade, por Marinoni, que se tem a necessidade de considerar a boa-fé como norma fundamental no CPC vigente, vinculada aos princípios processuais previstos na Constituição vigente.

Nesse ponto é que determinado segmento de nossa doutrina processual chama a atenção para a necessidade de se apontar um fundamento constitucional para o princípio da boa-fé. Nessa linha de raciocínio aponta o art. 3º, I, da CF, como "fundamento constitucional para a boa-fé objetiva", ao fazer referência à solidariedade como dever a ser observado para evitar a "quebra de confiança" e a ação sem deslealdade, citando Brunela Vieira de Vicenzi,

(114) HÄBERLE, Peter, *op. cit.*, p. 139-141.

(115) MARINONI, Luiz Guilherme. *Curso de Direito Processual Civil:* teoria geral do processo. v. 1. São Paulo: Revista dos Tribunais, 2006. p. 10.

(116) MARINONI, Luiz Guilherme, *op. cit.*, p. 21-22.

ou, ainda, como forma de concretizar a "proteção constitucional à dignidade da pessoa humana (art. 1º, III, da CF/88)".(117)

Ainda na busca de se fixar um fundamento constitucional para a boa-fé, com base em entendimento doutrinário, faz-se referência a um direito fundamental à igualdade, como também se pode depreender o seu fundamento no princípio do contraditório na sua faceta de colaboração para o exercício da jurisdição, representando a boa-fé um verdadeiro limite ao exercício do contraditório que não pode ultrapassar essa barreira.(118)

Fredie Didier Júnior, citando Joan Pico i Junoy, esclarece que a boa-fé tem seu fundamento na cláusula do devido processo legal como forma de limitar a pretensão de tutela, a defesa e as garantias do processo, informando que essa é também a posição do Supremo Tribunal Federal, em que a "cláusula do devido processo legal exige um processo leal e pautado na boa-fé". Como consequência, submete todos aqueles que participam do processo, só pelo fato de se fundar na cláusula do devido processo legal, com referência à adoção desse mesmo fundamento para aferição dos procedimentos no direito norte-americano, sintetizando a matéria na "existência de um dever geral de boa-fé como conteúdo do devido processo legal".(119)

Como restou mencionado no item relativo ao direito comparado, no Relatório da lavra de Michele Taruffo, a exigência de boa-fé nos processos do *common law* tem origem no devido processo legal, que traz subjacente essa exigência em sua dimensão mais ampla possível, vinculada de forma mais acentuada a esta expressão do que propriamente à ideia de uma moralidade processual, que é o fundamento adotado nos países do *civil law*.

Fixada a vinculação da boa-fé com a finalidade do processo como um mecanismo de obtenção da verdade, própria de um Estado Constitucional, de uma forma geral e especificamente do Estado Constitucional brasileiro, é necessário agora traçar os contornos doutrinários desse importante instituto e o seu tratamento na legislação infraconstitucional.

Embora não falando propriamente da boa-fé ou má-fé, mas sem dúvida alguma com essas conotações, cabe citar a referência à utilização do processo para fins anormais na doutrina processual mais antiga e fundante do nosso sistema processual ao dizer que, "por vezes, as partes utilizam o processo para fim diverso de sua destinação fundamental". Faz, nesse aspecto, a distinção entre o processo aparente e o simulado, sendo que este último tem o objetivo "de conseguir o resultado prático equivalente a um negócio que não se pode

(117) DIDIER JÚNIOR, Fredie. *Curso de Direito Processual Civil:* introdução ao direito processual civil — parte geral e processo de conhecimento. 17. ed. Salvador: JusPodivm, 2015. p. 107.

(118) DIDIER JÚNIOR, Fredie, *op. cit.*, p. 108.

(119) DIDIER JÚNIOR, Fredie, *op. cit.*, p. 108-109.

validamente constituir" ou mesmo "de um estado jurídico que as partes entre si reconhecem inexistente".(120)

Também no campo do direito material, particularmente nas relações contratuais, os contornos da boa-fé objetiva nele presentes servem de inspiração para que seja adotada no processo. É que, tanto no direito material quanto no processual, a boa-fé tem "uma função interpretativa" na relação firmada entre as partes tanto no tocante à relação principal como as que derivam dela.(121)

Nessa linha de atuação da boa-fé objetiva nas relações jurídicas tem-se a sua função também integrativa, atuando sobre o objeto principal de determinada relação jurídico-contratual, como também em relação à conduta das partes para se atingir "as satisfações dos contratantes de forma real e efetiva".(122)

Como já mencionado quando se tratou do direito português e do significado da boa-fé objetiva na moderna concepção de processo, foi dito que ela representa um novo paradigma na atuação daqueles que participam do processo muito em função de sua simbiose com a cooperação, o que tem inteira aplicação em nosso sistema. Não é uma atuação identificada com a mera ausência da prática de ilícitos ou mesmo em relação à melhor ou pior intenção das partes em relação às iniciativas adotadas no processo, mas verdadeiramente ações que, de um ponto de vista objetivo, sejam tidas como positivas no sentido de o processo cumprir a sua missão.

A boa-fé representa verdadeiro limite ao exercício dos direitos, sendo que a modalidade subjetiva dá lugar à sua conformação objetiva com a fixação de "parâmetros objetivos para sua aplicação (ou avaliação) pelo juiz". Nela são inferidas condutas de honestidade, lealdade, retidão e de cooperação com a parte contrária e com a sociedade.(123)

Embora presente no Código Civil de 1916, é no Código Civil vigente que se tem um tratamento mais amplo da boa-fé objetiva, como se vê dos arts. 113, 422 e 765, sendo ainda certo que se retira do conjunto das normas referidas a sua condição de princípio geral de direito a ser considerado nos julgamentos. Acrescenta a doutrina que há uma "aplicação corretiva da boa-fé objetiva" também em posições jurídicas que dizem respeito a "poderes,

---

(120) CHIOVENDA, Giuseppe. *Instituições de Direito Processual Civil*. Tradução de J. Guimarães Menegale. Acompanhada de notas de Enrico Tullio Liebman. v. 1. São Paulo: Saraiva, 1942. p. 87-88.

(121) FRANZOLIN, Cláudio José. A relação contratual no Código Civil: a função social e o princípio da boa-fé objetiva – o processo na perspectiva do direito material (a tutela dos contratantes e o perfil solidário e dinâmico dos contratos). In: BUENO, Cássio Scarpinella (Coord.). *Impactos processuais do Direito Civil*. São Paulo: Saraiva, 2008. p. 254-298, p. 268.

(122) FRANZOLIN, Cláudio José, *op. cit.*, p. 268.

(123) VICENZI, Brunela Vieira de, *op. cit.*, p. 158-159.

faculdades, ônus, direitos potestativos e deveres", considerando como inadmissíveis determinadas posições jurídicas, a exemplo do *venire contra factum proprium*".(124)

Ainda na vigência do CPC/73 já se falava em uma integração da boa-fé como dever de colaboração, porquanto se entendia a boa-fé objetiva como "criadora de deveres acessórios" já sinalizando para uma atitude de cooperação das partes no processo, visando a que atingisse as suas finalidades. Na realidade, a mudança de patamar que já se avizinhava significa que deveriam ser superadas as situações de vedação de atuações abusivas e resistentes ao processo para se atingir finalidades superiores de ordem objetiva como a "busca da verdade controvertida pelas partes em colaboração ou, ainda, a realização rápida do processo".(125)

Na perspectiva de se ter um processo com iniciativas positivas em prol de uma jurisdição célere e que entregue a melhor decisão é que deve ser considerada a boa-fé prevista no CPC vigente e, embora não o dizendo expressamente, é consenso de que se trata da boa-fé objetiva como exigência imposta a todos quantos participem do processo.

A sinalização de sua observância como resultado da elevação dos valores a serem observados por todos aqueles que atuam no processo decorre da sua inserção como norma fundamental do processo civil e serve para explicitar o apreço que o legislador dá à atuação de boa-fé, representando uma extensão do conjunto de valores positivados na Constituição e no CPC.

A boa-fé, como se verifica também no CPC português, está intimamente vinculada à cooperação como postura a ser adotada no processo e, tanto isso é certo, que o dispositivo que dela dispõe antecede o art. 6º que trata da cooperação, servindo como uma espécie de pressuposto desta última.

O seu significado como princípio impõe que se atribua a ela a condição de cláusula geral processual ou como cláusula geral de boa-fé para ter abrangência sobre as inúmeras situações que podem se verificar no processo, que não poderia ser enquadrada em uma enumeração legal, como já afirmara Fredie Didier Júnior, quando ainda estávamos sob a égide do CPC/73. Nessa linha de raciocínio o autor deixa claro que esse sentido de cláusula geral se encontra traduzido pelo art. 5º do CPC, o que dispensa a discriminação de quaisquer outras condutas tidas por desleais.(126)

Pode-se dizer, portanto, que a boa-fé objetiva prevista no CPC vigente deve ser lida a partir da consideração da estrutura de nosso processo e o "modelo de prestação jurisdicional" adotado no país. É que, como já afirmado neste estudo, a boa-fé não é apenas um contraponto para os atos praticados de má-fé, mas representa um "pressuposto geral de

(124) VICENZI, Brunela Vieira de, *op. cit.*, p. 164-165.

(125) VICENZI, Brunela Vieira de, *op. cit.*, p. 170-172.

(126) DIDIER JÚNIOR, Fredie, *op. cit.*, p. 105.

conduta de todos os sujeitos processuais". Como forma também de diferenciá-la de uma perspectiva subjetivista que não se atém ao mero "comportamento do agente, sob o prisma volitivo", busca-se "a aferição de sua adequação jurídica sob a perspectiva de seus resultados concretos".(127)

A boa-fé objetiva pode, então, ser identificada a partir de situações jurídicas que servem de parâmetro para a sua aferição, como a *exceptio doli*, o *venire contra factum proprium*, a *supressio*, a *surrectio* e o *tu quoque*, explicitando que comportamentos enquadrados neste tipo de procedimento não têm guarida no nosso direito e se distanciam de uma atitude de cooperação no processo.

Como esclarecimento de cada uma dessas situações que fundamentam o reconhecimento de que não se compatibilizam com a boa-fé objetiva, tem-se que o *venire contra factum proprium* é a utilização de comportamentos desleais e que acarretam a quebra de confiança; a *supressio*, que representa a "perda de uma situação jurídica de vantagem pelo não exercício do direito e que gera uma expectativa legítima no outro sujeito"; a *surrectio*, que é um "ganho de confiança de uma parte na obtenção de situação jurídica de vantagem em virtude da omissão da outra parte no exercício do direito"; e o *tu quoque*, "que significa o emprego de conclusões diversas para situações substancialmente idênticas".(128)

A par das atitudes apontadas doutrinariamente como indicativas para aferição de condutas que, se tipificadas, redundariam em uma atuação que se distanciaria da boa-fé, o art. 77 e seus incisos do CPC vigente deixam claro os deveres a serem preenchidos por todos que participam do processo identificados com a boa-fé objetiva.

Entre os deveres listados, que praticamente repetem os previstos no art. 14 do CPC/73, não houve a inclusão da lealdade e da boa-fé, constantes do inciso II, pela óbvia razão de que a boa-fé foi tratada, como já mencionada inúmeras vezes neste trabalho, como norma fundamental de processo englobando a lealdade também em seu viés objetivo.

Em relação a esse último aspecto, a lealdade é aferida mediante os atos processuais praticados pelas partes no processo, o que pode ser deduzido pela observância dos deveres positivados no CPC. Em outras palavras, muito mais do que a verificação da intenção, é na análise dos atos praticados no processo que se pode deduzir a existência de lealdade no comportamento de quantos dele participam.

Na leitura do art. 77 e seus incisos verifica-se o desdobramento do princípio da boa-fé, que figura como norma fundamental do processo, podendo ser agrupados os incisos I e II do referido artigo que retratam bem a necessidade de se observar a verdade na alegação dos

---

(127) MARCONDES, Gustavo Viegas. A boa-fé processual objetiva e a estabilização das questões de admissibilidade. *Revista de Processo*, São Paulo, v. 311, ano 46, p. 39-58, jan. 2021, p. 41.

(128) FRANCO, Marcelo Veiga. *Processo justo e legitimidade da jurisdição.* Belo Horizonte: Del Rey, 2016. p. 109.

fatos em juízo e na apresentação das pretensões do autor e do réu, sendo que essas últimas não podem ser destituídas de fundamento com inequívoca ciência das partes quanto a este aspecto.

Nesse passo cabe citar Taruffo quando diz que "as narrativas constroem os fatos que são contados", acrescentando que "de certa maneira, portanto, a construção de uma narrativa por parte do autor é também a construção dos fatos que o autor conta".[(129)] Trata-se então de uma realidade criada pela narrativa e que terá de ter correspondência com os fatos a fim de que preencham os requisitos de boa-fé objetiva para serem considerados.

Nos incisos seguintes do art. 77, III e IV, o objetivo do legislador, como o de 1973, foi não permitir a prática de atos processuais (especificando também com as provas) inúteis ou desnecessários, considerando o contexto do processo e o descumprimento ou o embaraço no cumprimento de decisões que possam criar impedimentos à sua efetivação, com os mesmos objetivos dos incisos do parágrafo anterior em que se vedam ações diversas que têm a finalidade de desviar o processo de seu desiderato.

E, nos incisos derradeiros do mesmo art. 77, V e VI, que se voltam para facilitar a entrega da prestação jurisdicional, não se admite que a ausência de informações sobre o endereço e as inovações no objeto litigioso possam dificultar ou comprometer a prestação jurisdicional.

Nos §§ 1º a 8º que se seguem, o legislador fixou punições pelo descumprimento dos incisos que os precedem, destacando-se que os incisos IV e VI podem ser considerados como atos atentatórios à dignidade da justiça, sempre precedidos da advertência para aplicação de multa que os reveste de maior gravidade; a não aplicação das penalidades aos advogados públicos ou privados e aos membros da Defensoria Pública e do Ministério Público, não significando com isso que estejam isentos de punição, mas apenas das previstas nos §§ 2º a 5º do art. 77, podendo ser responsabilizados pelos órgãos de classe ou Corregedorias; e a proibição de que a parte se manifeste nos autos até a purgação do atentado, na forma prevista no § 7º do art. 77.

Quanto a esse último (art. 77, § 7º) cabe dizer que não há inconstitucionalidade no dispositivo, tratando-se de "técnica coercitiva" para forçar a purgação do atentado. Rigorosamente, o juiz não está obrigado a impor essa punição, mas apenas quando se mostrar "idônea para a realização da tutela contra o ilícito", que deve ser "aferida em função de sua necessidade e adequação para a prestação da tutela de direito".[(130)]

---

(129) TARUFFO, Michele. *Uma simples verdade:* o juiz e a construção dos fatos. Tradução de Vítor de Paula Ramos. São Paulo: Marcial Pons, 2012. p. 73.

(130) MARINONI, Luiz Guilherme; ARENHART, Sérgio Cruz; MITIDIERO, Daniel. *Novo Código de Processo Civil comentado.* São Paulo: Revista dos Tribunais, 2015. p. 165.

No processo do trabalho, a matéria relativa à boa-fé, como de resto em qualquer processo, é da mais absoluta imprescindibilidade, porquanto situações de desigualdade existentes na relação jurídica de direito material potencializam a possibilidade de que a boa-fé fique comprometida no âmbito processual.

Nesse aspecto, o que consta do CPC, que se coloca como norma geral de processo em nosso sistema, em especial quando fixa normas fundamentais de processo, é o bastante para que a boa-fé objetiva se imponha no processo do trabalho, observando uma nova configuração de processo sustentada em um padrão de conduta que privilegia atitudes positivas para garantia de uma marcha procedimental sem desvios.

Não obstante, o art. 15 do mesmo CPC autoriza a utilização de disposições do Código para aplicação supletiva e subsidiária nos processos trabalhistas, leitura que deve ser realizada de forma conjugada com o art. 769 da CLT, que estabelece critérios de omissão e compatibilidade para adoção das normas processuais civis.

É importante dizer inicialmente que, como a exigência de boa-fé se dirige a todos que atuam no processo, não se pode deixar de reconhecer que se aplica também ao juiz, em especial com a impossibilidade de retornar a fases anteriores já ultrapassadas. Não se admite assim o denominado refluxo do processo, porquanto, dependendo do estágio em que se encontra o procedimento, não é possível o retorno a fases superadas "ainda que para tanto seja necessário desconsiderar eventuais vícios de natureza processual".(131)

No mesmo sentido em relação às partes e, nesse caso, em se tratando de boa-fé como norma de conduta a ser observada tanto no direito material quanto no direito processual, não há que se invocar o princípio da proteção, pois, embora de reconhecida relevância no processo do trabalho, é evidente que não se sobrepõe à norma fundamental de elevado conteúdo ético como é a boa-fé.

Cumpre observar que a boa-fé anda de par com o princípio da cooperação que, por sua vez, tem por fundamento o contraditório em sua acepção atual de se exigir uma intensa participação das partes no procedimento e na formação do convencimento do juiz para decisão. Registrando-se também em reforço ao afirmado no parágrafo anterior, que a boa-fé tem respaldo constitucional, prevalecendo sobre princípios como o da proteção que decorre do sistema da legislação processual trabalhista.

Como desdobramento do princípio da boa-fé, na forma prevista no art. 77, incisos I e II, cabe mencionar o art. 765 da CLT no processo do trabalho que bem retrata o caráter inquisitorial do procedimento trabalhista. É que dele constam a direção do processo com ampla liberdade por parte do juiz e a fiscalização que deve exercer para o andamento rápido das causas, sendo que para isso pode determinar que se realizem diligências necessárias ao pronto esclarecimento da controvérsia levada a juízo.

---

(131) MARCONDES, Gustavo Viegas, *op. cit.*, p. 55.

Nesse aspecto, como forma de se esclarecer sobre o processo, o juiz pode determinar, a qualquer tempo, o comparecimento pessoal das partes para inquiri-las sobre os fatos da causa, na forma do art. 139, VIII, do CPC. Aqui, portanto, cabe lembrar a disposição do art. 77, I, do CPC no sentido de que os fatos devem ser expostos em juízo conforme a verdade sem contradição com as alegações contidas na inicial e na defesa.

A necessidade de ser observada a verdade diz respeito às partes, mas também a todos que participam do processo como uma espécie de vetor a conduzir atos processuais. É nessa perspectiva, também, como consequência do princípio da boa-fé, como padrão de conduta processual informada pela ética que a todos se impõe, que se justifica a multa à testemunha que intencionalmente altera a verdade dos fatos ou omite fatos essenciais ao julgamento da causa, na forma prevista no art. 793-D da CLT.

O registro de que, embora a testemunha que se enquadre na tipificação do art. 793-D da CLT esteja sujeita à mesma multa imposta ao litigante de má-fé, o fundamento para a sua aplicação é o comportamento contrário à boa-fé objetiva por alterar a verdade ou mesmo omiti-la, refletindo uma inovação na legislação processual do trabalho que se encontra em consonância com a previsão de boa-fé do art. 5º do CPC.

Conquanto não haja dispositivo legal expresso no processo do trabalho tratando da boa-fé, inclusive em relação a deveres a serem observados por todos aqueles que participam do processo, como ocorre no processo civil, é certo que essa previsão, como consequência de um novo paradigma de processo, a partir da Constituição da República e, mais especificamente, da constitucionalização do processo contida no CPC vigente, tem a mais plena e necessária aplicação ao processo do trabalho, inclusive pela leitura que se fez anteriormente dos arts. 765 e 793-D da CLT.

O Tribunal Superior do Trabalho (TST), em seus julgados, faz referência à boa-fé processual objetiva como referencial de conduta das partes e eventual apenação delas. No primeiro acórdão citado abaixo há menção à boa-fé no processo, alegada pela parte recorrente, mas não acatado pela relatora, ao dizer que não houve o cumprimento da obrigação de fazer no prazo assinado de trinta dias, relativamente à adequação da folha de pagamento, recálculo do valor e à reserva matemática, mantendo a multa de R$ 100,00 por dia de descumprimento.(132) Em outro julgado sobre o mesmo tema, o Tribunal entendeu que o autor se houve como litigante de má-fé, independentemente do resultado da lide, citando

(132) BRASIL. Tribunal Superior do Trabalho. *Agravo em Recurso de Revista n. 1086-72.2011.5.04.0005*. Agravantes: Caixa Econômica Federal — CEF e Fundação dos Economiários Federais — FUNCEF. Agravado: Eduardo Armani. Relatora: Ministra Delaíde Miranda Arantes. Julgamento: 2 set. 2020. Órgão Julgador: Segunda Turma. Publicação: *DEJT*, 4 set. 2020. Disponível em: <https://jurisprudencia-backend.tst.jus.br/rest/documentos/71dadde48f9489e78dabee0e647fc2a5>. Acesso em: 14 abr. 2021.

Marinoni e Mitidiero para dizer que "está de boa-fé no processo aquele que se comporta de forma aceitável, segundo padrões de conduta socialmente adequados".[133]

No âmbito do TRT-MG — em decisão proferida na fase de execução, com remissão aos arts. 77 e 774 do CPC na transcrição que faz da sentença para a sua confirmação quanto à exigência da boa-fé, indispensável na conduta processual das partes —, registra que a interposição da medida para criar embaraços à efetivação da decisão proferida deve ser reprimida, afirmando que a conduta adotada pela parte não pode ser confundida com o regular exercício do direito de defesa.[134]

4. Abuso do processo

O abuso do processo enquadra-se também na noção de boa-fé objetiva na medida em que se pretende que, mesmo praticando atos lícitos, as partes não abusem desse direito para não prejudicar o objetivo maior representado pela necessidade de se garantir a efetividade da jurisdição.

Para melhor conceituar o ato abusivo, o que fica melhor evidenciado na sua comparação com o ato ilícito, tem-se como pressuposto a existência de um direito subjetivo, de titularidade do agente, que é exercido (**a irregularidade está no exercício do direito**) de maneira anormal com desvio de finalidade. Reveste-se o ato de aparente legalidade, registrando-se que pode resultar em uma "excessiva duração do processo" em face do abuso perpetrado.[135]

Referindo-se ao conceito de abuso de direito, há quem entenda que há uma incorreção semântica na expressão, porquanto o que se tem é um exercício irregular de um direito. Conclui-se que o abuso não é do direito, mas do mal-uso que se faz dele, acarretando um desvio de finalidade e de normalidade.[136]

Trata-se de uma conduta que tem apoio no direito, mas que por sua finalidade se distancia dele, implicando em um não direito, ou seja, utiliza-se do direito subjetivo que se tem, com amparo legal, para um procedimento distorcido que se considera como cláusula

---

(133) BRASIL. Tribunal Superior do Trabalho. Subseção II Especializada em Dissídios Individuais. *Recurso Ordinário n. 445-29.2014.5.10.0000.* Recorrente: União Química Farmacêutica Nacional S.A. Recorridos: Daniel Almeida Tavares e Art Pack Embalagens Ltda. Relator: Ministro Douglas Alencar Rodrigues. Julgamento: 26 maio 2020. Órgão Julgador: XXXX. Publicação: *DEJT*, 29 maio 2020. Disponível em: <https://jurisprudencia-backend.tst.jus.br/rest/documentos/30f6bb3c945bb460d0d1b48497cbfebb>. Acesso em: 14 abr. 2021.

(134) MINAS GERAIS. Tribunal Regional do Trabalho da 3ª Região. *Agravo de Petição n. 0000249-34.2014.5.03.0136.* Agravante: Ediminas S.A. Editora Gráfica Industrial de Minas Gerais. Agravados: Rosângela Guimarães Teixeira Pires e outros. Relator: Jales Valadão Cardoso. Julgamento: 4 abr. 2022. Órgão Julgador: Segunda Turma. Publicação: 7 abr. 2022. Disponível em: <https://juris.trt3.jus.br/juris/detalhe.htm?conversationId=2726>. Acesso em: 14 abr. 2021.

(135) ABDO, Helena Najjar, *op. cit.*, p. 19, 22-23.

(136) VIANNA, José Ricardo Alvarez. Apontamentos sobre a litigância de má-fé no CPC/2015. *Revista de Processo*, São Paulo, v. 280, ano 43, p. 143-167, jun. 2018, p. 147.

geral no art. 187 do Código Civil vigente. Tal previsão legal eleva a princípio geral de direito a vedação do abuso que, na doutrina de Humberto Ávila, ganha o *status* de postulado como balizamento para realização de outras normas.[137]

Também se entende que o abuso processual se refere ao exercício em excesso de posições jurídicas em relação a um determinado processo, representando um desvio grosseiro e prejudicial dos padrões normalmente utilizados.[138]

A doutrina aponta características que contribuem para uma melhor compreensão do instituto do abuso do processo, explicitando que tem origem no abuso do direito, com a sua configuração atual a partir de 1950 como contraponto à mentalidade vinculada à codificação do século XIX. Em consequência desse aspecto, relativamente à origem do abuso, cabe fazer a sua transposição para o processo, fixando-se a ideia de que se refere ao uso anormal e incorreto das várias situações objetivas existentes como ônus, faculdades e poderes fundados no ordenamento processual.[139]

Como essas situações permitem escolhas, forte na garantia constitucional da liberdade, há um espaço de manobra a ser exercido pelas partes que pode resultar no desvio de finalidade do processo, fazendo-se tábula rasa da instrumentalidade e de seus objetivos como também de outros elementos que restam evidenciados na análise do caso concreto.[140]

Além dos elementos que compõem o ato abusivo, existem pontos em comum das mais diversas teorias que tratam do tema como a denominada aparência de legalidade do ato abusivo, o que o distingue do ato ilícito; a precedência de um direito subjetivo, condição para o exercício do ato e seu uso abusivo; e, por último, como já citado, o abuso encontra-se não no direito, mas na forma de seu exercício.[141]

Entre as teorias apontadas pela doutrina que procuraram fixar os critérios relacionados ao ato abusivo, há de prevalecer a finalista (pelo ponto comum relativo ao desvio de finalidade do processo) ou objetivista, que exclui o subjetivismo do ato para caracterização da abusividade tendo como referência a falta de utilidade ou interesse do agente na prática do ato, traduzindo-se a sua atuação como de anormalidade processual.[142]

Nesse passo não se pode deixar de reconhecer que a avaliação objetiva dos atos abusivos está em compasso com a boa-fé objetiva presente no nosso direito, como critério seguro de identificação da incorreta atuação de todos que participam do processo, sem se ater aos aspectos subjetivos dessa atuação.

---

(137) VIANNA, José Ricardo Alvarez, *op. cit., loc. cit.*

(138) PINTER, Rafael Wobeto. A boa-fé no processo civil e o abuso de direitos processuais. *Revista de Processo*, São Paulo, v. 253, ano 41, p. 129-160, mar. 2016, p. 159.

(139) ABDO, Helena Najjar, *op. cit.*, p. 102.

(140) ABDO, Helena Najjar, *op. cit.*, p. 11, 253.

(141) ABDO, Helena Najjar, *op. cit.*, p. 251.

(142) ABDO, Helena Najjar, *op. cit.*, p. 39, 251.

Tal questão encontra-se referenciada por uma perspectiva de processo que se funda na cooperação, significando que atos tidos por abusivos acabam por contrariar pontos essenciais do modelo de processo adotado pelo nosso sistema, que tem por vetor um processo de resultados, efetivo, que solucione problemas e não seja atingido em sua essência moderna por atos que atrasem injustificadamente o seu desfecho.

Cabe ainda dizer, com base em trabalho exaustivamente citado sobre esse tema, que o abuso do processo pode ser atribuído ao advogado na medida em que pratica atos independentemente do conhecimento de seu cliente, embora, como já mencionado neste estudo, haja uma tendência acentuada no *civil law*, sistema do qual fazemos parte, em não apenar diretamente o advogado pelo ato praticado.(143)

Nessa mesma linha de atribuir responsabilidades por atos abusivos praticados no processo, tem-se a situação do Ministério Público quando abusa no ajuizamento de ações e requerimentos de diligências que se mostram absolutamente desnecessárias para o desfecho do processo.

No mesmo sentido em relação ao juiz quando atua ou procura desincumbir-se de seus poderes-deveres, resvalando para a arbitrariedade, ou seja, adotando comportamentos que têm respaldo legal para o ato praticado, mas que se mostram abusivos em determinadas circunstâncias.(144)

É o caso, por exemplo, que não é difícil de ser encontrado no processo do trabalho, em se tratando do juiz, da hipótese envolvendo a oitiva de testemunhas, quando indefere a oitiva de uma delas em nome de seu poder de direção do processo. É que, dependendo da situação, pode acarretar cerceamento de defesa, porquanto o depoimento da testemunha seria indispensável para o esclarecimento de aspecto relevante da pretensão da parte que requereu o seu depoimento e mesmo para o processo.

Quanto ao comportamento que se identifica com o abuso do processo, ou seja, uma atuação no processo desprovida da indispensável ética que deve lhe servir de norteio, há também posição do TST no sentido de seu repúdio, adotando voto do Supremo Tribunal Federal (STF) como razões de decidir, entendendo que os juízes e tribunais "não podem tolerar o abuso processual como prática descaracterizadora da essência ética do processo".(145)

---

(143) ABDO, Helena Najjar, *op. cit.*, p. 255-256.

(144) ABDO, Helena Najjar, *op. cit.*, p. 256.

(145) BRASIL. Tribunal Superior do Trabalho. *Agravo de Instrumento em Recurso de Revista n. 11772-16.2015.5.15.0058.* Agravante: M. do Carmo de Freitas Cunha – EPP. Agravados: Luzia de Fátima da Silva Oreste e outros. Relatora: Ministra Kátia Magalhães Arruda. Julgamento: 17 mar. 2021. Órgão Julgador: Sexta Turma. Publicação: *DEJT*, 19 mar. 2021. Disponível em: <https://jurisprudencia-backend.tst.jus.br/rest/documentos/5631cb4837e4b9aa71f1cf5486ef2d4c>. Acesso em: 14 abr. 2021.

Nesse mesmo sentido, até com os mesmos fundamentos, é o acórdão da lavra do Ministro Alberto Bresciani.[146]

Em julgado do TRT-MG tem-se a hipótese de indeferimento do pedido de adiamento da audiência telepresencial em que se arguiu a nulidade com fundamento na boa-fé processual, requerimento que demonstrou atitude de abuso processual segundo o juízo de 1º grau, mas cuja decisão se mostrou arbitrária no entendimento da parte. De acordo com o Tribunal, a alegada arbitrariedade não restou demonstrada, porquanto foram observados os normativos sobre o tema das audiências no quadro pandêmico à época.[147]

Pode-se dizer, portanto, que o abuso de direito, especificamente o abuso processual, é um conceito que considera a boa-fé objetiva para a sua exata conformação, distinguindo-se da má-fé pelo fato de existir um direito subjetivo que protege a atuação do agente, embora a ela se iguale quando se tem em perspectiva os malefícios que podem ser causados no processo.

5. Responsabilidade por dano processual no processo civil e no processo do trabalho

O tema relacionado à responsabilidade por dano processual adquire uma nova leitura à medida em que se tem o referencial da boa-fé objetiva como norma fundamental e padrão de conduta a ser seguido por todos que participam do processo. É que a boa-fé, que tem em seu âmbito a vedação de abusos processuais, tem por finalidade garantir que o processo não se desvie de sua finalidade e que não sejam tolerados comportamentos nesta direção.

Desse modo, a boa-fé objetiva vincula-se à efetividade do processo como um dos instrumentos para permitir que seja entregue o bem da vida de forma rápida, sem a atuação de forças contrárias que possam postergar esse objetivo.

Antes desse paradigma novo de comportamento ideal dos participantes do processo, a atuação processual deveria primar-se por conduta que era parametrizada pela não realização de ato ilícito ou da conduta de má-fé, ou seja, esse era o referencial para se aferir o procedimento adequado, embora já houvesse na legislação a previsão dos deveres das partes como forma de equilibrar esse parâmetro.

---

(146) BRASIL. Tribunal Superior do Trabalho. Subseção I Especializada em Dissídios Individuais. *Agravo em Embargos em Agravo em Agravo de Instrumento em Recurso de Revista n. 12427-74.2017.5.15.0039.* Agravante: Município de Rio das Pedras. Agravada: Claudia Regina Piveta Forner. Relator: Ministro Alberto Luiz Bresciani de Fontan Pereira. Julgamento: 25 fev. 2021. Órgão Julgador: Subseção I Especializada em Dissídios Individuais. Publicação: *DEJT*, 5 mar. 2021. Disponível em: <https://jurisprudencia-backend.tst.jus.br/rest/documentos/bf93034a2dfcf4b2cf2f630a42da688c>. Acesso em: 14 abr. 2021.

(147) MINAS GERAIS. Tribunal Regional do Trabalho da 3ª Região. *Recurso Ordinário n. 0010543-97.2020.5.03.0181.* Recorrente: Mário Henrique de Araújo. Recorridos: Mistral BH Distribuidora de Bebidas Ltda. e MV Express Distribuidora de Bebidas Ltda. Relator: Juiz convocado Márcio José Zebende. Julgamento: 26 fev. 2021. Órgão Julgador: Sétima Turma. Publicação: 1º mar. 2021. Disponível em: <https://juris.trt3.jus.br/juris/detalhe.htm?conversationId=3054>. Acesso em: 14 abr. 2021.

Agora com a boa-fé guindada à condição de norma fundamental, com destaque para o seu viés objetivo, é necessária a adoção de condutas positivas não só de um ponto de vista subjetivo, mas de atuação positiva, ou mesmo que não comprometam a boa-fé e a confiança de que a parte não seguirá um caminho ilógico e inesperado em relação ao seu comportamento anterior.

Em consequência, a responsabilidade por dano processual que será estudada a seguir passa a adquirir maior gravidade, porquanto balizada não por um comportamento que seja referenciado pela ilicitude, mas por uma conduta que valorize o sentimento de confiança dos participantes do processo.

No sentido anteriormente mencionado, a doutrina reconhece que a boa-fé processual funciona como subprincípio do princípio geral da boa-fé, procurando materializar-se como norma finalística a exigir um estado ideal a ser alcançado por procedimentos que visem à sua realização. Nesse aspecto, a boa-fé processual estabelece uma forma de conduta que se funda na lealdade, consideração e respeito às expectativas legítimas das partes e de todos aqueles que participam do processo.(148)

Estabelecida a importância da boa-fé objetiva em nosso sistema e a sua condição de referência para se aquilatar a conduta da parte, antes referenciada pela ausência da prática de ilícito, é importante estabelecer o significado da litigância de má-fé que serve de fundamento para a responsabilidade por dano no processo e o abuso de direito ou do processo.

O abuso do processo, como já tratado no item anterior, guarda uma aparência de legalidade e tem o objetivo de desviar o processo de sua finalidade, não se tratando de uma atuação ilícita. A litigância de má-fé, por sua vez, importa em atuação que se tipifica como ilícita e representa um abuso no direito de litigar, mas que tecnicamente não se enquadra como abuso de direito.

Como ponto em comum tem-se que ambos podem causar dano à parte e ao processo no sentido de que um dos litigantes ficará prejudicado e o processo se afastará de seu esperado itinerário procedimental regular.

Há quem entenda que a litigância de má-fé representa uma espécie de abuso de direito e que, por essa razão, seria até mesmo desnecessária a sua previsão no ordenamento processual, uma vez que a sua censura decorre da reprimenda que se dá ao abuso do direito.(149)

Como forma de fundamentar a assertiva anterior, entende-se que as vedações e punições à litigância de má-fé têm origem no repúdio às condutas abusivas porque representam um contraponto à função social do processo. Na sequência, defende-se que mesmo a litigância

(148) SILVA, Bruno Freire e; MAZZOLA, Marcelo, *op. cit.*, p. 56.

(149) VIANNA, José Ricardo Alvarez, *op. cit.*, p. 148.

de má-fé nasce como direito que, posteriormente, pelo seu exercício abusivo, rompe os limites do jurídico e se transforma em ato ilícito, tornando-se por isso desnecessária a sua previsão legal para ser reprimida.(150)

Em termos conceituais, ainda prevalece a definição contida em artigo pioneiro sobre o tema que ensina que a responsabilidade por dano processual é a "imposição, ao transgressor, da obrigação de reparar, com prestação pecuniária, os prejuízos causados pelo comportamento incorreto à outra parte". Na explicação do que seria esse comportamento incorreto da parte no tocante às alegações apresentadas em juízo e mesmo a forma de atuação no processo, tem-se como incluído no primeiro aspecto o dever de veracidade ou de expor a verdade em sua inteireza e, em relação ao segundo, no respeito aos direitos da parte contrária e na abstenção de perturbar a atividade do órgão judicial.(151)

Tem-se, também, como conceito de dano processual a conduta praticada pelas partes ou terceiro, no âmbito do processo, passível de causar prejuízo a outrem, de ordem material ou moral, entendendo-se pela dispensa do elemento volitivo, prevalecendo a hipótese de responsabilidade objetiva.(152)

Outros aspectos a serem considerados em tema de responsabilidade por dano processual referem-se à sua relação com a responsabilidade prevista no direito material que, para muitos, seria uma relação de gênero para espécie, desta última em relação àquela. Também se coloca para discussão a existência das responsabilidades objetiva e subjetiva, que se fundam na previsão legal e no cometimento de danos à parte contrária.

Quanto à primeira questão abordada no parágrafo anterior, no que se refere às responsabilidades civil e processual, cabe citar o entendimento doutrinário que reconhece a autonomia de ambas, numa relação de gênero e espécie, em que à segunda podem ser aplicados os regramentos da primeira. É que a responsabilidade civil também é colocada como ramo da teoria geral do direito, aspecto que permite a sua utilização em outros ramos jurídicos, com todas as suas características, sem afetar a natureza da responsabilidade processual.(153)

Na distinção entre responsabilidades processuais subjetiva e objetiva tem-se que a primeira demanda a demonstração da atuação culposa ou dolosa do agente enquanto a segunda

---

(150) VIANNA, José Ricardo Alvarez, *op. cit., loc. cit.*

(151) MOREIRA, José Carlos Barbosa, *op. cit.*, p. 478-481.

(152) FAGUNDES, Cristiane Druve Tavares. *Responsabilidade objetiva por dano processual.* Rio de Janeiro: Lumen Juris, 2015. p. 78-79.

(153) GOMES JÚNIOR, Luiz Manoel; RODRIGUES, João Paulo Souza. Responsabilidade civil por dano processual no novo Código de Processo Civil: aspectos de relevância para o processo coletivo. *Revista de Processo*, São Paulo, v. 262, ano 41, p. 87-119, dez. 2016, p. 91.

dispensa esse tipo de pressuposto, bastando que haja incidência da atitude do agente em determinada previsão legal.(154)

Tratando da dicotomia responsabilidades subjetiva e objetiva, no que se refere ao dano processual, entende-se também que o Código Civil teria adotado como regra a responsabilidade subjetiva, o que não impede o reconhecimento da responsabilidade objetiva, como referido no art. 927, parágrafo único, do Código Civil, art. 12 da Lei n. 8.078/1990 (Código de Defesa do Consumidor) e nas relações de trabalho com a teoria do risco da atividade econômica prevista no art. 2º da CLT. Nesses casos não se indaga sobre o dolo ou a culpa como pressupostos para o dever de indenizar.(155)

Há entendimento no sentido de se atribuir, como subjetiva, a responsabilidade processual por litigância de má-fé, porquanto há necessidade de se verificar a conduta do agente, o dano e o nexo de causalidade, perquirindo-se o elemento subjetivo à semelhança da responsabilidade civil. Como consequência dessa análise tem-se o chamado litigante de má-fé que se trata, a rigor, de uma ação caracterizada pela ausência de boa-fé tão somente.

Fixados os conceitos, as características, a origem e as modalidades de responsabilidade processual, bem como a sua relação com a boa-fé objetiva e o abuso processual, resta agora analisar a previsão sobre a matéria contida no CPC (arts. 79 a 81) e na CLT (arts. 793-A a 793-D), que guardam uma indiscutível identidade. Registre-se apenas que a referência à boa-fé e aos deveres processuais não foi repetida na legislação processual trabalhista, o que em nada prejudica o tratamento em conjunto do tema considerando os ordenamentos processual civil e processual trabalhista.

Ambos os diplomas legais mencionados tratam da temática em Seção própria com o título de "Responsabilidade das Partes por Dano Processual" no CPC e "Responsabilidade por Dano Processual" na CLT, essa última resultante de inclusão operada pela Lei n. 13.467, de 13.07.2017 (Reforma Trabalhista), com títulos inegavelmente mais abrangentes do que a matéria tratada nas Seções.

Os arts. 79 do CPC e o 793-A da CLT estabelecem que o autor, o réu e o interveniente respondem por perdas e danos quando litigam de má-fé, restringindo a indenização por perdas e danos apenas a esses participantes do processo, adotando a mesma redação contida no art. 16 do CPC/73, com a alteração da palavra "pleitear" por "litigar", uma vez que também se refere ao réu e ao interveniente.

Os dispositivos telados deixam claro que a responsabilidade por perdas e danos é exclusiva dos litigantes, ou seja, aqueles que debatem por seus interesses no processo. É evidente que aqueles que não cumprem com os deveres inscritos na norma processual

(154) FAGUNDES, Cristiane Druve Tavares, *op. cit.*, p. 262.

(155) GOMES JÚNIOR, Luiz Manoel; RODRIGUES, João Paulo Souza, *op. cit.*, p. 90.

ou causem dano processual (art. 77 do CPC) podem também sofrer reprimendas, mas não aquelas previstas no art. 81 do CPC, com fundamento na ausência de boa-fé como consta de doutrina anteriormente citada ou por ter causado prejuízo.

Retira-se da doutrina anterior ao CPC vigente, mas que não perde o seu valor em razão da repetição do dispositivo contido no CPC/73, que o sucessor do réu ou do autor assume as suas respectivas posições para os efeitos da norma em comento. E, ainda, que a responsabilidade processual não pressupõe que o litigante seja vencido; que essa responsabilidade diz respeito exclusivamente aos litigantes e não aos procuradores e que o fato de ser beneficiário da justiça gratuita não exclui a responsabilidade por perdas e danos quando se tratar de litigante de má-fé.(156)

Cabe apenas esclarecer que, além dos mencionados no art. 79 do CPC como passíveis de responsabilização, incluídos os intervenientes, podem ser apontados o assistente (art. 199 do CPC), o denunciado (art. 125 do CPC), o chamado ao processo (art. 130 do CPC), o sujeito objeto do Incidente de Desconsideração da Personalidade Jurídica (art. 133 do CPC) e o *amicus curiae* (art. 138 do CPC).(157)

Como se vê, a responsabilidade por perdas e danos do litigante de má-fé prevista no referido dispositivo legal (art. 79) é restrita, sendo que o Ministério Público tem a sua responsabilidade civil também reconhecida quando age com dolo ou fraude no exercício de suas funções.

Em relação à responsabilidade atribuída ao Ministério Público, a doutrina entende que se trata de responsabilidade pessoal nos casos de dolo ou fraude, sendo que, em se tratando de culpa, a responsabilidade será de natureza disciplinar.(158)

Na mesma linha de exclusão, o juiz também não figura na previsão do art. 79 do CPC, mas há a previsão de sua responsabilidade civil e regressiva por perdas e danos no art. 143 do mesmo ordenamento processual quando proceder com dolo ou fraude ou não adotar ou retardar providência que deva ordenar de ofício ou a requerimento da parte. Nesse caso é possível acionar o Estado em ação própria com a possibilidade deste último acionar regressivamente o magistrado ou, ainda, até mesmo mediante ação direta.(159)(160)

(156) MOREIRA, José Carlos Barbosa, *op. cit.*, p. 488.

(157) SILVA, Bruno Freire e; MAZZOLA, Marcelo, *op. cit.*, p. 58.

(158) MARINONI, Luiz Guilherme; ARENHART, Sérgio Cruz; MITIDIERO, Daniel, *op. cit.*, p. 238.

(159) MARINONI, Luiz Guilherme; ARENHART, Sérgio Cruz; MITIDIERO, Daniel, *op. cit.*, p. 216.

(160) *Enunciado n. 376 do Fórum Permanente de Processualistas Civis (FPPC).* – (art. 5º) O órgão jurisdicional também deve comportar-se de acordo com a boa-fé objetiva. *Enunciado n. 378 do Fórum Permanente de Processualistas Civis (FPPC).* – (arts. 5º, 6º, 332, § 2º e 483, § 3º) A boa-fé orienta a interpretação da postulação e da sentença, permite a reprimenda do abuso de direito processual e das condutas dolosas de todos os sujeitos processuais e veda seus comportamentos contraditórios.

Quanto ao advogado, a sua responsabilidade pela litigância de má-fé em nosso sistema jurídico sempre foi mais reduzida do que no *common law*.

Há o registro de lei publicada em 18.08.1769, "Lei da Boa Razão", que tratava da responsabilização dos advogados. No CPC/39 o juiz apenas levava ao conhecimento da OAB o cometimento de alguma falta por parte do advogado, sendo que a preocupação com a lealdade processual foi aventada na Exposição de Motivos do CPC/73, sem, contudo, ter a previsão de norma expressa de responsabilização do advogado.

O Código de Defesa do Consumidor de 1990 disciplina a responsabilidade dos profissionais liberais nas relações de consumo e o Estatuto dos Advogados de 1994 (Lei n. 8.906), em seu art. 32, previu a responsabilidade do advogado quando agir com dolo ou culpa.(161) Posteriormente, a Lei n. 10.358/2001 alterou o art. 14 do CPC/73 para ressalvar os advogados de punições por atentado à jurisdição, devendo ficar esclarecido, todavia, que países como a Áustria, Itália, Colômbia, Argentina e Uruguai admitiam a responsabilidade solidária do advogado.

Tem-se, na evolução da jurisprudência do Superior Tribunal de Justiça (STJ), como também do TST, a possibilidade de condenação das partes e de que os advogados poderiam ser responsabilizados em ações regressivas e não nos próprios autos, sendo que o CPC vigente, por força de seu art. 79, não alterou esse estado de coisas.(162)

A doutrina tem adotado entendimento de que é possível apurar a responsabilidade do advogado sem a necessidade de ação própria, porquanto o art. 32 da Lei n. 8.906, em seu parágrafo único, só se refere a essa exigência em se tratando de lide temerária desde que assegurada a ampla defesa. Não obstante, ainda assevera que não há sentido em apenar o advogado apenas se for ajuizada uma nova ação, o que contraria a efetividade e a economia processuais, sendo certo que se excluiu do art. 14, V, do CPC/73, na nova redação dada ao tema pelo CPC vigente, a possibilidade de o advogado apenas se sujeitar, com exclusividade, às punições da OAB.(163)

Apontados todos aqueles que podem responder por perdas e danos quando litigam de má-fé, cabe definir o que pode ser enquadrado nessa situação vez que a lei não apresenta uma conceituação do que poderia ser considerado como má-fé.

A doutrina esclarece, ainda na leitura do art. 79 do CPC, que a má-fé pode dar a impressão, em um primeiro momento, de que se trata da "vontade consciente de praticar determinado ato ilícito e/ou em prejuízo de terceiro", pressupondo o dolo, o objetivo de causar lesão e mesmo protelar a entrega da jurisdição. Nessa perspectiva exige-se a presença

(161) SILVA, Bruno Freire e; MAZZOLA, Marcelo, *op. cit.*, p. 69-70.

(162) SILVA, Bruno Freire e; MAZZOLA, Marcelo, *op. cit.*, p. 72-73.

(163) SILVA, Bruno Freire e; MAZZOLA, Marcelo, *op. cit.*, p. 75.

do elemento subjetivo como decisivo para a caracterização da má-fé, sendo que esta, todavia, não é a concepção do autor citado.(164)

Parte-se da ideia de que, sob a égide do CPC vigente, que se funda na boa-fé objetiva, a litigância de má-fé, como espécie do gênero abuso de direito, deve ser entendida sob a ótica publicística e não privatística. Em outras palavras, a litigância de má-fé, em uma perspectiva objetiva, representa um comportamento em desarmonia com as características de celeridade, efetividade e eficiência, que são a essência da prestação jurisdicional.(165)

Nessa linha de raciocínio deve-se acrescentar que impor ao lesado que comprove o elemento subjetivo presente no ofensor representaria um enorme ônus, sem fundamento no caráter público do processo, devendo ser considerados os valores adotados pelo sistema legal como contraponto para identificação da litigância de má-fé. Tem-se, assim, a chamada culpa normativa ou objetiva, exatamente fundada na concepção anteriormente mencionada de apuração da má-fé ao litigar.(166)

Na CLT, no art. 793-A, houve uma repetição do art. 79 do CPC apenas com a alteração da terminologia, passando-se de autor e réu para reclamante e reclamado, em consonância, portanto, com a nomenclatura utilizada para as partes no processo do trabalho. Aliás, se se considerar a aplicação da norma processual civil nesta matéria no processo do trabalho, a teor dos arts. 15 do CPC e 769 da CLT, torna-se desnecessária a sua repetição a menos que se entenda como embutido no comando legal o objetivo de reforçar a valorização de um comportamento positivo, novo paradigma de atuação das partes no processo civil.

Nesse passo cabe dizer — a par de soar estranha apenas a repetição da norma punitiva para o litigante de má-fé na CLT e não a conduta de boa-fé objetiva contida nos arts. 5º e 77 do CPC — que fica uma nítida impressão de que a norma faz parte de um concurso de dispositivos legais que, se não cerceiam o acesso à justiça, contribuem fortemente para inibi-la, considerando também as exigências impostas à elaboração da petição inicial as consequências das ausências à audiência e a previsão de honorários advocatícios, entre outras, de inspiração na Lei n. 13.467/2017.

Parece, portanto, que o legislador se investiu de uma sanha punitiva ou, pelo menos, procurou incutir receio a quem se aventurar a atuar em juízo, o que se distancia da ideia imperante de valorização da boa-fé e da cooperação no processo civil, que eleva o nível de atuação das partes em juízo na direção de um processo ético e republicano.

Estranha-se também que os demais dispositivos do CPC, referentes aos deveres a serem observados no processo, na forma do art. 77, não tenham sido repetidos na CLT na

(164) VIANNA, José Ricardo Alvarez, *op. cit.*, p. 149.

(165) VIANNA, José Ricardo Alvarez, *op. cit.*, p. 150.

(166) VIANNA, José Ricardo Alvarez, *op. cit.*, p. 151.

perspectiva de uma visão moderna de processo de se privilegiar mais os deveres e, excepcionalmente, tratar dos atos ilícitos, porquanto devem ser uma exceção em um processo que tem por referência a boa-fé objetiva.

Na sequência citam-se os arts. 80 do CPC e 793-B da CLT, que têm a mesma redação e repetem também o art. 17 do CPC/73, no *caput*, com a alteração apenas do verbo "reputar" por "considerar", sendo certo que tudo que for dito sobre um artigo de determinado ordenamento servirá para o outro.

A primeira questão que se coloca antes mesmo de examinar as previsões de seus incisos é saber se a enumeração é exaustiva ou exemplificativa. Para ambas as situações há argumentos ponderáveis. Em relação à primeira, tem-se que, em se tratando de norma que contém uma punição, a sua interpretação deve ser restritiva e, quanto à segunda posição, que advoga que se trata de uma relação que não esgota as hipóteses de litigância de má-fé, deve ser lembrado que o legislador não consegue abranger todas as hipóteses de violação da norma pelos litigantes.

A doutrina — embora reconhecendo que a jurisprudência adota a posição de que se trata de enumeração exaustiva no que se refere às hipóteses de litigância de má-fé previstas na lei — entende que não é tarefa fácil enquadrar a má-fé em "dispositivos hermeticamente fechados", o que pode permitir que um ato igualmente reprovável escape da previsão legal. Acrescenta que "não se consegue esgotar, por mais competente que o legislador seja, a riqueza de possibilidades que a vida, especialmente nas sociedades complexas, constantemente nos apresenta".(167)

Adotando a mesma posição anteriormente mencionada, José Ricardo Alvarez Vianna entende que o inciso V do art. 80 do CPC estabeleceu uma espécie de subcláusula geral quando aponta como litigante de má-fé aquele que proceder de modo temerário, o que teria um "alcance amplo" preservando-se "a higidez ética do processo judicial".(168)

Cabe dizer que esse autor esclareceu, antes de fixar seu entendimento sobre o tema, que a Alemanha (ZPO, § 138), Itália (CPC, arts. 88 e 96) e Portugal (CPC, art. 542º) adotam a mesma sistemática seguida pelo nosso CPC, o que serviria para reforçar uma interpretação restritiva do referido art. 80 e seus incisos. Antes, todavia, assevera que haveria uma inclinação em se dispensar a referência expressa e restritiva às hipóteses de litigância de má-fé, até mesmo pela "pauta axiológica da boa-fé processual e a vedação ao abuso de direito" constantes do Código vigente aptas a punir qualquer forma de abuso processual.(169)

---

(167) SILVA, Bruno Freire e; MAZZOLA, Marcelo, *op. cit.*, p. 61.

(168) VIANNA, José Ricardo Alvarez, *op. cit.*, p. 154-155.

(169) VIANNA, José Ricardo Alvarez, *op. cit.*, p. 154.

É de bom alvitre ampliar as hipóteses de litigância de má-fé, exatamente pela impossibilidade de abrangência sobre todas as situações que podem surgir no processo, com base na adoção da boa-fé como norma fundamental a reger todo o processo funcionando como referência de condutas.

Ainda que assim não se entenda, os incisos V (já citado) e VI do art. 80 do CPC, assim como os incisos V e VI do art. 793-B da CLT, com idêntica redação, são suficientes para abarcar, ainda que não de forma literal, as eventuais e "criativas" hipóteses de litigância de má-fé, tudo em nome de um processo que não pode sequer admitir atitudes que comprometam a sua ideologia de rigoroso respeito à ética nos procedimentos.

Em relação ao inciso I do art. 80 do CPC e inciso I do art. 793-B da CLT há referência à dedução de pretensões e defesa contra texto expresso de lei ou fato incontroverso, o que não pode ser confundido com eventual interpretação da lei a permitir mais de uma leitura e há, também, de se considerar que fato incontroverso é aquele em que não há qualquer discussão sobre a sua existência.

A doutrina processual civil esclarece que já se encontra vencida na hermenêutica contemporânea a ideia de um único sentido da lei ou a ser dado para a lei, sustentando que a abertura semântica do dispositivo legal autoriza a construção de mais de uma solução. A norma em comento apenas pode ser aplicada se a fundamentação utilizada não for séria e não puder superar entendimento jurisprudencial até então adotado.(170)

Também na seara trabalhista, na leitura do dispositivo legal correspondente, fala-se em expressão redundante na referência a "texto expresso", acrescentando que nem sempre o texto é claro, estando a exigir interpretação e, ainda que não haja dúvida para o seu significado, pode-se arguir a sua inconstitucionalidade no que não haveria má-fé.(171)

Os incisos II dos arts. 80 do CPC e 793-B da CLT referem-se à alteração da verdade dos fatos, o que se apresenta como gravíssima e justifica a sua severa repressão, porquanto, como já foi dito nesse trabalho, a verdade e a sua busca são características do Estado Constitucional, sendo certo que o jurisdicionado deposita a sua confiança no sistema de justiça exatamente porque o seu objetivo deve ser o de realizar a justiça por meio da verdade.

A doutrina aponta que o dispositivo legal em tela tem aplicação quando há intenção em se alterar a verdade dos fatos, com o objetivo de induzir a erro o juízo.(172) Diz-se que a alteração da verdade consiste em "afirmar a existência de um fato que não existe (ou que não ocorreu); de negar a existência de fato existente (ou que ocorreu); de modificar a natureza

(170) MARINONI, Luiz Guilherme, *op. cit.*, p. 167.

(171) TEIXEIRA FILHO, Manoel Antonio. *O processo do trabalho e a reforma trabalhista:* as alterações introduzidas no processo do trabalho pela Lei n. 13.467/2017. São Paulo: LTr, 2017. p. 101.

(172) MARINONI, Luiz Guilherme, *op. cit.*, *loc. cit.*

ou a característica do fato; de recusar o reconhecimento da existência de fato efetivamente notório".[173]

Os incisos III dos mesmos artigos dizem respeito à utilização do processo de forma anormal, contrariando a sua condição de mecanismo técnico de solução de controvérsias, com o objetivo de fraudar terceiros ou mesmo de aplicação da lei como, por exemplo, na hipótese de lide simulada prevista no art. 142 do CPC de utilização na seara trabalhista.

Cabe o registro de entendimento contrário ao enquadramento do art. 142 na hipótese, uma vez que nesse caso a previsão é de conluio entre as partes com forma diversa de punição.[174] Entretanto, o objetivo de usar do processo para finalidade diversa é o mesmo, devendo ser reprimida a atitude da parte considerada como de litigância de má-fé, seja em sua iniciativa unilateral ou em conluio com a outra parte.

Os incisos IV e VII dos referidos arts. 80 do CPC e 793-B da CLT têm o mesmo sentido de impedir a resistência injustificada ao andamento do processo ou a interposição de recurso manifestamente protelatório. Em ambas as situações descritas, o objetivo por parte do litigante de má-fé é não permitir que o processo tenha uma tramitação regular ou um desfecho normal.

Como acréscimo, para repúdio das ações enquadradas nos incisos IV e VII referidos, deve ser apontada a previsão contida no art. 4º do CPC que menciona o direito das partes em obter, em prazo razoável, a solução integral do mérito, incluída a atividade satisfativa, o que vai de encontro às atitudes enquadradas nos aludidos incisos.

Na mesma linha de agrupamento de incisos dos arts. 80 do CPC e 793-B da CLT, cabe fazer referência aos incisos V e VI, que dizem respeito, respectivamente, à atitude temerária em qualquer fase do procedimento e a provocação de incidentes manifestamente infundados. Em outras palavras, é o objetivo de criar o caos processual, pois o modo temerário de agir não se compatibiliza com as ideias de cooperação e boa-fé como também a provocação de incidentes desnecessários que vão de encontro à esperada efetividade do processo.

Antes de proceder à interpretação dos arts. 81 do CPC e 793-C da CLT, é importante esclarecer que o primeiro destinatário da norma é o juiz, porquanto lhe é determinado impor multa ao litigante de má-fé, obrigando-o a pagar pelos danos infligidos à parte contrária. É que o interesse público serve como comando ao magistrado para prevenir e reprimir abusos em relação a atos que sejam infringentes da dignidade da justiça.[175]

(173) TEIXEIRA FILHO, Manoel Antonio, *op. cit.*, p. 101.

(174) MARINONI, Luiz Guilherme, *op. cit.*, p. 167.

(175) NERY JÚNIOR, Nelson; NERY, Rosa Maria de Andrade. *Comentários ao Código de Processo Civil*. São Paulo: Revista dos Tribunais, 2015. p. 418.

Os arts. 81 do CPC e 793-C da CLT e seus parágrafos fixam as sanções a serem aplicadas, de ofício ou a requerimento, sempre garantido o contraditório (art. 10 do CPC) àqueles que incorrerem nas situações de litigância de má-fé sem fazer referência expressa aos artigos anteriores, mas presumindo-se que a eles se referem. Houve, nesse aspecto, uma diferença entre os dispositivos processual civil e celetista quanto à base de cálculo em se tratando de valor da causa irrisório e inestimável, pois, enquanto no processo civil é fixada em até dez salários mínimos, na norma celetista a sua fixação é em até duas vezes o limite máximo dos benefícios do Regime Geral da Previdência Social.

Pode-se apontar a natureza mista das sanções por litigância de má-fé nos dispositivos legais referidos, pois, dependendo do contexto, são devidas multas ou indenização, a primeira quando apena a conduta ofensiva de boa-fé e a segunda que serve para compensar os danos produzidos a uma das partes. Quanto à indenização, esta deve ser integral, envolvendo qualquer tipo de dano, inclusive lucros cessantes, dano moral ou perda de uma chance, independentemente dos percentuais constantes da norma legal, uma vez que o objetivo é o ressarcimento do dano sofrido.(176)

Deve ser esclarecido, em conformidade com o que foi dito anteriormente, que as penalidades são divididas em multas, indenização e honorários advocatícios com a respectiva base de cálculo, sendo que a multa é calculada em percentual que incidirá sobre o valor corrigido da causa e, se este for irrisório ou inestimável, até dez salários mínimos no CPC e em até duas vezes o limite máximo dos benefícios do Regime Geral da Previdência Social na CLT. Não há razão para a distinção de tratamento até porque os valores apontados são máximos e, quando se trata de impedir a litigância de má-fé, a opção deve ser sempre pelos valores mais elevados.

A indenização será calculada levando-se em consideração os prejuízos sofridos pela parte atingida e as despesas que efetuou, incluindo-se os honorários advocatícios.

Há também uma referência à condenação de mais de um litigante de má-fé, de forma proporcional ou solidária, de acordo com o interesse na causa ou de forma solidária na hipótese de coligação das partes. No § 3º dos artigos telados há menção ao valor da indenização que será fixado pelo juiz considerando, como se disse anteriormente, os prejuízos sofridos ou, em caso contrário, liquidado por arbitramento ou pelo procedimento comum no próprio processo.

Além dos dispositivos do processo civil e do processo do trabalho que se identificam, há ainda o art. 793-D apenas presente neste último, que estabelece a extensão da multa prevista no art. 793-C à testemunha que intencionalmente alterar a verdade dos fatos ou omitir fatos essenciais ao julgamento da causa, sendo que a execução dessa multa se dará nos próprios autos na forma prevista em seu parágrafo único.

---

(176) VIANNA, José Ricardo Alvarez, *op. cit.*, p. 156-157.

Embora sem a intenção de se aprofundar nesta questão, há de se reconhecer a ausência de inconstitucionalidade no referido dispositivo legal, não havendo que se falar em ofensa ao art. 5º, XXXVII e LIII da Constituição Federal, pois se trata de penalidade a ser imposta por autoridade investida de jurisdição, que tem competência para fixação de multas nas hipóteses de ações trabalhistas decorrentes das relações de trabalho. Nada impede que tal penalidade seja fixada no âmbito do ordenamento penal, assim como no trabalhista, apenas não se admitindo a sua cumulação pelo mesmo fato gerador.

A extensão da multa imputada ao litigante de má-fé à testemunha não pode deixar de ser aplaudida, porquanto as atitudes de alterar intencionalmente a verdade ou omiti-la devem ser repudiadas pela ordem jurídica, porquanto nesse caso o comportamento de má-fé encontra-se evidenciado. Aqui também prevalece o padrão de comportamento imposto pela norma fundamental de referência representada pela boa-fé, constante do art. 5º do CPC, como forma de garantir o respeito que se deve ter à jurisdição e a todos os atos que a ela se relacionem.

É desnecessário dizer sobre a importância da prova testemunhal para o esclarecimento da verdade, especialmente no procedimento trabalhista, em que é o meio de prova mais utilizado exatamente pela sua informalidade e porque, na maioria das vezes, uma das partes apenas pode contar com essa modalidade de prova.

Razoável, então, que o legislador tenha todo o cuidado em garantir que as informações prestadas sejam cercadas da maior isenção possível, fixando penalidades para que essa garantia seja observada como forma de deixar evidenciada a importância do processo e o dever de colaboração de todos para que atinja a sua finalidade de se chegar à verdade.

Quanto a alguns aspectos do tema, a doutrina tem entendido que a multa se reverte para a parte contrária pela equiparação da testemunha ao litigante de má-fé do art. 793-C da CLT, ao qual faz remissão o art. 793-D da CLT. Não se deverá exigir da testemunha o depósito recursal para recorrer por não ser parte no processo, sendo necessária, porém, a constituição de advogado, uma vez que a testemunha não tem capacidade postulatória, restrita às partes, na forma do art. 791, *caput*, da CLT.

Cabe acrescentar que o art. 10, parágrafo único da Instrução Normativa n. 41/2018 do TST, fixou um procedimento de garantia do contraditório para justificar que ele estaria sendo observado na aplicação da multa (sem que aqui se faça qualquer juízo de valor sobre a sua constitucionalidade formal por se tratar de matéria processual, o que estaria em contrariedade ao art. 22, I, da Constituição da República). Tal procedimento deve ser considerado, como já mencionado pelo TST em relação aos dispositivos processuais da Instrução Normativa n. 39/2016, como mera recomendação ou mesmo orientação, determinando que a multa seja fixada na sentença, precedida da instauração de incidente com a indicação dos pontos controvertidos do depoimento pelo juiz, garantindo-se o contraditório e a retratação.

A jurisprudência do Regional mineiro admite a punição da testemunha que atua de má-fé no sentido de alterar a verdade ou se omitir sobre ela. No caso, a testemunha informou que o reclamante vendia um maior número de produtos do que ele (reclamante) reconheceu em seu depoimento, informando que o autor recebia um valor a título de comissões superior ao reconhecido nas informações do próprio autor. Patente a informação, neste caso, em desacordo com a verdade, torna-se devida a multa imputada à testemunha.(177)

Uma questão recente envolvendo a litigância de má-fé diz respeito à sua caracterização, ou seja, se a parte contrária, contrariando um Precedente, tanto na propositura da ação quanto no seu curso, estaria sujeita à punição.

Rigorosamente não se tem essa tipificação entre as hipóteses de litigância de má-fé previstas legalmente, sendo apenas possível enquadrar a situação na hipótese da interposição de recurso protelatório, que seria aquela em que há contraposição aos Precedentes previstos no art. 927 do CPC.

Há quem entenda que a litigância contra Precedente se caracterizaria como má-fé, na forma do inciso V dos arts. 80 do CPC e 793-B da CLT, porquanto seria uma pretensão sem fundamento, infundada e perigosa, considerando-se o conceito de temerário. Sustenta-se que seria o caso daquele que, sabendo da existência de Precedente, na forma do art. 927 do CPC, ainda assim o contraria sem a demonstração de distinção ou de superação da tese nele adotada, ressaltando-se que não se trata de limitar o acesso à justiça, "mas forma de o sistema se adequar à litigância repetitiva".(178)

Na medida em que o sistema processual atribui especial relevância aos Precedentes com a fixação de verdadeira teoria sobre eles, exigindo-se a uniformização da jurisprudência a fim de que seja estável, íntegra e coerente, é certo, então, que toda iniciativa contrária a eles deverá ser coibida como forma de manter a higidez do sistema processual.

No processo do trabalho — embora haja controvérsia sobre a inscrição das Súmulas como Precedentes, na forma da previsão legal (art. 927 do CPC) — não se pode deixar de reconhecer que poderiam se inserir na previsão do *caput* conjugado com o inciso IV do art. 927 do CPC, por construção analógica, como também por força do art. 15 da Instrução Normativa n. 39/2016 que, em seu inciso I, alínea "e", refere-se aos órgãos que têm a função de uniformizar a jurisprudência.

---

(177) MINAS GERAIS. Tribunal Regional do Trabalho da 3ª Região. *Agravo de Petição n. 0010874-36.2017.5.03.0003.* Recorrente: Renata Rodrigues Martins. Recorridos: Master Brasil S.A. e outros. Redator: Juiz convocado Mauro César Silva. Julgamento: 12 jun. 2018. Órgão Julgador: Quinta Turma. Publicação: 18 jun. 2018. Disponível em: <https://juris.trt3.jus.br/juris/detalhe.htm?conversationId=2528>. Acesso em: 14 abr. 2021.

(178) RICHTER, Bianca Mendes Pereira. Repercussões de litigância contra precedente no atual ordenamento jurídico brasileiro e a litigância de má-fé. *Revista de Processo*, São Paulo, v. 277, ano 43, p. 489-505, mar. 2018, p. 502-504.

É importante dizer que a previsão contida no art. 8º, § 2º, da CLT, não invalida essa conclusão, porquanto diz respeito às Súmulas e à uniformização de jurisprudência a serem editadas ou alteradas após a Lei n. 13.467/2017 (Reforma Trabalhista), assim também em relação ao art. 702, I, alínea "*f*", da CLT.

Conclusão

O tratamento dos temas deste trabalho, a boa-fé, abuso processual e responsabilidade por dano processual, exige que se tenha por referência a importância da verdade no Estado Constitucional, como de resto também no âmbito da história e da filosofia, com necessária repercussão na ciência jurídica. Como foi citado na introdução deste estudo, invocando os ensinamentos de Peter Häberle, em sua obra sobre a verdade no Estado Constitucional, referida matéria é tema da humanidade, de cada um em sua individualidade, da filosofia e, especialmente, do direito e do processo.

É nela (na busca da verdade) que os valores e normas fundamentais de um Estado Constitucional se sustentam, em que os valores consagrados na Constituição servem para justificar um sistema processual que deve ter a verdade como vetor de sua existência e permitir que o processo atinja a sua finalidade, valorizando condutas que observem um padrão de boa-fé objetiva.

Esse é o fundamento da previsão da boa-fé como norma fundamental do processo a reforçar a construção da teoria sobre o abuso do processo e a responsabilidade por dano processual, mas especialmente na fixação de padrões de conduta dos que participam do processo com a elevação desse patamar para uma postura de cooperação.

No processo do trabalho essa exigência é ainda maior, haja vista a presumida vulnerabilidade de uma das partes. Nesse sentido, atos que não se guiem pela boa-fé ou sejam eivados de abuso processual e/ou de dano moral podem comprometer a sobrevivência de uma das partes, fato indiscutível, sem qualquer viés ideológico, devendo tais hipóteses serem tratadas com especial rigor.

No Brasil, de um ponto da evolução da legislação, há referência, sem qualquer sistematização, à necessidade de lisura no processo desde o Regulamento n. 737 de 1850, passando pelos Códigos Estaduais, mas que teve positivação expressa no CPC/39 com a preocupação de punir a utilização indevida do processo. No CPC/73 há uma evolução no tratamento do tema, prenunciando-se o seu avanço do CPC vigente, com tratamento em Seção própria, mas sobretudo a valorização dos deveres de lealdade e boa-fé (art. 14, II), que passam a ser os parâmetros de comportamento e não os atos ilícitos ou reprováveis.

Utilizou-se para estudo da temática, nos vários ordenamentos, a comparação do *civil law* com o *common law*, verificando-se a preocupação com a moralidade no processo, de forma mais ou menos acentuada, mas sempre presente. Há diferenças em relação ao tratamento dado aos advogados e às formas de punição, sendo que o nosso ordenamento se identifica com o CPC português ao elevar a boa-fé como norma fundamental do sistema, mas que, neste último, se encontra expressamente associada à cooperação.

No primeiro dos grandes temas tratados neste estudo, a boa-fé objetiva, resta evidenciado que tem origem em princípios constitucionais de isonomia, contraditório e o devido processo legal, de acordo com inúmeras posições doutrinárias mencionadas. Não se pode perder de vista o seu caráter de princípio que serve de diretriz para conduta de todos que atuam no processo em uma perspectiva positiva e de cooperação e não mais como mero contraponto à prática de atos ilícitos.

O abuso do processo funda-se na prática de ato lícito que, pela forma de seu exercício, acaba acarretando o desvio do processo no que se refere à sua efetividade, enquadrando-se como conduta reprovável na perspectiva da boa-fé objetiva.

A responsabilidade por dano processual, que pressupõe a prática do ilícito, tem regulamentação praticamente idêntica no CPC e na CLT, sendo que quanto a esta última se ressente de normas que tratem da boa-fé e dos deveres das partes, embora os dispositivos do processo civil sobre o tema tenham aplicação ao processo do trabalho.

O dano processual adquire maior gravidade no processo na medida em que a atuação das partes deve se cercar de boa-fé e atitudes de cooperação, especialmente no processo do trabalho em que ganha maior dimensão por ter repercussão direta na relação jurídica de direito material, não se permitindo qualquer tipo de tergiversação na punição do litigante de má-fé.

Os temas tratados têm especial relevância para o processo na sua condição de instrumento de concretização de uma jurisdição plena, objetivo de um sistema orientado pela busca da verdade, em que não se tolera qualquer desvio no cumprimento de sua missão de realizar a justiça.

Referências

ABDO, Helena Najjar. *O abuso do processo.* Apresentação de Andrea Proto Pisani. São Paulo: Revista dos Tribunais, 2007. (Coleção Estudos de Direito de Processo Enrico Tullio Liebman, v. 60).

BRASIL. Tribunal Superior do Trabalho. *Agravo em Recurso de Revista n. 1086-72.2011.5.04.0005.* Agravantes: Caixa Econômica Federal — CEF e Fundação dos Economiários Federais — FUNCEF. Agravado: Eduardo Armani. Relatora: Ministra Delaíde Miranda Arantes. Julgamento: 2 set. 2020. Órgão Julgador: Segunda Turma. Publicação: *DEJT*, 4 set. 2020. Disponível em: <https://jurisprudencia-backend.tst.jus.br/rest/documentos/71dadde48f9489e78dabee0e647fc2a5>. Acesso em: 14 abr. 2021.

______. Tribunal Superior do Trabalho. *Agravo de Instrumento em Recurso de Revista n. 11772-16.2015.5.15.0058.* Agravante: M. do Carmo de Freitas Cunha – EPP. Agravados: Luzia de Fátima da Silva Oreste e outros. Relatora: Ministra Kátia Magalhães Arruda. Julgamento: 17 mar. 2021. Órgão Julgador: Sexta Turma. Publicação: *DEJT*, 19 mar. 2021. Disponível em: https://jurisprudencia-backend.tst.jus.br/rest/documentos/5631cb4837e4b9aa71f1cf5486cf2d4c. Acesso em: 14 abr. 2021.

______. Tribunal Superior do Trabalho. *Agravo em Embargos em Agravo em Agravo de Instrumento em Recurso de Revista n. 12427-74.2017.5.15.0039*. Agravante: Município de Rio das Pedras. Agravada: Claudia Regina Piveta Forner. Relator: Ministro Alberto Luiz Bresciani de Fontan Pereira. Julgamento: 25 fev. 2021. Órgão Julgador: Subseção I Especializada em Dissídios Individuais. Publicação: *DEJT*, 5 mar. 2021. Disponível em: <https://jurisprudencia-backend.tst.jus.br/rest/documentos/bf93034a2dfcf4b2cf2f630a42da688c>. Acesso em: 14 abr. 2021.

______. Tribunal Superior do Trabalho. *Recurso Ordinário n. 445-29.2014.5.10.0000*. Recorrente: União Química Farmacêutica Nacional S.A. Recorridos: Daniel Almeida Tavares e Art Pack Embalagens Ltda. Relator: Ministro Douglas Alencar Rodrigues. Julgamento: 26 maio 2020. Órgão Julgador: Subseção II Especializada em Dissídios Individuais. Publicação: *DEJT*, 29 maio 2020. Disponível em: <https://jurisprudencia-backend.tst.jus.br/rest/documentos/30f6bb3c945bb460d0d1b48497cbfebb>. Acesso em: 14 abr. 2021.

CAMPOS, Paulo Cerqueira. *Critério objetivo de imputação da reparação dos danos decorrentes de violação da boa-fé processual:* responsabilidade objetiva do litigante de má-fé no Código de Processo Civil de 2015. 2016. Dissertação (Mestrado em Direito) – Instituto CEUB de Pesquisa e Desenvolvimento, Centro Universitário de Brasília, Brasília, 2016.

CHAUÍ, Marilena. *Convite à Filosofia.* 8. ed. São Paulo: Ática, 2000.

CHIOVENDA, Giuseppe. *Instituições de Direito Processual Civil.* Tradução de J. Guimarães Menegale. Acompanhada de notas de Enrico Tullio Liebman. v. 1. São Paulo: Saraiva, 1942.

DIDIER JÚNIOR, Fredie. *Curso de Direito Processual Civil*: introdução ao direito processual civil — parte geral e processo de conhecimento. 17. ed. Salvador: JusPodivm, 2015.

______. *Curso de Direito Processual Civil*: teoria geral do processo e processo de conhecimento. Salvador: JusPodivm, 2009.

DONNINI, Rogério. Bona Fides: do direito material ao processual. *Revista de Processo*, São Paulo, v. 251, ano 41, p. 113-126, jan. 2016.

FAGUNDES, Cristiane Druve Tavares. *Responsabilidade objetiva por dano processual.* Rio de Janeiro: Lumen Juris, 2015.

FRANCO, Marcelo Veiga. *Processo justo e legitimidade da jurisdição.* Belo Horizonte: Del Rey, 2016.

FRANZOLIN, Cláudio José. A relação contratual no Código Civil: a função social e o princípio da boa-fé objetiva — o processo na perspectiva do direito material (a tutela dos contratantes e o perfil solidário e dinâmico dos contratos). In: BUENO, Cássio Scarpinella (Coord.). *Impactos processuais do Direito Civil.* São Paulo: Saraiva, 2008. p. 254-298.

FREITAS, José Lebre de. *Introdução ao processo civil.* 3. ed. Coimbra: Coimbra Editora, 2013.

GOMES JÚNIOR, Luiz Manoel; RODRIGUES, João Paulo Souza. Responsabilidade civil por dano processual no novo Código de Processo Civil: aspectos de relevância para o processo coletivo. *Revista de Processo*, São Paulo, v. 262, ano 41, p. 87-119, dez. 2016.

HÄRBELE, Peter. *O problema da verdade no Estado constitucional.* Tradução de Urbano Carvelli. Porto Alegre: Sérgio Antônio Fabris, 2008.

LIMA, Alcides de Mendonça. Abuso do direito de demandar. *In*: WAMBIER, Luiz Rodrigues; WAMBIER, Teresa Arruda Alvim (Org.). *Teoria Geral do Processo II.* Processo Civil. v. 3. São Paulo: Revista dos Tribunais, 2011. p. 501-512. (Coleção Doutrinas Essenciais).

MARCONDES, Gustavo Viegas. A boa-fé processual objetiva e a estabilização das questões de admissibilidade. *Revista de Processo*, São Paulo, v. 311, ano 46, p. 39-58, jan. 2021.

MARINONI, Luiz Guilherme. *Curso de Direito Processual Civil:* teoria geral do processo. v. 1. São Paulo: Revista dos Tribunais, 2006.

______; ARENHART, Sérgio Cruz; MITIDIERO, Daniel. *Novo Código de Processo Civil comentado.* São Paulo: Revista dos Tribunais, 2015.

MINAS GERAIS. Tribunal Regional do Trabalho da 3ª Região. *Agravo de Petição n. 0000249-34.2014.5.03.0136.* Agravante: Ediminas S.A. Editora Gráfica Industrial de Minas Gerais. Agravados: Rosângela Guimarães Teixeira Pires e outros. Relator: Jales Valadão Cardoso. Julgamento: 4 abr. 2022. Órgão Julgador: Segunda Turma. Publicação: 7 abr. 2022. Disponível em: <https://juris.trt3.jus.br/juris/detalhe.htm?conversationId=2726>. Acesso em: 14 abr. 2021.

______. Tribunal Regional do Trabalho da 3ª Região. *Recurso Ordinário n. 0010543-97.2020.5.03.0181.* Recorrente: Mário Henrique de Araújo. Recorridos: Mistral BH Distribuidora de Bebidas Ltda. e MV Express Distribuidora de Bebidas Ltda. Relator: Juiz convocado Márcio José Zebende. Julgamento: 26 fev. 2021. Órgão Julgador: Sétima Turma. Publicação: 1º mar. 2021. Disponível em: <https://juris.trt3.jus.br/juris/detalhe.htm?conversationId=3054>. Acesso em: 14 abr. 2021.

______. Tribunal Regional do Trabalho da 3ª Região. *Agravo de Petição n. 0010874-36.2017.5.03.0003.* Recorrente: Renata Rodrigues Martins. Recorridos: Master Brasil S.A. e outros. Redator: Juiz convocado Mauro César Silva. Julgamento: 12 jun. 2018. Órgão Julgador: Quinta Turma. Publicação: 18 jun. 2018. Disponível em: <https://juris.trt3.jus.br/juris/detalhe.htm?conversationId=2528>. Acesso em: 14 abr. 2021.

MOREIRA, José Carlos Barbosa. Responsabilidade das partes por dano processual. In: WAMBIER, Luiz Rodrigues; WAMBIER, Teresa Arruda Alvim (Orgs.). *Teoria Geral do Processo II:* Processo Civil. v. 3. São Paulo: Revista dos Tribunais, 2011. p. 477-499. (Coleção Doutrinas Essenciais).

NERY JÚNIOR, Nelson; NERY, Rosa Maria de Andrade. *Comentários ao Código de Processo Civil.* São Paulo: Revista dos Tribunais, 2015.

PINTER, Rafael Wobeto. A boa-fé no processo civil e o abuso de direitos processuais. *Revista de Processo*, São Paulo, v. 253, ano 41, p. 129-160, mar. 2016.

RICHTER, Bianca Mendes Pereira. Repercussões de litigância contra precedente no atual ordenamento jurídico brasileiro e a litigância de má-fé. *Revista de Processo*, São Paulo, v. 277, ano 43, p. 489-505, mar. 2018.

SILVA, Bruno Freire e; MAZZOLA, Marcelo. Litigância de má-fé no novo CPC: realidades e questões controvertidas — responsabilidade do advogado. *Revista de Processo*, São Paulo, v. 264, ano 42, p. 51-81, fev. 2017.

TARUFFO, Michele. Abuso de direitos processuais: padrão comparativo de lealdade processual (Relatório Geral). *Revista de Processo*, São Paulo, v. 177, ano 34, p. 153-183, nov. 2009.

______. *Uma simples verdade*: o juiz e a construção dos fatos. Tradução de Vítor de Paula Ramos. São Paulo: Marcial Pons, 2012.

TEIXEIRA FILHO, Manoel Antonio. *O processo do trabalho e a reforma trabalhista:* as alterações introduzidas no processo do trabalho pela Lei n. 13.467/2017. São Paulo: LTr, 2017.

THEODORO JÚNIOR, Humberto. Boa-fé e processo: princípios éticos na repressão à litigância de má-fé – papel do juiz. In: MARINONI, Luiz Guilherme (Coord.). *Estudos de Direito Processual Civil.* São Paulo: Revista dos Tribunais, 2003, p. 636-647.

VIANNA, José Ricardo Alvarez. Apontamentos sobre a litigância se má-fé no CPC/2015. *Revista de Processo*, São Paulo, v. 280, ano 43, p. 143-167, jun. 2018.

VICENZI, Brunela Vieira de. *A boa-fé no processo civil.* São Paulo: Atlas, 2003.

XAVIER, Rita Lobo; FOLHADELA, Inês; CASTRO, Gonçalo Andrade e. *Elementos de Direito Processual Civil:* teoria geral, princípios, pressupostos. 2. ed. Porto: Universidade Católica, 2018.

Tecnologia e o Direito: A Utilização das Provas Digitais no Processo do Trabalho

Introdução

O momento atual, de acentuado avanço tecnológico, representa uma verdadeira alternância de época na história da humanidade, não só pela sua repercussão social, econômica e política, mas principalmente pela modificação operada na vida e no comportamento das pessoas.

Essa fase da história pode ser equiparada a outras inúmeras transições ocorridas ao longo da caminhada do gênero humano no mundo, a exemplo da Revolução Francesa, como afirma Bobbio, porque trouxe, entre outros aspectos, uma viragem nas relações interpessoais e, sobretudo, no exercício e participação no poder, o que agora também ocorre como resultado da rapidez das informações.(179)

A revolução tecnológica é, ainda, um processo em construção, com o descobrimento de novas formas de conhecimento e de infinita criatividade, que deve ter um equilíbrio para que as pessoas não sejam prejudicadas, mas de forma também a não impedir o desenvolvimento científico.

Nesse aspecto é imprescindível que o homem tenha um inegável protagonismo e ascendência sobre o desenvolvimento tecnológico, não perdendo a liderança de todo esse processo a fim de que os avanços sejam voltados para melhorar a condição do ser humano.

A esse propósito cabe lembrar com Alain Supiot, que foi necessário um longo percurso histórico, do direito romano até as modernas Declarações dos Direitos, a fim de que se afirmasse e se firmasse a concepção ocidental do homem livre, dotado de razão e igual a todos os outros homens(180). Em outras palavras, sujeito e não objeto da história.

(179) Norberto Bobbio, referindo-se às repercussões da Revolução Francesa na história dos humanos, afirmou que ela representou o "fim de uma época e o início de outras", indicando "uma virada na história do gênero humano" (*A era dos direitos*. Tradução de Carlos Nelson Coutinho. Rio de Janeiro: Campus, 1992. p. 85).

(180) SUPIOT, Alain. *Homo Juridicus:* ensaio sobre a função antropológica do direito. Tradução de Maria Ermantina de Almeida Prado Galvão. São Paulo: WMF Martins Fontes, 2007 (Justiça e Direito). p. 13-19.

Essa permanente evolução tecnológica exige que sejam fixados regras e procedimentos a fim de que não sejam atingidas as garantias fundamentais, tornando-se necessária a atuação do direito como instrumento permanente de regulamentação da vida social.

O direito se faz sempre necessário para impor regras nas relações interpessoais, especialmente, no caso, quando se tem um novo paradigma de convivência ou até mesmo de comportamento humano. Evidentemente que a repercussão do avanço da tecnologia ocorre em todos os quadrantes da vida humana e, como não poderia deixar de ser, no Judiciário e no processo judicial.

Essas novas tecnologias, que se estendem por todas as áreas do conhecimento e das atividades profissionais, encontram no Direito campo fértil para sua atuação, especialmente no âmbito trabalhista, em que as mudanças chegam de forma acelerada, com um cunho de definitividade, como é o caso das situações de plataformização nas contratações e das formas peculiares de prestação de serviços nos aplicativos.

No processo do trabalho inúmeros atos processuais ganham dinamicidade com as novas tecnologias, em especial a implantação do Processo Judicial Eletrônico — PJe, em que os atos processuais são praticados de forma bem mais rápida do que ocorria na época dos processos físicos.

É, a rigor, um avanço na operacionalização dos processos com repercussão no andamento deles, mas que se mostra diversa da utilização dos meios digitais como prova, em que não há distinção dos meios e fontes de prova e a ausência de uma regulamentação legal específica.

A prova digital, como toda prova judicial, para ser utilizada deve se cercar de toda a segurança, transparência e ética possíveis, inclusive com respeito à privacidade dos envolvidos no processo, não podendo, em nome de eventual busca da verdade, invadir a esfera íntima das pessoas.

Inicia-se, então, este trabalho com o breve levantamento histórico da evolução da tecnologia, sendo necessário esclarecer que se vive em uma nova era da história humana, como anteriormente mencionado, com avanços que ocorreram em tempo reduzidíssimo, considerando a trajetória e o caminhar da humanidade, com transformações absolutamente revolucionárias de intensa repercussão na sociedade e nas relações interpessoais.

A primeira delas, como carro-chefe de toda essa transformação, é a internet, sucedida por tecnologias cada vez mais avançadas a partir de sua existência, especialmente comercial, como se verifica pelo avanço do Google, Wikipedia e iPhone, entre outras ferramentas de igual calibre em termos de avanço tecnológico.

Em seguida haverá um estudo sobre o Direito Digital, em que se ressalta o seu objetivo de regulamentar as relações entre os indivíduos no mundo digital, uma vez que essas são aptas a gerar obrigações e direitos.

É importante registrar que o Direito Digital deve observar os princípios e os grandes temas fixados pelo Direito como todo e qualquer ramo do Direito, embora observadas as peculiaridades de tempo e espaço próprios da matéria a ser por ele regulamentada.

Pretende-se também, na sequência, tratar da relação das provas de uma forma geral com as chamadas provas digitais, bem como as possibilidades de sua utilização, inclusive em uma perspectiva também constitucional.

Deve ficar claro que a razão de ser da prova, seja ela digital ou não, é servir ao jurisdicionado e ao sistema de justiça em razão da promessa feita por esse último de se chegar à verdade e de se fazer justiça.

1. Breve histórico

No subsistema processual trabalhista, voltado para garantir a concretização das normas trabalhistas, a utilização das provas digitais, como a geolocalização e WhatsApp, pode servir para o deslinde de questões com maior precisão do que um outro meio de prova tradicional.

A garantia de privacidade é elemento de grande importância no estudo e utilização da prova digital, porquanto é direito fundamental que deve sempre estar vinculado à proteção dos dados pessoais, impondo-se a tentativa constante da busca de equilíbrio entre a perseguição da verdade nos processos e o respeito à intimidade daqueles que dele participam formalmente ou não.

O objetivo neste item é fazer um apanhado do surgimento do mundo digital e a abrangência dele, hoje, em praticamente toda a atividade humana, mesmo daqueles tidos por excluídos digitais.

Há quem sustente a existência de inovações disruptivas no último milênio, que representaram verdadeiras revoluções no seio da sociedade, traduzidas pela impressão tipográfica, a industrialização e, agora, a digitalização. O ponto em comum é que todas elas trouxeram repercussões na política, economia, cultura, comunicações e em todas as áreas de atuação do ser humano.(181)

Também se diz que a humanidade e sua evolução podem ser divididas em três Ondas. A primeira instaura-se com o abandono do nomadismo e a fixação do homem à terra, que recebe a denominação de Era Agrícola. Essa fase histórica teve a terra como instrumento de poder, ou seja, a extensão da propriedade era determinante e indicativa da riqueza e do poder.(182)

---

(181) HOFFMANN-RIEM, Wolfgang. *Teoria geral do Direito Digital:* transformação digital: desafios para o Direito. Rio de Janeiro: Forense, 2021. p. 1.

(182) PINHEIRO, Patrícia Peck. *Direito Digital*. 7. ed. São Paulo: Saraiva Educação, 2021. p. 46.

A segunda Onda é representada pela Revolução Industrial, que combina a propriedade, o capital e o trabalho como instrumentos sinalizadores de poder, sendo que a sua culminância se deu na Segunda Guerra Mundial com a produção em massa de armamentos, o que acarretou mortes também em massa.(183)

E, por último, e não menos importante, a Era da Informação, utilizada essa última como instrumento de poder do final do século XIX ao início do século XX, com a invenção de veículos de comunicação como o telefone, a televisão, o rádio e o cinema, tendo como característica o elevado volume de informações.(184)

Na sequência tem-se a primeira geração de computadores com surgimento no período de 1946 a 1959, com a utilização de válvulas eletrônicas e a sua substituição posterior por transístores (a partir da década de 1950), circuitos integrados e, depois, microprocessadores, passando à sua popularização a partir dos anos 90, tornando-se menores e portáteis. Posteriormente, as tecnologias trazidas pelos telefones celulares e *palm tops* tornaram possível o surgimento dos *smartphones* com a incorporação de tecnologias, como câmeras e maior possibilidade de armazenamento de dados, entre outras funcionalidades.(185)

Em observância à cronologia apresentada, cabe informar que, em 1996, em projeto de doutorado na Universidade de Stanford, é criado o Google, maior *site* de buscas da internet. No início de 2001 tem-se a criação da Wikipedia, enciclopédia *online* e, em outubro de 2001, é lançada a primeira versão do iPod pela Apple.(186)

O grande avanço, entretanto, ocorreu com o lançamento do iPhone, com as várias funcionalidades em um único aparelho e da Apple Store em 2008, com a previsão de aplicativos que poderiam ser baixados. O Google, no mesmo ano, lançou o primeiro *smartphone* com sistema Android, permitindo a elevação de sua oferta e subsequente popularização.(187)

A internet, que merece uma referência à parte, representa verdadeiro marco em toda essa evolução, com surgimento no final dos anos 50. O seu surgimento deveu-se a um projeto militar dos EUA, em plena Guerra Fria, com a previsão de uma rede que não sucumbiria mesmo que houvesse um ataque nuclear.(188)

---

(183) PINHEIRO, Patrícia Peck, *op. cit.*, *loc. cit.*

(184) PINHEIRO, Patrícia Peck, *op. cit.*, *loc. cit.*

(185) YAMADA, Vítor Leandro. Requisitos legais da prova digital: autenticidade, integridade e cadeia de custódia. *In*: MISKULIN, Ana Paula Silva Campos; BERTACHINI, Danielle; AZEVEDO NETO, Platon Teixeira de (Coord.). *Prova digital no processo do trabalho:* realidade e futuro. Campinas: Lacier Editora, 2022. p. 121-157, p. 137-138.

(186) PINHEIRO, Patrícia Peck, *op. cit.*, p. 55-56.

(187) YAMADA, Vítor Leandro, *op. cit.*, p. 138.

(188) LIMA, Glaydson de Farias. *Manual de Direito Digital:* fundamentos, legislação e jurisprudência. Curitiba: Appris, 2016. p. 23.

Em 1971 tem-se a criação do e-mail, que passou a ser uma das mais utilizadas formas de comunicação na fase inicial da rede. Na década seguinte surgem os primeiros endereços com a terminação ".com", sendo que em 1994 inicia-se a chamada internet comercial, período que, equivocadamente, é tido como de seu surgimento.(189)

É importante o registro dessa trajetória de aparecimento e implantação do mundo digital que foi extremamente rápida, mas que apenas recentemente chegou à maioria da população. Deve ser registrado que o avanço científico, é sempre necessário repetir, só se justifica se acarretar benefícios à sociedade em seu conjunto com a produção de melhores condições de vida.

2. Direito digital

Embora com uma abrangência talvez superior aos demais ramos do direito, se assim pode ser considerado, o Direito digital não pode ser encarado como algo absolutamente novo, desvinculado dos fundamentos do Direito, em especial da Constituição Federal.

É certo, portanto, que está atrelado aos fundamentos republicanos que regem o nosso ordenamento jurídico, como forma também de regular as relações estabelecidas em sociedade, com categorias que adquirem maior protagonismo como o tempo e a territorialidade, com tratamento diferenciado, mas sempre vinculado às grandes matrizes principiológicas do sistema jurídico.

Nessa perspectiva deve ser verificada a atuação do Direito, de forma mais objetiva, neste mundo de inovação tecnológica, ou seja, qual a concepção que deve prevalecer para que o Direito "conduza as inovações para uma direção socialmente desejável". Como desdobramento dessa angulação, procura-se saber como o Direito pode não só "contribuir para produção de efeitos desejáveis e, se possível, evitar os indesejáveis".(190)

Na linha da relação do direito com o avanço tecnológico produzido recentemente, Wolfgang Hoffmann-Riem esclarece que, às vezes, o Direito é considerado um fator de inibição dos avanços tecnológicos, mas essa análise peca pela unilateralidade, pois o direito, a partir da adoção de uma visão científica, pode se abrir para as inovações. Como o Direito tem a missão de defender valores e interesses, preservando a tradição, no sentido positivo que pode ser dado a essa palavra, exerce também um papel de equilíbrio em relação à "responsabilidade pela inovação".(191)

Há quem entenda que, para bem exercer esse papel, se torna necessária uma norma-

(189) LIMA, Glaydson de Farias, *op. cit.*, p. 24-26.

(190) HOFFMANN-RIEM, Wolfgang. Direito, tecnologia e inovação. In: MENDES, Gilmar Ferreira; SARLET, Ingo Wolfgang; COELHO, Alexandre Zavaglia P. (Coords.). *Direito, inovação e tecnologia*. v. 1. São Paulo: Saraiva, 2015. p. 11-31 (Série Direito, Inovação e Tecnologia), p. 12.

(191) HOFFMANN-RIEM, Wolfgang, *op. cit.*, p. 15-31.

tização também em rede, que supere os mais variados constitucionalismos nacionais, uma espécie de internacionalização de normas para bem reger o fenômeno digital.(192)

Em outras palavras, as chamadas sociedades em rede, que hoje é o que se verifica globalmente, imprescindem de um constitucionalismo na mesma dimensão em "tempos marcados por um discurso cosmopolita em que se cruzam Kant e Habermas", sendo certo que se tem atualmente um "constitucionalismo mundial e cosmopolitismo constitucional".(193)

Não se pode considerar o mundo digital como diverso e paralelo ao mundo físico de relação entre as pessoas, porquanto está de tal forma entranhado no dia a dia que se encontra presente nas relações existentes na sociedade e, nesse ponto, representa um desafio e uma exigência para o Direito.

Como confirmação de tudo que se disse sobre a relação do Direito com a tecnologia, impõe-se a presença do primeiro no tráfico de informações em que há direitos, deveres, pretensões, obrigações, ações e exceções em discussão. Tal inserção jurídica está a exigir uma nova técnica normativa que compreenda a transcendência das fronteiras geopolíticas para harmonia do convívio social.(194)

É importante, portanto, uma melhor compreensão do Direito em relação ao objeto de regulação representado pelo universo digital, uma vez que a velocidade da tecnologia supera em muito o tempo da criação legislativa para seu controle e regulamentação.

A esse propósito tem-se a posição doutrinária de que a lei, ao tratar dos novos institutos jurídicos do Direito digital, "deve ser genérica o suficiente para sobreviver ao tempo e flexível para atender aos diversos formatos que podem surgir de um único assunto". Dessa forma, também como características do Direito digital, além da legislação enxuta para não se tornar obsoleta, pode-se citar "a celeridade, o dinamismo, a autorregulamentação, poucas leis, base legal, na prática costumeira, o uso da analogia e solução por arbitragem".(195)

O Direito digital tem, portanto, a elevada e difícil missão de conjugar o respeito às garantias processuais de privacidade, intimidade e da personalidade sem inibir os avanços decorrentes da criação de novas tecnologias, que exigem regências normativas instantâneas e mais generalizadas para não se tornarem obsoletas.

---

(192) LOUREIRO, João Carlos. Constituição, tecnologia e risco(s): entre medo(s) e esperança(s). In: MENDES, Gilmar Ferreira; SARLET, Ingo Wolfgang; COELHO, Alexandre Zavaglia P. (Coords.). *Direito, inovação e tecnologia*. v. 1. São Paulo: Saraiva, 2015. p. 33-84 (Série Direito, Inovação e Tecnologia). p. 35.

(193) LOUREIRO, João Carlos, *op. cit.*, p. 36.

(194) MOLINARO, Carlos Alberto; SARLET, Ingo Wolfgang. Apontamentos sobre direito, ciência e tecnologia na perspectiva das políticas públicas sobre a regulação em ciência e tecnologia. In: MENDES, Gilmar Ferreira; SARLET, Ingo Wolfgang; COELHO, Alexandre Zavaglia P. (Coord.). *Direito, inovação e tecnologia*. v. 1. São Paulo: Saraiva, 2015. p. 85-122 (Série Direito, Inovação e Tecnologia), p. 117.

(195) PINHEIRO, Patrícia Peck, *op. cit.*, p. 73, 76.

3. Provas digitais

Qualquer estudo que se faça das provas, de uma maneira geral ou mesmo de forma específica, em determinado procedimento, não se pode olvidar o tratamento dado ao tema pela Constituição e pelo ordenamento jurídico infraconstitucional.

É que os princípios processuais constitucionais acabam por ter aplicação prática no desenvolvimento do procedimento, na forma de produção das provas, que não podem perder de vista as referidas garantias constitucionais.

É por essa razão que se faz referência a um modelo constitucional de processo, estruturado com base na principiologia prevista no art. 5º da Constituição Federal, dispositivo que é referência para os atos processuais e probatórios praticados no curso do procedimento.

Fica claro, portanto, que a prova a ser produzida no processo, mediante a utilização de meios típicos ou atípicos, desde que moralmente legítimos (a lei não esclarece o que seria essa legitimidade), não é apenas um conjunto de regras ou de formalidades vazias a serem observadas, mas tem um propósito mais elevado.

É que o procedimento probatório representa o meio que o sistema de justiça oferece ao jurisdicionado para chegar à verdade e à justiça em determinado caso concreto. É essa, por assim dizer, a finalidade da prova que adquire, na legislação infraconstitucional, um objetivo mais relevante do que de simples instrumento a ser usado pelas partes no embate para defesa de seus interesses no processo.

Dessa forma, portanto, é que o processo civil, em seus vários dispositivos, deixa essa função evidenciada, como se pode verificar do art. 319 do CPC (em que o autor, na inicial, indicará as provas por meio das quais pretende demonstrar a verdade dos fatos alegados); art. 369 do CPC (que se refere aos meios de prova legais e moralmente legítimos para comprovação da verdade dos fatos em que se funda a ação e a defesa); art. 378 do CPC (ninguém se exime do dever de colaborar com o Judiciário para o descobrimento da verdade); art. 77, I, do CPC (exposição dos fatos em juízo conforme a verdade) e o art. 458, *caput*, do CPC (exigindo que, no início da inquirição, a testemunha prestará o compromisso de dizer a verdade).

Verifica-se, assim, que a prova, em nosso ordenamento, se encontra sempre conjugada com a verdade, como meio para se atingir essa última, tornando-se fundamental o cuidado necessário na sua produção e utilização no processo em razão dos objetivos de favorecimento da mais correta prestação jurisdicional.

É nesse contexto e com essas premissas que se impõe o estudo das provas digitais que, como modalidade ou forma de produção da prova, não pode se desvincular daquela que é a verdadeira justificativa para a sua utilização no ordenamento jurídico.

Pode-se dizer, em termos conceituais, que provas digitais representam "a demonstração de um fato ocorrido nos meios digitais, isto é, um fato que tenha por suporte a utilização de um meio digital", ou que, "embora o fato em si não tenha ocorrido em meio digital, a demonstração de sua ocorrência pode se dar por meios digitais".(196)

Na definição apresentada, o ponto comum é que deve haver sempre a utilização de meios digitais para produção da prova ou então servirem de meio para demonstração probatória.

Na mesma linha da definição supra é a previsão contida no Projeto de Lei n. 4.939 de 2020, que trata das diretrizes do direito da Tecnologia da Informação e as normas de obtenção e admissibilidade de provas digitais na investigação e no processo, em seu art. 4º, ao dispor que prova digital é toda informação armazenada ou transmitida em meio eletrônico que tenha valor probatório. À prova digital, constante do parágrafo único do artigo referido, aplicam-se subsidiariamente as disposições relativas à prova em geral.

Verifica-se, em artigo antecedente, especificamente o art. 3º do Projeto de Lei em comento, incisos VIII e IV, que a prova nato-digital é aquela gerada originariamente em meio eletrônico e a digitalizada é aquela que tem origem em meio físico e posteriormente é migrada para armazenamento em meio eletrônico, classificação que guarda compatibilidade com a conceituação apresentada para prova digital.

Fixado o conceito de prova digital, cabe, então, verificar as suas nuances no processo e na própria teoria da prova com o objetivo de se formular uma construção teórica da prova digital.

É o que diz a doutrina que pretende tal formulação sobre o tema ao dizer que a alteração se deve agora quanto à fonte da prova, que exige uma adequação em sua leitura, uma vez que os meios permanecem os mesmos. Ainda de forma bem elucidativa, esclarece que os fatos acessados por meios tecnológicos é que exigem tratamento diferenciado.(197)

Não se pode pensar de outra forma, porquanto a normatização dos meios de prova restou inabalada com a adoção da prova digital. O que constitui novidade foi a utilização das inúmeras modalidades e espécies trazidas pela tecnologia para servir como fonte de prova, a exemplo das mídias sociais existentes, como o Facebook, o Instagram e o Twitter, só para citar as mais conhecidas.

---

(196) THAMAY, Rennan; TAMER, Mauricio. *Provas no Direito Digital:* conceito da prova digital, procedimentos e provas digitais em espécie. 2. ed. São Paulo: Thomson Reuters Brasil, 2022. p. 32-33.

(197) SILVA, José Antônio Ribeiro de Oliveira. A prova digital: um breve estudo sobre seu conceito, natureza jurídica, requisitos e regras de ônus das provas correlatas. *In*: MISKULIN, Ana Paula Silva Campos; BERTACHINI, Danielle; AZEVEDO NETO, Platon Teixeira de (Coords.). *Provas digital no processo do trabalho:* realidade e futuro. Campinas: Lacier Editora, 2022. p. 68-94, p. 70.

Embora não trazendo maiores alterações em relação aos meios de prova previstos legalmente, a doutrina se debruça para definir a natureza jurídica da prova digital, caracterizando-a pela ideia de que se trata de prova documental em sentido amplo. Há, todavia, os que entendem, pela sua abrangência, que se trata de um novo meio de prova que, até o momento, se inscreve como meio de prova atípico.(198)

Parece que essa última ideia da natureza jurídica da prova digital deve prevalecer, até porque segue uma trajetória comum a todos aqueles mecanismos de produção de prova que, aos poucos, foram se integrando ao ordenamento processual. É que, mais do que a utilização de uma grande variedade de meios tecnológicos para servir como prova, como indicativo de relevância da prova digital, prevalece a sua enorme utilização nos processos, o que tem se dado em um crescendo, cujo percurso lembra a chamada prova emprestada, hoje tipificada no Código de Processo Civil.

Em tema de provas digitais, cabe tratar dos requisitos exigidos para que possam surtir efeitos jurídicos nos processos em que são utilizadas, como a autenticidade, a integridade e a preservação da cadeia de custódia, que devem, aliás, estar presentes em toda e qualquer prova, mas que adquirem uma indispensável importância em relação às provas digitais.

A **autenticidade**, como primeiro requisito a ser tratado, tem estreita relação com a confiabilidade da prova e é fundamental em razão da possibilidade de regravação dos meios de armazenamento, exigindo-se, para sua observância, que resulte "clara a origem do documento digital, ou seja, a sua autenticidade verificável quando não paira dúvidas sobre a sua autoria".(199)

Como reforço à definição anterior, tem-se a autenticidade como a certeza da origem ou de quem produziu determinado documento. Completa-se a definição anterior como sendo "a qualidade que elimina toda e qualquer hipótese válida e estruturada de suspeição sobre quem fez ou participou de constituição do fato no meio digital".(200)

Na linha do que restou mencionado anteriormente, no sentido da exigência de autenticidade em relação à prova de uma maneira geral, especificamente em relação aos documentos eletrônicos, tem-se a referência sobre a necessidade de um segundo identificador para comprovação da autenticidade de um documento, assim como reconhecimento de firma e selo holográfico nos documentos físicos.(201)

De acordo com Vítor Leandro Yamada, a assinatura eletrônica utiliza uma camada de segurança, composta pelo nome do usuário que o identifica no equipamento ou serviço

---

(198) SILVA, José Antônio Ribeiro de Oliveira, *op. cit.*, p. 76, 79.

(199) SILVA, José Antônio Ribeiro de Oliveira, *op. cit.*, p. 80.

(200) THAMAY, Rennan; TAMER, Mauricio, *op. cit.*, p. 40.

(201) YAMADA, Vítor Leandro, *op. cit.*, p. 141.

(ID) e uma senha que tem seu registro quando do cadastramento (1 camada de segurança = ID e senha). Acrescenta o autor a criação de uma segunda camada de segurança representada pelo código de acesso ou certificado digital, que "corresponde a uma autenticação em duas etapas por meio de uma chave ou *token* de posse do usuário (2 camadas de segurança = ID e senha + chave ou *token*)".(202)

O autor citado no parágrafo anterior ainda esclarece que em nosso país foi instituída a Infraestrutura de Chaves Públicas Brasileira — ICP/Brasil, que garante a autenticidade de documentos em forma eletrônica pelo par de chaves de criptografia assimétrica, em especial na forma prevista em seu art. 10. Afirma que o mais comum dos meios digitais e eletrônicos é a exigência da assinatura eletrônica usando uma identificação (e-mail, número de telefone celular) e a senha. Informa que na internet há um endereço IP, resultado de um protocolo utilizado na comunicação dos terminais a ela conectados, que permite a identificação do dispositivo acionado.(203)

A **integridade** da prova, segundo requisito apontado para validar a prova digital, é tido como essencial para que a prova produzida seja considerada, porquanto não adianta a confirmação da autenticidade se a prova foi violada em retratar aquilo a que se propõe.

A doutrina, depois de erigir a integridade como requisito imprescindível para utilização de determinada prova digital, pressuposto de sua validade, afirma que é condição para se ter a sua completude e a não adulteração.(204)

Nessa mesma linha, com citação na doutrina indicada no parágrafo anterior, cabe trazer a informação contida no Decreto Federal n. 10.278/2020 (art. 3º, IV), que define integridade como o "estado dos documentos que não foram corrompidos ou alterados de forma não autorizada". Acrescenta a doutrina, que comenta o referido dispositivo normativo, que a prova íntegra está isenta de qualquer modificação ou adulteração em seu estado, desde o seu início até quando se dá a utilização da prova ou, em outras palavras, é aquela que tem aptidão para demonstrar a reprodução do fato em sua completude e integridade.(205)

Ainda com apoio na doutrina citada, têm-se inúmeros dispositivos legais que ressaltam a necessidade de garantir a integridade da prova, a exemplo do art. 1º da MP n. 2.200 de 2001, o art. 195 do CPC (que prevê a integridade como requisito do ato processual eletrônico), o art. 12 e seu § 1º da Lei n. 11.419, de 2006 (com referência à necessidade de garantir a integridade dos processos eletrônicos no que se refere aos seus dados) e, por

(202) YAMADA, Vítor Leandro, *op. cit.*, p. 141-142.

(203) YAMADA, Vítor Leandro, *op. cit.*, p. 143-144.

(204) SILVA, José Antônio Ribeiro de Oliveira, *op. cit.*, p. 84.

(205) THAMAY, Rennan; TAMER, Mauricio, *op. cit.*, p. 45-46.

fim, o art. 2º, XVII, que define integridade como "propriedade de que a informação não foi modificada ou destruída de maneira não autorizada ou acidental".(206)

Cabe também acrescentar a informação de que a integridade da prova digital é preocupação que tem repercussão internacional, como se vê da regulamentação existente na Agência da União Europeia para Cibersegurança (ENISA) em consideração à volatilidade da espécie de dados. Na mesma linha o Departamento de Justiça dos Estados Unidos da América, que enquadra a integridade como princípio da prova digital, recomendando o seu tratamento cuidadoso.(207)

Vítor Leandro Yamada identifica elementos que compõem a chamada integridade da prova digital, fazendo alusão à completude, imutabilidade, temporalidade e credibilidade. No esclarecimento de cada um deles, afirma que a **completude** significa uma prova integral, cabendo a ela contar toda a história "e não determinada perspectiva dela"; a **imutabilidade** refere-se à impossibilidade de modificação nos registros extraídos dos equipamentos ou sistema de informática; a **temporalidade** é demonstração da data e horário de ocorrência do fato, que é essencial quando se tem a possibilidade de perecimento dos direitos em razão da velocidade em que as mudanças ocorrem; a **credibilidade** na tradução da linguagem da máquina com a sequência de *bits*, necessitando de um dispositivo eletrônico (*hardware*) e um programa próprio (*software*) para "interpretação dessa codificação e que isso ocorra em formato inteligível ao ser humano".(208)

E, por fim, tem-se a chamada **cadeia de custódia da prova**, que é a trajetória a que é submetida a prova desde a sua condição de fonte até quando é utilizada no processo. Transcende a ideia de meio de prova porque este se limita à forma de sua introdução no processo, sem a preocupação com a sua higidez desde a origem.

Nesse sentido tem-se o esclarecimento doutrinário de que visa a "preservar a autenticidade e a integridade em todo o processo de produção da prova digital" como a "sua identificação, coleta e extração de resultados, até a apresentação no processo ou procedimento de destino". Na trajetória de "vida da prova" é necessário que todos os registros sejam realizados, como "datas, horários, quem teve acesso, onde o acesso foi feito e até quaisquer alterações inevitáveis relacionadas".(209)

De forma bem lúcida, afirma-se que, enquanto os dois requisitos anteriores, autenticidade e integridade, representam requisitos intrínsecos à prova digital, a cadeia de custódia visa à sua preservação e tem o significado de ser extrínseca a ela. Essa cronologia de movimentação

(206) THAMAY, Rennan; TAMER, Mauricio, *op. cit.*, *loc. cit.*

(207) YAMADA, Vítor Leandro, *op. cit.*, p. 145.

(208) YAMADA, Vítor Leandro, *op. cit.*, p. 147-149.

(209) THAMAY, Rennan; TAMER, Mauricio, *op. cit.*, p. 47.

da prova, que exige rigor em todo o seu itinerário, embora não haja uma técnica única, pode ser caracterizada com auditável, transparente, confiável e pública.(210)

Nesse passo, explicitando melhor as características que deverão ser observadas na cadeia de custódia, tem-se que o material colhido como prova digital deve ter uma transparência tal que permita a um terceiro independente repetir as mesmas ações e obter o mesmo resultado, garantindo-se, assim, a lisura do trabalho de custódia realizado. Também no item confiabilidade não pode haver a mais mínima dúvida sobre a autenticidade e integridade da prova que, como sempre se exige nos processos, deve ter a sua publicidade garantida.(211)

Independentemente da discussão sobre a natureza jurídica da prova digital, se prova atípica ou documental, o fato é que ela já se coloca como uma realidade no procedimento em que as partes, cada vez mais, se servem de suas inúmeras espécies (geolocalização, WhatsApp, e-mail, entre outras), que serão abordadas mais adiante, para fundamentar as suas alegações no processo.

O importante é deixar assentado que o seu tratamento (na forma dos requisitos anteriormente mencionados) deve ser dado a toda e qualquer prova digital produzida no processo no sentido de garantir a lisura em sua produção, a sua higidez e que tenha uma trajetória que inspire confiança e possa, a qualquer momento, ser escrutinada por um terceiro para garantia de sua autenticidade e integridade.

O fato de ser produzida por meio eletrônico ou nele passar a ser inserida não altera em nada a preocupação que se deve ter de que a prova digital representa mais um elemento a compor a exigência de um processo ético, que não pode, em seu afã de trazer informações para o processo, violar os direitos fundamentais.

Como já foi afirmado no início deste item, as provas digitais não podem ser analisadas exclusivamente sob o aspecto formal de sua produção, mas levando-se em conta o compromisso da busca da verdade e de se fazer justiça por parte do nosso sistema jurídico.

4. Prova digital no processo do trabalho

Antes mesmo de iniciar o estudo das provas digitais e a possibilidade de sua utilização no processo do trabalho, bem como a sua relevância, é imprescindível prestar as informações abaixo que justificam o seu estudo e aplicação no processo.

Segundo pesquisa realizada em 2021, os usuários navegam na internet por 10h08min diárias, "das quais 3h42min são dedicados às redes sociais". Outro aspecto a ser considerado, que justifica a intensidade dessa utilização, é o fato de que os meios de comunicação não convergem em um único aparelho, não se verificando mais o que antes ocorria com

---

(210) YAMADA, Vitor Leandro, *op. cit.*, p. 151.

(211) YAMADA, Vítor Leandro, *op. cit.*, p. 151-152.

a "TV para assistir a programas", "o telefone para receber e realizar chamadas de voz", "o computador para acessar a internet". Além disso, como forma de reforçar a generalização da tecnologia, o MEC determinou a inserção do Direito Digital nas grades curriculares dos cursos de Direito.(212)

No processo do trabalho, as provas, de uma forma geral, melhor dizendo, os meios de prova, não têm uma regulamentação mais detalhada e técnica como no processo civil. O que se tem é o princípio lógico e abstrato contido no art. 818 da CLT. Em um sentido já clássico, de que quem alega é que deve se desincumbir da respectiva prova, assim como a possibilidade de sua inversão quando presente o desequilíbrio na produção da prova.

Não há, como já mencionado, um tratamento legal dos meios de prova na forma encontrada no ordenamento processual civil, até porque, como já é objeto de repetição na doutrina, a CLT não é, e nem foi o objetivo quando de sua formação, um Código de Processo do Trabalho.

Não se pode olvidar a importância da norma de sobredireito representada pelo art. 765 da CLT, que autoriza o juiz, na direção do processo e para se informar e melhor decidir, a adotar as medidas processuais necessárias e determinar as provas indispensáveis para concessão da melhor tutela jurisdicional.

Em se tratando de normas mais gerais sobre a prova, ganha destaque o art. 369 do CPC, que abre uma janela importante para utilização dos meios de prova não previstos legalmente ao se referir aos moralmente legítimos, inclusive a prova digital, embora o legislador, como já mencionado, não esclarece o significado dessa expressão.

Um aspecto importante neste tema diz respeito à regulamentação do documento eletrônico, que é aquele que é "produzido, autenticado, armazenado e transmitido em suporte eletrônico na sua forma original" que, evidentemente, não tem como sequer ser mencionado no ordenamento processual trabalhista, em face da época de surgimento da CLT, mas que tem previsão nos arts. 193 a 199 do CPC, no capítulo dos atos processuais, com indiscutível aplicação na seara trabalhista, bem como o art. 422 do mesmo Código em relação aos documentos eletrônicos ou não.(213)

Também os arts. 439, 440 e 441 do mesmo CPC fazem alusão aos documentos eletrônicos, sendo que o primeiro deles esclarece sobre a forma de sua utilização no processo convencional; o art. 440 refere-se diretamente ao valor probante do documento eletrônico bem como o art. 441, que também segue nesta linha normativa.

---

(212) MISKULIN, Ana Paula Silva Campos; BERTACHINI, Danielle; AZEVEDO NETO, Platon Teixeira de. "Dadologia" e sociedade digital: novos paradigmas e seus impactos no processo do trabalho. In: MISKULIN, Ana Paula Silva Campos; BERTACHINI, Danielle; AZEVEDO NETO, Platon Teixeira de (Coords.). *Prova digital no processo do trabalho*: realidade e futuro. Campinas: Lacier Editora, 2022. p. 15-38, p. 21-23.

(213) THAMAY, Rennan; TAMER, Mauricio, *op. cit.*, p. 125.

Segundo os autores já citados neste trabalho, os artigos supra, especialmente o art. 440, têm evidente relevância na medida em que garantem, "no plano infraconstitucional e prático, o direito constitucional à prova". Além disso, assinalam que a legislação específica sobre o tema, Lei n. 11.419/2006 e MP n. 2.200-2/2001, é referendada pelo CPC.(214)

Explicitadas as normas de regência da prova de forma geral tanto no processo civil como no processo do trabalho, como também as específicas dos documentos eletrônicos, cabe agora explicitar algumas provas digitais que podem ser utilizadas no procedimento trabalhista.

Inicia-se pela **geolocalização** que, quando autenticada pelo *blockchain* com a função de certificar a autenticação dessas informações, é uma prova de grande valia nas questões relativas à relação de emprego e mesmo da jornada de trabalho cumprida, dando, em alguns casos, uma segurança bem superior à prova testemunhal e documental sobre o tema.

Cabe dizer que "a geolocalização é um recurso tecnológico para localização de pessoas, coisas ou dados", o que ocorre por meio de recurso de rede social, GPS ou aplicativos de "coleta de dados armazenados em *smartphones*, *laptops*, *smartwatches*", o que se verifica pela "consulta de servidores vinculados ao endereço IP, por triangulação de captações por satélites, *wi-fi* ou, ainda, radiofrequência", registrando-se que o seu acesso pode ser realizado "pelo próprio usuário de celular ou e-mail ou por meio de ordem judicial ao administrador da rede ou aplicativo".(215)

A autenticidade da prova, com base na geolocalização, poderá então ser verificada com consulta ao celular da parte ou da testemunha, mediante informação a ser prestada pela rede social ou aplicativo em razão da expedição de ofício ou pela realização de perícia técnica com informação dos dados. Nesse sentido, tem-se o excerto da ata de audiência em que se adotou o primeiro dos procedimentos mencionados.(216)(217)

Em tema de geolocalização deve-se ter especial atenção para as ERB (Estações de Rádio Base) no tocante às informações delas extraídas, embora com reserva em relação à sua abrangência.(218)

---

(214) THAMAY, Rennan; TAMER, Mauricio, *op. cit.*, p. 126-127.

(215) FORTES, Olga Vishnevsky. Novos meios de busca da verdade: a geolocalização. In: MISKULIN, Ana Paula Silva Campos; BERTACHINI, Danielle; AZEVEDO NETO, Platon Teixeira de (Coords.). *Prova digital no processo do trabalho:* realidade e futuro. Campinas: Lacier Editora, 2022. p. 232-246, p. 240-241.

(216) FORTES, Olga Vishnevsky, *op. cit.*, p. 245.

(217) "O juiz acessou o histórico de localização da conta de Gmail do autor, cujos dados estão disponíveis a partir de 14.11.2014, mas a informação desse dia é apenas sobre o que o autor fez à noite. Na segunda-feira, 17.11.2014, consta que o autor saiu de casa às 7h17, dirigiu por 16 minutos até o endereço da ré X, onde permaneceu das 7h33 às 12h09. Então ele se deslocou dentro do bairro X, por 8 minutos, até localização próxima ao X, onde ficou das 12h17 às 13h05, então ele dirigiu novamente até a sede da empresa, onde permaneceu das 13h11 às 18h10 e finalmente retornou para casa; ficou em trânsito por 28 minutos e chegou às 18h38 em casa. Na terça-feira [...]". (FORTES, Olga Vishnevsky, *op. cit.*, p. 243-244).

(218) MISKULIN, Ana Paula Silva Campos; BERTACHINI, Danielle; AZEVEDO NETO, Platon Teixeira de, *op. cit.*, p. 29.

Cabe então dizer que, pelo fato de as informações serem fornecidas pela operadora, terceira na relação processual, tem-se a garantia de sua credibilidade, especialmente quando conjugadas com os dados do painel de controle, deixando mais evidenciados os fatos ocorridos. Tão importante quanto a utilização das provas digitais é a utilização de mecanismos para garantir que os seus requisitos de validade estejam preenchidos.

Para tanto têm-se os metadados, cabendo elucidar que um item de um metadado pode esclarecer sobre determinado dado, o que é inteligível por um computador. Então é possível, por meio desse mecanismo, verificar a autoria e a sua ratificação, "tornando possível a sua reprodução a qualquer momento, em qualquer instância do processo judicial, como também faculta a identificação da autoria da postagem em si, caso haja negativa, ou dúvidas, quanto a ela".(219)

Na linha de instrumentos tecnológicos bastante utilizados no contencioso não se pode deixar de mencionar o WhatsApp, que é hoje uma das formas de comunicação mais utilizada em todas as atividades.

O WhatsApp pode ter ampla aplicação — e ao que parece tem tido aplicação — nas hipóteses de comunicação mais expedita de determinado ato processual como também na oitiva de partes e celebração de acordo, ou mesmo de testemunhas com imensa dificuldade, pelo seu local de domicílio, em comparecer à sede do juízo.

Nesse sentido se diz que é "o mais popular *IM* ('Mensageiro Eletrônico', do inglês *Instant Messaging*) disponível no mercado" e diverso do e-mail, porquanto as conversações ocorrem "em tempo real". A doutrina esclarece, então, que se trata (o WhatsApp) de "um aplicativo multiplataforma de mensagens instantâneas e chamadas de voz para *smartphones*, de código fechado, desenvolvida pela WhatsApp LLC e atualmente sob a titularidade do Facebook INC".(220)

O fundamental — e o autor supracitado fez de forma clara essa referência — é que sejam observados os requisitos indispensáveis para validade da prova digital, tais como autenticidade (ou seja, ter de forma indiscutível a clareza quanto à identidade de quem presta depoimento, por exemplo), integridade (que as informações prestadas sejam claramente ouvidas ou identificadas) e, por último, a cadeia de custódia (isto é, a necessidade de que o arquivo de áudio do WhatsApp chegue com a demonstração de como foi produzido e do tratamento pelo qual passou para ser utilizado no processo).(221)

---

(219) MISKULIN, Ana Paula Silva Campos; BERTACHINI, Danielle; AZEVEDO NETO, Platon Teixeira de, *op. cit.*, p. 31.

(220) FELICIANO, Guilherme Guimarães. Prova obtida por WhatsApp e aplicativos similares: uma breve análise. In: MISKULIN, Ana Paula Silva Campos; BERTACHINI, Danielle; AZEVEDO NETO, Platon Teixeira de (Coords.). *Prova digital no processo do trabalho*: realidade e futuro. Campinas: Lacier Editora, 2022. p. 212-218, p. 212.

(221) FELICIANO, Guilherme Guimarães, *op. cit.*, p. 215.

A prova digital, como se vê, tem a mais ampla aplicação no processo do trabalho, não só pela presença da tecnologia em todas as atividades, mas também porque se vincula às suas especificidades, relativamente à relação de emprego e jornada extraordinária, entre outras.

Um aspecto relevante da prova digital, como restou demonstrado neste item, é a segurança das informações obtidas, o que afasta a dicotomia, muitas vezes repetida na doutrina e na jurisprudência, da verdade real e verdade processual, prevalecendo a verdade sem especificações, indispensável para a atuação jurisdicional.

5. Prova digital e privacidade

Um aspecto importante no estudo das provas digitais refere-se à garantia da privacidade e, mais do que isso, da preservação da intimidade das pessoas, devendo a sua utilização limitar-se àquilo que interessa ao processo, sem extrapolar para questões da vida privada e íntima daqueles que participam do processo.

Nas questões relacionadas com a privacidade, não se pode deixar de considerar, atualmente, a indispensável proteção dos dados que, na maioria das vezes, são desviados de sua utilidade meramente informativa para servir de justificativa para invasão na vida das pessoas, procurando ditar o seu comportamento e as suas escolhas.

Na cronologia da preservação da privacidade, verifica-se a sua previsão como sigilo da correspondência desde as Ordenações Filipinas (1603), inclusive com a possibilidade de morte se se tratasse de correspondência endereçada à família real. Tal proteção manteve-se, sem maiores alterações, na Constituição Imperial de 1824 e nas subsequentes Constituições Republicanas de 1891 (art. 72), 1934 (art. 113), 1937 (art. 122) e 1946 (art. 141, § 6º), o que foi ampliado para as comunicações telefônicas e telegráficas na Constituição de 1967 (art. 150, § 9º).(222)

A inclusão da proteção de dados só passou a existir com a Constituição de 1988, de uma forma genérica, o que se mostra natural em razão da data de sua promulgação(223). Posteriormente foi acrescida pela Emenda Constitucional n. 115/2022, que incluiu o inciso LXXIX ao art. 5º da Constituição Federal com a previsão de proteção dos dados pessoais, inclusive nos meios digitais.

Além desse acréscimo na Constituição, cabe fazer menção aos incisos X, XI e XII do art. 5º da Constituição Federal, que se referem à proteção da vida privada, em que vários aspectos são considerados, transcendendo a exclusiva proteção dos dados. Também na

(222) MENDES, Gilmar Ferreira; PINHEIRO, Jurandi Borges. Interceptações e privacidade: novas tecnologias e a Constituição. In: MENDES, Gilmar Ferreira; SARLET, Ingo Wolfgang; COELHO, Alexandre Zavaglia P. (Coords.). *Direito, inovação e tecnologia*. v. 1. São Paulo: Saraiva, 2015. p. 231-250 (Série Direito Inovação e Tecnologia), p. 232.

(223) MENDES, Gilmar Ferreira; PINHEIRO, Jurandi Borges, *op. cit., loc, cit.*

legislação infraconstitucional, no que se refere à privacidade, cumpre fazer referência especial à Lei n. 12.965/2014 (Marco Civil da Internet – MIC), especificamente em seu art. 3º, incisos I, II e III, e no art. 2º da Lei n. 13.709/2018 (Lei Geral de Proteção de Dados — LGPD).(224)

Também poderiam ser citados, como integrantes de um pacote normativo e jurisprudencial de abordagem da privacidade e de sua vinculação à manipulação de dados pessoais, o CPC, o CPP, a MP n. 2.200-2/2001 (institui a Infraestrutura de Chaves Públicas Brasileiras — ICP/Brasil), o Código Civil, o Código de Defesa do Consumidor, a Lei do Cadastro Positivo, a Lei de Acesso à Informação, o julgamento da ADI n. 6.389 (vinculando a proteção de dados à autodeterminação informativa).(225)

Cabe, também, fazer referência às Resoluções ns. 121/2010, 215/2015 e 332/2020 do CNJ, que têm como ponto em comum a preservação da privacidade e proteção do jurisdicionado em relação à divulgação de dados pessoais que possam prejudicá-lo como também à Recomendação n. 73/2020 do CNJ, que se volta para uma adequação à Lei Geral de Proteção de Dados — LGPD.

O art. 14 do Decreto n. 8.771/2016, que regulamenta o chamado Marco Civil da Internet, conceitua dado pessoal como "dado relacionado à pessoa natural identificada ou identificável, inclusive números identificativos, dados locacionais ou identificadores eletrônicos, quando estes estiverem relacionados a uma pessoa". O entendimento prevalecente é de que o tratamento dos dados pessoais é que serve para fornecer informações sobre determinada pessoa, o que deve ser objeto de proteção.

Herminegilda Leite Machado, citada anteriormente, esclarece que inúmeras são as formas de captura de dados pessoais, desde os chamados dados objetivos, como o nome, data de nascimento, endereço, número de documentos, filiação, profissão, raça, etnia, grau de formação escolar/acadêmica até aqueles caracterizados pela subjetividade, como as opiniões política, religiosa, filosófica, cultural, orientação sexual, entre outros. Em complemento, cita, como mecanismos de obtenção dessas informações, os *smartphones*, "ferramentas de vigilância e gravações ambientais instaladas em espaços públicos e privados, ferramentas de geolocalização, de biometria (a exemplo daqueles aparatos digitais que exigem a digital da pessoa, que medem os batimentos cardíacos, os passos, o peso corporal, a forma de manuseio do mouse etc.)", bem como os eletrodomésticos conectados à internet.(226)

---

(224) MACHADO, Herminegilda Leite. Prova digital e privacidade. In: MISKULIN, Ana Paula Silva Campos; BERTACHINI, Danielle; AZEVEDO NETO, Platon Teixeira de (Coords.). *Prova digital no processo do trabalho:* realidade e futuro. Campinas: Lacier Editora, 2022. p. 158-174, p. 162.

(225) MACHADO, Herminegilda Leite, *op. cit.*, p. 167.

(226) MACHADO, Herminegilda Leite, *op. cit.*, p. 158-159.

Na mesma linha de preservação dos dados pessoais e, por extensão da privacidade, o juiz deve proceder ao indispensável equilíbrio entre a necessidade de se prestar a melhor tutela jurisdicional e, ao mesmo tempo, não permitir que os direitos fundamentais sejam violados.

É nesse exato sentido a doutrina ao entender que a prova digital não pode atingir a privacidade e os princípios caros à Lei Geral de Proteção de Dados – LGPD, como pode ocorrer no caso da geolocalização sem limites, impondo-se ao magistrado o exercício do "teste de equilíbrio entre direitos fundamentais de prestação jurisdicional e a vida privada". Acrescenta que ao lado disso, observando-se os parâmetros fixados na legislação constitucional e infraconstitucional, a prova digital ainda deverá "sofrer o crivo das diretrizes judiciais de inteligência judicial", na forma regulamentada na Resolução n. 332 do CNJ.(227)

A proteção à privacidade, de uma forma geral, o que sempre teve especial relevância, inclusive com cidadania constitucional ao longo de nossa história, deve ser mais do que nunca preservada atualmente na medida em que os mecanismos tecnológicos de avanço sobre ela são cada vez maiores e a legislação nem sempre se mostra suficiente para a devida proteção dos dados das pessoas.

Conclusão

Em breve histórico da evolução da tecnologia, registra-se o papel desempenhado pela internet como representativa deste novo mundo, que surge com inovações em uma velocidade espantosa e, em contraposição, a dificuldade de seu acompanhamento pelo Direito.

O Direito Digital, que se forma em decorrência dessas inovações tecnológicas, imprescindindo de uma "espécie de internacionalização de normas", não deve fazer distinção entre o mundo físico e o mundo digital, mas procurar uma interação normativa entre eles.

Importante também é a necessidade de se ter uma legislação enxuta e flexível para dar vazão às constantes transformações e não correr o risco de se tornar obsoleta, com uma adequada generalização que permita uma melhor atuação da jurisdição na solução das controvérsias.

No nosso sistema, as provas de uma forma geral, o que obviamente se aplica à prova digital, têm estreita relação com a verdade e servem como instrumento para o seu descobrimento. É o que pode ser visto nos inúmeros artigos do CPC que fazem essa vinculação entre a prova e a verdade, a exemplo dos arts. 77, I; 319; 369; 378 e 458.

No conceito de prova digital tem-se como ponto em comum o fato de ter origem em um meio digital ou então que esse é utilizado para se proceder à demonstração probatória.

---

(227) BARZOTTO, Luciane Cardoso. Recomendação sobre a ética da inteligência da UNESCO e sua aplicação no judiciário. *Revista LTr*, São Paulo, ano 86, n. 7, p. 808-817, jul. 2022, p. 814-815.

A sua natureza jurídica, objeto de controvérsia, leva à compreensão preliminar de que se trata de prova atípica, sendo que a novidade maior é a variedade da chamada fonte de prova em se tratando da prova digital.

A prova digital só terá validade se houver a observância dos requisitos da autenticidade na sua origem, integridade, sem qualquer dano que a comprometa, e a cadeia de custódia, que preserva os dois requisitos anteriores e serve para verificar a sua higidez quando é colhida até a sua introdução no processo.

No processo do trabalho, a prova digital encontra supedâneo em toda a normatização do ordenamento processual civil, em especial o art. 369 do CPC, como também na norma de sobredireito representada pelo art. 765 da CLT.

Pode-se citar a geolocalização como prova de grande valia no processo do trabalho na medida em que serve para determinar, com precisão, a localização das pessoas nos mais variados horários como também questões envolvendo a relação de emprego. O WhatsApp também se apresenta como de grande valia para a comunicação do ato processual ou mesmo a oitiva de partes e de testemunhas nas hipóteses de tentativa de conciliação ou para dilação probatória.

Um aspecto importante na utilização da prova digital é o respeito à privacidade, devendo ser encontrado um equilíbrio entre o direito fundamental à prestação jurisdicional e também o direito fundamental à privacidade e à intimidade das pessoas.

Apesar dos avanços que têm ocorrido no campo de Direito Digital, mais especificamente nas provas digitais, impõe-se ainda muita cautela na sua utilização, não se devendo desprezar a complementação probatória de outros meios de prova, não sendo razoável a atribuição de valor excessivo e irreal às provas digitais, que devem estar sempre vinculadas ao preenchimento dos requisitos de autenticidade, integridade e cadeia de custódia.

Referências

BARZOTTO, Luciane Cardoso. Recomendação sobre a ética da inteligência da UNESCO e sua aplicação no judiciário. *Revista LTr*, São Paulo, ano 86, n. 7, p. 808-817, jul. 2022.

BOBBIO, Norberto. *A era dos direitos*. Tradução de Carlos Nelson Coutinho. Rio de Janeiro: Campus, 1992.

FELICIANO, Guilherme Guimarães. Prova obtida por WhatsApp e aplicativos similares: uma breve análise. In: MISKULIN, Ana Paula Silva Campos; BERTACHINI, Danielle; AZEVEDO NETO, Platon Teixeira de (Coords.). *Prova digital no processo do trabalho:* realidade e futuro. Campinas: Lacier Editora, 2022. p. 212-218.

FORTES, Olga Vishnevsky. Novos meios de busca da verdade: a geolocalização. In: MISKULIN, Ana Paula Silva Campos; BERTACHINI, Danielle; AZEVEDO NETO, Platon Teixeira de (Coords.). *Prova digital no processo do trabalho:* realidade e futuro. Campinas: Lacier Editora, 2022. p. 232-246.

HOFFMANN-RIEM, Wolfgang. Direito, tecnologia e inovação. In: MENDES, Gilmar Ferreira; SARLET, Ingo Wolfgang; COELHO, Alexandre Zavaglia P. (Coords.). *Direito, inovação e tecnologia.* v. 1. São Paulo: Saraiva, 2015. p. 11-31 (Série Direito, Inovação e Tecnologia).

______. *Teoria geral do Direito Digital:* transformação digital: desafios para o direito. Rio de Janeiro: Forense, 2021.

LIMA, Glaydson de Farias. *Manual de Direito Digital:* fundamentos, legislação e jurisprudência. Curitiba: Appris, 2016.

LOUREIRO, João Carlos. Constituição, tecnologia e risco(s): entre medo(s) e esperança(s). In: MENDES, Gilmar Ferreira; SARLET, Ingo Wolfgang; COELHO, Alexandre Zavaglia P. (Coords.). *Direito, inovação e tecnologia.* v. 1. São Paulo: Saraiva, 2015. p. 33-84 (Série Direito, Inovação e Tecnologia).

MACHADO, Herminegilda Leite. Prova digital e privacidade. In: MISKULIN, Ana Paula Silva Campos; BERTACHINI, Danielle; AZEVEDO NETO, Platon Teixeira de (Coords.). *Prova digital no processo do trabalho:* realidade e futuro. Campinas: Lacier Editora, 2022. p. 158-174.

ENDES, Gilmar Ferreira; PINHEIRO, Jurandi Borges. Interceptações e privacidade: novas tecnologias e a Constituição. In: MENDES, Gilmar Ferreira; SARLET, Ingo Wolfgang; COELHO, Alexandre Zavaglia P. (Coords.). *Direito, inovação e tecnologia.* v. 1. São Paulo: Saraiva, 2015. p. 231-250 (Série Direito Inovação e Tecnologia).

MISKULIN, Ana Paula Silva Campos; BERTACHINI, Danielle; AZEVEDO NETO, Platon Teixeira de. "Dadologia" e sociedade digital: novos paradigmas e seus impactos no processo do trabalho. In: MISKULIN, Ana Paula Silva Campos; BERTACHINI, Danielle; AZEVEDO NETO, Platon Teixeira de (Coords.). *Prova digital no processo do trabalho:* realidade e futuro. Campinas: Lacier Editora, 2022. p. 15-38.

MOLINARO, Carlos Alberto; SARLET, Ingo Wolfgang. Apontamentos sobre direito, ciência e tecnologia na perspectiva das políticas públicas sobre a regulação em ciência e tecnologia. In: MENDES, Gilmar Ferreira; SARLET, Ingo Wolfgang; COELHO, Alexandre Zavaglia P. (Coords.). *Direito, inovação e tecnologia.* v. 1. São Paulo: Saraiva, 2015. p. 85-122 (Série Direito, Inovação e Tecnologia).

PINHEIRO, Patrícia Peck. *Direito Digital.* 7. ed. São Paulo: Saraiva Educação, 2021.

SILVA, José Antônio Ribeiro de Oliveira. A prova digital: um breve estudo sobre seu conceito, natureza jurídica, requisitos e regras de ônus das provas correlatas. In: MISKULIN, Ana Paula Silva Campos; BERTACHINI, Danielle; AZEVEDO NETO, Platon Teixeira de (Coords.). *Prova digital no processo do trabalho:* realidade e futuro. Campinas: Lacier Editora, 2022. p. 68-94.

SUPIOT, Alain. *Homo Juridicus:* ensaio sobre a função antropológica do direito. Tradução de Maria Ermantina de Almeida Prado Galvão. São Paulo: WMF Martins Fontes, 2007. (Justiça e Direito).

THAMAY, Rennan; TAMER, Mauricio. *Provas no Direito Digital:* conceito da prova digital, procedimentos e provas digitais em espécie. 2. ed. São Paulo: Thomson Reuters Brasil, 2022.

YAMADA, Vítor Leandro. Requisitos legais da prova digital: autenticidade, integridade e cadeia de custódia. In: MISKULIN, Ana Paula Silva Campos; BERTACHINI, Danielle; AZEVEDO NETO, Platon Teixeira de (Coords.). *Prova digital no processo do trabalho:* realidade e futuro. Campinas: Lacier Editora, 2022. p. 121-157.

Julgamento Antecipado Parcial do Mérito no Processo Civil e no Processo do Trabalho

Introdução

A novidade trazida pelo Código de Processo Civil vigente neste tema foi a previsão expressa do julgamento antecipado parcial do mérito, uma vez que já era admitido anteriormente quando em vigor o Código de Processo Civil de 1973, doravante denominado CPC/73.

Há nesse caso, como em outros, uma coerência do legislador em garantir o cumprimento dos comandos contidos nas normas fundamentais do processo previstas no Capítulo I, especialmente nos arts. 1º e 4º.

No art. 1º, em que o ordenamento processual procurou incorporar os valores e as normas fundamentais consagradas na Constituição da República, figuram, necessariamente, em razão de sua redação, as matérias relativas à efetividade da jurisdição também estampada no art. 3º, como também o acesso à justiça e o prazo razoável de duração dos processos, art. 5º, XXXV e LXXVIII, da Constituição da República, respectivamente.

Na medida em que o legislador autoriza a prolação de sentenças antecipadamente, versando sobre o mérito, ainda que de forma parcial, o que ele pretende é que o acesso à justiça seja garantido de forma concreta e que haja mais um mecanismo de enfrentamento do eventual atraso no tempo de duração do processo.

É que não há sentido, dos pontos de vista lógico e jurídico, que não se decida sobre determinado tema em condições de julgamento e que essa decisão fique aguardando o desfecho do processo em sua integralidade, configurando-se tal situação como de indiscutível injustiça para uma das partes.

Se a questão do tempo de duração dos processos não tem sido resolvida a contento, de forma global, em temas envolvendo todo o aparato do Judiciário, pelo menos devem ser utilizados os instrumentos processuais que favoreçam o cumprimento dessa promessa constitucional, como as possibilidades oferecidas pela legislação para agilização na tramitação dos processos.

Em questões como o tema analisado no presente trabalho, procura-se aliar a preocupação com a morosidade (fator tempo no processo) com a seriedade na solução das demandas levadas a juízo, o que se torna evidente com o fato de o legislador limitar as hipóteses legais em que se admite o julgamento parcial antecipado de mérito. Nesse ponto há crítica doutrinária entendendo que é incorreta a limitação realizada pelo legislador, mas, ao que parece, injusta pela abrangência da previsão legal que também inclui situações, por exclusão, quando se tratar de matéria exclusivamente de direito.

No art. 4º das normas fundamentais do CPC vigente há uma reiteração legislativa quanto à necessidade de que seja observado o prazo razoável para solução das lides, que deve se concentrar na resposta judicial rápida e integral sobre a questão de fundo, inclusive com a atividade satisfativa.

Ao que parece não há dispositivo legal, como o mencionado no parágrafo anterior, que sirva melhor de fundamento para a matéria objeto deste estudo em que o legislador repete a norma constitucional (ar. 5º, LXXVIII), mas a complementa com a opção que faz pela decisão de mérito, seja colocando um fim ao processo ou mesmo solucionando, também de forma definitiva, parte dos pedidos.

Aqui, como se disse anteriormente, há uma inegável coerência do legislador quando estabelece a opção pela decisão de mérito, inclusive de forma antecipada e parcial, procurando dar uma solução imediata e definitiva para parte das pretensões contidas no processo.

Em conjunto com essa forma de exigir rapidez na solução da matéria judicializada, têm-se que fazer referência obrigatória ao art. 765/CLT, que impõe ao juiz atenção para que se tenha o andamento rápido das causas, e ao art. 852-D, também da CLT, em que essa exigência, por seus dizeres, fica implícita. Não se pode deixar de registrar, como já foi feito em outros trabalhos, a forma visionária adotada pelo legislador de 1943 ao determinar que o juiz deva zelar pelo andamento rápido das causas, antecipando-se com isso à promessa contida na Constituição Federal no tocante ao prazo razoável de duração dos processos.

Não só o julgamento antecipado parcial do mérito como também o julgamento antecipado do mérito, em sua integralidade, caminha na mesma direção de evitar dilações probatórias inúteis, sendo que, no primeiro caso (o julgamento parcial), determinado pedido não precisa aguardar a tramitação de outro, sob pena de não se justificar a cumulação de pedidos como mecanismo para diminuição do volume de ações no Judiciário.

Para uma mudança de paradigma, no que toca à previsão expressa na norma legal relativamente ao julgamento antecipado parcial do mérito, foi fundamental a alteração no conceito de sentença, em que a sua definição não deveria se dar apenas pela finalidade, mas também pelo conteúdo. Em outras palavras, decisão não é só aquela que põe fim ao procedimento, podendo ser prolatada no curso do procedimento com o mesmo caráter de definitividade.

Ao lado disso, a própria ampliação das finalidades das decisões interlocutórias contribuiu em muito para permitir que os julgamentos ocorressem de forma parcial, mas analisando o mérito da pretensão. No caso das interlocutórias foi fundamental o abandono de sua definição tradicional, como técnica de solução de incidentes, para o de decisão prolatada no curso do procedimento que não o encerrasse ou não fosse tecnicamente uma sentença.

Esses aspectos foram essenciais para que se incluísse o julgamento antecipado parcial do mérito na legislação, até porque, como se mencionou anteriormente, há restrições nas hipóteses em que ele pode ser utilizado, como também em quais circunstâncias se dispensa a produção de provas.

Numa comparação de grosso modo com a teoria da causa madura que, como se sabe, tem significado jurídico específico, pode-se invocar a sua construção doutrinária e legal para justificar a prolação de decisão antecipada parcial do mérito.

Tal ilação se retira dos fundamentos legais utilizados para o julgamento antecipado tanto em relação à integral apreciação do mérito quanto à sua apreciação parcial, tendo como requisito comum a desnecessidade da produção de provas, não havendo neste caso razão para ausência de uma decisão imediata ou que fique na dependência de pedido em que se exige a instrução probatória.

Cabe registrar que, em ordenamentos de outros países, como a Itália, por exemplo, tem-se a adoção desse mecanismo processual porque atende aos desígnios de uma avançada processualística, que tem por objetivo a solução rápida dos processos.

Antes do CPC vigente, a partir das Reformas Processuais, é possível defender o julgamento antecipado parcial do mérito não só porque houve alteração no conceito de sentença, que não era mais definida pela sua finalidade, mas também por seu conteúdo, e pela autorização legal do julgamento antecipado do mérito. Em outras palavras, a conjugação desses dois fatores permite que se avance para autorizar o julgamento antecipado parcial do mérito, ainda que não houvesse a sua previsão expressa na legislação.

O tratamento do tema no CPC vigente, além de autorizar que se faça o julgamento nas condições mencionadas no parágrafo anterior, passou a constituir verdadeira exigência imposta aos juízes não simplesmente como poder-dever, mas sim de forma imperativa quando presentes os seus pressupostos legais. É que se trata, como se viu, de uma exigência do sistema e não apenas de uma norma legal isolada a fim de que os objetivos contidos nas normas fundamentais do processo sejam observados.

No processo do trabalho a sua exigência ainda mais se impõe por razões que são óbvias, em especial porque os créditos trabalhistas se constituem em alimento e, como tal, é indiscutível a premência em seu recebimento.

De um ponto de vista eminentemente processual cabe argumentar em favor da utilização dessa técnica no processo do trabalho em razão da omissão e especialmente da compatibilidade com os princípios do ordenamento processual trabalhista, no que se refere à informalidade, simplicidade, celeridade e necessidade de pronta satisfação do credor trabalhista.

Algumas normas processuais, em uma interpretação ampliada, podem levar à conclusão de que se tem autorização para o julgamento antecipado de mérito na própria legislação trabalhista. É o caso da hipótese de reconhecimento do vínculo de emprego em que não houve a assinatura da CTPS, na forma do art. 39, § 2º, da CLT e, ainda, na hipótese da ausência de controvérsia em relação à dispensa injusta no que diz respeito à liberação do FGTS e do seguro-desemprego.

A logística da decisão antecipada parcial de mérito, que poderia trazer algum tumulto ao processo físico, em função de peças a serem trasladadas ou mesmo na necessidade de autos suplementares, fica atenuada com o PJE, que permite o acesso às peças do processo e a sua tramitação em mais de uma instância sem maiores problemas.

A conclusão que se extrai da análise da jurisprudência é de que os julgamentos antecipados parciais de mérito devem se constituir em rotina na seara trabalhista, não havendo razão para se ater ao dogma da decisão única, máxime quando a novidade legislativa se encontra em consonância com a visão contemporânea de efetividade do processo.

1. Evolução legislativa dos conceitos de sentença e de decisão interlocutória

O CPC de 1939 trazia a previsão da sentença definitiva, da qual cabia apelação, e a sentença terminativa, que poderia ser impugnada pelo agravo de petição. No primeiro caso havia decisão de mérito e, no segundo, o processo era encerrado sem exame do mérito.(228)

Em razão da dificuldade para definição do recurso cabível relativamente à decisão ou não de mérito, houve a opção do legislador do CPC/73, original(229), para que o fecho da relação processual sempre fosse dado pela sentença, contendo ou não julgamento de mérito. E, na definição desse instituto, contrariou a melhor doutrina à época, embora o seu autor, Alfredo Buzaid, tenha reconhecido o perigo da adoção de conceituações no texto legal.(230)

No CPC/73, em sua redação original, tem-se que a sentença era o pronunciamento do juiz que colocava fim ao processo, apreciando ou não o mérito, nos termos de seu art. 162, § 1º. Em outras palavras, adotou a conclusão de que a sentença põe um fim ao processo,

(228) ARAGÃO, Egas Dirceu Moniz de. *Comentários ao Código de Processo Civil* (Lei n. 5.869, de 11 de janeiro de 1973) (arts. 154 a 269). v. 2, 10. ed. rev. e atual. Rio de Janeiro: Forense, 2004. p. 37.

(229) Assim denominado por se tratar o CPC de 1973 sem as alterações trazidas pelas Reformas Processuais, que ocorreram em maior volume a partir de 1994.

(230) ARAGÃO, Egas Dirceu Moniz de, *op. cit.*, p. 36-37.

independentemente de seu conteúdo, não atentando para o fato de que são praticados atos processuais mesmo depois de proferida a sentença.(231)

Rigorosamente não se pode dizer que a sentença teria sido definida, mas restaram fixados a sua finalidade e o momento em que poderia ser prolatada, sabendo-se que sentença é o ato pelo qual o juiz procura externar as suas escolhas de valor, considerando os condicionamentos que lhe são apresentados, que podem ser traduzidas pelas alegações e as atividades probatórias realizadas no processo.(232)

No jogo de narrativas ou na disputa de narrativas existentes no processo, este último pode ser traduzido como um instrumento no qual se desenvolve complexa atividade epistêmica voltada para "obtenção da verdade dos enunciados dos fatos relevantes da causa". As narrativas e as provas representam instrumentos epistêmicos na formação das bases cognitivas para construção da decisão.(233)

Verifica-se, portanto, que a definição legal não se afeiçoa à realidade em relação aos efeitos da prolação da sentença para o procedimento, embora tenha tido o resultado prático de facilitar a interposição de recurso.

Nesse sentido é a posição de Barbosa Moreira ao criticar a definição legal e o vezo do legislador em conceituar os vários temas no CPC/73 original. Aponta deslizes legislativos, acrescentando que a definição de sentença observa critério puramente topológico e não substancial, como já foi asseverado anteriormente, ensinando que "o que interessava não era o conteúdo do ato, mas a pura e simples posição por ele ocupada no itinerário do feito".(234)

Aduz que "na arquitetura característica do Código a sentença assinalava o ponto-final de um processo"(235). E que:

> À vista da cisão formalmente estabelecida entre o processo de conhecimento e o de execução, nos casos em que este havia de seguir-se àquele, bem se compreende

---

(231) ARAGÃO, Egas Dirceu Moniz de, *op. cit.*, p. 42. Egas Dirceu Moniz de Aragão cita observação de Babosa Moreira sobre o tema no sentido de "que o processo não se encerra com a sentença (*Comentários, op. cit.* v/198); o procedimento é que se finda no 1º grau de jurisdição. Igualmente, para decisão interlocutória: que não põe fim ao procedimento. Mas é preciso ter em conta dois aspectos: a) Barbosa Moreira toma a sentença tão só como a que é pronunciada em primeiro grau de jurisdição; pode-se, no entanto, concebê-la como a que põe fim ao processo propriamente dito, visto que 'o julgamento proferido pelo tribunal substituirá a sentença ou a decisão recorrida no que tiver sido objeto de recurso' (art. 512), o que explica também o problema da decisão interlocutória; b) o emprego do vocábulo *processo* em casos tais pode ser reflexo de imemorial costume de, em um só conceito, abranger duas entidades distintas, pois na noção de processo se contém a de procedimento que lhe está ínsito" (ARAGÃO, Egas Dirceu Moniz de, *op. cit.*, *loc. cit.*).

(232) TARUFFO, Michele. *A motivação da sentença civil*. Tradução de Daniel Mitidiero, Rafael Abreu, Vítor de Paula Ramos. São Paulo: Marcial Pons, 2015. p. 78.

(233) TARUFFO, Michele. *Processo civil comparado:* ensaios. Apresentação, organização e tradução de Daniel Mitidiero. São Paulo: Marcial Pons, 2013. (Coleção Processo e Direito), p. 45.

(234) MOREIRA, José Carlos Barbosa. *Temas de direito processual*: (nona série). São Paulo: Saraiva, 2007. p. 167-168.

(235) MOREIRA, José Carlos Barbosa, *op. cit.*, p. 168.

a significação da parte final do § 1º do art. 162: a cláusula 'decidindo-se ou não o mérito da causa' referia-se precipuamente às duas modalidades distintas de julgamento no instante final da atividade cognitiva do órgão judicial.(236)

Assim, na perspectiva do doutrinador carioca, a vinculação da sentença ao conteúdo do ato como opção legislativa, abandonando o critério topológico, referendou a dualidade prevista nos arts. 267 e 269 do CPC, como "variação possível desse conteúdo", sabendo-se, no entanto, que continua a ser exata a assertiva de que a sentença opera a fase conclusiva da fase cognitiva do processo, com citação de Leonardo Greco.(237)

No mesmo CPC/73 original é definida a decisão interlocutória como aquele ato do juiz pelo qual, no curso de processo, resolve questão incidente na forma prevista em seu art. 162, § 2º.(238) É a decisão que, sem colocar fim ao processo, resolve questões incidentes apresentadas pelas partes, que se mostram essenciais para o encerramento do processo em primeiro grau.

Egas Dirceu de Moniz Aragão, retroagindo às fontes romanas, que esclarecem que as interlocuções se contrapunham às sentenças, afirma que se trata de todos os pronunciamentos do juiz no curso do processo, sem solução do mérito e com acolhimento ou rejeição do pedido. Aduz o referido autor que a denominação *decisão interlocutória* servia exatamente para diferenciá-la da sentença ou da equivocada referência à sentença interlocutória.(239)

Como forma de enfatizar o objetivo de preparação da sentença por parte da decisão interlocutória, deve ser lembrado o art. 180, § 2º, constante do Anteprojeto do CPC/73, que atribuía às interlocutórias o conceito de ato pelo qual o juiz, no curso do processo, resolve questões incidentes a fim de preparar a sentença final (grifo nosso).(240)

A maneira como se definiam a sentença e a decisão interlocutória no texto legal tornava difícil admitir a possibilidade de decisão em outro momento do processo que não fosse no final da cadeia procedimental e, embora se reconhecesse às interlocutórias a condição de decisão, a impossibilidade de decidir de forma definitiva determinado pedido constituía um obstáculo intransponível para flexibilizar a sua utilização no procedimento.

As chamadas Reformas Processuais — que alteraram substancialmente o CPC/73 na linha da instrumentalidade e de dar maior praticidade às normas processuais, transformando-o em CPC/73 reformado —, trouxeram um novo significado para alguns institutos,

(236) MOREIRA, José Carlos Barbosa, *op. cit.*, *loc. cit.*

(237) MOREIRA, José Carlos Barbosa, *op. cit.*, p. 172.

(238) Art. 162, § 2º, Código de Processo Civil de 1973: "Decisão interlocutória é ato pelo qual o juiz, no curso do processo, resolve questão incidente".

(239) ARAGÃO, Egas Dirceu Moniz de, *op. cit.*, p. 40.

(240) ARAGÃO, Egas Dirceu Moniz de, *op. cit.*, p. 41.

permitindo que pudesse existir maior flexibilidade em sua utilização, como no caso da alteração do art. 162, § 1º, em que não se definia mais a sentença pela sua finalidade ou os seus efeitos.

A partir da Lei n. 11.232/2005 deu-se nova redação ao art. 162, § 1º, do CPC/73(241) no sentido de que sentença é ato do juiz que implica em alguma das situações previstas nos arts. 267 e 269 da referida lei. Esse foi, sem qualquer dúvida, o primeiro passo para se admitir que as decisões prolatadas, ainda que no curso do processo, também pudessem surtir os mesmos efeitos da sentença desde que decidindo questões com o conteúdo dos dois artigos citados, ou seja, com ou sem a análise do mérito, mas pondo um fim à pretensão apresentada.

O que se encerra com a nova redação da norma processual é o dogma da sentença única, sempre ao final do procedimento, como se as demais pretensões, que já poderiam ser solucionadas, deveriam ficar aguardando a decisão de todos os pedidos e, numa comparação grosso modo, ficassem como reféns da decisão a ser prolatada após a realização de exaustiva atividade probatória.

Ainda sob a égide do CPC/73 reformado, mas sem que tivesse surgido o novo ordenamento processual, havia o registro doutrinário de que o dogma da unicidade ou da unidade da sentença teve influência direta de Giuseppe Chiovenda, que acabou por se arraigar na cultura jurídica brasileira. Em oposição a isso, tem-se a reforma perpetrada na redação do art. 162, § 1º, do CPC/73, que autorizou o entendimento sobre a existência de julgamentos parciais, tornando-se quase impossível a manutenção do referido princípio da unidade ou unicidade da sentença.(242)

O autor deixa claro o papel desempenhado pela teoria dos capítulos da sentença, como unidades autônomas da decisão, para permitir que se tenha a sentença parcial de mérito. Com base nessa teoria é possível que uma sentença seja decomposta em capítulos, como se verifica das "partes da sentença [...] em sede recursal (art. 498, *caput* e parágrafo único) como também nas fases de cumprimento de sentença (arts. 475-I, § 2º e 475-O, § 1º)".(243)

A partir daí não há mais vinculação da decisão ao momento processual em que pode ser prolatada, significando que tal pronunciamento pode ser dado em qualquer momento e será considerado julgamento com definitividade se o seu conteúdo for parametrizado pelos arts. 267 e 269, com ou sem apreciação do mérito. Desfaz, assim, a ideia de que decisão é

(241) Art. 162, § 1º, Código de Processo Civil de 1973: "Sentença é o ato do juiz que implica alguma das situações previstas nos arts. 267 e 269 desta Lei".

(242) ARRUDA, Paulo Gonçalves de. A sentença parcial vista pelos tribunais e o reflexo do fracionamento do mérito no anteprojeto do novo Código de Processo Civil. *Revista de Processo*, São Paulo, v. 222, n. 38, p. 257-292, ago. 2013, p. 263, 266.

(243) ARRUDA, Paulo Gonçalves de, *op. cit.*, p. 267.

apenas a manifestação processual realizada ao final do procedimento e após exaustiva dilação probatória.

Em comentário ao referido dispositivo legal, a doutrina esclarece que o processo vai muito além do direito reconhecido na sentença ou no reconhecimento de que não há como o Estado se manifestar sobre o direito em razão do óbice processual existente. Alerta que a fase recursal é também processo, como também fases posteriores que implicam o "desenvolvimento de outras atividades para a realização concreta daquilo que foi reconhecido".(244)

Ainda sob a perspectiva do legislador reformista, com comentários em relação à alteração do art. 162, § 1º, do CPC de 1973, de que a sentença deverá ser definida por seu conteúdo e não pela sua finalidade ou efeitos, cabe registrar pronunciamento doutrinário que reconhece a possibilidade da prolação de sentenças parciais quando esse expediente se mostrar mais vantajoso para a realização da tutela jurisdicional.(245)

Nessa mesma linha de entendimento, na perspectiva de se admitir a chamada coisa julgada progressiva, já se pensava em uma decisão interlocutória de mérito, mesmo anteriormente à alteração legislativa trazida pelo CPC vigente. A rigor, já não se contentava a doutrina com a literalidade das definições contidas no art. 162 do CPC reformado, entendendo-se, com apoio na doutrina preconizada por Cassio Scarpinella Bueno, que seria insuficiente a referência exclusiva à sentença como ato que tem por conteúdo os arts. 267 e 269 do CPC.(246)

Verifica-se, portanto, que a alteração ocorrida no art. 162, § 1º, do CPC de 1973 reformado, relativamente ao conceito de sentença, deflagrou um processo de amplas repercussões, como a admissão de decisões interlocutórias que não deveriam se ater à solução de incidentes no processo, mas que, quando tivessem por conteúdo as matérias dos arts. 267 e 269 do mesmo Código de Processo Civil, teriam os mesmos efeitos da sentença que colocava fim ao procedimento.

Assim é que se defendeu a existência de decisões interlocutórias de mérito que apenas se diferenciavam das sentenças por não colocar fim ao procedimento em primeiro grau, mas que eram recorríveis e que poderiam desencadear a coisa julgada, inclusive com o início do prazo para o ajuizamento de ação rescisória.

---

(244) BUENO, Cassio Scarpinella. *A nova etapa da reforma do Código de Processo Civil:* comentários sistemáticos às Leis ns. 11.187, de 19.10.2005, e 11.232, de 22.12.2005. São Paulo: Saraiva, 2006. p. 7.

(245) WAMBIER, Luiz Rodrigues; WAMBIER, Teresa Arruda Alvim; MEDINA, José Miguel Garcia. *Breves comentários à nova sistemática processual civil 2:* Leis ns. 11.187/2005, 11.232/2005, 11.276/2006, 11.277/2006 e 11.280/2006. São Paulo: Revista dos Tribunais, 2006. p. 38.

(246) SANTOS, José Carlos Van Cleef de Almeida. O trânsito em julgado progressivo das decisões de mérito: uma visão da ótica das decisões interlocutórias. *Revista de Processo*, São Paulo, v. 202, n. 36, p. 369-400, dez. 2011, p. 380-387.

Tais conclusões, como se verá adiante, foram ainda reforçadas pelo conceito que se atribuiu às decisões interlocutórias no processo, ou seja, a conjugação de uma nova definição de sentença com uma abertura que se deu ao significado das decisões interlocutórias foi o fator que permitiu a ampliação de seus efeitos no processo.

2. Julgamento antecipado parcial do mérito no CPC vigente

Conforme foi mencionado anteriormente, a novidade trazida pelo CPC vigente foi a previsão expressa do julgamento antecipado parcial do mérito, sendo certo que para a sua melhor compreensão é necessária a análise das conceituações de sentença e de decisão interlocutória contidas no seu art. 203, §§ 1º e 2º.

A despeito de toda polêmica que se estabeleceu na definição de sentença contida no CPC de 1973 original, com a adoção do critério da finalidade, e nas alterações trazidas pelas Reformas Processuais, com a nova redação dada ao art. 162, § 1º, do CPC anterior, utilizando-se o critério do conteúdo, o CPC vigente resolveu considerar ambos os critérios para sua definição.

Desse modo, com uma redação mais aprimorada e uma conceituação mais completa, considerando as manifestações doutrinárias sobre o tema, o CPC vigente definiu sentença como o pronunciamento judicial por meio do qual o juiz, com fundamento nos arts. 485 e 487 do CPC, ou seja, com ou sem resolução do mérito, nas hipóteses discriminadas nos referidos dispositivos legais, põe fim à fase cognitiva do procedimento comum, bem como extingue a execução.

Em relação ao conteúdo houve apenas um aprimoramento de redação ao substituir o verbo "implicar" pela expressão "com fundamento" nos artigos do CPC já referidos, que tratam do desfecho a ser dado ao processo, com ou sem exame de mérito.

O requisito da finalidade não constou do art. 162, § 1º, do CPC de 1973 reformado, pois era criticado pelo fato de mencionar que o juiz, ao sentenciar, colocava fim ao processo quando, ao contrário, outros atos eram praticados que não denotavam o seu término. Assim, para atender às críticas existentes, o legislador dispôs que a sentença põe fim à fase cognitiva do procedimento, o que guarda perfeita identidade com seus efeitos na cadeia procedimental.

Cabe registrar que, sem fazer referência expressa aos artigos que preveem a resolução do processo com ou sem resolução do mérito, é inegável que a definição do art. 162, § 1º, do CPC de 1973 original era mais completa do que a redação conferida ao mesmo artigo e parágrafo do CPC reformado, pois, em que pese se referir à sentença, não trazia qualquer referência à sua finalidade.

Ainda na redação do art. 203, § 1º, do CPC vigente tem-se de forma clara que a sentença é o único ato praticado pelo juiz que põe fim ao procedimento ou apenas a sentença é o ato processual apto a pôr fim ao procedimento, o que invalida, como será tratado a seguir, a possibilidade de se ter uma sentença parcial e mesmo utilizar essa expressão no julgamento parcial, porque contraria a própria noção legal de sentença.

A outra alteração que tem repercussão direta no tema objeto deste trabalho e deste item diz respeito aos contornos conceituais da decisão interlocutória que, no ordenamento processual anterior, era definida de forma mais restrita como sendo o ato pelo qual o juiz, no curso do processo, resolve questão incidente. Rigorosamente havia uma limitação do ato judicial que apenas servia para solução de questões que surgissem no decorrer do processo a fim de permitir que o procedimento continuasse a ter o seu curso normal.

O art. 203, § 2º, do CPC vigente deu à decisão interlocutória uma abrangência maior, porque deixou de ser apenas o ato processual que resolve questões incidentes para se tornar o pronunciamento judicial de natureza decisória, não enquadrada no § 1º, tornando-se, com isso, a decisão que resolve todas as demais questões e pretensões que não ponham fim ao procedimento.

Antes mesmo de vir à lume a definição de decisão interlocutória no CPC vigente, a doutrina já se posicionava pela adoção da terminologia "decisão interlocutória de mérito" contrariamente ao segmento doutrinário que defendia a expressão "sentença parcial de mérito". É que "se o próprio sistema oferece previsão quanto ao pronunciamento que analisa o mérito, mas não encerra a fase cognitiva, não cumpre ao intérprete modificar a qualificação jurídica do ato".(247)

Quando o ordenamento processual prevê que será possível a prolação de julgamento antecipado parcial do mérito, como na hipótese do art. 356 do CPC, torna-se evidente que se trata da decisão interlocutória de mérito e não de sentença parcial de mérito, sendo que está sujeita a agravo de instrumento que, se não interposto, poderá redundar na formação da coisa julgada parcial no que se refere ao capítulo de mérito que teve solução, na forma do art. 356 do CPC.(248)

José Henrique Mouta Araújo afirma que, deixando claro o CPC sobre a existência de decisão interlocutória de mérito, não há dúvida da "formação progressiva da coisa julgada e a multiplicidade de momentos para o cumprimento das decisões proferidas no curso do processo". Ressalta que o importante, independentemente da terminologia utilizada, é que a decisão possui "conteúdo meritório e cognição suficiente para a formação da coisa julgada", sendo passível de cumprimento definitivo.(249)

Cabe dizer, como acréscimo de argumentos, na linha da doutrina mencionada, que a sentença é única no processo, tratando-se de um único pronunciamento jurisdicional a

---

(247) SANTOS, José Carlos Van Cleef de Almeida, *op. cit.*, p. 388.

(248) ARAÚJO, José Henrique Mouta. A recorribilidade das interlocutórias no novo CPC: variações sobre o tema. *Revista de Processo*, São Paulo, v. 251, n. 41, p. 207-228, jan. 2016, p. 215.

(249) ARAÚJO, José Henrique Mouta, *op. cit.*, p. 216.

colocar fim ao procedimento, não se admitindo mais de uma decisão com esse mesmo objetivo. E, analisando o mérito da causa (ou de alguma das pretensões antecipadamente), antes de se colocar fim ao procedimento, apenas se pode ter uma decisão interlocutória de mérito a teor de sua definição legal.

Nessa mesma linha, e também em período anterior ao CPC vigente, comentando as alterações do substitutivo aprovado pelo Senado Federal, ainda por ocasião do processo legislativo que daria origem ao CPC, Paulo Gonçalves de Arruda, citando Luciana Viana Araújo, esclarece que:

> A definição de decisão interlocutória sofreu "inédita modificação na história processual brasileira, quiçá luso-brasileira", pois o referido dispositivo autoriza o julgamento do mérito da causa, "desde que não se encerre a fase cognitiva do procedimento comum, pois, se encerrar, tratar-se-á de sentença".(250)

Como referido no início deste item, as alterações na definição legal de sentença e de decisão interlocutória contribuíram para que se estabelecesse a positivação do julgamento parcial do mérito, o que já era defendido pela doutrina em consideração aos princípios processuais constitucionais do acesso à justiça e do prazo razoável de duração dos processos.

Na doutrina que precedeu o CPC vigente, no tocante à possibilidade do julgamento antecipado parcial do mérito, procedeu-se à indicação de suas vantagens e que poderá ser utilizado em benefício do réu e, até mesmo, admite que seja prolatada mais de uma decisão parcial do mérito em determinado processo.(251)

Nesse sentido destaca que, encerrada a audiência, pode existir uma situação, ainda que rara, em que o juiz pode proferir uma decisão de imediato pois os fatos já estão esclarecidos, apenas tornando-se necessária a prova pericial para uma das pretensões a ser decidida mais adiante. E, também, a sentença parcial pode ocorrer no julgamento da reconvenção ou, ainda, na improcedência de um dos pedidos para retirar "a incerteza que sobre ele pairar, com prejuízo à parte demandada, o que, na prática atual, só irá ocorrer na única sentença, quando apreciados conjuntamente os pedidos do autor e do réu (reconvenção)".(252)

Pedro Luiz Pozza esclarece que o mesmo sistema em relação ao julgamento parcial é adotado na Alemanha (ZPO, § 301), impondo a adoção da sentença parcial de mérito com a existência de várias sentenças definitivas no processo, que recebe a denominação de sentença final, seja global ou parcial. O autor pontua, citando Othmar Jauernig, que: "Será global a sentença proferida depois de totalmente instruída a causa; e parcial, aquela proferida

(250) ARRUDA, Paulo Gonçalves de, *op. cit.*, p. 286.

(251) POZZA, Pedro Luiz. *Sentença parcial de mérito:* cumulação de pedidos e o formalismo valorativo para a celeridade da prestação jurisdicional. Curitiba: Juruá, 2015. p. 148-149.

(252) POZZA, Pedro Luiz, *op. cit., loc. cit.*

na hipótese de não haver necessidade de instrução para decisão de toda a causa, quando, por exemplo, já estiver provada parte do dano buscado pelo autor"[(253)].

Salienta, todavia, que a hipótese pode ser afastada, ou seja, o julgamento parcial, quando a sentença puder ser proferida em breve, na forma do inciso I do artigo mencionado.

Para que seja possível o julgamento antecipado do mérito, é necessário que não haja qualquer tipo de vinculação entre os pedidos, que haja uma independência entre eles, de forma que não se tenha qualquer influência de um em outro, sendo que a sua cumulação em uma mesma ação apenas atende a uma questão de ordem prática a fim de que não se tenha a multiplicidade de ações.

Dinamarco, em sua obra já clássica, esclarece muito bem sobre essa questão, valendo-se do pensamento de Chiovenda, ao ensinar que a autonomia dos capítulos da sentença pode ser aferida pela:

> Observação de que as diversas parcelas do *petitum* bem poderiam ter sido objeto de demandas separadas, propostas em tempos diferentes e dando origem a dois ou mais processos — sendo meramente circunstancial a junção de todos em um processo só, para serem decididos mediante sentença formalmente única.[(254)]

O autor acrescenta que a autonomia nesse caso tem um significado duplo em razão, como já se disse, de cada um formar um processo próprio e separado, como também que cada um é regido por pressupostos próprios, sem se confundir com os pressupostos dos demais pedidos.[(255)]

Procedendo-se à leitura dos títulos do Capítulo X, que trata do Julgamento Conforme o Estado do Processo, tem-se na Seção II, o Julgamento Antecipado do Mérito, e na Seção III, o Julgamento Antecipado Parcial do Mérito como inovação do CPC vigente.

A doutrina afirma que não se trata de julgamento antecipado, mas de julgamento imediato, presentes as condições para que se profira uma decisão. Sustenta a inadequação da terminologia adotada no ordenamento processual até porque poderá haver confusão entre "o julgamento antecipado (que se destina a produzir resultados definitivos) e a tutela antecipada (que é uma espécie de tutela provisória)", defendendo, portanto, a adoção da expressão "julgamento imediato do mérito".[(256)]

Há quem entenda, também, que a novidade introduzida no CPC vigente encerra uma polêmica que existia sobre a melhor interpretação a ser dada ao art. 273, § 6º, do CPC

(253) POZZA, Pedro Luiz, *op. cit.*, p. 157-158.

(254) DINAMARCO, Cândido Rangel. *Capítulos da sentença*. São Paulo: Malheiros, 2002, p. 42-43.

(255) DINAMARCO, Cândido Rangel, *op. cit.*, p. 43.

(256) CÂMARA, Alexandre Freitas. *O novo processo civil brasileiro*. 2. ed. São Paulo: Atlas, 2016. p. 213-214.

de 1973, ou seja, se seria uma espécie diferenciada de tutela antecipada ou julgamento antecipado parcial do mérito. Faz-se referência a julgado do STJ que reconhecia o caráter de cognição exauriente da decisão proferida com base no artigo e no parágrafo mencionados, mas que, por razões de política legislativa, não recebia a imunidade da coisa julgada.(257)

Para Daniel Amorim Assumpção Neves, a opção do legislador foi alterar a natureza jurídica dessa forma de julgamento, passando de uma espécie diferenciada de tutela antecipada para julgamento antecipado parcial do mérito. Houve um distanciamento proposital do princípio da unicidade de julgamento ou da ideia de um único processo e uma única sentença preconizados por Chiovenda para a hipótese de fracionamento do julgamento.(258)

Na mesma linha de entendimento, conclui-se que se pôs um fim ao "dogma da unidade ou unicidade do julgamento da causa", permitindo-se que seja julgada parcela do mérito, de forma imediata, acabando com o que representava a "base da estruturação do procedimento comum do direito anterior". Ampliou-se a possibilidade da cisão do julgamento para apreciação das hipóteses em que não há necessidade de produção da prova, sem que seja necessário aguardar o julgamento das pretensões que exigiam dilação probatória, densificando "o direito fundamental à tutela jurisdicional tempestiva (arts. 5º, LXXVIII, CF, e 4º, CPC)".(259)

Como se vê, devem ser observados alguns parâmetros para aplicação da norma em comento (art. 356 do CPC), considerando também as razões de sua introdução no ordenamento processual, desfazendo algo que estava inserido na cultura processual, ou seja, a existência de uma única sentença, o que tornava os demais pedidos, em uma expressão forte, reféns de toda uma instrução quando já se poderia ter uma solução antecipada.

Cabe, agora, proceder à leitura do art. 356 do CPC, seus incisos e parágrafos(260), considerando o caminho aberto com as novas conceituações de sentença e decisão

---

(257) NEVES, Daniel Amorim Assumpção. *Manual de Direito Processual Civil*. 10. ed. Salvador: JusPodivm, 2018. Volume único, p. 701-702.

(258) NEVES, Daniel Amorim Assumpção, *op. cit.*, p. 702-703.

(259) MARINONI, Luiz Guilherme; ARENHART, Sérgio Cruz; MITIDIERO, Daniel. *Novo Código de Processo Civil comentado*. São Paulo: Revista dos Tribunais, 2015. p. 380.

(260) Art. 356, Código de Processo Civil: "O juiz decidirá parcialmente o mérito quando um ou mais dos pedidos formulados ou parcela deles:

I – mostrar-se incontroverso;

II – estiver em condições de imediato julgamento, nos termos do art. 355.

§ 1º A decisão que julgar parcialmente o mérito poderá reconhecer a existência de obrigação líquida ou ilíquida.

§ 2º A parte poderá liquidar ou executar, desde logo, a obrigação reconhecida na decisão que julgar parcialmente o mérito, independentemente de caução, ainda que haja recurso contra essa interposto.

§ 3º Na hipótese do § 2º, se houver trânsito em julgado da decisão, a execução será definitiva.

§ 4º A liquidação e o cumprimento da decisão que julgar parcialmente o mérito poderão ser processados em autos suplementares, a requerimento da parte ou a critério do juiz.

§ 5º A decisão proferida com base neste artigo é impugnável por agravo de instrumento".

interlocutória, bem como o fato de norma com semelhante objetivo encontrar previsão no processo civil alemão, iniciando-se pelo *caput* do referido dispositivo processual.

O legislador deixa claro que o julgamento antecipado parcial do mérito, quando preenchidos os seus requisitos, não se constitui em faculdade do julgador, mas em inequívoca imposição legal.

Nesse sentido é a posição doutrinária ao sufragar o entendimento de que o julgamento antecipado parcial do mérito não se trata de faculdade, mas dever do juiz, dado "o tom imperativo do art. 356 do CPC". Decorre "do princípio que impõe a rápida e efetiva solução à lide, requisito fundamental à configuração da garantia constitucional do processo justo (moderna visão do devido processo legal)".(261)

Nessa mesma senda entende-se como importante a abertura proporcionada pelo CPC vigente, como forma de diálogo com o direito material, implementando a "otimização do procedimento, flexibilizando-o na perspectiva de permitir a efetivação da tutela jurisdicional" mesmo que não compreenda todas as pretensões apresentadas, anotando que representa inegável meio de se garantir a eficiência processual.(262)

Cabe esclarecer com a doutrina mencionada que não há cumulatividade dos requisitos presentes nos incisos I e II do art. 356 do CPC e, configurando-se um ou outro, será possível o julgamento antecipado parcial do mérito.(263)

O primeiro dos requisitos inscritos no art. 356, I, do CPC diz respeito à ausência de controvérsia quanto ao pedido apresentado, que deve prescindir de prova ou de qualquer outro desdobramento procedimental, justificando-se uma decisão imediata sem que se aguarde o desfecho de pretensão que requer a produção de prova.

É importante esclarecer que a incontrovérsia pode se referir à hipótese de mais de um pedido, como também a um mesmo pedido em que parte dele receba o reconhecimento pelo réu, sem qualquer insurgência sobre ele e já encerrado o debate jurídico sobre o tema.

A esse propósito prevalece o entendimento doutrinário de que o art. 356, I, do CPC tem lugar nas hipóteses de "cumulação de pedidos (objeto composto)" e em se tratando de pedido único que pode ser concedido parcialmente, em outras palavras, "de modo fracionado sob o aspecto quantitativo (objeto decomponível)", quando parte de uma dívida é reconhecida, devendo ser proferida decisão relativamente à parte incontroversa.(264)

---

(261) THEODORO JÚNIOR, Humberto. *Teoria geral do Direito Processual Civil:* processo de conhecimento e procedimento comum. v. 1, 57. ed., rev., atual. e ampl. Rio de Janeiro: Forense, 2016.

(262) BUENO, Cassio Scarpinella. *Manual de Direito Processual Civil:* inteiramente estruturado à luz do novo CPC, de acordo com a Lei n. 13.256, de 04.02.2016. 2. ed. rev. atual. ampl. São Paulo: Saraiva, 2016. p. 331.

(263) BUENO, Cassio Scarpinella, *op. cit.*, p. 331-332.

(264) ALVAREZ, Anselmo Prieto; PINHO, Américo Andrade. O julgamento interlocutório de mérito e seu regime jurídico. *Revista de Processo*, São Paulo, v. 302, n. 45, p. 219-239, abr. 2020, p. 225.

Outro fundamento que justifica a sentença antecipada parcial do mérito encontra-se no inciso II do referido art. 356 do CPC com a previsão de seu cabimento quando o pedido ou pedidos estiverem em condições de imediato julgamento, nas mesmas hipóteses que justificam o julgamento antecipado do mérito, de forma integral e nos termos do art. 355 do CPC.(265)

No referido dispositivo legal consta que o julgamento antecipado de mérito ocorrerá quando não houver necessidade da produção de outras provas ou quando, em se tratando de réu revel, a revelia produzir os efeitos previstos no art. 344 do CPC com a presunção de veracidade das alegações de fato formuladas pelo autor, ausente o requerimento para produção de prova, como previsto no art. 349 do CPC.

O inciso II do art. 356 do CPC, ao se referir a pedido em condições de imediato julgamento, recebe um complemento por parte do art. 355 já referido, significando, com isso, que a configuração da situação que permite imediato julgamento somente restará caracterizada se não houver necessidade da produção de outras provas ou mesmo se a revelia produzir seus efeitos, ausente o requerimento para produção de provas por parte do revel.

É como se o art. 355 do CPC funcionasse como pressuposto para que se possa proferir julgamento antecipado parcial do mérito na hipótese do inciso II do art. 356, ou seja, com o preenchimento das condições para o imediato julgamento.

A desnecessidade da produção de provas e os efeitos da revelia, sem que haja pretensão probatória pelo réu, são as condições que tornam possível o julgamento antecipado parcial do mérito, porquanto não haverá necessidade de dilação probatória e razão para que se aguarde a tramitação do procedimento.

Segundo a doutrina, o referido inciso II do art. 356 do CPC é de fácil compreensão, querendo dizer com isso que a determinação contida em seu *caput* será produzida quando não houver necessidade da produção de provas, "quer porque já produzidas, quer porque dispensável a produção de qualquer prova". O efeito da possibilidade de julgamento antecipado parcial do mérito é que produz coisa julgada material quando do trânsito em julgado da decisão, "não sendo possível ao juiz posteriormente modificar a decisão ao resolver a parcela de mérito de que demandou continuidade, ainda que parcial de mérito".(266)

Há quem entenda que a previsão do julgamento antecipado parcial do mérito serve para que as partes tenham um cuidado maior nas suas defesas, na impugnação específica das alegações constantes da inicial, porquanto a matéria, dependendo de seu conteúdo, poderá

---

(265) Art. 355, Código de Processo Civil: "O juiz julgará antecipadamente o pedido, proferindo sentença com resolução de mérito, quando:

I – não houver necessidade de produção de outras provas;

II – o réu for revel, ocorrer o efeito previsto no art. 344 e não houver requerimento de prova, na forma do art. 349".

(266) NEVES, Daniel Amorim Assumpção, *op. cit.*, p. 703.

ter uma imediata decisão de mérito. Na verdade, a referida previsão legal tem o condão de "tornar a defesa do demandado uma prática responsável e bem mais diligente, afinal a causa *excipiendi* deve ser tão bem explicitada quanto a causa *petendi*", com citação de Paulo Henrique dos Santos Lucon.(267)

Na sequência dos incisos I e II do art. 356 do CPC têm-se os §§ 1º ao 5º, sendo que os §§ 1º ao 4º tratam de temas correlatos como consequência da decisão parcial e as suas repercussões para cumprimento e execução.

O art. 356, § 1º, do CPC prevê que a decisão antecipada parcial do mérito, como de resto qualquer decisão, poderá reconhecer a existência de obrigação líquida ou ilíquida, sendo que a primeira hipótese é a desejável e a segunda implica a apuração do valor da obrigação reconhecida no título judicial.

No art. 356, § 2º, do CPC há a previsão da liquidação ou execução da obrigação (se já liquidada) de imediato, independentemente de caução, ainda que provisória a execução, observadas neste caso as disposições contidas nos arts. 520 e 521 do CPC.

Como o legislador regulamenta a execução provisória quando pendente o recurso, o § 3º do art. 356 do CPC prevê o óbvio de que, se houver trânsito em julgado da decisão, a execução será definitiva. E, em consequência de tudo que está regulamentado nos parágrafos anteriores, prevê que a liquidação e o cumprimento da decisão poderão ser processados em autos suplementares, a requerimento ou de ofício, a teor de seu § 4º, o que pode se mostrar obsoleto nos casos de adoção do processo judicial eletrônico.

A doutrina tem entendido, no comentário realizado sobre esses parágrafos do 1º ao 4º do art. 356 do CPC, que o § 1º permite que se prolate decisão antecipada parcial do mérito ainda que não seja possível a fixação do valor da obrigação; no § 2º denota-se a preocupação do legislador em garantir o cumprimento imediato do julgamento antecipado parcial do mérito a fim de afastar qualquer dúvida de que necessitaria aguardar o julgamento de demais parcelas que exijam instrução, referindo-se também ao cumprimento provisório da sentença; a possibilidade de definitividade da decisão com seu trânsito em julgado está inscrita no § 3º; e, o § 4º, relativamente a autos suplementares, entendendo-se que "mesmo no ambiente eletrônico, a diretriz parece ser salutar para que sejam visualizados e distinguidos quais atos processuais dizem respeito a que fase do processo que, embora uno, seja bifurcado".(268)

O último parágrafo, que é o 5º do referido art. 356 do CPC, deixa claro que o recurso cabível é o agravo de instrumento de acordo com a sistemática recursal do processo civil, prevalecendo o fato de se tratar de decisão interlocutória independentemente de sua extensão.

---

(267) ALVAREZ, Anselmo Prieto; PINHO, Américo Andrade, *op. cit.*, p. 226.

(268) BUENO, Cassio Scarpinella. *Manual de Direito Processual Civil:* inteiramente estruturado à luz do novo CPC, de acordo com a Lei n. 13.256, de 04.02.2016. 2. ed., rev., atual. e ampl. São Paulo: Saraiva, 2016. p. 332-333.

Quanto a esse aspecto, Cassio Scarpinella Bueno afirma que legislador não esclarece a decisão que veicula o julgamento antecipado parcial do mérito, ou seja, se é decisão interlocutória, limitando-se em determinar a sua recorribilidade por meio do agravo de instrumento. Sustenta que na sistemática do CPC vigente é a lei que deve prever quando determinada decisão será recorrível por agravo de instrumento, o que decorre da interpretação conjugada dos arts. 1.009, § 1º, e 1.015, *caput*, do CPC.(269)

O autor esclarece a questão relativa à previsão para interposição de agravo de instrumento, considerando as definições de sentença e decisão interlocutória previstas no art. 203, §§ 1º e 2º, do CPC, sendo que a hipótese em comento se enquadra na previsão do § 2º referido. Como acréscimo de argumentos, afirma que "o inciso II do art. 1.015, coerente e pertinentemente, refere-se à recorribilidade imediata de decisões interlocutórias de mérito, sem indicar, contudo, a hipótese do § 5º do art. 356 do CPC", o que é dispensável em face da forma expressa e genérica para cabimento do agravo de instrumento prevista no já referido art. 1.015, inciso II, do CPC.(270)

A opção legislativa pela interposição do agravo de instrumento, em se tratando do julgamento antecipado parcial do mérito, teve crítica da doutrina ao entendimento de que se trata também neste caso de decisão com caráter de definitividade, não se justificando a distinção quanto ao meio recursal para sua impugnação.(271)

Entre outros aspectos que justificam o entendimento anterior, tem-se que a apelação admite a interposição de recurso adesivo, na forma prevista no art. 997, §§ 1º e 2º, o que não se compatibiliza com o agravo de instrumento, aspecto que não deixa de favorecer o acesso à justiça pelo litigante que inicialmente não teve a intenção de recorrer. Nessa hipótese, o tratamento diferenciado para a insurgência das partes, em relação à sentença e ao julgamento antecipado parcial do mérito, estimularia a recorribilidade daquele que não pretendia inicialmente recorrer, "pois o prazo para a interposição do agravo terá início ao mesmo tempo para todos os litigantes".(272)

Embora reconhecendo que o dogma da sentença única em cada processo sempre representou um peso muito grande para autorizar qualquer alteração nesse procedimento, resta evidente que não havia sentido em se autorizar a antecipação da decisão de mérito envolvendo todas as pretensões e não autorizar o julgamento definitivo quando se tratasse de parte delas.

Nesse caso quem podia o mais não podia o menos, o que dá a exata dimensão de sua ilogicidade e o que isso representava em termos de morosidade na solução definitiva

(269) BUENO, Cassio Scarpinella, *op. cit.*, p. 333-334.

(270) BUENO, Cassio Scarpinella, *op. cit.*, p. 334.

(271) POZZA, Pedro Luiz, *op. cit.*, p. 191.

(272) POZZA, Pedro Luiz, *op. cit.*, p. 192.

de pedidos que não exigiam dilação probatória, representando uma injusta distribuição do tempo no processo.

Em apenas um único dispositivo processual o legislador permite que haja julgamentos antecipados, cumprimento de sentença e trânsito em julgado de pretensões de forma célere, cumprindo, assim, a promessa do julgamento de mérito em tempo razoável com o objetivo também de se obter a sua satisfatividade como previsto nas normas fundamentais do CPC.

3. Processo do trabalho

3.1. Julgamento antecipado parcial do mérito no processo do trabalho

A invocação de dispositivos constitucionais como o acesso à justiça (art. 5º, XXXV) e o prazo razoável de duração dos processos (art. 5º, LXXVIII), de aplicação em todo e qualquer processo e procedimento, conspiram de forma favorável, como referido na Introdução deste trabalho, pela irrestrita adoção da novidade legislativa do CPC vigente ao processo do trabalho.

Na mesma linha tem aplicação a previsão contida no art. 4º do CPC ao processo do trabalho, como norma fundamental do processo civil e de todo o processo, que prevê a necessidade de se obter uma decisão de mérito como direito das partes, incluída a atividade satisfativa.

Essas normas seriam por si sós suficientes para se concluir pela aplicação do julgamento antecipado parcial do mérito, previsto no art. 356, ao processo do trabalho, independentemente de qualquer previsão legal para tanto.

No processo do trabalho, mais especificamente na CLT, não há qualquer disposição legal expressa tratando do tema nos termos em que se encontra previsto no CPC, restando necessária a verificação de sua compatibilidade, o que se evidencia de plano.

Nesse caso cabe também a invocação conjugada dos arts. 769 da CLT e 15 do CPC como forma de legitimar ainda mais a aplicação da norma processual civil ao processo do trabalho como consequência do chamado diálogo das fontes, levando-se em conta a compatibilidade com o espírito da legislação processual trabalhista e o papel de supletividade/subsidiariedade desempenhado pelo CPC em relação a todos os demais procedimentos.

A edição da Instrução Normativa n. 39/2016 do TST, em seu art. 5º, também não deixa dúvida sobre a aplicação do art. 356 do CPC ao processo do trabalho, registrando-se que a sua utilização na seara processual trabalhista se dá em relação aos §§ 1º ao 4º do referido artigo, com a ressalva de que da sentença prolatada caberá recurso ordinário.

Embora as disposições da Instrução Normativa mencionada, em matéria processual, tenham meramente caráter de orientação e recomendação sem a ideia de imposição ou vinculação normativa para a magistratura, a teor da previsão contida no art. 22, I, da Constituição da República, é certo que reforça a necessidade de se adotar o julgamento antecipado parcial do mérito no processo do trabalho.

Como consequência da referida Instrução, inclusive referenciada em seus Considerandos, foi editado o Ato Conjunto TST.CSJT.CGJT n. 3/2020, que dispõe sobre o processamento dos feitos no primeiro grau de jurisdição, nos casos de decisão parcial do mérito, especialmente em seus aspectos operacionais, regulamentando o seu processamento, numeração (classe), efeitos estatísticos de produtividade do magistrado e a formação de autos suplementares.

Inicialmente é necessário verificar o tratamento dado à decisão interlocutória no processo do trabalho o que, de resto, não se distancia da finalidade que tradicionalmente sempre lhe foi atribuída.

O art. 893, § 1º, da CLT[273] dispõe que os incidentes do processo ou ocorridos no curso do procedimento serão resolvidos pelo juiz, admitindo-se a apreciação do mérito das decisões interlocutórias somente em recurso da decisão definitiva.

Não há dúvida, nessa hipótese, que se trata da decisão interlocutória que resolve incidentes no processo, com a previsão de sua irrecorribilidade imediata para impedir a paralisação e a protelação no andamento do procedimento. Embora recorríveis, as decisões interlocutórias apenas serão apreciadas por ocasião do recurso da decisão final, como preliminar a ser suscitada para apreciação da questão pelo Tribunal.

É assim que a matéria, envolvendo as decisões interlocutórias, sempre foi tratada no processo do trabalho, como uma espécie de subprincípio da oralidade em seu sentido mais amplo, de não permitir medidas protelatórias que pudessem atrasar o andamento do processo.

Nessa mesma linha pode ser citado o art. 799 da CLT, em especial o seu § 2º[274], que atribui a condição de interlocutórias às decisões que julgam as exceções de suspeição e incompetência, apenas admitindo o recurso imediato se terminativas do feito, sendo que nos demais casos a insurgência da parte só poderá ser apresentada no recurso que couber da decisão final.

---

(273) Art. 893, § 1º, CLT: "Os incidentes do processo são resolvidos pelo próprio Juízo ou Tribunal, admitindo-se a apreciação do merecimento das decisões interlocutórias somente em recursos da decisão definitiva".

(274) Art. 799, CLT: "Nas causas da jurisdição da Justiça do Trabalho, somente podem ser opostas, com suspensão do feito, as exceções de suspeição ou incompetência.

§ 1º As demais exceções serão alegadas como matéria de defesa.

§ 2º Das decisões sobre exceções de suspeição e incompetência, salvo, quanto a estas, se terminativas do feito, não caberá recurso, podendo, no entanto, as partes alegá-las novamente no recurso que couber da decisão final".

Esse último dispositivo legal representa uma espécie de desdobramento e reforço ao art. 893, § 1º, da CLT, no que se refere à impossibilidade de recurso imediato das decisões interlocutórias, apesar de fazer referência apenas às decisões das exceções de suspeição e incompetência.

A previsão normativa dos objetivos da decisão interlocutória como ato judicial que decide incidentes no procedimento, na mais absoluta consonância com a sua anterior definição dada pelo art. 162, § 2º, do CPC de 1973 reformado, e a impossibilidade de recurso de imediato presidem a sistemática relacionada com as decisões interlocutórias no processo do trabalho.

Ainda nessa perspectiva conceitual das decisões interlocutórias e a impossibilidade de recorrer delas de imediato, cabe a referência às exceções previstas na Súmula n. 214 do TST(275), como uma espécie de abertura para possibilitar recurso de imediato das decisões interlocutórias nas hipóteses nela previstas.

Ocorre que as novas definições de sentença e decisão interlocutória no CPC vigente acarretaram uma alteração significativa, com repercussão no processo do trabalho, no tocante à sua finalidade e repercussão no procedimento.

Em linhas muito gerais pode-se dizer, por uma lógica de exclusão, que a decisão que não põe fim ao procedimento, mas com força suficiente para apreciar o mérito de determinada pretensão, é uma decisão interlocutória de mérito, enquadrando-se nessa hipótese os julgamentos antecipados e parciais do mérito dos pedidos. Assim, todas as decisões prolatadas na fase de conhecimento, que não ponham fim ao procedimento, serão decisões interlocutórias de acordo com a nova definição legal, com aptidão para apreciar a matéria de fundo de determinada pretensão.

Ao contrário, então, do que sempre se entendeu como decisão interlocutória, que tradicionalmente tinha a finalidade de solucionar incidentes no curso do procedimento, ela passa agora a se identificar também com o julgamento antecipado parcial do mérito no sentido de desafiar recurso de imediato e transitar em julgado.

Como se trata de decisão definitiva (quando examina o mérito de determinada pretensão), dela caberá recurso ordinário, na forma do art. 895, inciso I, da CLT(276), que é o

---

(275) Súmula n. 214, TST: "DECISÃO INTERLOCUTÓRIA. IRRECORRIBILIDADE (nova redação) – Res. n. 127/2005, *DJ* 14, 15 e 16.03.2005. Na Justiça do Trabalho, nos termos do art. 893, § 1º, da CLT, as decisões interlocutórias não ensejam recurso imediato, salvo nas hipóteses de decisão: a) de Tribunal Regional do Trabalho contrária à Súmula ou Orientação Jurisprudencial do Tribunal Superior do Trabalho; b) suscetível de impugnação mediante recurso para o mesmo Tribunal; c) que acolhe exceção de incompetência territorial, com a remessa dos autos para Tribunal Regional distinto daquele a que se vincula o juízo excepcionado, consoante o disposto no art. 799, § 2º, da CLT".

(276) Art. 895, CLT: "Cabe recurso ordinário para a instância superior:

I – das decisões definitivas ou terminativas das Varas e Juízos, no prazo de 8 (oito) dias; e

II – das decisões definitivas ou terminativas dos Tribunais Regionais, em processos de sua competência originária, no prazo de 8 (oito) dias, quer nos dissídios individuais, quer nos dissídios coletivos.

recurso próprio das decisões definitivas prolatadas em primeiro grau, cabendo acrescentar que, nesse aspecto, se harmoniza com a definição de decisão interlocutória contida no CPC, como "todo pronunciamento judicial de natureza decisória".

De forma alguma se poderia falar no cabimento do agravo de instrumento que, no processo do trabalho, a teor do art. 897, "*b*", da CLT[(277)], apenas pode ser utilizado em

---

§ 1º Nas reclamações sujeitas ao procedimento sumaríssimo, o recurso ordinário:

I - VETADO.

II - será imediatamente distribuído, uma vez recebido no Tribunal, devendo o relator liberá-lo no prazo máximo de dez dias, e a Secretaria do Tribunal ou Turma colocá-lo imediatamente em pauta para julgamento, sem revisor;

III - terá parecer oral do representante do Ministério Público presente à sessão de julgamento, se este entender necessário o parecer, com registro na certidão;

IV - terá acórdão consistente unicamente na certidão de julgamento, com a indicação suficiente do processo e parte dispositiva, e das razões de decidir do voto prevalente. Se a sentença for confirmada pelos próprios fundamentos, a certidão de julgamento, registrando tal circunstância, servirá de acórdão.

§ 2º Os Tribunais Regionais, divididos em Turmas, poderão designar Turma para o julgamento dos recursos ordinários interpostos das sentenças prolatadas nas demandas sujeitas ao procedimento sumaríssimo".

(277) Art. 897, CLT: "Cabe agravo, no prazo de 8 (oito) dias:

a) de petição, das decisões do Juiz ou Presidente, nas execuções;

b) de instrumento, dos despachos que denegarem a interposição de recursos.

§ 1º O agravo de petição só será recebido quando o agravante delimitar, justificadamente, as matérias e os valores impugnados, permitida a execução imediata da parte remanescente até o final, nos próprios autos ou por carta de sentença.

§ 2º O agravo de instrumento interposto contra o despacho que não receber agravo de petição não suspende a execução da sentença.

§ 3º Na hipótese da alínea *a* deste artigo, o agravo será julgado pelo próprio tribunal, presidido pela autoridade recorrida, salvo se se tratar de decisão de Juiz do Trabalho de 1ª Instância ou de Juiz de Direito, quando o julgamento competirá a uma das Turmas do Tribunal Regional a que estiver subordinado o prolator da sentença, observado o disposto no art. 679, a quem este remeterá as peças necessárias para o exame da matéria controvertida, em autos apartados, ou nos próprios autos, se tiver sido determinada a extração de carta de sentença.

§ 4º Na hipótese da alínea *b* deste artigo, o agravo será julgado pelo Tribunal que seria competente para conhecer o recurso cuja interposição foi denegada.

§ 5º Sob pena de não conhecimento, as partes promoverão a formação do instrumento do agravo de modo a possibilitar, caso provido, o imediato julgamento do recurso denegado, instruindo a petição de interposição:

I - obrigatoriamente, com cópias da decisão agravada, da certidão da respectiva intimação, das procurações outorgadas aos advogados do agravante e do agravado, da petição inicial, da contestação, da decisão originária, do depósito recursal referente ao recurso que se pretende destrancar, da comprovação do recolhimento das custas e do depósito recursal a que se refere o § 7º do art. 899 desta Consolidação;

II - facultativamente, com outras peças que o agravante reputar úteis ao deslinde da matéria de mérito controvertida.

§ 6º O agravado será intimado para oferecer resposta ao agravo e ao recurso principal, instruindo-a com as peças que considerar necessárias ao julgamento de ambos os recursos.

§ 7º Provido o agravo, a Turma deliberará sobre o julgamento do recurso principal, observando-se, se for o caso, daí em diante, o procedimento relativo a esse recurso.

§ 8º Quando o agravo de petição versar apenas sobre as contribuições sociais, o juiz da execução determinará a extração de cópias das peças necessárias, que serão autuadas em apartado, conforme dispõe o § 3º, parte final, e remetidas à instância superior para apreciação, após contraminuta".

face de "despachos que denegarem a interposição de recursos", havendo desde sempre uma enorme distinção de objetivos entre os dois recursos no processo civil e no processo do trabalho, tendo apenas a mesma denominação como ponto comum.

De outro lado, ainda que se considere a interposição do agravo de instrumento com a sistemática normativa que lhe é própria no CPC, aplicação do art. 356, § 5º, e art. 1.005, II, tal hipótese não teria cabimento por existir recurso próprio para decisões de mérito no processo do trabalho, parciais ou não, que é o recurso ordinário.

Além desse aspecto, não se compatibiliza com uma noção de isonomia permitir a interposição de recurso ordinário com objetivos mais amplos em relação à decisão que põe um fim ao procedimento e não adotar a mesma solução em relação à decisão que resolve o mérito de determinada pretensão.

Aliás, tal entendimento serve para harmonizar a via recursal com as novas atribuições da decisão interlocutória como também concretizar a ideia de que se trata de julgamento de mérito, ainda que parcial e antecipado.

Como acréscimo de argumentos têm-se os dois atos administrativos já mencionados, Instrução Normativa n. 39/2016 e Ato Conjunto TST.CSJT.CGJT n. 3/2020, que são expressos em reconhecer que o recurso cabível é o ordinário. Cabe também dizer, se se entender pela possibilidade de interposição de agravo de instrumento no lugar do recurso ordinário, que a parte ficará prejudicada na possibilidade da interposição de recurso de revista (Súmula n. 218/TST).

A doutrina, depois de entender como adequada a utilização da novidade legislativa do CPC no processo do trabalho, lembra que as iniciais são formadas de inúmeros pedidos, o que reforça a necessidade da adoção do julgamento antecipado parcial do mérito no processo do trabalho. Corrobora, ainda, como argumento para a necessidade de sua adoção, a condição de vulnerabilidade de uma das partes e o objeto das pretensões a envolver salário (parcela de natureza alimentar), justificando-se uma maior celeridade na solução das controvérsias.[278]

Edilton Meireles sustenta que, para tanto, deverá ser quebrado o dogma previsto no art. 893, § 1º, da CLT, que prevê o reexame da decisão interlocutória apenas quando do recurso da decisão final, porque agora o julgamento antecipado parcial do mérito também tem o cunho de decisão definitiva em relação ao pedido apreciado. Anota que cabe nova interpretação da recorribilidade das decisões interlocutórias como procedeu o TST, com as exceções previstas em sua Súmula n. 214, "e, avançando, diria que o recurso cabível contra

(278) MEIRELES, Edilton. Julgamento antecipado parcial do mérito. *Revista de Processo*, São Paulo, v. 252, n. 41, p. 133-146, fev. 2016, p. 143.

decisão definitiva que antecipa de forma parcial o mérito no processo do trabalho é o ordinário", com todas as regras relativas ao preparo recursal.(279)

Há também interessante referência à terminologia, com suporte no art. 203 do CPC, e às alterações operadas por ele ao esclarecer que as decisões interlocutórias,

> [...] quando disserem respeito à mera questão incidente são interlocutórias clássicas ou propriamente ditas, já que as que tiverem conteúdo decisório, para terminar o processo sem resolução do mérito (conteúdo do art. 485 do CPC) ou para decidir o mérito da causa (conteúdo do art. 487 do CPC), são decisões interlocutórias com conteúdo decisório, terminativas ou de mérito.(280)

O mesmo autor deixa claro, o que se evidencia da alteração legislativa em comento, que a decisão antecipada parcial do mérito transita em julgado da mesma forma que a definitiva, a teor do art. 50 do CPC. Registra, ainda, a relutância do STJ, por meio de sua Súmula n. 401, em admitir a coisa julgada parcial e progressiva, mesmo diante do CPC vigente, o que sempre foi adotado no TST, por meio de sua Súmula n. 100. Conclui, então, pela possibilidade da formação de sucessivas coisas julgadas, que podem dar ensejo ao marco inicial de dois anos para a interposição de ação rescisória, mas com o biênio fatal a contar "da última coisa julgada formada no processo (art. 975 do CPC)".(281)

Antes mesmo do CPC vigente, o STF já havia se pronunciado sobre o tema do RE n. 666.589, 1ª Turma, julgamento em 25.03.2014, publicado no *DJe* de 03.06.2014, admitindo a divisão da sentença em capítulos.

Márcio Bellocchi, em comentário sobre o referido acórdão, registrando que se trata de posição diversa da adotada pelo STJ, esclarece sobre entendimento atual do STF no sentido de ser possível

> [...] a exiquibilidade imediata e definitiva das partes da decisão não impugnada e, portanto, objeto de coisa julgada, pois que esta (a coisa julgada), ao ver do STF, pode ocorrer em momentos distintos, relativamente a capítulos diversos da sentença.(282)

Não há dúvida, portanto, quanto à aplicação da norma processual sobre o julgamento antecipado parcial do mérito ao processo do trabalho, conclusão reforçada pelos princípios

---

(279) MEIRELES, Edilton, *op. cit.*, p. 144-145.

(280) MOLINA, André Araújo. O julgamento antecipado parcial no processo do trabalho: natureza jurídica, recorribilidade e execução. *Revista LTr*, São Paulo, v. 84, n. 10, p. 1208-1222, out. 2020, p. 1216.

(281) MOLINA, André Araújo, *op. cit.*, p. 1220-1221.

(282) BELLOCCHI, Márcio. A coisa julgada parcial e o prazo para ação rescisória. *Revista de Processo*, São Paulo, v. 279, n. 43, p. 265-280, maio 2018, p. 274.

constitucionais e as normas fundamentais de processo mencionados, bem como pela aplicação supletiva e subsidiária do CPC vigente. De outro lado, o próprio normativo trabalhista (atos administrativos) não coloca qualquer obstáculo à adoção desse procedimento no campo processual trabalhista, evidenciando a compatibilidade flagrante com o espírito e os objetivos da legislação processual trabalhista.

O julgamento antecipado parcial do mérito acarreta um pronunciamento definitivo sobre determinada pretensão, que apenas será reexaminada com interposição de recurso ordinário (não havendo sentido em se utilizar da sistemática recursal do processo civil relativamente ao agravo de instrumento, quando se tem um recurso próprio contra esse tipo de decisão no processo do trabalho), gerando coisa julgada material e propiciando a execução da decisão.

3.2. Jurisprudência trabalhista

Cabe dizer, inicialmente, que não há discussão na jurisprudência trabalhista pesquisada em relação ao recurso cabível, sendo que os julgados dizem respeito à interposição de recurso ordinário em face do julgamento antecipado parcial do mérito, sequer entendendo pela aplicação do princípio da fungibilidade em sua admissão.

O acórdão de n. 0010929-75.2020.5.03.0069 do Tribunal Regional do Trabalho de Minas Gerais (3ª Região)[(283)] admite expressamente, de forma correta, o cabimento do julgamento antecipado parcial do mérito no processo do trabalho, rejeitando a alegação de nulidade da sentença que proferiu julgamento parcial na ação trabalhista, afastando também a tese da impossibilidade de fracionamento que dá ensejo ao julgamento parcial.

Embora não se trate propriamente de sentença, mas de decisão interlocutória de mérito, a possibilidade de sua prolação é amplamente reconhecida em relação a pedidos que não estejam sobrestados, como bem restou fundamentado no acórdão, o que tem apoio no CPC (art. 356), como também em Atos Administrativos emanados do TST, já mencionados neste trabalho.

O outro Acórdão do Regional Mineiro, de n. 11037-07.2020.05.03.0069[(284)], que também admite o julgamento antecipado parcial do mérito, tem os mesmos fundamentos

---

(283) Ementa: JULGAMENTO PARCIAL DE MÉRITO. CABIMENTO. É plenamente aplicável ao Processo do Trabalho o disposto no art. 356 do CPC, que trata do julgamento parcial de mérito, nos termos da Instrução Normativa n. 39/2016 do TST e Ato Conjunto TST.CSJT.CGJT n. 3/2020 (MINAS GERAIS. Tribunal Regional do Trabalho da 3ª Região. *Recurso Ordinário Trabalhista n. 0010929-75.2020.5.03.0069*. Recorrente: Vale S.A. Recorrido: Antônio Carlos da Silva. Relatora: Des. Adriana Goulart de Sena Orsini. Julgamento: 7 dez. 2020. Órgão Julgador: Primeira Turma. Publicação: *DEJTMG*, 9 dez. 2020, p. 393).

(284) Ementa: JULGAMENTO PARCIAL DO MÉRITO. HIPÓTESES. ARTS. 355 E 356 DO CPC. É possível a prolação de sentença parcial de mérito se os pedidos ou parte deles forem incontroversos, conforme dispõe o art. 356, I, do CPC, e nas hipóteses previstas no art. 355 do mesmo diploma processual, quais sejam, se não houver necessidade de produção de outras provas ou se o réu for revel. Além disso, o art. 1º do Ato Conjunto TST.CSJT.CGJT

do anterior, referindo-se expressamente ao Tema n. 1.046 do STF, que determinou o sobrestamento do julgamento de parte dos pedidos, acrescentando que o recolhimento do depósito recursal em autos suplementares poderá ser aproveitado, rejeitando a arguição de nulidade da sentença com esse fundamento.

No acórdão do Tribunal Regional do Trabalho da 4ª Região, de n. 0021834-89.2015.5.04.0004[(285)], entendeu-se que se configurou a preclusão porque a parte não apresentou recurso em tempo hábil ou de imediato em relação ao julgamento antecipado parcial relativamente à justa causa e apenas apresentou recurso do julgamento da decisão final da lide.

Nesse caso, a parte não considerou que o julgamento é realizado em caráter definitivo, comportando recurso de imediato, o que acarretou o seu não conhecimento por preclusão, como também poderia ser por intempestividade, uma vez que a decisão era de 10.11.2016 e o recurso foi interposto em 19.12.2016.

No MS 0021156-13.2020.5.04.0000[(286)] entendeu-se que — a despeito da decisão do STF determinando a suspensão dos processos que envolvam discussão de norma coletiva que limita ou restringe direito trabalhista não assegurado constitucionalmente —, há na espécie cumulação simples de pedidos, na forma do art. 327 do CPC, que não são atingidos pela suspensão determinada pelo STF e que, portanto, viabilizam o processamento e o julgamento quanto aos demais pedidos.

---

n. 3/2020 preceitua que "o juiz decidirá parcialmente o mérito, nas hipóteses do art. 356 do CPC/2015". Desse modo, é plenamente cabível o julgamento parcial do mérito no caso de sobrestamento do feito por determinação do Supremo Tribunal Federal, quando não há necessidade de produção de outras provas para o exame dos pedidos não relacionados à matéria que ensejou a suspensão do processo (MINAS GERAIS. Tribunal Regional do Trabalho da 3ª Região. *Recurso Ordinário Trabalhista n. 0011037-07.2020.5.03.0069*. Recorrente: Vale S.A. Recorrido: Flávio de Souza Rezende. Relator: Des. César Pereira da Silva Machado Júnior. Belo Horizonte. Julgamento: 26 fev. 2021. Órgão Julgador: Sexta Turma. Publicação: *DEJTMG*, 2 mar. 2021, p. 832).

(285) Ementa: NOVO CPC. JULGAMENTO ANTECIPADO PARCIAL DO MÉRITO. RECURSO ORDINÁRIO DE IMEDIATO. PRECLUSÃO. Tendo em vista a aplicabilidade do art. 356 do NCPC ao Processo do Trabalho, em caso de julgamento antecipado parcial do mérito, cabe à parte interpor recurso ordinário de imediato, e não apenas quando do julgamento final da lide, sob pena de preclusão. (RIO GRANDE DO SUL. Tribunal Regional do Trabalho da 4ª Região. *Recurso Ordinário n. 0021834-89.2015.5.04.0004*. Recorrente: Eucatur — Empresa União Cascavel de Transportes e Turismo Ltda. Recorrido: Diego Salomoni Aguiar. Relator: Des. Cláudio Antônio Cassou Barbosa. Julgamento: 6 jul. 2017. Órgão Julgador: Terceira Turma. Publicação: *DEJTRS*, 11 jul. 2017, p. 371).

(286) Ementa: MANDADO DE SEGURANÇA. SUSPENSÃO DO PROCESSO. Em atenção ao princípio da razoável duração do processo, dos meios que garantem a celeridade de sua tramitação (inciso LXXVIII do art. 5º da CRFB), e tendo presente a admissibilidade do julgamento parcial do mérito pelo art. 356 do CPC, a suspensão do processo abrange tão somente pedidos dependentes da discussão acerca da validade de norma coletiva contrária a direito previsto em norma infraconstitucional (RIO GRANDE DO SUL. Tribunal Regional do Trabalho da 4ª Região. *Mandado de Segurança Cível n. 0021156-13.2020.5.04.0000*. Impetrante: Jailson Colombo. Autoridade Coatora: Magistrado(a) da 5ª Vara do Trabalho de Novo Hamburgo. Terceiro Interessado: Ferga Comercial e Distribuidora de Alimentos Ltda. Relator: Des. Fabiano Holz Beserra. Julgamento: 23 fev. 2021. Órgão Julgador: Primeira Seção de Dissídios Individuais. Publicação: *DEJTRS*, 5 mar. 2021).

No RR 0071600-62.2012.5.17.0002[287] houve a determinação de retorno dos autos à Vara de Origem para exame do pedido, registrando-se expressamente a possibilidade de

(287) Ementa: RECURSO DE REVISTA DA RECLAMADA. PRELIMINAR DE NULIDADE DO V. ACÓRDÃO REGIONAL POR NEGATIVA DE PRESTAÇÃO JURISDICIONAL. Evidenciada a manifestação pelo eg. TRT sobre as questões suscitadas pela reclamada em relação à validade ao ACT 96/97 que alterou o adicional por tempo de serviço; sobre a origem dessa parcela e aplicação da Teoria do Conglobamento e, ainda, sobre a aplicação do princípio da isonomia, não há se falar em negativa de prestação jurisdicional. Incólumes os arts. 832 da CLT, 458 do CPC/73 e 93, IX, da Constituição Federal. Recurso de revista não conhecido. ADICIONAL POR TEMPO DE SERVIÇO. ATS. ESCELSA. CONGELAMENTO E SUPRESSÃO. PRESCRIÇÃO APLICÁVEL. O congelamento do Adicional por Tempo de Serviço decorreu da implantação do Plano de Cargos e Salários, em 1997. Em sendo essa parcela prevista em norma interna da empresa, não assegurada por preceito de lei, incide a prescrição total prevista na Súmula n. 294 do c. TST. Ressalva de entendimento do relator. Recurso de revista conhecido e provido. DIFERENÇAS DE ADICIONAL POR TEMPO DE SERVIÇO. CÁLCULO DA FCM. EXAME PREJUDICADO. Em face da decretação da prescrição total da pretensão deduzida na inicial em relação às diferenças por tempo de serviço, julga-se prejudicado o exame da matéria. INTERVALO INTRAJORNADA. NORMA COLETIVA QUE DISPENSA A SUA ASSINALAÇÃO. INVALIDADE. A norma coletiva que isenta a marcação do intervalo intrajornada não se sobrepõe à regra inserta no art. 74, § 2º, da CLT, que estabelece a obrigação das empresas com mais de dez empregados de controlar a jornada de trabalho dos empregados, inclusive quanto à pré-assinalação do intervalo intrajornada. Por se tratar de norma cogente, de ordem pública, que visa à proteção do trabalhador, se sobrepõe à norma coletiva. Recurso de revista não conhecido. HONORÁRIOS ADVOCATÍCIOS. REQUISITOS. Não há como se conhecer do recurso de revista quando a delimitação do eg. Tribunal Regional é de que há assistência sindical e declaração de miserabilidade jurídica, requisitos para a concessão dos honorários advocatícios, e a reclamada procura demonstrar violação do art. 14 da Lei n. 5.584/70 e contrariedade às Súmulas ns. 219 e 329 desta Corte com base em premissa fática diversa. Recurso de revista não conhecido. RECURSO DE REVISTA DO RECLAMANTE. NULIDADE PROCESSUAL. CERCEAMENTO DE DEFESA. INDEFERIMENTO DE OITIVA DE TESTEMUNHA. O art. 896, § 1º-A, III, da CLT impõe às partes o dever de impugnar todos os fundamentos jurídicos da decisão recorrida, a fim de fazer a demonstração analítica de cada dispositivo de lei, da Constituição federal, de súmula ou orientação jurisprudencial cuja contrariedade aponte. No caso, o reclamante aponta violação dos arts. 5º, LV, da Constituição Federal, 413 e 452, III, do CPC/73, mas não impugna o fundamento do eg. TRT que evidenciou a desnecessidade da oitiva de testemunha apresentada, em razão de o próprio autor, por ocasião da diligência pericial, ter confirmado o laudo pericial que atestou a ausência de exercício de funções idênticas, com igual valor. Por esse motivo, não conseguiu demonstrar, de forma analítica, a violação dos dispositivos mencionados. Recurso de revista não conhecido. **PEDIDO INEPTO. EXPURGOS INFLACIONÁRIOS. Ao contrário do processo civil, onde se exige maior rigor quanto à demonstração do pedido, em que deve conter todo o requerimento formulado, na esfera trabalhista vigoram os princípios da simplicidade e informalidade, mormente quando se trata de petição inicial que, regida pelo art. 840 da CLT, exige apenas uma breve exposição dos fatos de que resulte o dissídio como causa eficiente para o reconhecimento do pedido. No caso, o eg. Tribunal Regional consigna que houve narrativa da causa de pedir descrita no tópico 7 da inicial, mas entendeu que não houve requerimento expresso de condenação da reclamada daquilo que pretendeu o autor. Se o reclamante explicitou a sua pretensão naquele item, não obstante não tenha formulado pedido expresso, não há se falar em pedido inepto. Determina-se, assim, o retorno dos autos à Vara de origem, a fim de que examine o pedido descrito no item 7 da inicial, ressaltando-se, ainda, a possibilidade de julgamento parcial da lide, nos termos do art. 356 do CPC/2015**. Recurso de revista conhecido e provido. HORA NOTURNA REDUZIDA. TURNO ININTERRUPTO DE REVEZAMENTO. O art. 73, § 1º, da CLT, que fixou a hora noturna em 52 minutos e 30 segundos, é compatível com o art. 7º, incisos XIV e XXVI, da Constituição Federal de 1988, em face do estabelecimento de jornada de seis horas para o trabalho realizado em turnos ininterruptos de revezamento. Aplicação da Orientação Jurisprudencial n. 395 da SBDI-1 desta Corte. Recurso de revista conhecido e provido. BANCO DE HORAS. INTERPRETAÇÃO DE CLÁUSULA COLETIVA. Não se conhece de recurso de revista pela violação do art. 7º, XXVI, da Constituição Federal quando a lide versa sobre interpretação de cláusula coletiva que, de acordo com o eg. Tribunal Regional, prevê apenas a compensação na razão de duas horas de descanso para uma hora extra laborada, e não o pagamento das horas extraordinárias.

julgamento parcial da lide, nos termos do art. 356 do CPC de 2015. No ED.ARR 0001445-97.2016.5.14.0092(288), reportando-se ao julgamento do recurso de revista, reconheceu-se a nulidade do acórdão regional em relação à parcela de adicional de transferência, objeto do recurso do reclamante, e foi julgado o recurso de revista do reclamado (Valor da indenização por dano moral. Bancário. Transporte de valores), entendendo-se pela sua possibilidade em face da independência entre as matérias, com fundamento no art. 356 do CPC.

Conclusão

O CPC de 1973 original procurou sanar a dificuldade existente no CPC de 1939 em relação ao recurso cabível da decisão que analisava ou não o mérito, estabelecendo que caberá o mesmo recurso nas duas hipóteses e que sentença é o ato processual que colocava fim ao processo.

Não se teve, a rigor, uma definição de sentença como concretização das escolhas do juiz, condicionadas pelas alegações e provas existentes no processo, mas adotou-se o critério

---

Desse modo, apenas por meio de demonstração de divergência jurisprudencial, nos termos do art. 896, *b*, da CLT, seria possível o conhecimento do recurso. A indicação de um único julgado, proveniente do eg. TRT prolator da decisão recorrida, não se presta ao confronto. Recurso de revista não conhecido. ADICIONAL DE TRANSFERÊNCIA. TRANSFERÊNCIA ATÉ A RESCISÃO DO CONTRATO. DEFINITIVIDADE. ORIENTAÇÃO JURISPRUDENCIAL N. 113 DA SBDI-I DO TST. O pressuposto legal apto a legitimar a percepção do mencionado adicional é a transferência provisória. No caso, o eg. Tribunal Regional faz referência a uma única transferência e evidencia o seu caráter definitivo ao registrar que o reclamante, em outubro de 2006, fora transferido para trabalhar no Município da Serra-ES e que lá permaneceu até a sua dispensa. Ao concluir ser indevido o adicional de transferência decidiu em conformidade com a Orientação Jurisprudencial n. 113 da SBDI-1 desta Corte. Precedentes. Recurso de revista não conhecido. EQUIPARAÇÃO SALARIAL. TÉCNICO DE OPERAÇÃO PLENO E TÉCNICO DE OPERAÇÃO COD SÊNIOR. ATIVIDADES DE MAIOR COMPLEXIDADE EXERCIDAS PELO PARADIGMA. Não se conhece do recurso de revista pela alegada violação do art. 461 da CLT quando o eg. Tribunal Regional afasta o direito do reclamante à equiparação salarial, em razão de o paradigma executar tarefas complementares, com maior complexidade. Recurso de revista não conhecido. MULTA DO ART. 477, § 8º, DA CLT. VERBAS RESCISÓRIAS PAGAS NO PRAZO. Não há como se conhecer do recurso de revista quando o eg. Tribunal Regional decide ser indevida a multa prevista no art. 477, § 8º, da CLT porque as verbas rescisórias foram pagas no prazo da lei, sendo o caso apenas de diferenças salariais reconhecidas em Juízo, e a tese recursal versa sobre questão diversa: exigibilidade da multa em razão do atraso na homologação da rescisão do contrato. Essa circunstância impede a demonstração analítica da ofensa apontada ao art. 477, § 8º, da CLT e da divergência jurisprudencial. Aplicação do art. 896, § 1º-A, I e III, e § 8º, da CLT. Recurso de revista não conhecido (BRASIL. Tribunal Superior do Trabalho. *Recurso de Revista n. 0071600-62.2012.5.17.0002.* Recorrentes: Espírito Santo Centrais Elétricas S.A. – ESCELSA e João Bosco Ribeiro Pereira Júnior. Recorrida: ENERPREV – Previdência Complementar do Grupo Energias do Brasil. Relator: Ministro Aloysio Corrêa da Veiga. Julgamento: 30 nov. 2016. Órgão Julgador: Sexta Turma. Publicação: *DEJT*, 1 dez. 2016, p. 1323, grifos nossos).

(288) Ementa: EMBARGOS DE DECLARAÇÃO. Nulidade do V. Acórdão regional por negativa de prestação jurisdicional. Acolhimento. **Julgamento imediato do recurso de revista do reclamado quanto a matéria que não guarda conexão com o objeto da alegada nulidade. Possibilidade. Art. 356 do CPC/15.** Não obstante a inexistência de contradição no v. acórdão embargado, são prestados esclarecimentos em benefício de uma prestação jurisdicional ampla. Embargos de declaração de que se conhece e a que se dá provimento para prestar esclarecimentos, sem concessão de efeito modificativo (BRASIL. Tribunal Superior do Trabalho. *Embargos de Declaração em Recurso de Revista com Agravo n. 0001445-97.2016.5.14.0092.* Embargante: Josimeiry Maria Novais. Embargado: Banco Bradesco S.A. Relatora: Des. Conv. Cilene Ferreira Amaro Santos. Julgamento: 12 dez. 2018. Órgão Julgador: Sexta Turma. Publicação: *DEJT*, 14 dez. 2018, p. 3506, grifos nossos).

topológico no sentido de que a sentença seria o ato final que colocava fim ao processo, objeto de crítica doutrinária por não corresponder à realidade. Também, com a ausência de uma maior flexibilização, as decisões interlocutórias eram aquelas que apenas resolviam os incidentes e serviam para preparação na prolação das sentenças.

A partir das Reformas Processuais, com o CPC de 1973 reformado, a definição de sentença pelo conteúdo autorizou a conclusão de que decisão não é apenas aquela que encerra o procedimento, mas também a que tem por conteúdo o desfecho dado a uma pretensão, com ou sem resolução do mérito, desfazendo o dogma da unicidade da decisão e de sua equivalência à sentença.

Antes mesmo do CPC vigente, havia a defesa doutrinária das chamadas decisões interlocutórias de mérito, com os mesmos efeitos da sentença prolatada no final do procedimento em primeiro grau, inclusive sujeita à recorribilidade imediata e com os efeitos de decisão irrecorrível na ausência de recurso, formando coisas julgadas progressivas, iniciando-se, em consequência, o prazo para interposição de ação rescisória.

Para colocar fim à polêmica até então instaurada, relativamente aos elementos que compõem a definição de sentença, optou-se no CPC vigente por conceituar a sentença pelo conteúdo e finalidade, não deixando de evidenciar que a resolução do processo com ou sem julgamento de mérito é o ato final do procedimento em primeiro grau.

Outro aspecto que deu margem para que se chegasse ao julgamento antecipado parcial do mérito foi a definição mais abrangente de decisão interlocutória, que não se limitava mais a ser apenas o ato judicial apto a resolver incidentes no processo, mas sim o ato processual de caráter decisório para solucionar todas as pendências no processo, decisão interlocutória de mérito, que não sejam próprios de sentença com a adoção do critério de exclusão.

Como premissa para possibilidade do julgamento antecipado parcial do mérito, deve ser enfatizada a autonomia das pretensões, que devem representar um capítulo autônomo de determinada ação, desfazendo-se o mito da sentença única como se somente fosse possível que apenas uma única decisão resultasse na coisa julgada, mas permitindo-se a prolação de decisões antecipadas em pedidos que a autorizem.

Na tipificação legal, relativamente ao julgamento antecipado parcial do mérito, deve ser levado em consideração que não se trata de faculdade do juiz, mas de um dever que a lei lhe impõe, nas hipóteses de incontrovérsia ou quando não há prova a ser produzida, segundo os ditames do art. 356, incisos I e II, do CPC.

Em seus parágrafos, o art. 356 do CPC traz a previsão de favorecimento do julgamento antecipado parcial do mérito na hipótese em que haja ou não liquidação do julgado, a possibilidade de seu cumprimento imediato, a utilização de autos suplementares e o recurso cabível da decisão.

O julgamento antecipado parcial do mérito, embora sem previsão expressa na CLT, tem a mais irrestrita aplicação ao processo do trabalho, não só por força de princípios processuais constitucionais do acesso à justiça e do prazo razoável de duração dos processos (art. 5º, XXXV e LXXVIII, respectivamente), mas também por aplicação supletiva e subsidiária do CPC, na forma dos arts. 4º e 15 (conjugado, este último, com o art. 769 da CLT).

Não obstante, em que pese o seu exclusivo caráter de orientação e recomendação, a Instrução Normativa n. 39/2016 do TST e o Ato Conjunto TST.CSJT.CGJT n. 3/2020, que dela decorre, reforçam também a utilização do julgamento antecipado parcial do mérito no campo trabalhista, o que de resto se impõe pelas próprias características e objeto do conflito trabalhista.

Na esfera trabalhista, em que a decisão interlocutória tinha âmbito restrito de aplicação, na forma dos arts. 893, § 1º, e 799, § 2º, da CLT, com as exceções desse último dispositivo legal e da própria Súmula n. 214/TST, a ampliação de seus objetivos com a aquisição de caráter decisório em situações que não sejam específicas da sentença também permite o julgamento antecipado parcial do mérito, com a possibilidade da interposição de recurso ordinário, a formação de coisa julgada material na ausência de recurso e a possibilidade de execução.

Referências

ALVAREZ, Anselmo Prieto; PINHO, Américo Andrade. O julgamento interlocutório de mérito e seu regime jurídico. *Revista de Processo*, São Paulo, v. 302, n. 45, p. 219-239, abr. 2020.

ARAGÃO, Egas Dirceu Moniz de. *Comentários ao Código de Processo Civil* (Lei n. 5.869 de 11 de janeiro de 1973) (arts. 154 a 269). v. 2, 10. ed., rev. e atual. Rio de Janeiro: Forense, 2004.

ARAÚJO, José Henrique Mouta. A recorribilidade das interlocutórias no novo CPC: variações sobre o tema. *Revista de Processo*, São Paulo, v. 251, n. 41, p. 207-228, jan. 2016.

ARRUDA, Paulo Gonçalves de. A sentença parcial vista pelos tribunais e o reflexo do fracionamento do mérito no anteprojeto do novo Código de Processo Civil. *Revista de Processo*, São Paulo, v. 222, n. 38, p. 257-292, ago. 2013.

BELLOCCHI, Márcio. A coisa julgada parcial e o prazo para ação rescisória. *Revista de Processo*, São Paulo, v. 279, n. 43, p. 265-280, maio 2018.

BRASIL. Tribunal Superior do Trabalho. *Embargos de Declaração em Recurso de Revista com Agravo n. 0001445-97.2016.5.14.0092.* Embargante: Josimeiry Maria Novais. Embargado: Banco Bradesco S.A. Relatora: Desª. conv. Cilene Ferreira Amaro Santos. Julgamento: 12 dez. 2018. Órgão Julgador: Sexta Turma. Publicação: *DEJT*, 14 dez. 2018.

______. Tribunal Superior do Trabalho. *Recurso de Revista n. 0071600-62.2012.5.17.0002.* Recorrentes: Espírito Santo Centrais Elétricas S.A. — ESCELSA e João Bosco Ribeiro Pereira Júnior. Recorrida: ENERPREV — Previdência Complementar do Grupo Energias do Brasil. Relator: Ministro Aloysio Corrêa da Veiga. Julgamento: 30 nov. 2016. Órgão Julgador: Sexta Turma. Publicação: *DEJT*, 1 dez. 2016.

BUENO, Cassio Scarpinella. *A nova etapa da reforma do Código de Processo Civil:* comentários sistemáticos às Leis ns. 11.187, de 19.10.2005, e 11.232, de 22.12.2005. São Paulo: Saraiva, 2006.

______. *Manual de Direito Processual Civil:* inteiramente estruturado à luz do novo CPC, de acordo com a Lei n. 13.256, de 04.02.2016. 2. ed. rev. atual. ampl. São Paulo: Saraiva, 2016.

CÂMARA, Alexandre Freitas. *O novo processo civil brasileiro*. 2. ed. São Paulo: Atlas, 2016.

DINAMARCO, Cândido Rangel. *Capítulos da sentença*. São Paulo: Malheiros, 2002.

MARINONI, Luiz Guilherme; ARENHART, Sérgio Cruz; MITIDIERO, Daniel. *Novo Código de Processo Civil comentado.* São Paulo: Revista dos Tribunais, 2015.

MEIRELES, Edilton. Julgamento antecipado parcial do mérito. *Revista de Processo*, São Paulo, v. 252, n. 41, p. 133-146, fev. 2016.

MINAS GERAIS. Tribunal Regional do Trabalho da 3ª Região. *Recurso Ordinário Trabalhista n. 0010929-75.2020.5.03.0069.* Recorrente: Vale S.A. Recorrido: Antônio Carlos da Silva. Relatora: Des. Adriana Goulart de Sena Orsini. Julgamento: 7 dez. 2020. Órgão Julgador: Primeira Turma. Publicação: *DEJTMG*, 9 dez. 2020.

______. Tribunal Regional do Trabalho da 3ª Região. *Recurso Ordinário Trabalhista n. 0011037-07.2020.5.03.0069.* Recorrente: Vale S.A. Recorrido: Flávio de Souza Rezende. Relator: Des. César Pereira da Silva Machado Júnior. Belo Horizonte. Julgamento: 26 fev. 2021. Órgão Julgador: Sexta Turma. Publicação: *DEJTMG*, 2 mar. 2021.

MOLINA, André Araújo. O julgamento antecipado parcial no processo do trabalho: natureza jurídica, recorribilidade e execução. *Revista LTr*, São Paulo, v. 84, n. 10, p. 1.208-1.222, out. 2020.

MOREIRA, José Carlos Barbosa. *Temas de Direito Processual:* (nona série). São Paulo: Saraiva, 2007.

NEVES, Daniel Amorim Assumpção. *Manual de Direito Processo Civil.* 10. ed. Salvador: JusPodivm, 2018. Volume único.

POZZA, Pedro Luiz. *Sentença parcial de mérito*: cumulação de pedidos e o formalismo valorativo para a celeridade da prestação jurisdicional. Curitiba: Juruá, 2015.

RIO GRANDE DO SUL. Tribunal Regional do Trabalho da 4ª Região. *Recurso Ordinário n. 0021834-89.2015.5.04.0004.* Recorrente: Eucatur — Empresa União Cascavel de Transportes e Turismo Ltda. Recorrido: Diego Salomoni Aguiar. Relator: Des. Cláudio Antônio Cassou Barbosa. Julgamento: 6 jul. 2017. Órgão Julgador: Terceira Turma. Publicação: *DEJTRS*, 11 jul. 2017.

______. Tribunal Regional do Trabalho da 4ª Região. *Mandado de Segurança Cível n. 0021156-13.2020.5.04.0000.* Impetrante: Jailson Colombo. Autoridade Coatora: Magistrado(a) da 5ª Vara do Trabalho de Novo Hamburgo. Terceiro Interessado: Ferga Comercial e Distribuidora de Alimentos Ltda. Relator: Des. Fabiano Holz Beserra. Julgamento: 23 fev. 2021. Órgão Julgador: Primeira Seção de Dissídios Individuais. Publicação: *DEJTRS*, 5 mar. 2021.

SANTOS, José Carlos Van Cleef de Almeida. O trânsito em julgado progressivo das decisões de mérito: uma visão da ótica das decisões interlocutórias. *Revista de Processo*, São Paulo, v. 202, n. 36, p. 369-400, dez. 2011.

TARUFFO, Michele. *A motivação da sentença civil.* Tradução de Daniel Mitidiero, Rafael Abreu, Vítor de Paula Ramos. São Paulo: Marcial Pons, 2015.

______. *Processo civil comparado:* ensaios. Apresentação, organização e tradução de Daniel Mitidiero. São Paulo: Marcial Pons, 2013. (Coleção Processo e Direito).

THEODORO JÚNIOR, Humberto. *Teoria geral do Direito Processual Civil:* processo de conhecimento e procedimento comum. v. 1, 57. ed., rev., atual. e ampl. Rio de Janeiro: Forense, 2016.

WAMBIER, Luiz Rodrigues; WAMBIER, Teresa Arruda Alvim; MEDINA, José Miguel Garcia. *Breves comentários à nova sistemática processual civil 2:* Leis ns. 11.187/2005, 11.232/2005, 11.276/2006, 11.277/2006 e 11.280/2006. São Paulo: Revista dos Tribunais, 2006.

Penhora de Salário: Uma Hipótese de Controle de Convencionalidade Positivo

Introdução

O objetivo do presente trabalho é explicitar, como principal argumento para a possibilidade da penhora de salário, a aplicação da Convenção n. 95 da OIT, em seu art. 10, parte final, como decorrência do denominado controle de convencionalidade positiva, quando estabelece que a constrição deve ser realizada "na medida necessária para assegurar a manutenção do trabalhador e de sua família".

A penhora de salário em nosso ordenamento jurídico sempre recebeu um veto absoluto, passando posteriormente a ser admitida a sua aplicação em determinadas situações. Pode-se dizer que a evolução para permitir a penhora de salário foi muito mais doutrinária e jurisprudencial do que legal.

É que sempre se entendeu que o salário deve, obrigatoriamente, ter proteção em função do que representa para subsistência do devedor, mas nunca se deixou de fazer presente o questionamento sobre a referida proteção quando estão em jogo o salário e parcelas de natureza salarial ou indenizatórias da parte com maior vulnerabilidade em uma determinada relação processual.

Não se pode admitir que o salário seja garantido com a impenhorabilidade quando estão em jogo situações de risco para sobrevivência ou mesmo a preservação do salário em face do próprio salário, especialmente quando há evidente disparidade entre o impacto do pagamento da dívida na situação do devedor e o que ela representada para a sobrevivência do credor.

Em que pese a dignidade do devedor, que deve ser necessariamente observada em tais circunstâncias, com a fixação da penhora em valores que não acarretem ofensa à sua manutenção e à de sua família, é evidente que se impõe a utilização da ponderação de princípios (valores) ao se optar por encargo a ser atribuído ao salário.

Em face do princípio da proporcionalidade no sopesamento de valores em jogo, retira-se de cena a forma imaculada de tratamento do salário do devedor, com a sua absoluta impenhorabilidade, em benefício do pagamento de parcelas, na maioria das vezes, sinônimo de alimento, a serem pagas ao credor.

Obviamente que se torna necessário verificar, em cada caso, as situações do devedor e do credor, os valores em discussão e a forma de ser preservada a dignidade do devedor. O que não se pode admitir é o recebimento de valores de natureza salarial mais do que suficientes para garantia de uma vida digna para o devedor em detrimento do valor devido ao credor.

Como forma de evitar a insegurança jurídica e um extremado subjetivismo nas inúmeras situações envolvendo penhora de salário, deve ser considerada a parte final do art. 10 da Convenção n. 95 da OIT, relativamente à exigência de que seja observado valor suficiente para manutenção do devedor e de sua família, com avaliação realizada após a devida comprovação no processo.

A possiblidade de penhora de salário como medida de justiça social — em face da dignidade do valor que se pretende resguardar e do débito existente — também tem fundamento, como já antecipado em relação à Convenção n. 95 da OIT, no chamado controle de convencionalidade.

Esse controle de convencionalidade, embora não seja observado como rotina na atuação jurisdicional, constitui-se em um parâmetro eficaz para que se tenha a interpretação mais favorável à concretização do princípio da dignidade da pessoa humana, que deve ser de mão dupla, envolvendo credor e devedor

Recentemente foi editada a Recomendação n. 123 do Conselho Nacional de Justiça — CNJ, de 07.01.2022, que trata da observância dos Tratados e Convenções internacionais de Direitos Humanos e o uso da jurisprudência da Corte Interamericana de Direitos Humanos pelos órgãos do Poder Judiciário. A medida visa à proteção dos direitos humanos com tratamento privilegiado nos documentos internacionais, procedendo-se, em consequência, ao necessário controle de convencionalidade das leis internas.

O critério do controle de convencionalidade deverá ser aquele que melhor atenda aos direitos humanos e seja mais favorável à pessoa humana, ou seja, *pro homine* ou *pro persona*, como previsto no art. 29 do Pacto de São José da Costa Rica.

Esse é, sem sombra de dúvidas, o referencial a ser observado no controle de convencionalidade concentrado ou difuso, lembrando, como será tratado mais adiante neste trabalho, que as matérias de cunho social, constantes das Convenções e Tratados, têm natureza de direitos humanos com *status* de supralegalidade.

Nesse aspecto, as normas anteriormente referidas prevalecem sobre a legislação infraconstitucional, devendo ser realizado o controle das normas que estejam em descompasso com as previsões constantes das Convenções da OIT, que tratam da matéria trabalhista.

Não se admite a sobrevivência de determinada norma no plano da eficácia quando não esteja em sintonia com norma internacional ratificada internamente ou mesmo com a jurisprudência das Cortes Interamericanas ou do sistema da ONU.

Em consequência, a questão da penhora de salário tem desfecho possível, mas não exclusivo, por meio do controle de convencionalidade positivo, ou seja, não se referindo à contrariedade à Convenção Internacional, mas, sim, do que esteja em consonância com ela.

Evidente que, no tema da possibilidade de penhora de salário, esse não é o único fundamento a ser adotado, mas é definitivo para permitir a constrição do salário como medida jurídica e de justiça.

1. Controle de convencionalidade

Não é rotina do Judiciário brasileiro proceder ao controle de convencionalidade, ou seja, proceder ao cotejo das normas legais internas com as previsões contidas nas Convenções e Tratados Internacionais, especialmente as que versam sobre direitos humanos.

O controle de convencionalidade teve origem na França, no início da década de 1970, em que o Conselho Constitucional Francês, na Decisão n. 74-54 DC, de 15 janeiro de 1975, entendeu pela sua incompetência para examinar a conformidade de uma lei com um tratado internacional de direitos humanos. A referida Corte entendeu que não poderia fazer o controle de convencionalidade, mas apenas o controle de constitucionalidade, o que fez surgir a distinção entre as duas modalidades de controle e a possibilidade de se proceder ao primeiro.(289)

No Brasil pode-se dizer que o controle de convencionalidade surgiu a partir da Constituição Federal de 1988, em que se atribuiu a condição de norma constitucional aos Tratados de Direitos Humanos, na forma do art. 5º, § 2º, da CF. E, a partir da Emenda Constitucional n. 45/2004, instaurou-se a possibilidade do controle concentrado de convencionalidade juntamente com o controle difuso que já tinha autorização constitucional.(290)

Na Espanha, estabeleceu-se a distinção entre controle de convencionalidade e constitucionalidade em decisão de seu Tribunal Constitucional, entendendo que o controle do primeiro deve ser realizado pelos juízes na medida em que o Estado se obrigou pelos termos de determinada Convenção ou Tratado. Embora não havendo previsão quanto ao procedimento do controle de convencionalidade, a Constituição espanhola, em seu art. 96, prevê que os Tratados internacionais têm superioridade hierárquica em relação à legislação interna.(291)

---

(289) MAZZUOLI, Valério de Oliveira. *Controle jurisdicional da convencionalidade das leis*. 5. ed. Rio de Janeiro: Forense, 2018. p. 27.

(290) MAZZUOLI, Valério de Oliveira, *op. cit.*, p. 30.

(291) PORTO, Lorena Vasconcelos; PEREIRA, Ricardo José Macedo de Brito. Alguns apontamentos sobre a negociação coletiva e o controle de convencionalidade. *Revista LTr*, São Paulo, ano 85, n. 9, p. 1.124-1.135, set. 2021, p. 1.131.

Como consequência, não quer dizer com isso que, quando detectada a superioridade da norma internacional, essa excluiria a norma interna, mas sim a sua inaplicação. O Tribunal Constitucional Espanhol asseverou que:

> [...] A constatação de eventual desajuste entre um tratado internacional e uma norma legal interna não supõe um juízo de realidade da norma interna, mas a sua mera não aplicação, não se apresentando, dessa forma, um problema de depuração de normas inválidas, mas uma questão de determinação da norma aplicável na solução de um caso concreto, aplicação que deverá ser livremente considerada pelo juiz ordinário.(292)

Em que pese haver no Brasil também um pioneirismo na indicação do controle de convencionalidade, não só na Constituição Federal, mas em nível doutrinário, há divergência, inclusive com a jurisprudência do STF, sobre o *status* a ser atribuído aos Tratados internacionais de direitos humanos e os Tratados internacionais comuns, o que pode ter repercussão na forma e nos parâmetros do controle a ser realizado.

A doutrina conceitua o controle de convencionalidade como o processo pelo qual se verifica se uma norma interna guarda compatibilidade com as Convenções e Tratados Internacionais. Esse controle não é exercido apenas pelas Cortes Internacionais, em nossa região pela Corte Interamericana de Direitos Humanos, mas também deve ser exercido pelos juízes nacionais, como braço auxiliar da Corte, realizando o controle de convencionalidade nacional.(293)

Na mesma linha, posição doutrinária de relevo sobre o tema esclarece que se trata de obrigação convencional que tem origem no sistema interamericano de direitos humanos, "em especial da Convenção Americana sobre Direitos Humanos de 1969", em que se impõe aos Estados-partes o dever "de respeitar direitos e liberdades nela reconhecidos e garantir o seu pleno e livre exercício" às pessoas sob a sua jurisdição. Como acréscimo, estabelece que devem ser tomadas "as medidas legislativas ou de outra natureza que forem necessárias para tornar efetivos os direitos e liberdades ali estabelecidos (arts. 1º e 2º)", inclusive informar sobre a aplicação efetiva de disposições da Convenção (art. 43).(294)

Valério Mazzuoli ainda ensina que o controle pelo juiz deve ser realizado de forma preliminar, antes da análise do mérito, e de ofício, condição indispensável para análise do mérito, acrescentando que o controle a ser exercido pelo Judiciário é complexo, envolvendo

(292) PORTO, Lorena Vasconcelos; PEREIRA, Ricardo José Macedo de Brito, *op. cit.*, *loc. cit.*

(293) FIGUEIREDO, Marcelo. *O controle de constitucionalidade e convencionalidade no Brasil*. São Paulo: Malheiros, 2016. p. 87.

(294) MAZZUOLI, Valério de Oliveira, *op. cit.*, p. 35.

a localização da norma internacional que será aplicada, a ciência de seu comando e o entendimento da Corte Interamericana sobre o tema.(295)

De tudo, conclui-se pela existência de duas técnicas de controle que atuam em conjunto, devendo ser considerado, inicialmente, o texto da Convenção e, se já houver a interpretação da Corte Interamericana, o seu entendimento sobre o tema. E, não havendo interpretação da Corte, o juiz interno fará as vezes de juiz internacional e, à luz dos princípios de Direito Internacional dos direitos humanos, especialmente o princípio de proteção da pessoa, deve decidir a questão trazida ao seu conhecimento. É que se tem, na hipótese, o chamado desdobramento funcional de competências, ficando o juiz interno também com as tarefas de juiz internacional.(296)(297)

No desenvolvimento do controle de convencionalidade tem-se um controle negativo ou repressivo, que se refere à não aplicação de normas legais que contrariem as Convenções, e um controle construtivo, que deve dar uma interpretação das disposições legais internas em consonância com as normas internacionais, a exemplo do Pacto de San José da Costa Rica, de acordo com Nestor Sagues. Também se fala de um controle primário, que é realizado no âmbito interno do Judiciário de cada país, ao lado de um controle secundário, que é realizado por determinada Corte Internacional, no nosso caso a Corte Interamericana de Direitos Humanos.(298)

Também cumpre mencionar que o controle deverá ser exercido no âmbito dos demais poderes, que a ele se submetem, mas com especial preponderância pelo Judiciário, tendo como vetor a proteção ao ser humano ou mesmo uma interpretação *pro homine* ou *pro persona*. Cabe dizer que os Estados, ao ratificarem determinada Convenção ou Tratado, obrigam-se ao seu cumprimento, não podendo elaborar leis que os contrariem, sob pena de sanções, podendo-se dizer que existe um verdadeiro bloco de convencionalidade a ser respeitado.(299)

Em relação ao controle de convencionalidade a ser exercido pelo Poder Judiciário, tem especial destaque a Recomendação n. 123 do Conselho Nacional de Justiça — CNJ, mencionada na Introdução deste trabalho, com sugestão para que sejam observadas as normas

---

(295) MAZZUOLI, Valério de Oliveira, *op. cit.*, p. 36-37.

(296) MAZZUOLI, Valério de Oliveira, *op. cit.*, p. 37.

(297) Segundo Valério Mazzuoli: "(Ademais) foi tão somente a partir de 2006 que a Corte Interamericana passou a entender ser obrigação dos juízes e tribunais internos procederem ao exame da compatibilidade das leis domésticas com a Convenção Americana, levando em conta não somente a Convenção, senão também a interpretação que dela faz a Corte Interamericana, intérprete última e mais autorizada do Pacto de San José. Assim, a partir daquele momento, a Corte Interamericana transportou a obrigatoriedade do controle de convencionalidade dessas mesmas leis, de forma prioritária, para o Poder Judiciário dos Estados Partes (o que não havia feito expressamente até então)" (MAZZUOLI, Valério de Oliveira, *op. cit.*, p. 41).

(298) FIGUEIREDO, Marcelo, *op. cit.*, p. 88-89.

(299) FIGUEIREDO, Marcelo, *op. cit.*, p. 83, 85, 90.

internacionais de direitos humanos bem como as decisões da Corte Interamericana de Direitos Humanos (Corte IDH).

Tal iniciativa, que serve para dar concretude às normas internacionais ratificadas pelo Brasil no âmbito dos Direitos Humanos, representa também um estímulo à sua utilização na análise das questões levadas a juízo, na perspectiva da Corte Interamericana de Direitos Humanos, como forma de tornar a jurisprudência interna compatível com os julgados internacionais sobre os mais variados temas.

Cabe dizer que, no ato de iniciativa do CNJ, restou informado que os seus termos se enquadram no Objetivo de n. 16 da Agenda 2030 para o Desenvolvimento Sustentável, que se refere aos processos acompanhados por "Cortes Internacionais ou Justiça Plena".

É importante lembrar que o controle de convencionalidade pode ser realizado por qualquer órgão do Judiciário à semelhança do que ocorre com o controle de constitucionalidade, na forma difusa, quando então não surtirá efeito desde a sua edição.

Nesse sentido tem sido a posição doutrinária em não admitir a aplicação de dispositivo tido por inconvencional desde o seu surgimento. Admite-se, portanto, que, no caso da declaração de inconvencionalidade, essa deverá ter efeitos *ex tunc*, ou seja, não deve ser reconhecida qualquer validade à norma legal pela ausência de valor jurídico.[300]

Para Valério Mazzuoli, pioneiro na utilização da terminologia controle de convencionalidade e na elaboração da respectiva teoria, essa modalidade de controle (difuso) surgiu com a Constituição de 1988 e com entrada em vigor de Tratados de Direitos Humanos ratificados pelo Brasil. Como reforço de argumento, cita o art. 105, III, "*a*", da referida Carta, relativamente à competência do STJ em julgar Recurso Especial quando houver, na decisão, contrariedade a tratado ou lei federal.[301]

Em reforço à manifestação doutrinária anterior, no tocante ao controle de convencionalidade difuso, entende-se pela aplicação de normas internacionais quando essas ampliam a esfera protetiva. E mais, impõe-se aos juízes brasileiros a aplicação de Tratados e Convenções internacionais assinados e ratificados pelo Brasil porque representam fontes formal e material de Direito.[302]

Infelizmente, como registra o autor citado no parágrafo anterior, não tem sido essa a prática judicial adotada, não se verificando controle de convencionalidade por parte da magistratura ou mesmo a sua invocação pelos advogados em juízo e perante a Administração

---

(300) MAZZUOLI, Valério de Oliveira, *op. cit.*, p. 65.

(301) MAZZUOLI, Valério de Oliveira, *op. cit.*, p. 156.

(302) APPIO, Eduardo. Os juízes e o controle de convencionalidade no Brasil. *In*: PIZZOLO, Calogero; MARINONI, Luiz Guilherme; MAZZUOLI, Valério de Oliveira (Coord.). *Controle de convencionalidade*: um panorama latino-americano (Brasil, Argentina, Chile, México, Peru, Uruguai). Brasília: Gazeta Jurídica, 2013. p. 181-211, p. 200.

Pública. Rigorosamente, podendo inclusive ser realizado de ofício esse controle, não é o que ocorre, mesmo com as Convenções Internacionais de Direitos Humanos figurando como fontes de nosso Direito.(303)

Na outra modalidade, relacionada ao controle concentrado, tem-se a possibilidade de modulação da decisão da mesma forma que na declaração de inconstitucionalidade, mas o seu efeito é *erga omnes* e vincula a Administração Pública e todos os órgãos do Poder Judiciário.(304) Para o já referido autor, o controle de convencionalidade concentrado apenas teria surgido a partir de 08.12.2004, com a Emenda Constitucional n. 45.(305)

Cabe esclarecer que não constitui objetivo do presente trabalho ingressar no debate sobre a automática condição das Convenções e Tratados Internacionais de Direitos Humanos serem considerados como emendas constitucionais ou no mesmo patamar de normas constitucionais quando ratificadas pelo Brasil, a teor do art. 5º, § 2º, da CF, aspecto defendido por parte da doutrina.

E mesmo posicionar-se, por outro lado, sobre a necessidade de os Tratados e Convenções sobre Direitos Humanos observarem a tramitação do art. 5º, § 3º da Constituição Federal a fim de que adquiram o *status* constitucional, uma vez que o interesse nesse trabalho diz respeito ao confronto entre a Convenção da OIT, que versa sobre direitos humanos, e a legislação infraconstitucional, que dispõe de forma diversa ou sem a extensão dada ao tema pela norma internacional.

É o que será examinado a seguir no que se refere à condição atribuída às Convenções da OIT em sua relação com o ordenamento jurídico infraconstitucional.

2. Convenções da OIT

A título de introdução sobre o tema, cumpre dizer que a Constituição da OIT traz a previsão de que sempre deverá ser observada a norma mais favorável ao trabalhador, como se vê do art. 19, § 8º, da referida Constituição, seja em relação a uma determinada Convenção ou a qualquer normativo interno do Estado-membro. Aliás, tal regramento encontra amparo no princípio da vedação do retrocesso social (protetivo dos direitos fundamentais), que encontra guarida na efetividade desses direitos e a sua progressiva ampliação, como se verifica dos arts. 5º, §§ 1º, 2º e 7º, *caput*, da Constituição brasileira, e arts. 26 e 29 da Convenção Americana sobre Direitos Humanos.(306)

---

(303) APPIO, Eduardo, *op. cit.*, p. 210-211.

(304) MAZZUOLI, Valério de Oliveira, *op. cit.*, p. 65.

(305) MAZZUOLI, Valério de Oliveira, *op. cit.*, p. 156-157.

(306) MOLINA, André Araújo; MAZZUOLI, Valério de Oliveira. O controle de convencionalidade da reforma trabalhista. In: GUNTHER, Luiz Eduardo; ALVARENGA, Rúbia Zanotelli de (Orgs.). *O controle de convencionalidade da reforma trabalhista:* aplicação das normas internacionais ao Direito do Trabalho. Belo Horizonte: Dialética, 2020. p. 49-69, p. 55, 57.

Cabe também dizer, como informação importante, que a Organização Internacional do Trabalho (OIT) já elaborou 189 Convenções Internacionais, com ratificação de 96 delas pelo Brasil, sendo que 16 não estão mais em vigor. Desse modo, são 80 Convenções da OIT que devem ser observadas em nosso âmbito para o controle de aplicação da legislação trabalhista, "com a finalidade de proteger o trabalhador e o direito ao trabalho".[307]

As Convenções, especificamente da OIT, podem ser ratificadas, constituindo-se em fonte formal do Direito, como podem também não ser ratificadas, servindo, nesse caso, como "inspiração e modelo para a atividade legislativa dos Estados". O conjunto de Convenções e Recomendações da OIT formam um verdadeiro Código Internacional do Trabalho, que deve ter observância no Brasil e em países-membros com a previsão de normas que retratam os objetivos da OIT no sentido de não só melhorar as condições de trabalho, mas a condição humana em seu conjunto, como explica Husek.[308]

Também deve ficar esclarecido que dois princípios de Direito Internacional Público se encontram inscritos no art. 26 da Constituição da OIT, que são "o respeito à soberania dos Estados" e o do *pacta sunt servanda*, presentes no art. 26 da Convenção de Viena sobre o Direito dos Tratados para obrigar as partes e ser cumprido com boa-fé.[309]

O primeiro aspecto a ser examinado é se as Convenções da OIT, relacionadas aos direitos sociais, referem-se a direitos humanos na acepção que lhes atribui a doutrina e a jurisprudência sobre o tema.

Na lição de Husek fica claro que os textos fundamentais da OIT, obviamente a sua formalização também em Convenções, adotam "um esforço concentrado, internacional e nacional, para promover o bem, isto é, para assegurar o bem-estar material e espiritual da Humanidade".[310]

Cabe assinalar que os direitos sociais, previstos no Capítulo II, encontram-se enquadrados no Título I, dos Direitos e Garantias Fundamentais da Constituição Federal, que são aqueles direitos humanos que, quando positivados no ordenamento constitucional, adquirem o epíteto de direitos fundamentais. Aliás, a discriminação contida no art. 6º da Constituição Federal não deixa dúvidas sobre a condição dos direitos sociais como direitos humanos, incluídos os direitos dos trabalhadores urbanos e rurais.

---

(307) PAMPLONA FILHO, Rodolfo; ROCHA, Matheus Lins. A reforma trabalhista e o controle de convencionalidade: adequação do regime jurídico interno às convenções da Organização Internacional do Trabalho. *In*: GUNTHER, Luiz Eduardo; ALVARENGA, Rúbia Zanotelli de (Orgs.). *O controle de convencionalidade da reforma trabalhista:* aplicação das normas internacionais ao Direito do Trabalho. Belo Horizonte: Dialética, 2020. p. 461-511, p. 491-492.

(308) HUSEK, Carlos Roberto. *Curso de Direito Internacional Público*. 14. ed. São Paulo: LTr, 2017. p. 196, 299-300.

(309) HUSEK, Carlos Roberto, *op. cit.*, p. 301.

(310) HUSEK, Carlos Roberto, *op. cit.*, p. 296.

É também neste sentido a posição doutrinária em associar os direitos sociais e trabalhistas aos direitos humanos consagrados em Tratados e Convenções Internacionais, em acréscimo à vasta enumeração nesse sentido contida na Constituição Federal.(311)

Eduardo Appio afirma que os direitos humanos previstos nos Tratados e Convenções Internacionais encontram a mais ampla previsão nos arts. 5º, 6º e 7º da Constituição Federal no que se refere aos direitos individuais, coletivos e sociais, havendo necessidade de garantias processuais para que seja dada eficácia a esses direitos, que nem sempre têm previsão expressa na Constituição.(312)

Nessa mesma linha de entendimento, mas com fundamento diverso, entende-se que os direitos trabalhistas (sociais *stricto sensu*) seriam beneficiados pela cláusula de pedra constante do art. 60, § 4º, IV, da CF, fazendo parte do núcleo constitucional não sujeito à alteração mediante Emenda.

Esse raciocínio encontra apoio na doutrina de Ingo Sarlet, citado por Valério Mazzuoli, no sentido de que os direitos trabalhistas ficaram protegidos pela cláusula pétrea com base em uma interpretação teleológica e sistemática da Constituição, devendo-se estender o significado específico da expressão "direitos individuais" a "direitos e garantias fundamentais", gênero no qual aquela estaria inserida.(313)

Aliás, neste mesmo sentido a decisão da Sétima Turma do TST, em julgamento de extrema relevância para o tema deste estudo, entendendo que as Convenções da OIT, porque tratam dos direitos sociais, correspondem a Tratados de Direitos Humanos possuindo *status* de supralegalidade, especialmente quando apresentam conteúdo mais favorável ao trabalhador do que aquele previsto no ordenamento jurídico interno.(314)

Trata-se, no entendimento adotado no referido Acórdão, naquilo que interessa ao presente trabalho, pouco importando o equívoco de sua reforma posterior em relação ao mérito, que as Convenções oriundas da OIT teriam inequívoca equivalência aos Tratados Internacionais de Direitos Humanos em razão de seu conteúdo, que versa sobre direitos sociais que, na expressão de Bobbio, seriam os direitos fundamentais de segunda geração.

Ainda se extrai da paradigmática decisão que a preponderância das Convenções ganhou fôlego com a decisão do STF, proibindo a prisão do depositário infiel. Evidente que essa aplicação deverá considerar a regra geral, muitas vezes citada, de conter disposições favoráveis ao trabalhador, *pro homine* ou *pro persona*, na forma do art. 19, § 8º, da Constituição da OIT.

---

(311) APPIO, Eduardo, *op. cit.*, p. 184-185.

(312) APPIO, Eduardo, *op. cit.*, p. 185.

(313) APPIO, Eduardo, *op. cit.*, p. 147.

(314) BRASIL. Tribunal Superior do Trabalho. *Recurso de Revista n. 0001072-72.2011.5.02.0384*. Recorrente: Amsted Maxion Fundição e Equipamentos Ferroviários S.A. Recorrido: Ivanildo Bandeira. Relator: Ministro Cláudio Mascarenhas Brandão. Julgamento: 24 set. 2014. Órgão Julgador: Sétima Turma. Publicação: 3 out. 2014.

E, mais adiante, como acréscimo ao quanto já se esclareceu sobre o conteúdo e a necessidade de aplicação das Convenções da OIT, afirmou-se que se impõe a superação da norma interna pela norma internacional mais benéfica ou, quando nada, o seu complemento ou aperfeiçoamento.

Com esteio na jurisprudência do STF, reconheceu-se a supralegalidade dos Tratados de Direitos Humanos que têm equivalência com as Convenções da OIT e preponderância sobre a legislação ordinária. Registre-se que, embora esse posicionamento doutrinário tenha se sedimentado em 2008, a jurisprudência do STF, desde 2000, por meio da decisão RHC n. 79.785/RJ, já reconhecia a supralegalidade dos Tratados de Direitos Humanos.

A doutrina constitucional, mencionada na decisão do STF, no HC n. 87.585/TO, em que se acolheu a tese da supralegalidade dos Tratados Internacionais versando sobre os Direitos Humanos, também reconhece essa sua condição quando ainda não submetidos ao rito previsto na Constituição (art. 5º, § 3º, CF). Acrescenta que as leis ordinárias devem guardar coerência não só com a Constituição, mas também com Tratados dessa natureza, mencionando o Pacto de São José da Costa Rica (Decreto n. 678/92) como também as decisões da Corte Interamericana de Direitos Humanos, citando, ainda, o reconhecimento de supralegalidade da Convenção n. 162 da OIT.(315)

Flávia Piovesan, embora se referindo a Tratados tradicionais, afirma que a justificativa para a sua prevalência sobre as normas do ordenamento jurídico encontra-se na boa-fé presente no Direito Internacional na medida em que o Estado, ao ratificá-lo, obriga-se ao seu cumprimento. Também sustenta, como fundamento para a sua observância, o art. 27 da Convenção de Viena, "segundo o qual não cabe ao Estado invocar disposições de seu Direito Interno como justificativa para o não cumprimento de tratado".(316)

A autora deixa claro a função mais ampla do Direito Internacional dos Direitos Humanos não só de inovar, mas de ampliar o universo dos direitos constitucionalmente assegurados. E, o mais importante, suprir lacunas das normas do nosso ordenamento no sentido de oferecer condições mais favoráveis à pessoa humana, em observância ao efeito expansivo de proteção à dignidade humana e da internacionalização dos direitos humanos.(317)

As Convenções da OIT inscrevem-se como Tratados de Direitos Humanos pela relevância de seu conteúdo, que se refere diretamente às necessidades e interesses da pessoa humana. A regulação de direitos sociais, que inclui os trabalhistas, deixa evidenciada a sua inscrição como direitos e garantias fundamentais nas referidas Convenções.

---

(315) BARROSO, Luís Roberto. Constituição e Tratados Internacionais: alguns aspectos da relação entre Direito Internacional e Direito Interno. In: PIZZOLO, Calogero; MARINONI, Luiz Guilherme; MAZZUOLI, Valério de Oliveira (Coords.). *Controle de convencionalidade*: um panorama latino-americano (Brasil, Argentina, Chile, México, Peru, Uruguai). Brasília: Gazeta Jurídica, 2013. p. 147-179, p. 175-176.

(316) PIOVESAN, Flávia. *Direitos Humanos e Direito Constitucional Internacional*. 7. ed., rev., ampl. e atual. São Paulo: Saraiva, 2006. p. 60.

(317) PIOVESAN, Flávia, *op. cit.*, p. 94.

Em consequência, é inegável a sua supralegalidade, prevalecendo sobre a legislação infraconstitucional, como já reconhecido pelo STF, podendo, inclusive, servir de complemento para disposições legais incompletas ou insuficientes, tendo como vetor o ser humano e a previsão de condições que lhes sejam mais favoráveis.

3. Penhora de salário: previsão legal, doutrina e jurisprudência

O principal objetivo deste trabalho é demonstrar que — a par de inúmeras justificativas que comprovam a possibilidade de penhora do salário, assim como a penhora de outros bens antes considerados absolutamente impenhoráveis — há também um fundamento representado pelo Controle de Convencionalidade Positivo. Procura-se, nesse caso, ampliar o sentido da norma a fim de torná-la mais benéfica à pessoa, na chamada interpretação/aplicação *pro homine* ou *pro persona*, a partir da aplicação da previsão mais favorável contida na Convenção ou Tratado internacional, no caso a Convenção n. 95 da OIT.

O Controle de Convencionalidade Positivo, que será tratado mais adiante, é a utilização da norma internacional como complemento da norma interna, visando à sua ampliação no sentido de maior proteção e não como oposição à previsão contida em nosso ordenamento.

A penhora de salário inscreve-se na relação de medidas que têm por objetivo garantir, em sentido mais amplo, a efetividade da jurisdição e, especificadamente, tornar concreto o bem da vida reconhecido na decisão judicial.

A matéria relacionada com a possibilidade de penhora do salário tem uma trajetória, em termos de evolução legislativa, de absoluta vedação, para, a partir do diploma processual vigente, seguir na direção de sua relativização.

A abordagem desse tema deve ser iniciada pelas chamadas impenhorabilidades que são restrições legais em face da regra da penhorabilidade presente na execução e que visam a garantir a dignidade do devedor, como extensão, evidentemente de um ponto de vista histórico, da impossibilidade de a execução recair sobre a pessoa do devedor.

Nesse aspecto, a doutrina tem entendido que a impenhorabilidade de determinados bens serve para garantir a sobrevivência digna dos devedores com base no princípio constitucional de preservação da dignidade humana, com a previsão de bens pelo legislador que estariam a salvo da responsabilidade patrimonial.[318]

Embora reconhecendo que a impenhorabilidade de determinados bens presta reverência ao fundamento constitucional representado pela dignidade da pessoa humana, é certo que na execução ela deve ser considerada sob o prisma do executado, mas também do exequente, que tem direito ao recebimento de seu crédito e à prestação jurisdicional que o

(318) CASTRO, Roberta Dias Tarpinian de; MARTINELLI, Milena. A penhora de salário como meio de efetividade da tutela executiva. In: ALVIM, Teresa Arruda *et al.* (Coords.). *O CPC de 2015 visto pelo STJ*. São Paulo: Thompson Reuters Brasil, 2021. p. 431-457, p. 435.

garanta. Nessa perspectiva, impõe-se uma mitigação das impenhorabilidades como forma de expressar valores que devem se ajustar ao momento histórico de garantia e, especialmente, de efetivação de direitos.(319)

Nesse aspecto, a par de considerar a dignidade humana mais do que princípio, mas como fundamento republicano, núcleo axiológico da Constituição, não há dúvidas de que, na ponderação dos valores em jogo, há de prevalecer aquele que melhor preserve ou garanta uma condição minimamente digna de sobrevivência que, na maioria dos casos, diz respeito ao credor.(320)

Em sede de juízo de ponderação, não se deixa de lado a dignidade do devedor, o objetivo é promover um equilíbrio de dignidades, podendo-se dizer assim que, ao garantir uma delas, não se acabe por afetar a dignidade do credor no recebimento do valor que lhe é devido, necessário para garantir a sua sobrevivência.

Segundo a melhor doutrina, a ponderação é uma técnica utilizada nos casos mais difíceis (*hard cases*) em que se mostra insuficiente a realização do raciocínio típico do processo de subsunção do caso concreto à norma. A exigência de ponderação impõe-se nos casos em que há premissas igualmente relevantes e válidas a exigir precaução na análise e especial consideração com a hipótese concreta.(321)

---

(319) CASTRO, Roberta Dias Tarpinian de; MARTINELLI, Milena, *op. cit.*, p. 436-437.

(320) No Brasil, a dignidade da pessoa humana figura como 'fundamento da República', no art. 1º, inciso III, da Constituição brasileira. O princípio já foi apontado pela nossa doutrina como o 'valor supremo da democracia', como a 'norma das normas dos direitos fundamentais', como o 'princípio dos princípios constitucionais', como o 'coração do patrimônio jurídico-moral da pessoa humana'. O reconhecimento da centralidade do princípio da dignidade da pessoa humana é recorrente na jurisprudência brasileira, tendo o STF afirmado que se trata do 'verdadeiro valor fonte que conforma e inspira todo o ordenamento constitucional vigente em nosso país'. E são cada vez mais frequentes as decisões judiciais que invocam o princípio da dignidade da pessoa humana. Só no Supremo, por ocasião da finalização da 2ª edição desta obra, eram nada menos do que 315 acórdãos, 2.940 decisões monocráticas e 89 decisões da Presidência invocando o princípio. No STJ, por sua vez, foram 934 acórdãos e 28.544 decisões monocráticas. Essas cifras são ainda pálidas quando comparadas aos números espantosos do TST: nessa corte superior, há menção à 'dignidade humana' ou à 'dignidade da pessoa humana' em nada menos que 103.372 acórdãos e 8.003 decisões monocráticas! Isso corresponde a quase 4% de todas as decisões proferidas pelo referido tribunal, disponíveis no seu sítio eletrônico de pesquisa. Essa importância atribuída à dignidade da pessoa humana no Brasil e no constitucionalismo global deve ser saudada como sinal de avanço civilizatório. Afinal, trata-se de princípio profundamente humanista, baseado na valorização da pessoa e comprometido com a garantia dos seus direitos básicos contra todas as formas de injustiça e de opressão. Portanto, é promissor que tal princípio tenha passado a desempenhar papel de destaque nos ordenamentos jurídicos contemporâneos" (BRITO, Tarcísio Corrêa de. Direitos sociais fundamentais na perspectiva internacional: contribuições para uma aplicação (criativa) da Teoria do Controle Jurisdicional de Convencionalidade e de Legalidade das leis trabalhistas – dois anos após a Reforma Trabalhista. In: PIZZOLO, Calogero; MARINONI, Luiz Guilherme; MAZZUOLI, Valério de Oliveira (Coords.). *Controle de convencionalidade:* um panorama latino-americano (Brasil, Argentina, Chile, México, Peru, Uruguai). Brasília: Gazeta Jurídica, 2013. p. 573-677, p. 581-582).

(321) BARCELLOS, Ana Paula de. Alguns parâmetros normativos para a ponderação constitucional. In: BARROSO, Luís Roberto (Org.). *A nova interpretação constitucional:* ponderação, direitos fundamentais e relações privadas. 2. ed., rev. e atual. Rio de Janeiro: Renovar, 2006. p. 49-117, p. 55.

Como acréscimo, é importante lembrar a definição de ponderação, que tem perfeito ajuste ao objeto do presente trabalho, como forma de solução menos traumática dos conflitos "para o sistema como um todo", de modo que as normas continuem válidas ainda que em "determinado caso concreto elas possam ser aplicadas em intensidades diferentes". Em termos mais incisivos, pode-se dizer que determinadas normas válidas "terão sua aplicação negada em casos específicos".(322)

No tratamento específico em relação à possibilidade de penhora do salário cabe, em brevíssimo histórico, esclarecer que o CPC de 1939, embora tributário do processo civil italiano, apenas abria exceção à impenhorabilidade para hipótese de créditos alimentares, como se vê de seu art. 942, VII. No mesmo sentido o CPC/1973 que, pela reforma trazida pela Lei n. 11.382/06, apenas ampliou as fontes de remuneração impenhoráveis e, com isso, favorecendo o executado e manteve a exceção de impenhorabilidade apenas para os créditos de natureza alimentar, com veto à proposta de penhora parcial para créditos de outra natureza.(323)(324)

Em razão da abertura proporcionada pelo veto, a par das discussões doutrinárias e jurídicas sobre o tema, surgiram os PLs 2.139 e 2.500, sendo que o primeiro previa a penhorabilidade de 1/3 dos salários ou de parcelas equivalentes e o segundo, na mesma linha, autorizava a penhora de 30% das parcelas salariais e assemelhados. Referidos projetos de lei chegaram a constar da primeira versão do substitutivo da Câmara dos Deputados na tramitação do CPC vigente, com "a possibilidade de penhora de 30% do salário para executados que recebessem acima de seis salários mínimos".(325)

E, por fim, tem-se a previsão do CPC vigente, constante do art. 833, § 2º, que prevê a penhorabilidade de valores superiores a 50 salários mínimos até 50% do salário, na forma dos arts. 528, § 8º, e 529, § 3º, do CPC.

---

(322) BARCELLOS, Ana Paula de, *op. cit.*, p. 57.

(323) CASTRO, Roberta Dias Tarpinian de; MARTINELLI, Milena, *op. cit.*, p. 441.

(324) "A Lei n. 11.382/2006, que promoveu reforma no Livro do Processo de Execução do CPC/73, propunha no § 3º do art. 649 a seguinte redação: '§ 3º Na hipótese do inciso IV do *caput* deste artigo, será considerado penhorável até 40% (quarenta por cento) do total recebido mensalmente acima de 20 (vinte) salários mínimos, calculados após efetuados os descontos de imposto de renda retido na fonte, contribuição previdenciária oficial e outros descontos compulsórios'" (CASTRO, Roberta Dias Tarpinian de; MARTINELLI, Milena, *op. cit.*, *loc. cit.*).

"No veto à inserção do § 3º do art. 649, CPC/73, reconheceu-se a razoabilidade da proposta, e, embora fosse um veto, não fechava portas interpretativas à doutrina e jurisprudência: [...] Na sistemática do Projeto de Lei, a impenhorabilidade é absoluta até vinte salários mínimos líquidos. Acima desse valor, quarenta por cento poderá ser penhorado. A proposta parece ser razoável porque é difícil defender que um rendimento líquido de vinte vezes o salário mínimo vigente no País seja considerado integralmente como de natureza alimentar. Contudo, pode ser contraposto que a tradição jurídica é no sentido da impenhorabilidade absoluta e ilimitada, de remuneração. Dentro desse quadro, entendeu-se pela conveniência de opor veto ao dispositivo para que a questão volte a ser debatida pela comunidade jurídica e pela sociedade em geral" (CASTRO, Roberta Dias Tarpinian de; MARTINELLI, Milena, *op. cit.*, p. 442).

(325) CASTRO, Roberta Dias Tarpinian de; MARTINELLI, Milena, *op. cit.*, *loc. cit.*

O que se tem atualmente, em termos de regulamentação da penhorabilidade do salário, é a previsão contida no art. 833, § 2º, do CPC, como mencionado, que se constitui em exceção à impenhorabilidade dos bens constantes do *caput* do mesmo artigo.

Além de fazer referência à prestação alimentícia, independentemente de sua origem, como exceção à impenhorabilidade, entendendo-se que essa expressão permitiu a leitura mais abrangente da possibilidade de penhora do salário, a parte final do dispositivo legal apenas permite a penhora do que exceder a 50 salários mínimos mensais, algo em torno de R$ 60.000,00 (sessenta mil reais) na oportunidade em que se escreve esse artigo, com limitação a 50% dos ganhos líquidos.

Apesar da evolução legislativa do tema, como restou mencionado na introdução deste item, partindo-se de uma impenhorabilidade absoluta para a admissibilidade da penhora de salário, há de se reconhecer que as limitações ainda são muito grandes.

Não se admitir a penhora parcial de salário para satisfação de verbas de natureza alimentar que não sejam a pensão alimentícia é desconhecer uma realidade presente na confrontação de altos salários com dívidas de valor reduzido, decorrentes, por exemplo, do trabalho doméstico.

Obviamente que essa situação contraria uma noção elementar de justiça, porquanto não se justifica a impenhorabilidade de parte de uma remuneração elevada em detrimento de valores que também têm a mesma natureza de remuneração, mas que, mais do que a garantia de determinado padrão de vida, traduzem-se em garantia de sobrevivência.

Enquanto não se tem uma maior evolução legislativa sobre o tema, que clama por uma regulamentação mais rente à realidade das situações do credor e devedor, como também da natureza das dívidas, como é o caso das dívidas trabalhistas, o que se espera é que a jurisprudência e a doutrina possam oferecer interpretações que representem um avanço sobre o tema na linha da flexibilização da impenhorabilidade do salário.

A doutrina considera que a redação prevista no art. 833, IV, do CPC, pode ser resumida em renda da pessoa natural, acrescentando que no ordenamento processual anterior não era considerado o valor da remuneração para efeito de eventual penhora. Esclarece que o princípio da proporcionalidade recomenda a constrição de quantia não excedente à necessária para a subsistência do devedor e sua família por um mês, na linha do direito comparado, havendo, nesse caso, uma vinculação às despesas usuais do executado.(326)

Em complemento, o autor citado esclarece que "se a retribuição pecuniária da pessoa natural é penhorável, *tout court*, na execução de alimentos", tratando-se de impenhorabilidade relativa com respeito à subsistência do executado e sua família, em regra garantida em

---

(326) ASSIS, Araken de. *Manual da execução*. 21. ed., rev., ampl. e atual. São Paulo: Thompson Reuters Brasil, 2020. p. 325.

70%, não há razão para fixação de um valor determinado. Acrescenta que, respeitado o piso penhorado, o STJ tem entendimento de que, no caso concreto, "há de se preservar percentual idôneo a garantir a subsistência do executado e sua família".(327)

Prevalece, também, o entendimento de que cabe ao executado comprovar que as parcelas objeto de penhora têm natureza alimentar ou que se destinam ao sustento dele e de sua família. Aponta a doutrina que a regra da impenhorabilidade tem exceção na parte final do § 2º do art. 833 do CPC, relativamente ao salário que exceda o montante de 50 salários mínimos, tratando-se de valor extremamente elevado, considerando-se a nossa realidade, mas que é penhorável ainda que o crédito não tenha natureza alimentar, importando o "montante do salário e não a natureza do crédito executado".(328)

Ainda com base em respeitável doutrina, em tratamento específico sobre a penhora do salário, tem-se o raciocínio de que, se a remuneração é preservada em razão de sua natureza alimentar, tal proteção não pode subsistir em razão de "um crédito também de natureza alimentar". Mais adiante, para demonstrar a flexibilidade da impenhorabilidade legal, argumenta-se com a hipótese dos empréstimos bancários consignados em que se debita valor do salário do mutuário.(329)

De forma mais incisiva, explicitando a dimensão da injustiça da situação, afirma-se que a restrição à penhorabilidade de todo o salário ou apenas ao que exceder a 50 salários mínimos, quando não represente comprometimento à sobrevivência do executado, pode incorrer em inconstitucionalidade por proteger apenas o direito fundamental do executado em detrimento do mesmo direito do exequente.(330)

A indignação doutrinária acaba por ter repercussão e se conjugar com parte da jurisprudência sobre o tema, visualizando-se, na hipótese, a aplicação da ponderação e do princípio da proporcionalidade para impedir a proteção excessiva e abstrata do salário sem considerar as situações concretas.

Como restou assentado na última citação doutrinária, não se pode admitir a proteção de um direito fundamental em detrimento de outro também fundamental que, na espécie, refere-se aos salários do executado e do exequente, em uma situação de periclitância deste último. Deve-se adotar, no caso, a técnica da ponderação dos valores em jogo para se afastar determinada garantia fundamental em favor de outra que se apresenta como mais fundamental e necessitada de proteção.

---

(327) ASSIS, Araken de, *op. cit.*, p. 325-326.

(328) DOTTI, Rogéria. A penhora de salário sobre a ótica do STJ. In: ALVIM, Teresa Arruda *et al.* (Coords.). *O CPC de 2015 visto pelo STJ*. São Paulo: Thompson Reuters Brasil, 2021. p. 459-477, p. 464.

(329) DIDIER JÚNIOR, Fredie; CUNHA, Leonardo Carneiro da; BRAGA, Paula Sarno; OLIVEIRA, Rafael Alexandria de. *Curso de Direito Processual Civil:* execução. 8. ed., rev., ampl. e atual. Salvador: JusPodivm, 2018, p. 849.

(330) DIDIER JÚNIOR, Fredie; CUNHA, Leonardo Carneiro da; BRAGA, Paula Sarno; OLIVEIRA, Rafael Alexandria de, *op. cit.*, p. 849-850.

Na regulamentação do tema em outros países, tem-se adotado os seguintes critérios de penhora de salário: a existência de uma faixa de salário totalmente impenhorável; um sistema progressivo com diferentes percentuais, que variam de acordo com o salário recebido e de regras na hipótese de concurso de credores. Acrescentam, na sequência, que deveria ser criado um sistema progressivo de penhora de acordo com o salário recebido, à semelhança do princípio da capacidade econômica adotado no campo tributário (capacidade contributiva — art. 145, § 1º, da CF), variando o percentual na proporção do valor salarial recebido.(331)

Em seguida, têm-se as informações do sistema adotado em alguns países(332):

a) Paraguai (art. 716 da Lei n. 1.337/1999): autoriza a penhora de 25% dos salários, não havendo a impenhorabilidade total.

b) Portugal (art. 738 da Lei n. 41/2013 – CPC português): 1/3 do salário é penhorável quando se recebe mais de três salários mínimos e, se a dívida não for satisfeita com a penhora de 1/3, pode-se chegar até a três salários, sendo que há impenhorabilidade total em se tratando de um salário mínimo.

c) Argentina (art. 1º do Decreto do Poder Executivo Nacional n. 484/87): impenhorabilidade até um salário mínimo e de 10% do valor excedente até dois salários mínimos e 20% se receber mais de dois salários mínimos.

d) Venezuela (art. 598 da Lei n. 4.209/1990): impenhorabilidade até um salário mínimo, 20% de um a dois salários mínimos e 1/3 acima de dois salários mínimos.

Na utilização da progressividade da penhora, de acordo com o princípio da capacidade econômica, pode ser citada a Espanha (art. 607, 1, da *Ley de Enjuiciamiento Civil*), que considera impenhorável um salário mínimo, havendo progressividade em quatro faixas: 30%, 60%, 75% e 90%. Já no sistema italiano (art. 545 do *Codice di Procedura Civile di 1940*) não há limite para dívidas de natureza alimentar e, no caso das não alimentares, pode ser penhorado 1/5 do salário do devedor e, na hipótese de mais credores, pode atingir até 50% do salário do executado.(333)

A jurisprudência brasileira tem adotado como marco para se admitir a penhora de salário a edição do CPC vigente, entendendo que não havia a sua autorização no CPC/73, embora algumas decisões tenham permitido a penhora de salário ainda na vigência do ordenamento processual revogado.

(331) CASTRO, Roberta Dias Tarpinian de; MARTINELLI, Milena, *op. cit.*, p. 452.

(332) CASTRO, Roberta Dias Tarpinian de; MARTINELLI, Milena, *op. cit.*, p. 453-454

(333) CASTRO, Roberta Dias Tarpinian de; MARTINELLI, Milena, *op. cit.*, p. 454.

É esse sentido que tem a antiga redação da Orientação Jurisprudencial n. 153 da SBDI-II do TST ao considerar a impenhorabilidade do salário, a exemplo de Súmulas e Orientações Jurisprudenciais de inúmeros Tribunais Regionais do Trabalho, como a Súmula n. 3 do TRT da 1ª Região e a Orientação Jurisprudencial n. 8 do TRT da 3ª Região, entre outras.(334)

Não se pode deixar de dizer que, ainda na vigência do CPC/73, a jurisprudência do STJ tinha entendimento pela possibilidade de penhora, como se pode ver do EREsp n. 1.582.475/MG de relatoria do Ministro Benedito Gonçalves, em que se deferiu a penhora de 30% da quantia de R$ 33.153,04. No caso se deu uma interpretação constitucional ao tema, entendendo que, apesar de o salário do executado não estar sujeito a atos executivos, não pode, em função desse fato, impedir a efetivação do direito material do exequente. E, mais adiante, na linha do que se defende neste trabalho, que "só se revela necessária, adequada e justificada a impenhorabilidade daquela parte do patrimônio do devedor que seja efetivamente necessária à manutenção de sua dignidade e da de seus dependentes".(335)

Posteriormente, com o CPC vigente, passou-se a admitir a penhora de salário, exatamente pela ausência do advérbio "absolutamente" no *caput* do art. 833, que passou a tratar dos bens impenhoráveis, e pela previsão constante de seu § 2º que, ao apresentar a exceção às hipóteses de impenhorabilidade, menciona pagamento de prestação alimentícia independentemente de sua origem.

Em consequência dessa nova diretiva legislativa, o TST alterou a redação da Orientação Jurisprudencial n. 153 da SBDI-II, restringindo a ilegalidade da penhora ao período de vigência do CPC/73, sendo certo que as constrições realizadas posteriormente não estariam acoimadas de ilegalidade, como se vê do julgado constante do Informativo 168 do TST. Na mesma linha é a jurisprudência dos Regionais e dos demais julgados do TST, como o RO n. 0021601-36.2017.5.04.0000 da SDI-II, relª. Minª. Maria Helena Mallmann, *DJ* 07.12.2017 e o RO n. 104435.2016.5.05.0000, SDI-II, rel. Min. Douglas Alencar Rodrigues, *DJe* 20.04.2018, que se posicionam pela possibilidade de penhora dos salários.(336)

Em acórdão proferido em 2021, mais precisamente em 07.05.2021, a Subseção II Especializada em Dissídios Individuais (SBDI-II) do Tribunal Superior do Trabalho manteve a decisão que determinou o bloqueio de 30% do salário líquido de um empregador rural para o pagamento de direitos trabalhistas reconhecidos em juízo.

---

(334) JUNQUEIRA, Júlia Figueiredo. A execução e a penhora de salário. In: KOURY, Luiz Ronan Neves *et al* (Coords.). *A execução no processo do trabalho*. São Paulo: LTr, 2020. p. 165-173, p. 167.

(335) BRASIL. Superior Tribunal de Justiça. *Embargos de Divergência em Recurso Especial n. 1.582.475*. Embargante: Humberto Pereira de Abreu Júnior. Embargado: Euler Nogueira Mendes. Relator: Ministro Benedito Gonçalves. Julgamento: 3 out. 2018. Órgão Julgador: Corte Especial. Publicação: *DJe*, 16 out. 2018; *REPDJe*, 19 mar. 2019.

(336) JUNQUEIRA, Júlia Figueiredo, *op. cit.*, p. 169.

Na Ementa do referido acórdão, como fundamento da decisão, restou assentado que não há dúvida sobre a admissibilidade da penhora de salários no CPC vigente, considerando a forma em que encontra vazada a redação de seu art. 833, IV e § 2º, não podendo ser oposta à exceção de impenhorabilidade na execução, uma vez observado o limite de 50% do valor líquido do salário. Como complemento, restou aduzido que o comprometimento da subsistência do executado com a penhora realizada não ficou comprovado pela prova pré-constituída, até porque foi determinada a incidência do percentual de 30% sobre os vencimentos líquidos e, caso isso tivesse ocorrido, poderia ser objeto de requerimento pelo executado, mediante contraditório, no juízo de origem.(337)

Pode-se dizer, portanto, que se concretizou a tendência em se permitir a penhora de salário que, no passado, nem sequer era cogitada, mas aos poucos, por força dos entendimentos doutrinário e jurisprudencial, restou aberto um caminho para a sua admissibilidade, forte nos fundamentos republicanos da Constituição, em especial o da dignidade da pessoa humana.

Tudo isso propiciou uma inovação por parte do legislador com a previsão contida no art. 833, § 2º, do CPC, respeitando-se, na penhora a ser realizada, o percentual de 50% do valor líquido do salário, como também dando-se uma interpretação ampliada à expressão "independentemente de sua origem", constante do referido dispositivo legal.

No item que se segue, em que se tratará da Convenção n. 95 da OIT como justificativa para a referida penhora de salário, aspecto praticamente desconsiderado nos fundamentos das decisões sobre o tema, tem-se que a determinação de constrição da remuneração representa uma forma de controle de convencionalidade positivo com o objetivo de aperfeiçoar e complementar a norma interna.

4. Aplicação da Convenção n. 95 da OIT

A Convenção n. 95 da OIT, ratificada pelo Brasil, trata da proteção ao salário, devendo referida proteção ser interpretada no sentido mais amplo possível, independentemente da posição ocupada no processo.

Ela teve aprovação na 32ª Reunião da Conferência Internacional do Salário, em Genebra, em 1º de junho de 1940, denominada "Convenção pela Proteção do Salário", de 1949, entrando em vigor em 24.09.1952, sendo que no Brasil teve aprovação pelo Decreto Legislativo n. 24 de 29.05.1956, ratificada em 25.04.1957 e promulgada pelo Decreto n. 41.721 de 25.06.1957 – *DOU* 28.06.1957, com vigência a partir de 25.04.1958. Como se vê, a sua presença em nosso ordenamento é antiga, versando sobre tema de maior relevância que é o

(337) BRASIL. Tribunal Superior do Trabalho. *Recurso Ordinário Trabalhista em Mandado de Segurança n. 0010752-61.2019.5.03.0000*. Recorrente: Henrique Antônio Ferreira de Castro. Recorrido: Hueverton Júnior da Silva. Relator: Ministro Douglas Alencar Rodrigues. Julgamento: 4 maio 2021. Órgão Julgador: Subseção II Especializada em Dissídios Individuais. Publicação: 7 maio 2021.

salário, mas, ao que tudo indica, sempre foi pouco aplicada, prevalecendo a leitura de proteção ao salário do devedor, em especial pelo tratamento legislativo interno dado ao tema.

Em seu art. 1º, na conceituação de salário, resta fixado que representa a remuneração ou ganhos em espécie e, de forma curiosa, que são devidos em virtude de um contrato de aluguel de serviços, escrito ou verbal, por um trabalhador a um empregador. Verifica-se a limitação da proteção ao salário (consequência do contexto da época), quando se tem hoje que todas as formas de remuneração recebem proteção na legislação processual no item das impenhorabilidades (art. 833 do CPC).

É necessário dizer, como forma de evitar eventuais dúvidas, que não se discute sobre a indispensável proteção que o salário deve ter, seja ele qual for e independentemente de seu valor, mas o que se leva em conta, parece que esse é o desiderato da norma, é a necessidade de sua proteção de forma ampla em relação ao devedor, mas também no que se refere ao credor.

No art. 10, n. 1, da Convenção n. 95 da OIT, há referência à proteção do salário em relação à penhora ou cessão, observadas as disposições prescritas na legislação nacional. No n. 2 do referido art. 10 consta que o salário deve ser protegido contra a penhora ou cessão na medida julgada necessária para assegurar a manutenção do trabalhador e sua família (grifos nossos).

Esse é o referencial para autorizar a penhora de salário que não encontra vedação, apenas devendo ser observado o montante necessário para assegurar a manutenção do devedor e de sua família.

Não há dúvida de que a forma com que se encontra vazada a norma convencional guarda inteira compatibilidade com o fundamento constitucional de preservação da dignidade humana do devedor. Na proteção ao salário, todavia, não se pode deixar de considerar a figura do credor e de que o pagamento do débito representa, em muitos casos, a garantia de sua sobrevivência.

O fato é que na referida Convenção n. 95 da OIT, desde que garantida a manutenção do devedor e de sua família, prevê a ampliação da possibilidade de penhora do salário na perspectiva de um controle de convencionalidade positivo.

Trata-se, como já restou mencionado, do chamado efeito positivo do controle de convencionalidade, que se distingue do efeito negativo, pois enquanto este último representa o controle da norma interna em eventual desavença com a norma internacional, é certo que naquele (efeito positivo ou construtivo) a norma interna deve ser complementada pela norma internacional.

Desse modo, em relação ao efeito positivo ou construtivo, tem-se a situação em que a norma interna deve ter interpretação compatível com a norma internacional. A doutrina esclarece que esse efeito, citando Sagüés, "justifica releituras adaptativas do direito nacional, do tipo harmonizante, em consonância, isto é, conforme o Direito Internacional, constante, *v.g.*, nos tratados e jurisprudência internacional". Acrescenta ainda Luciano Meneguetti, cuja doutrina é transcrita no período anterior, na fase conclusiva de seu trabalho, que, por força do mencionado efeito positivo "a norma doméstica será interpretada conforme a norma internacional".(338)

Como reforço à necessidade de aplicação das Convenções da OIT, em especial, no caso, a de n. 95, o autor citado no parágrafo anterior, mencionando o RR n. 0001072-72.2011.5.02.0384, da Sétima Turma do TST, refere-se à natureza de direitos humanos das Convenções da OIT reconhecida no julgado em comento com fundamento "no conteúdo de direitos sociais que elas veiculam". Ainda com esteio nesse julgado, com referência à jurisprudência do STF, Recurso Extraordinário n. 466.343, relator Ministro Cezar Peluso, julgado em 03.02.2008, restou destacada a supralegalidade das Convenções da OIT na hipótese de confronto com a legislação nacional, acarretando a sua prevalência.(339)

Não se pode deixar de reconhecer que a referida Convenção n. 95 da OIT também pode ser analisada na perspectiva do credor quando então ganha destaque e consideração o princípio *pro homine* ou *pro persona* (de maior proteção à pessoa humana) no confronto de normas internas e internacionais, exatamente porque também não se pode descuidar da sobrevivência do credor quando se trata do tema relacionado com a penhora de salário.

Nessa linha de entendimento, e em reforço a ela, no que se refere à supralegalidade das Convenções da OIT, em especial a de n. 95 e de sua predominância sobre as normas internas, cabe mencionar como hipótese diversa a previsão contida na alteração legislativa promovida pela Reforma Trabalhista (Lei n. 13.467/2017), constante do art. 457, §§ 1º, 2º e 4º da CLT, que procura excluir do conceito de salário e de sua proteção quantias pagas para retribuir o trabalho, mas com denominações diversas. Não se pode, no caso, considerar a interpretação literal da norma, pois contraria "os métodos de hermenêutica sistemáticos e teleológicos" com violação de vários princípios constitucionais e do Direito do Trabalho, como também "representa clara ruptura com o texto convencional".(340)

Não obstante os aspectos anteriormente mencionados, há de se trazer à colação o argumento doutrinário do diálogo das fontes no que toca à aplicação de mais de uma norma

---

(338) PEREIRA, Luciano Meneguetti. O controle jurisdicional de convencionalidade no Brasil: uma análise crítica de comportamentos antagônicos entre as Justiças Penal e Trabalhista brasileiras. In: GUNTHER, Luiz Eduardo; ALVARENGA, Rúbia Zanotelli de (Orgs.). *O controle de convencionalidade da reforma trabalhista:* aplicação das normas internacionais ao Direito do Trabalho. Belo Horizonte: Dialética, 2020. p. 227-277, p. 245, 246, 271.

(339) PEREIRA, Luciano Meneguetti, *op. cit.*, p. 264.

(340) MATOS, Monique Fernandes Santos. Reflexões preliminares sobre o controle de convencionalidade aplicado à reforma trabalhista brasileira como mecanismo de proteção dos direitos sociais. In: GUNTHER, Luiz Eduardo; ALVARENGA, Rúbia Zanotelli de (Orgs.). *O controle de convencionalidade da reforma trabalhista*: aplicação das normas internacionais ao Direito do Trabalho. Belo Horizonte: Dialética, 2020. p. 409-432, p. 427-428.

(interna ou internacional) com o objetivo de alcançar "o resultado mais adequado em benefício dos interesses da pessoa humana". Nesse aspecto, considera-se o diálogo das fontes essencial para se proceder ao controle de convencionalidade, na coordenação de normas internas e internacionais que são os chamados diálogos horizontais e verticais entre as fontes.(341)

Os diálogos horizontais são aqueles em que o Direito Internacional dos Direitos Humanos e o Direito Interno "têm uma relação de complementariedade ou de integração". Há possibilidade de sua coordenação no interesse da pessoa humana, sem qualquer exclusão de uma norma. Nos diálogos verticais há uma divergência no tratamento do tema pelas normas internas e internacionais ou, então, omissão da primeira e aplicação da segunda e mesmo a norma interna que se confronta com preceito previsto em tratado internacional.(342)

Na perspectiva dos chamados diálogos verticais, citam-se julgados transcritos em trabalho doutrinário, em que se confrontam a legislação interna e a norma internacional no tema relacionado com as férias proporcionais previstas no art. 146, parágrafo único, da CLT, e Súmula n. 171 do TST, com exclusão da hipótese de dispensa com justa causa, enquanto a Convenção n. 132 da OIT afirma que a parcela é devida sem qualquer exceção para pagamento das referidas parcelas.(343)

Nos referidos julgados, com explícito controle de convencionalidade negativo de acordo com a terminologia já mencionada neste trabalho, entendeu-se que "o descanso se incorpora mês a mês no patrimônio jurídico do trabalhador", devendo ser paga a parcela de férias proporcionais independentemente da forma de resolução do contrato de trabalho. Invocando a posição do STF no julgamento que deu origem à Súmula Vinculante n. 25, entendendo pela supralegalidade das Convenções da OIT, os julgados adotaram posição de que deve prevalecer a Convenção n. 132 da OIT na hipótese dos autos e mesmo o art. 7º, incisos VIII e XVII (com referência também ao 13º salário), como direitos fundamentais dos trabalhadores (TRT da 2ª Região, RORSum n. 1000110-66.2019.5.02.0088, relator: Desembargador Ricardo Artur Costa e Trigueiros, DEJTRT 30.01.2020 e TRT da 4ª Região, ROT n. 0021281-05.2017.5.04.0511, relator: Desembargador Ricardo Hofmister de Almeida Martins Costa, *DEJTRT* 21.11.2019).(344)

Verifica-se que a hipótese tratada neste trabalho se enquadra bem no diálogo horizontal das fontes, em que há uma relação de complementação entre elas (norma interna e norma internacional) para melhor atender ao objetivo de beneficiar a pessoa humana na aplicação da norma.

---

(341) GUERRA, Sidney. O controle de convencionalidade na ordem jurídica brasileira. In: GUNTHER, Luiz Eduardo; ALVARENGA, Rúbia Zanotelli de (Orgs.). *O controle de convencionalidade da reforma trabalhista:* aplicação das normas internacionais ao Direito do Trabalho. Belo Horizonte: Dialética, 2020. p. 513-539, p. 532.

(342) GUERRA, Sidney, *op. cit.*, p. 532-534.

(343) BRITO, Tarcísio Corrêa de, *op. cit.*, p. 648-649.

(344) BRITO, Tarcísio Corrêa de, *op. cit.*, *loc. cit.*

Nessa mesma linha, de se observar o diálogo das fontes, tem-se a bem fundamentada posição doutrinária de que esse procedimento deve adotar, quando for possível, a melhor proteção a ser dada aos direitos fundamentais sociais, vedando-se o retrocesso social e garantindo-se "o mínimo existencial" ao se dar primazia à norma mais favorável contida no normativo internacional.(345)

O que se defende neste trabalho é que os fundamentos previstos no nosso ordenamento jurídico para autorizarem a penhora do salário são necessários para justificar essa determinação, mas que basta a garantia da manutenção do devedor e sua família, em condições dignas, para legitimar o procedimento da penhora do salário.

Há indiscutível necessidade de complementação das normas internas sobre o tema com a utilização do chamado controle positivo de convencionalidade, quando as normas internas e internacionais, como no caso, harmonizam-se e não se chocam, como também do citado diálogo das fontes na perspectiva horizontal, processo do qual se ressentem as decisões judiciais em nosso país.

É justamente para preencher esse vazio interpretativo e de aplicação de normas que o Conselho Nacional de Justiça, em notícia divulgada em 13.01.2022, recomenda a observância dos Tratados e Convenções Internacionais de Direitos Humanos pelos órgãos do Poder Judiciário.

Um dos aspectos da Recomendação n. 123 do CNJ é de que seja observado o controle de convencionalidade pelas juízas e juízes na busca de compatibilizar as decisões com as normas internacionais que sejam mais benéficas à promoção dos direitos humanos.

A base da referida Recomendação foi a já mencionada aprovação do Ato Normativo n. 0008759-45.2021.2.00.0000, que se enquadra nos fundamentos republicanos constantes de nossa Carta Magna.

O controle de convencionalidade, portanto, como mencionado em obra citada neste ensaio, observa as seguintes disposições constitucionais:

> [...] fundamento constitucional no art. 1º, III (dignidade humana); art. 4º, II (prevalência dos direitos humanos), IX (cooperação entre os povos para o progresso da humanidade) e parágrafo único (integração entre os povos da América Latina); art. 5º, §§ 1º e 2º (eficácia plena e imediata das normas definidoras dos direitos e garantias fundamentais e aplicabilidade dos tratados internacionais de direitos humanos) bem como no art. 7º do Ato das Disposições

(345) BRITO, Tarcísio Corrêa de, *op. cit.*, p. 661.

Constitucionais Transitórias — ADCT (vinculação do Estado Brasileiro às cortes internacionais de direitos humanos).[346]

A penhora do salário deve se concretizar desde que, objetivamente, mediante a comprovação no processo, seja garantida a manutenção do devedor e de sua família, ficando claro com isso que não se trata de critério subjetivo, mas que deve considerar os elementos existentes no processo, relacionados com os valores recebidos e as despesas realizadas pelo devedor em seu benefício e de sua família. É esse o parâmetro fundamental a ser considerado para constrição da renda do executado, não mais podendo a penhora de salário ser considerada como dogma, prevalecendo referido critério sobre todos os demais por força de um controle de convencionalidade positivo, a teor da Convenção n. 95 da OIT.

Nesse ponto cabe repetir com o trabalho doutrinário já mencionado neste artigo que, se a impenhorabilidade considera os incisos discriminados no art. 833 do CPC, o aspecto de ordem processual, qual seja a posição ocupada na execução, se exequente ou executado, não pode servir de critério para constrição judicial. Ademais, "todos os bens do inciso IV do art. 833 do CPC são penhoráveis quando encontram equivalentes do outro lado (penhora de aposentadoria para honorários de profissional liberal; penhora de honorários advocatícios para cobrar salário etc.)".[347]

A aplicação da referida Convenção, no caso da penhora de salário, funciona como complemento aos critérios legais que tratam da matéria previstos no art. 833, § 2º, do CPC, o que significa que a iniciativa para a penhora, o percentual devido (que pode ter variações dependendo do caso concreto, considerando a capacidade econômica do devedor, que não deve se prender a qualquer percentual) e a natureza do crédito devem sempre observar a garantia de sobrevivência (dignidade do devedor). É esse o limite que não pode ser ultrapassado, devendo estar presente também, na avaliação judicial a ser realizada, a dignidade do exequente objeto também de proteção (leia-se, na maioria dos casos, a sua sobrevivência).

Considerações finais

O controle de convencionalidade, embora não exercido como rotina pelo Judiciário brasileiro, o que motivou a edição da Recomendação n. 123 pelo CNJ, pode ser considerado como o procedimento pelo qual se verifica a compatibilidade da norma interna com a norma internacional, bem como o enquadramento da primeira na jurisprudência das Cortes Internacionais.

A sua origem remonta à década de 1970 na França e foi introduzida no Brasil com a Constituição vigente, em especial considerando as normas internacionais que versam sobre direitos humanos, com divergência doutrinária quanto à posição do STF sobre o *status* dado

(346) PEREIRA, Luciano Meneguetti, *op. cit.*, p. 236.

(347) CASTRO, Roberta Dias Tarpinian de; MARTINELLI, Milena, *op. cit.*, p. 455.

a essas normas, mas não havendo dúvida que devem ser aplicadas pelo juiz nacional, inclusive de ofício, tendo como vetor o princípio de proteção da pessoa humana.

Na formulação da teoria do controle de convencionalidade há referência a um controle negativo quando há incompatibilidade entre a norma interna e a norma internacional, como também um controle positivo, objeto deste trabalho, em que há compatibilidade e complementação das referidas normas. Também se fala em controle primário, realizado pelo Judiciário de determinado país, e secundário, realizado pelas Cortes Internacionais. Aos demais poderes, também é certo, impõe-se a observância dos Tratados e Convenções na elaboração das leis ou na adoção de medidas administrativas.

Também na linha das modalidades do controle de convencionalidade, tem-se que esse pode e deve ser realizado de forma difusa por qualquer órgão do Judiciário, com efeitos *ex tunc*, como também poderá ser realizado de forma concentrada pelo STF, com efeitos *erga omnes* e vinculantes para a Administração Pública e todo o Judiciário.

No controle de convencionalidade, especificamente em relação às Convenções da OIT, deve ser lembrado que têm por conteúdo direitos humanos e fundamentais desde que considerados como tais os direitos trabalhistas e sociais, sendo que 80 delas se encontram ratificadas pelo Brasil.

Não só a doutrina, mas a própria jurisprudência, atribui a condição de cláusula pétrea às referidas Convenções por força de seu conteúdo como também se confere a elas o *status* de supralegalidade no confronto com a legislação interna, desde que mais favorável ao trabalhador.

No tema específico da penhora de salário deve ficar esclarecido que se evoluiu de uma situação de impenhorabilidade absoluta para a sua flexibilização legislativa, pois se tem como valor a ser preservado a dignidade do devedor, devendo ser registrado também que não menos importante é a preservação da dignidade do credor com o pagamento do valor que lhe seja devido, fruto de um juízo de ponderação, indispensável para garantia de sua sobrevivência.

Apesar de se tratar de um reduzido avanço na linha de permitir a penhora de salário, como previsto no art. 833, § 2º, do CPC, é certo que uma noção elementar de justiça conspira para que seja dada uma interpretação ampliada ao referido dispositivo legal. Nesse sentido tem caminhado a doutrina, entendendo que o não comprometimento da manutenção do executado e de sua família é o parâmetro a ser considerado para eventual penhorabilidade do salário, com a citação de critérios utilizados em outros países, como o sistema progressivo de penhora de acordo com a capacidade econômica do devedor.

A jurisprudência adotou a vigência do CPC como marco para autorizar a penhorabilidade do salário, apesar de que algumas decisões, em especial do STJ, já admitiam a penhora sob a égide do CPC/73, com base em princípios constitucionais de efetividade da jurisdição e de preservação da dignidade do credor.

Na leitura da Convenção n. 95 da OIT, que é conhecida como a norma internacional de proteção ao salário, especialmente em seu art. 10, n. 2, não se pode deixar de reconhecer que protege um bem que é o salário independentemente da posição processual da parte, sendo que deve ser incluída nessa leitura também a garantia de sobrevivência do credor.

Na aplicação da referida norma internacional pratica-se um controle de convencionalidade positivo ou construtivo no sentido de procurar a sua harmonia com as normas internas. No caso da penhora de salário apenas deverá ser considerada, para sua determinação, a garantia de preservação da sobrevivência digna do devedor e de sua família, devidamente comprovada nos autos com documentos, sem outras restrições ou limites à constrição judicial.

Também se pode invocar, como fundamento para aplicação da Convenção n. 95 da OIT, o diálogo das fontes horizontal com o mesmo sentido do controle de constitucionalidade positivo, procurando estabelecer uma harmonia entre as normas interna e internacional, tendo presente o vetor do favorecimento à pessoa humana.

O fundamental é que ao tempo em que se respeita a condição do executado em relação à sua manutenção quando se procede à penhora do salário, cuja situação deverá ser comprovada no processo, deve-se também resguardar a dignidade do credor, que não pode ser aviltada pelo superdimensionamento da proteção do salário do devedor, tratando-se, como previsto na norma internacional, da preservação do salário, independentemente da posição ocupada no polo ativo ou passivo da execução.

Referências

APPIO, Eduardo. Os juízes e o controle de convencionalidade no Brasil. In: PIZZOLO, Calogero; MARINONI, Luiz Guilherme; MAZZUOLI, Valério de Oliveira (Coords.). *Controle de convencionalidade:* um panorama latino-americano (Brasil, Argentina, Chile, México, Peru, Uruguai). Brasília: Gazeta Jurídica, 2013. p. 181-211.

ASSIS, Araken de. *Manual da execução.* 21. ed., rev., ampl. e atual. São Paulo: Thompson Reuters Brasil, 2020.

BARCELLOS, Ana Paula de. Alguns parâmetros normativos para a ponderação constitucional. In: BARROSO, Luís Roberto (Org.). *A nova interpretação constitucional:* ponderação, direitos fundamentais e relações privadas. 2. ed., rev. e atual. Rio de Janeiro: Renovar, 2006. p. 49-117.

BARROSO, Luís Roberto. Constituição e tratados internacionais: alguns aspectos da relação entre Direito Internacional e Direito Interno. In: PIZZOLO, Calogero; MARINONI, Luiz Guilherme; MAZZUOLI, Valério de Oliveira (Coords.). *Controle de convencionalidade:* um panorama latino-americano (Brasil, Argentina, Chile, México, Peru, Uruguai). Brasília: Gazeta Jurídica, 2013. p. 147-179.

BRASIL. Superior Tribunal de Justiça. *Embargos de Divergência em Recurso Especial n. 1.582.475.* Embargante: Humberto Pereira de Abreu Júnior. Embargado: Euler Nogueira Mendes. Relator: Ministro Benedito Gonçalves. Julgamento: 3 out. 2018. Órgão Julgador: Corte Especial. Publicação: *DJe*, 16 out. 2018; REPDJe, 19 mar. 2019.

______. Tribunal Superior do Trabalho. *Recurso de Revista n. 0001072-72.2011.5.02.0384*. Recorrente: Amsted Maxion Fundição e Equipamentos Ferroviários S.A. Recorrido: Ivanildo Bandeira. Relator: Ministro Cláudio Mascarenhas Brandão. Julgamento: 24 set. 2014. Órgão Julgador: Sétima Turma. Publicação: 3 out. 2014.

______. Tribunal Superior do Trabalho. *Recurso Ordinário Trabalhista em Mandado de Segurança n. 0010752-61.2019.5.03.0000*. Recorrente: Henrique Antônio Ferreira de Castro. Recorrido: Hueverton Júnior da Silva. Relator: Ministro Douglas Alencar Rodrigues. Julgamento: 4 maio 2021. Órgão Julgador: Subseção II Especializada em Dissídios Individuais. Publicação: 7 maio 2021.

BRITO, Tarcísio Corrêa de. Direitos sociais fundamentais na perspectiva internacional: contribuições para uma aplicação (criativa) da Teoria do Controle Jurisdicional de Convencionalidade e de Legalidade das leis trabalhistas — dois anos após a Reforma Trabalhista. In: PIZZOLO, Calogero; MARINONI, Luiz Guilherme; MAZZUOLI, Valério de Oliveira (Coords.). *Controle de convencionalidade:* um panorama latino-americano (Brasil, Argentina, Chile, México, Peru, Uruguai). Brasília: Gazeta Jurídica, 2013. p. 573-677.

CASTRO, Roberta Dias Tarpinian de; MARTINELLI, Milena. A penhora de salário como meio de efetividade da tutela executiva. In: ALVIM, Teresa Arruda *et al.* (Coords.). *O CPC de 2015 visto pelo STJ*. São Paulo: Thompson Reuters Brasil, 2021. p. 431-457.

DIDIER JÚNIOR, Fredie; CUNHA, Leonardo Carneiro da; BRAGA, Paula Sarno; OLIVEIRA, Rafael Alexandria de. *Curso de Direito Processual Civil:* execução. 8. ed., rev., ampl. e atual. Salvador: JusPodivm, 2018.

DOTTI, Rogéria. A penhora de salário sobre a ótica do STJ. In: ALVIM, Teresa Arruda *et al.* (Coords.). *O CPC de 2015 visto pelo STJ*. São Paulo: Thompson Reuters Brasil, 2021. p. 459-477.

FIGUEIREDO, Marcelo. *O controle de constitucionalidade e convencionalidade no Brasil*. São Paulo: Malheiros, 2016.

GUERRA, Sidney. O controle de convencionalidade na ordem jurídica brasileira. In: GUNTHER, Luiz Eduardo; ALVARENGA, Rúbia Zanotelli de (Orgs.). *O controle de convencionalidade da reforma trabalhista:* aplicação das normas internacionais ao Direito do Trabalho. Belo Horizonte: Dialética, 2020. p. 513-539.

HUSEK, Carlos Roberto. *Curso de Direito Internacional Público*. 14. ed. São Paulo: LTr, 2017.

JUNQUEIRA, Júlia Figueiredo. A execução e a penhora de salário. In: KOURY, Luiz Ronan Neves *et al* (Coords.). *A execução no processo do trabalho*. São Paulo: LTr, 2020. p. 165-173.

MATOS, Monique Fernandes Santos. Reflexões preliminares sobre o controle de convencionalidade aplicado à reforma trabalhista brasileira como mecanismo de proteção dos direitos sociais. In: GUNTHER, Luiz Eduardo; ALVARENGA, Rúbia Zanotelli de (Orgs.). *O controle de convencionalidade da reforma trabalhista:* aplicação das normas internacionais ao Direito do Trabalho. Belo Horizonte: Dialética, 2020. p. 409-432.

MAZZUOLI, Valério de Oliveira. *Controle jurisdicional da convencionalidade das leis*. 5. ed. Rio de Janeiro: Forense, 2018.

MOLINA, André Araújo; MAZZUOLI, Valério de Oliveira. O controle de convencionalidade da reforma trabalhista. In: GUNTHER, Luiz Eduardo; ALVARENGA, Rúbia Zanotelli de (Orgs.).

O controle de convencionalidade da reforma trabalhista: aplicação das normas internacionais ao Direito do Trabalho. Belo Horizonte: Dialética, 2020. p. 49-69.

PAMPLONA FILHO, Rodolfo; ROCHA, Matheus Lins. A reforma trabalhista e o controle de convencionalidade: adequação do regime jurídico interno às convenções da Organização Internacional do Trabalho. In: GUNTHER, Luiz Eduardo; ALVARENGA, Rúbia Zanotelli de (Orgs.). *O controle de convencionalidade da reforma trabalhista:* aplicação das normas internacionais ao Direito do Trabalho. Belo Horizonte: Dialética, 2020. p. 461-511.

PEREIRA, Luciano Meneguetti. O controle jurisdicional de convencionalidade no Brasil: uma análise crítica de comportamentos antagônicos entre as Justiças Penal e Trabalhista brasileiras. In: GUNTHER, Luiz Eduardo; ALVARENGA, Rúbia Zanotelli de (Orgs.). *O controle de convencionalidade da reforma trabalhista:* aplicação das normas internacionais ao Direito do Trabalho. Belo Horizonte: Dialética, 2020. p. 227-277.

PIOVESAN, Flávia. *Direitos Humanos e Direito Constitucional Internacional.* 7. ed., rev., ampl. e atual. São Paulo: Saraiva, 2006.

PORTO, Lorena Vasconcelos; PEREIRA, Ricardo José Macedo de Brito. Alguns apontamentos sobre a negociação coletiva e o controle de convencionalidade. *Revista LTr*, São Paulo, ano 85, n. 9, p. 1.124-1.135, set. 2021.

Princípio Anticorrupção no Sistema Jurídico Brasileiro

Introdução

A corrupção, infelizmente, é algo que acompanha o homem ao longo do tempo, encontrando-se presente em inúmeras iniciativas patrocinadas pelo ser humano.

É por esta razão que o Princípio Anticorrupção exige uma abordagem multidisciplinar com abrangência para o combate da corrupção em sentido amplo, inclusive em relação às chamadas síndromes da corrupção.

Tal constatação parte de um dado empírico pela verificação de que, em várias atividades humanas, encontra-se presente a corrupção, sendo objeto de tratamento na própria história da humanidade com passagens do Antigo Testamento, no pensamento grego, na presença do Cristianismo na Idade Média, nas teorias dos pensadores da Idade Moderna e no Constitucionalismo Moderno.

A corrupção tem vieses político, econômico e jurídico com desdobramento em todas as atividades humanas, inclusive com a criação de mecanismos constitucionais e institucionais para sua inibição na tentativa de diminuir os seus efeitos nas mais variadas atividades.

Não é por outra razão, aliás, que o remédio para o combate à corrupção deve ser uma punição exemplar, porquanto a impunidade estimula a sua existência e até mesmo a sua expansão. Tal procedimento encontra apoio majoritário na opinião pública, que se sente ludibriada nas situações em que grassa a corrupção.

Ao lado disso, o Princípio Anticorrupção deve ser elevado à condição de princípio de direito internacional, presente em Convenção das Nações Unidas contra a corrupção, com abordagem em seu sentido mais amplo possível.

É que, como se sabe, de um ponto de vista negativo, a corrupção adquire *status* de problema universal, sem que sejam observadas as fronteiras para a sua expansão. Comumente é associada à atuação política em conluio com as atividades econômicas e empresariais, mas pode ser visualizada em infinitas situações em que se encontra presente o ser humano.

Além disso, a corrupção se faz presente em qualquer regime político, ganhando realce na democracia, exatamente pela liberdade dada na divulgação de informações. Não quer dizer com isso que não esteja presente em regimes autoritários, mas que, pelo bloqueio das informações, dá a impressão de não existir ou de ser mais reduzida.

Esse último aspecto acaba sendo um fator que contribui para o desgaste dos regimes democráticos com a aparência de que neles a corrupção é maior e que quando o regime é fechado e autoritário há um maior controle das atividades, funcionando como forma de evitar ou diminuir a corrupção. Não deixa de ser a mais absoluta falácia imaginar que a corrupção prolifera com maior desenvoltura em regimes abertos e democráticos, porquanto é a liberdade de imprensa, com a possibilidade de denúncia dos comportamentos criminosos, que faz com que ela seja mais bem detectada.

É necessária, portanto, a ampliação do Princípio Anticorrupção nos ordenamentos jurídicos, até mesmo de forma expressa para surtir o efeito desejado. No Brasil, as legislações constitucional e infraconstitucional existentes têm se empenhado na construção e consolidação desse princípio a fim de que consiga atingir o seu desiderato.

1. Histórico

Na Antiguidade, na civilização greco-romana, a corrupção se fazia presente nas questões de Estado, envolvendo cobrança de tributos por parte dos funcionários do Rei, como forma de garantir o desenvolvimento das cidades gregas e do Império Romano.

Na Grécia, as divisões da Administração por setores, observando determinada hierarquia, propiciaram o surgimento da corrupção, que encontra a sua origem nessa organização do Estado.

Na Roma Antiga é que a corrupção ganha maior expansão e se consolida, em especial devido à extensão do Império Romano e os vários povos que a ele se submetiam, o que dificultava o controle da atuação dos diversos agentes do Estado.

Tentou-se um controle da arrecadação e da atividade exercida pelos funcionários, havendo verdadeira rede de exploração, inclusive por parte do poder militar, o que em grande parte contribuiu para minar e destruir o Império Romano.

A história da existência da corrupção e a sua condenação encontram-se presentes também na Bíblia, onde existem várias passagens em que esse aspecto fica evidenciado, como no Antigo Testamento, Êxodo 28.2, Deuteronômio 16.7, Isaías 3:23 e Amós 5:12.

No Novo Testamento, a corrupção e seu combate ganham cores mais nítidas quando da presença de Jesus Cristo no templo, em Mateus 21:13, quando afasta aqueles que fazem a casa do Senhor de mercado e se volta contra a venda de mercadorias no local. Informa que Jesus purifica o templo pois Ele "entrou no Templo e expulsou de lá todos quantos vendiam e compravam. Derrubou as mesas dos cambistas e as cadeiras dos vendedores de pombos.

Depois lhes disse 'Minha casa será chamada casa de oração, mas vós fazeis dela um covil de ladrões'".(348)

Na Idade Média, dominada pelo sistema feudal e pela Igreja, havia uma situação de vassalagem que obrigava o vassalo a pagar tributos pela utilização do moinho e forno do suserano em troca de segurança, podendo inclusive trabalhar em parte da semana para ele.

A corrupção se fazia presente na exploração deslavada do vassalo pelo suserano, que tinha praticamente a condição de escravo, tais eram as obrigações e restrições de direitos a que estava submetido.

Marvin Perry, comentando sobre o período medieval, esclarece que "o senhorialismo e o feudalismo pressupunham uma ordem social hierárquica, orgânica e estável: o clero que rezava, os senhores que lutavam e os camponeses que trabalhavam. Acreditava-se que a sociedade funcionava bem quando todos aceitavam a sua condição e desempenhavam o papel que lhes era atribuído. Em consequência, os direitos e deveres das pessoas, e a sua relação com a lei, dependiam da posição ocupada na ordem social. Modificar tal posição seria perturbar a unidade orgânica da sociedade. E ninguém, nem mesmo os servos, devia ser privado dos direitos tradicionais associados à sua condição".(349)

Na Idade Moderna, com a concentração do poder no monarca, criados os Estados Nacionais, que se fortaleciam com os impostos cobrados dos súditos, passou-se para uma fase de franco desenvolvimento e expansão do comércio e a substituição das formas feudais existentes até então na economia pelo capitalismo.

Luís de Sousa, embora tenha esclarecido que a corrupção é milenar com a sua inscrição em "textos sagrados" e "códigos de antigas civilizações", registra que é com os Estados Modernos que ela se alastra e se expande, adquirindo o formato como a conhecemos nos tempos atuais.(350)

O autor, referindo-se à corrupção, diz que "é com a criação do Estado Moderno que o problema da corrupção assume sua conotação e preocupação atuais. A delegação de poderes do príncipe criou espaço para captação de rendas ilícitas por parte daqueles que eram designados a tomar conta da fazenda ou aplicar as leis. O monopólio de poder associado à discricionariedade na interpretação das leis e à falta de controle e de garantias colocava os mandarins numa posição privilegiada em relação aos súbditos e abria assim espaço à negociação das normas a aplicar".(351)

---

(348) *Bíblia Sagrada*. Coordenação geral e tradução: Ludovico Garmus. São Paulo: Folha de São Paulo, 2010. p. 675.

(349) PERRY, Marvin. *Civilização ocidental:* uma história concisa. Tradução: Waltensir Dutra, Silvana Vieira. 4. ed. São Paulo: WMF Martins Fontes, 2015. p. 163.

(350) SOUSA, Luís de. *Corrupção*. Lisboa: Relógio D'Água, 2011. p. 13.

(351) SOUSA, Luís de, *op. cit., loc. cit.*

Luís de Sousa explica que, do ponto de vista operacional, o processo de corrupção se dava de forma que o súdito, "por ambição ou necessidade", tentava a obtenção de "uma vantagem" ou "favor do príncipe". Para tanto, oferecia ao "representante da ordem dádivas ou dinheiro", sendo que este aproveitava para tratar de forma discricionária a decisão a ser adotada.(352)

Segundo o autor, o que ficava obscuro nessa troca é que o príncipe não tinha conhecimento desse processo, o que poderia comprometer a sua imagem. Arremata dizendo que "a corrupção surge assim como uma violação de autoridade delegada e, portanto, um comportamento reprovável, não apenas pelo outorgante, que teme a perda de poder sobre as populações, mas também por parte daqueles súbditos que, abdicando desse tipo de influência ou não tendo à disposição os meios para a praticarem, condenam o acesso diferenciado às graças do príncipe".(353)

Na chamada Idade Contemporânea, posterior às Revoluções Inglesa, Norte-Americana e Francesa, há, de forma geral, uma associação da corrupção ao poder, à forma patológica de seu exercício, na confusão do público com o privado, no financiamento do sistema político quando se procura tirar proveito do exercício de uma função pública.

Esse seria atualmente o caso clássico de manifestação da corrupção, mas ela também surge em outros campos, inclusive na iniciativa privada, exigindo que sejam adotadas medidas preventivas a fim de que não existam elementos facilitadores para a sua configuração.

Também se torna necessária nos dias de hoje, como desdobramento do que se disse no parágrafo anterior, a criação de instrumentos de controle naqueles campos em que há um risco maior da corrupção se desenvolver e até mesmo com a utilização de mecanismos preventivos.

A corrupção no Brasil data da época de seu descobrimento e se alastrou no período das Capitanias Hereditárias exatamente pela ausência de qualquer controle e pelo ambiente de exploração em relação ao Novo Mundo. Em período posterior, que ocupa papel de destaque na nossa história, tem-se também a exploração realizada pela Coroa Portuguesa, com a exigência de pagamento de pesados tributos para fazer face aos seus gastos.

A corrupção, em termos de Brasil, como de resto no mundo, afeta direitos básicos da população, como saneamento, saúde, educação, segurança, em benefício de setores que se locupletam do Estado, além de representar ofensa à Constituição da República na medida em que não promovem melhorias para a sociedade como um todo e contribuem para a injustiça social e a nefasta, perversa e injusta distribuição de renda.

---

(352) SOUSA, Luís de, *op. cit.*, p. 14.

(353) SOUSA, Luís de, *op. cit.*, *loc. cit.*

Os recursos, regra geral, não obtidos de orçamentos públicos, ficando mais evidente o assalto a órgãos públicos em períodos eleitorais, no financiamento abusivo de campanhas políticas, com transferência irregular de valores.

Em termos estatísticos, sobressai a informação de que o Brasil perde de 1 a 4% do PIB com a corrupção, em cada ano, o que corresponde a um valor superior a 30 bilhões de reais. Essa pode ser tida como a corrupção oficial, mas há também práticas pouco recomendáveis de expressão dessa corrupção nas formas indevidas de obter privilégios que, embora revestidas de legalidade, contrariam princípios éticos e republicanos.

2. Corrupção: Conceito. Modalidades

2.1. Conceito

De acordo com o Dicionário Caldas Aulete, corrupção é a ação de produzir putrefação, tendo o mesmo significado de depravação, perversão, desmoralização, suborno, prevaricação. O termo hoje está associado à política e ao desvio de finalidade no exercício da função pública.(354)

De um ponto de vista jurídico, em perspectiva mais específica, corrupção deriva do latim "*corruptio*", de corromper, possuir etimologicamente o sentido de ação de depravar, de destruir ou adulterar. Se se mostra com ação culposa, ou seja, com o ânimo ou intenção dolosa, constitui tipo legal previsto como crime qualificado.(355)

Extrai-se, ainda, do mesmo dicionário jurídico que a corrupção pode ser ativa e passiva. No primeiro caso, determinada pessoa oferece alguma vantagem a funcionário público para que este retarde, pratique ou omita ato que deva praticar de ofício. Em outras palavras, quando a parte interessada na prática do ato suborna o funcionário público para obter vantagens.(356)

Na corrupção passiva é o funcionário quem solicita vantagem indevida para si ou para outrem desde que tenha vinculação com a função por ele exercida.

Para o professor Fernando Filgueiras, a corrupção é um contraponto da ordem, comparada como mundo físico e, de acordo com uma leitura da obra de Aristóteles, acredita que o que era terreno, assim como os seres humanos e as suas instituições, estaria sujeito à corrupção.

Segundo o referido professor, não há como obstruir ou se distanciar a corrupção da ordem, entendendo que, imbuída de sentido transversal, tem uma acentuada evidência no

---

(354) *Dicionário Caldas Aulete*. Rio de Janeiro: Delta S.A., 1987. p. 462.

(355) SILVA, Oscar Joseph de Plácido. *Vocabulário jurídico*. Rio de Janeiro: Forense, 1991. p. 575.

(356) SILVA, De Plácido, *op. cit., loc. cit.*

campo da política. Chega a dizer que se trata de um "fato da política" tal o seu entrelaçamento com as questões que têm essa natureza.(357)

A corrupção é atemporal e atinge todos os povos com inúmeros significados, podendo se configurar, portanto, no setor público e no setor privado, em países mais ou menos desenvolvidos, tendo denominações que são alteradas nos vários países com negável sentido negativo.

Luís de Sousa esclarece que a corrupção não deixa de ser um problema mundial, presente em todas as nações e "em diferentes períodos da história da humanidade".(358)

Além de dizer que somos surpreendidos pelas mais variadas formas de corrupção que desafiam a imaginação, esclarece que "a corrupção não tem fronteiras. Não se trata de um fenômeno circunscrito a um tipo de cultura ou grau de desenvolvimento. É uma realidade transcultural. Prova disso são as inúmeras expressões idiomáticas que definem este tipo de conduta: a prática de suborno é comumente designada por "luvas" (Portugal), "propina" (Brasil), "gasosa" (Angola), "refresco" (Moçambique), *kickback* (Reino Unido), "*tangente/ bustarella*" (Itália), "*backchick / pot de vin / dessous de table*" (França). Quanto mais enraizada a prática estiver na cultura de um país, mais fértil tende a ser a sua definição social". (359)

Nunca é demais dizer que a corrupção, na democracia, contraria os seus valores e princípios mais caros, que servem de estruturação do Estado Democrático de Direito, fundamento do Princípio Anticorrupção. Assim é que comete atentado à dignidade da pessoa humana (entendida aí a sociedade, de forma coletiva e individual), à solidariedade, igualdade, transparência e ética, enfim, todos esses aspectos que são estruturantes do regime democrático.

Nesse mesmo sentido, chamando a atenção para os aspectos relacionados com a corrupção no seio de um Estado Democrático de Direito, Canotilho aponta os aspectos erosivos da corrupção em relação à democracia, acrescentando que é uma forma de impedir a plenitude de um Estado Democrático, porquanto contraria todos os seus fundamentos.

Canotilho ensina que "para um cultor do direito público como nós, é também de particular relevância a forma como se entrelaça a corrupção com a erosão da juridicidade e democraticidade do Estado". Como o autor sublinha, "a corrupção está sempre associada ao 'abuso da função pública em benefício privado'. A corrupção é um obstáculo à radicação do Estado de Direito Democrático. Beneficia-se de cumplicidades, cobre-se com a intransparência das atividades públicas e privadas, oculta informações relevantes, joga com o vazio

(357) FILGUEIRAS, Fernando. *Corrupção, democracia e legitimidade.* Belo Horizonte: UFMG, 2008. p. 32-33.

(358) SOUSA, Luís de, *op. cit.*, p. 11.

(359) SOUSA, Luís de, *op. cit., loc. cit.*

de responsabilidades, vive do conúbio entre o econômico e o político. Ultrapassou há muito fronteiras e aproveita o mundo eletrônico".[(360)]

Numa comparação, grosso modo, presente a ideia virtuosa de um Estado Democrático de Direito em que as instituições estejam funcionando, levando em conta os vetores da democracia e os fundamentos republicanos, a corrupção funciona como o lado negativo e deletério, como representativa dos vícios, a fim de que os valores e ideais republicanos tenham uma expressiva nódoa.

2.2. Modalidades

A corrupção atingiu atualmente uma dimensão de tal natureza, com capilaridade em todos os níveis da atividade humana, de forma acentuada na política, que é possível estabelecer algumas perspectivas e tipos para a sua análise.

Luís de Sousa trata de um primeiro aspecto da corrupção que é o seu sentido de troca, que não se realiza às claras, em que se tem por base um objeto ilícito, porquanto prejudicial para todos os demais interessados no tema e à própria sociedade.

Nesse sentido, o autor diz que "do ponto de vista transactivo, a corrupção é um 'pacto' oculto que implica uma troca, da qual resulta, por um lado, um acesso privilegiado, um favorecimento ou uma venda de decisões (a que se tem ou não direito) e, por outro lado, uma contrapartida ou benefício impróprio e intencional, imediato ou prolongado, real ou simbólico, pecuniário ou não pecuniário para as partes contratantes ou para terceiros".[(361)]

O autor citado no parágrafo anterior encara a corrupção também de um ponto de vista normativo na medida em que a considera como forma de infração legal e não só desse ponto de vista, mas também como infração social, cultural e ética, muito mais do que um mero comportamento infrator do ordenamento jurídico.

Desse modo, esclarece a sua posição, dizendo que "do ponto de vista normativo, a corrupção consiste numa prática ou comportamento desviante, que implica uma violação de regras legais/formais expressas nas leis, nos códigos penais e deontológicos, nos procedimentos administrativos etc., e de expectativas ou normas culturais/sociais que regem o exercício de um cargo de autoridade delegada, num determinado contexto social e temporal".[(362)]

Ainda na perspectiva da corrupção como infração criminal, Luís de Souza afirma que é uma ação sujeita à atuação repressiva. Aponta como bens jurídicos lesados aqueles que se referem à transparência e eticidade na condução dos negócios públicos, fazendo referência expressa à situação portuguesa.

---

(360) CANOTILHO, José Joaquim Gomes. Pequena nótula de apresentação. In: LOPES, José Mouraz. *O espectro da corrupção*. Coimbra: Almedina, 2011. p. 7-9, p. 9.

(361) SOUSA, Luís de, *op. cit.*, p. 17.

(362) SOUSA, Luís de, *op. cit.*, p. 17-18.

O autor diz que "do ponto de vista criminal, trata-se de um comportamento voluntário que lesa um bem tutelado pelo Direito, portanto, passível de uma pena repressiva (prisão, multa, perda de mandato, inelegibilidade, exclusão de atuação em mercados públicos etc.) aplicável aos infratores mediante um processo judicial. Quais os bens jurídicos que estão em jogo: normas (bens jurídicos macrossociais) ou patrimônio (bens jurídicos individuais)? De um modo geral, os bens jurídicos lesados são a transparência e legalidade dos processos, a igualdade de acesso, a concorrência leal, a justa redistribuição de riqueza etc. Ao contrário dos bens jurídicos individuais, mais facilmente identificáveis e protegidos, os bens jurídicos macrossociais são de natureza abstrata, de difícil identificação, e menos protegidos na tradição jurídica portuguesa".[363]

Embora não tenha, no primeiro momento, o objetivo de tratar das várias espécies de corrupção e crimes correlatos, José Mouraz Lopes aponta as várias modalidades de que a corrupção se reveste, bem como os tipos penais com os quais guarda relação. Afirma que "não se propõe estudo dogmático sobre os vários tipos de crimes que abrangem a corrupção nos ordenamentos jurídicos, tais como corrupção ativa, passiva, pública ou privada, nacional ou internacional, ou mesmo a análise de tipos criminais conexos, como o crime de tráfico de influências, o peculato, o abuso de poder, o recebimento indevido de vantagens por parte de titulares de cargos políticos ou atos de cargos públicos ou o recentíssimo crime de violação de regras urbanísticas".[364]

O autor avança um pouco mais para fazer referência aos tentáculos da corrupção que extravasam a esfera eminentemente criminal para atuar na arena política, em que são adotados os mesmos mecanismos de prática condenável, tais como as ausências de transparência e de eticidade nas iniciativas adotadas.

Assim é que reconhece um "transvase" da corrupção, ao dizer que "trata-se, antes, de refletir sobre o que parece ser um 'transvase' da corrupção de um domínio puramente criminal para uma perspectiva jurídico-política mais ampla, cujo denominador comum é a falta de transparência, a manipulação das regras, a omissão de procedimentos, a ausência de imparcialidade dos intervenientes nos processos de decisão. Fenômenos que, pondo em causa a autonomia intencional dos Estados, consubstanciam distorções gravíssimas dos princípios da condução responsável dos assuntos de Estado e mesmo, no caso de corrupção privada, do sistema concorrencial subjacente a uma economia de matriz neoliberal".[365]

O autor deixa claro que os desdobramentos da corrupção não se contêm nos domínios jurídico-penal, ganhando desdobramento nas esferas política e social em que passa a ser objeto de combate e estudo, porquanto é uma seara em que se desenvolve e ganha musculatura.

---

(363) SOUSA, Luís de, *op. cit.*, p. 19.

(364) LOPES, José Mouraz. *O espectro da corrupção*. Coimbra: Almedina, 2011. p. 11-12.

(365) LOPES, José Mouraz, *op. cit.*, p. 12.

Esclarece, então, que "constata-se um 'transvase' da matéria da corrupção para domínios que vão muito além do domínio jurídico-penal que, como se sabe, assume sempre a forma de '*ultima ratio*' no âmbito das políticas de 'repressão' dos fenômenos e ações indevidas".(366)

Acrescenta que "nos domínios dos estudos políticos, econômicos, criminológicos e sociológicos a corrupção é atualmente objeto de análise e estudo aprofundado como patologia social e questão essencial de cidadania, sobre a qual devem incidir respostas de vária natureza, tanto do ponto de vista preventivo como repressivo".(367)

Na análise, ainda, do conceito de "transvase", o autor ensina que é exatamente a migração da corrupção para o terreno político, onde adquire múltiplas dimensões e se expande como elemento corrosivo das ações governamentais. Registra que se trata de um tipo de crime que passa dos estudos da criminologia para uma esfera de atuação macro, influenciando inclusive a boa governabilidade.

Nesse sentido é a forma assertiva colocada por José Mouraz Lopes de que "a afirmação do 'transvase' decorre, assim da constatação que é hoje verificada em relação ao fenômeno da corrupção como patologia grave do sistema político, que emerge sob múltiplas formas e funciona como elemento corrosivo dos próprios órgãos governativos e das demais instituições públicas".(368)

Afirma que "são inúmeras as referências a este 'transvase' do fenômeno corrupção que, de um tipo de crime específico parece divergir para um conteúdo jurídico político, relativamente indefinido, mas inequivocamente ligado a patologias que põem em causa a boa governança".(369)

Essa voracidade da corrupção para atuar sobre outros domínios justifica o seu tratamento em nível internacional, porquanto se adquiriu a consciência de sua atuação sem limites, em todos os campos da vida pública e privada dos mais variados povos.

Cabe, nesse passo, citar novamente José Mouraz Lopez quando esclarece que "a expansão extraterritorial dos fenômenos da corrupção e a globalização dos comportamentos corruptivos levou à internacionalização do tipo criminal corrupção, nas suas variadas tipificações, no sentido de se procurar encontrar uma matriz comum que permitisse o funcionamento mínimo dos sistemas formais de controle nos vários países".(370)

---

(366) LOPES, José Mouraz, *op. cit.*, p. 28.

(367) LOPES, José Mouraz, *op. cit.*, *loc. cit.*

(368) LOPES, José Mouraz, *op. cit.*, p. 32.

(369) LOPES, José Mouraz, *op. cit.*, *loc. cit.*

(370) LOPES, José Mouraz, *op. cit.*, p. 40.

Desse modo, inspirado na doutrina supra, chegou-se a imaginar padrões mínimos de atuação que pudessem servir de proteção contra a atuação da corrupção em nível global, com uma normatização que vinculasse os diversos Estados. Como se trata de uma ação em nível mundial que não observa as fronteiras e soberanias, o ideal é que a resistência à sua atuação se fizesse também em nível internacional. Neste sentido, consoante o autor mencionado, tem-se a aprovação de Convenções Internacionais e Regionais com a ideia de enfrentamento da corrupção em nível global.

3. Princípio Anticorrupção. Ordenamento jurídico brasileiro

O Princípio Anticorrupção surge da necessidade de se fazer face a este verdadeiro tsunami representado pela corrupção, o que só será possível na medida em que se dê relevância normativa a esse meio de combate da chaga social e institucional representada por ela. Antes, todavia, de fazer alusão ao chamado Princípio da Anticorrupção, torna-se necessário fazer alusão aos seus fundamentos de natureza ética e filosófica.

Não se pode tratar desse tema sem ter presente que a ética deve ser um vetor indispensável nas ações humanas e, especialmente, naquelas que envolvem a sua condição de cidadão como partícipe da polis em seu sentido mais amplo, como aquele também que tem participação mais ou menos intensa nos destinos da sociedade.

Nesse ponto, torna-se necessária a referência a artigo do Padre Henrique Vaz que trata com maestria do tema da ética na sua relação e importância para a política e o direito, deixando evidenciado que sem ela os dois outros domínios da atuação humana perdem toda a sua consistência e razão.

Cabe, então, retratar as lições do referido teólogo que ensina: "Assim como estão teoricamente articulados como ciência, a Ética, a Política e o Direito estão, como projetos pedagógicos, em vital interdependência de sorte a se poder afirmar que sem educação ética não há autêntica participação política, assim como é essa participação que capacita o cidadão a assumir com plena consciência a recíproca relação entre direitos e deveres na qual consiste propriamente a existência na esfera do direito".(371)

Em reforço ao que foi asseverado anteriormente, o teólogo acrescenta: "... convém voltar nossa atenção e nossa reflexão para a tarefa primordial da educação ética que é a verdadeira educação para liberdade. O mundo ético não é uma dádiva da natureza. É uma dura conquista da civilização. Como também tem sido uma conquista longa e difícil o estabelecimento do Estado Democrático de Direito. Trata-se de conquistas permanentes,

---

(371) VAZ, Henrique Cláudio de Lima. Ética e justiça: filosofia do agir humano. In: PINHEIRO, José Ernane *et al.* (Orgs.). *Ética, justiça e direito*: reflexões sobre a Reforma do Judiciário. Petrópolis: Vozes, 1996. p. 19-40, p. 39.

sempre recomeçadas e sempre ameaçadas pela queda no amoralismo, no despotismo e na anomia".[(372)]

Como restou mencionado nos parágrafos anteriores, a ética deve ser o substrato para atuação cidadã no campo da política e do direito, sem o que ambos se esvaziam e deixam de construir um verdadeiro Estado Democrático de Direito, sempre assaltado por amoralismo, com pretensões de sua destruição e fragilização.

Desse modo, quando se pensa no Princípio Anticorrupção, como referência e vetor das ações humanas, deve-se ter presente que deve servir de anteparo, tanto preventivo como corretivo, para aquelas atitudes que constituem um desvio do ponto de vista comportamental, tanto social como individual.

Como se trata de um mal que se alastra em todos os campos da atuação humana, de forma transversal, em relação às atividades exercidas, países e no tempo, o seu combate também deve se caracterizar pela universalização em que, como já foi dito neste trabalho, as diferentes nações busquem uma forma padronizada e efetiva de seu combate na perspectiva de uma maior colaboração.

Impõe-se, neste particular, a edição de documentos e protocolos internacionais que busquem uma atuação conjunta e eficaz de tal forma que o combate à corrupção represente uma ação concertada, em que aquele que praticou atos de corrupção não esteja a salvo em outros países.

Mais do que isso, no entanto, é criar uma cultura preventiva de combate a atos de corrupção, sensibilizando as mais variadas populações para realizarem um cerco e vigilância constantes em relação àqueles que se aproveitam, em última análise e de forma geral, do dinheiro público.

Em termos internos, em relação a cada país, deve imperar uma visão republicana no sentido da atuação ética na condução das questões públicas com a utilização dos fundamentos da transparência e moralidade sempre a bem do interesse público.

Muito mais do que um Estado de Direito, pretende-se que exista um Estado Constitucional em que as matérias de alta relevância tenham, em seu bojo, um tratamento privilegiado em socorro à legislação infraconstitucional, muitas vezes inoperante e obsoleta para fazer face a temas de elevada complexidade e extensão.

Canotilho refere-se a um Estado Constitucional Democrático, deixando evidenciado o papel relevante desempenhado pela Constituição como consolidação de uma organização política voltada para a concretização da democracia.

---

(372) VAZ, Henrique Cláudio de Lima, *op. cit.*, p. 40.

O constitucionalista português ensina que: "O Estado Constitucional é mais do que o Estado de Direito. O elemento democrático não foi apenas para 'travar' o poder (*to check the power*); foi também reclamado pela necessidade de legitimação do mesmo poder (*to legitimize state/power*). Acrescenta que: "Assim, o princípio da soberania popular concretizado segundo procedimentos juridicamente regulados serve de 'charneira' entre o 'Estado de Direito' e o 'Estado Democrático' possibilitando a compreensão da moderna fórmula do Estado de Direito Democrático. Alguns autores avançam mesmo na ideia de democracia como valor (e não apenas como processo), irreversivelmente estruturante de uma ordem constitucional democrática".(373)

De acordo com essa concepção do Estado Democrático de Direito como um Estado Constitucional, em que impera a Constituição como garantia da democracia, o Princípio Anticorrupção deve ser considerado como existente, ainda que não de forma expressa, em face da principiologia constitucional.

No caso brasileiro, em que se têm os fundamentos da República Federativa do Brasil explicitados no art. 1º, resta patente que funcionam, em seu conjunto, como verdadeiro Princípio Anticorrupção, em especial com a referência expressa à cidadania, que pressupõe a retidão do homem em sua atuação política. Como se não bastassem tais indicativos da assunção de um verdadeiro Princípio Anticorrupção, têm-se os objetivos fundamentais da República Federativa do Brasil, em que há expressa referência à construção de uma sociedade livre, justa e solidária (art. 3º, I).

Nas suas relações internacionais, a Constituição da República Brasileira faz referência a um aspecto que diz respeito diretamente ao combate à corrupção, com a adoção de um verdadeiro Princípio Anticorrupção, que é a previsão da cooperação entre os povos para o progresso da humanidade (art. 4º), entendido de um ponto de vista ético e não apenas material.

Tudo isso sinalizando para a existência de uma normatividade constitucional de absoluto repúdio à corrupção ou contrária às inúmeras formas de atuação que se desviem do chamado Estatuto Constitucional. É quase que uma profissão de fé constitucional ou grito de guerra institucional que traz implícita a ideia de uma postura eminentemente anticorrupção.

Ainda assim, concorda-se com as lições do professor Jônatas Eduardo Mendes Machado em defender a previsão expressa de um Princípio Constitucional Anticorrupção, independente e estruturante na Carta Magna, ao lado de outros princípios de igual envergadura e ombreando com eles. Segundo o festejado professor, o tema é de tal relevância que justifica

---

(373) CANOTILHO, José Joaquim Gomes. *Direito Constitucional e Teoria da Constituição*. Coimbra: Almedina, 2000. p. 100.

o seu tratamento constitucional expresso, exatamente pela dimensão que a corrupção adquire no mundo moderno, comparável com outras chagas como o terrorismo ou o racismo.[(374)]

Como se não bastasse o que foi afirmado anteriormente, cabe fazer referência aos princípios constitucionais da Administração Pública, previstos no art. 37, *caput*, da Constituição da República, que são os princípios da legalidade, impessoalidade, moralidade, publicidade e eficiência. Em todos eles, sem qualquer exceção, tem-se a presença do Princípio Anticorrupção, tanto de forma específica quanto conjugada.

A legalidade é própria da atuação administrativa que deve observar os parâmetros da lei, apenas com iniciativas que têm permissão legal e não encontram vedação na lei. É evidente que qualquer atuação que não esteja nos trilhos da legalidade não será permitida ainda que não chegue ao extremo de um ato de corrupção, mas serve de prevenção contra ela.

A impessoalidade é valor do mais alto significado na Administração Pública, porquanto as ações administrativas devem se guiar dessa forma no âmbito dos poderes públicos, sem beneficiar ou prejudicar quem quer que seja. A impessoalidade impede o favoritismo.

A moralidade, na mesma esteira dos princípios mencionados, também se coloca como contraponto decisivo contra a corrupção e, de acordo com uma interpretação otimista, quase que se iguala a um Princípio Anticorrupção no nosso sistema. A moralidade, não precisaria ser dito, serve como referencial nas ações no serviço público e mesmo na política de uma forma geral.

Finalmente, a publicidade e a eficiência servem como fecho a esse conjunto de princípios/diretrizes da Administração Pública, sendo que a primeira valoriza o item transparência e garante a legitimidade das ações adotadas. Como corolário, a adoção de todos os princípios anteriormente referidos acarreta uma eficiência na gestão da coisa pública, o que também deve prevalecer no âmbito do serviço público.

Celso Antônio Bandeira de Mello disserta sobre os referidos princípios, dizendo que outros também poderiam figurar no elenco constitucional por apresentarem desdobramento dos relacionados no art. 37, *caput*, da Constituição ou por terem com eles íntima conexão.[(375)]

O referido Administrativista, comentando o princípio da moralidade administrativa, que é aquele com maior vinculação com o nosso trabalho, esclarece que "de acordo com ele a Administração e seus agentes têm de atuar na conformidade dos princípios éticos. Violá-los implicará violação ao próprio direito, configurando ilicitude que assujeita a conduta viciada à invalidação, porquanto tal princípio assumiu foros de pauta jurídica, na conformidade do

(374) MACHADO, Jônatas Eduardo Mendes. *Apontamentos de aulas ministradas na Universidade Autónoma de Lisboa* — UAL. Lisboa, 2019-2020.

(375) MELLO, Celso Antônio Bandeira de. *Curso de Direito Administrativo*. São Paulo: Malheiros, 1996. p. 52.

art. 37 da Constituição". Depois de dizer que os princípios da lealdade e boa-fé estão incluídos em seu âmbito, assevera que, "segundo os cânones da lealdade e da boa-fé a Administração haverá de proceder em relação aos administrados com sinceridade e clareza, sendo-lhe interdito qualquer comportamento astucioso, eivado de malícia, produzido de maneira a confundir, dificultar ou minimizar o exercício de direitos por parte dos cidadãos".[376]

Nesse passo tem-se uma aproximação muito grande, quase que uma sinonímia, entre a improbidade administrativa e a corrupção, ambos consubstanciados em atos ilegais, com desonestidade na atuação da agente no exercício de cargo público, que é o diferencial em relação à corrupção que pode ter um espectro maior em sua tipificação.

Outro ponto digno de nota na legislação constitucional diz respeito ao Ministério Público que, no Brasil, tem a previsão de ser função essencial à Justiça, mas tem *status* de verdadeiro poder, tanto em relação à sua independência como instituição como também em relação à atuação de seus membros.

Indiscutivelmente, o Ministério Público ganhou maior visibilidade com a Constituição vigente, a partir de 1988, com a sua condição de defensor do regime democrático e da ordem jurídica. Nesse passo, o Ministério Público atua como defensor da aplicação da Constituição Federal e, por consequência, atua como agente de concretização do Princípio Anticorrupção, porquanto a Constituição já tem uma principiologia, como já mencionada, que referenda a existência e aplicação desse princípio.

Muitas vezes a corrupção, muito mais do que uma ação que se adota quando se chega ao poder, é instrumento para dele se assenhorar, exatamente com o discurso de combate à corrupção. Para tanto, faz-se necessária uma atuação vigilante e de fiscalização por parte do Ministério Público.

Em termos atuais, pode-se dizer, em relação ao parágrafo anterior, que é uma prática utilizada por governantes de convicções democráticas duvidosas, para dizer o mínimo, que são alçados ao poder com a bandeira de combate à corrupção e com pouca adesão ao ideário constitucional que redunda no Princípio Anticorrupção.

Em se tratando o Princípio Anticorrupção de matéria constitucional, na forma explicitada neste trabalho, a sua previsão se espraia pela legislação infraconstitucional, como se vê pela Lei n. 12.846/2013, considerada verdadeira legislação anticorrupção.

A referida Lei n. 12.846, de 1º de agosto de 2013, trata da responsabilização administrativa e civil de pessoas jurídicas pela prática de atos contra a Administração Pública, nacional ou estrangeira. É importante registrar que, embora se refira às pessoas jurídicas, a lei não exclui a responsabilidade individual de seus dirigentes ou administradores ou de quem participe do ato ilícito (art. 3º).

(376) MELLO, Celso Antônio Bandeira de, *op. cit.*, p. 69.

Outro ponto importante da legislação infraconstitucional mencionada é de que a responsabilidade da pessoa jurídica subsiste mesmo nas hipóteses de alteração contratual, transformação, incorporação, fusão ou cisão societária, que é um aspecto importante para evitar fraudes (art. 4º, *caput*).

Outra previsão legal de suma importância, considerando os objetivos da lei em referência, diz respeito ao art. 5º, inciso V, que se refere à ação daquele que visa a dificultar a atividade de investigação e fiscalização em entidades, órgãos ou agentes públicos ou intervir em sua atuação.

A previsão de multas ao lado da responsabilidade na seara penal é ponto que deve ser aplaudido dentro da cruzada corretiva e preventiva para concretização do Princípio Anticorrupção e do combate aos atos corrosivos à Administração.

Cabe, ainda, dizer que a corrupção se manifesta com maior voracidade no serviço público, em especial em períodos eleitorais, mas não se pode deixar de registrar a sua presença no mundo desportivo, na área urbanística e nas parcerias público privadas.

Como forma de combate à corrupção tem papel importante o Judiciário, a mídia e especialmente a sociedade, que será atingida na medida que serviços básicos e essenciais não serão realizados ou ficarão postergados pela ação da corrupção.

Pode-se dizer, à guisa de final, que o Princípio Anticorrupção é fundamental para o combate à corrupção, tendo em vista a dimensão que essa última adquiriu, registrando-se que a sua tipificação na área criminal não é suficiente para o seu combate e prevenção. Como deita tentáculos sobre todo o sistema político, social, econômico e jurídico, torna-se fundamental que o Princípio Anticorrupção seja alçado em nível internacional e constitucional.

Muito mais, no entanto, do que a previsão normativa em nível elevado, ou seja, nas Constituições e Tratados Internacionais, é necessária a formação e consolidação de uma cultura de intolerância em relação à corrupção a fim de não permitir que prevaleça a impunidade ou mesmo a desproporção entre o prejuízo causado e a punição sofrida.

O que se exige é que os saberes representados pela Ética, Política e Direito, muito mais que o demonstrativo de uma cultura superior, sejam, na expressão do Pe. Henrique Vaz, na esteira de Aristóteles, "programas pedagógicos que visam a educar o indivíduo e a comunidade para aquilo que o mesmo Aristóteles denominou a vida do bem (eu zên) e que é, em suma, a vida plenamente humana".[377]

(377) VAZ, Henrique Cláudio de Lima, *op. cit.*, p. 39.

Considerações finais

A corrupção encontra-se presente em toda a história, pois desde a Antiguidade Clássica se fez presente no mundo greco-romano no que se referia à cobrança de tributos por parte da incipiente organização estatal.

A presença da corrupção é mencionada até mesmo nos Antigo e Novo Testamentos, quando Jesus condena a utilização do templo como mercado e não como casa de oração. Tal procedimento de exploração estende-se por toda a Idade Média na relação de submissão do vassalo em relação ao suserano.

Na Idade Moderna, a corrupção ganha traços e formato como a conhecemos atualmente em que, nos Estados Nacionais, o funcionário, em nome do monarca, aproveitava-se dessa situação para auferir valores com promessas de vantagens aos súditos, utilizando-se do nome e da autoridade do príncipe.

No Brasil, desde o descobrimento e ao longo de sua história, a corrupção proliferou não só pela ação da elite local como também pela atuação da Coroa Portuguesa, impondo pesados tributos à população. Na atualidade, a corrupção ganhou proporções geométricas, afetando a utilização de verbas em políticas de saneamento básico, educação e saúde para a população carente, estimulando a injusta distribuição de renda.

A corrupção alastra-se por todos os Estados, nas mais variadas épocas, tratando-se de fenômeno atemporal, corroendo as bases sobre as quais se sustenta o Estado Democrático de Direito que, no seu conjunto, dá ensejo à formação do Princípio Anticorrupção.

A corrupção caracteriza-se, portanto, por este aspecto deletério e de putrefação das ações que contaminam as instituições não só no campo público, mas também no âmbito privado, sendo que este último acaba por estabelecer conexões e formas de corrupção da Administração Pública.

Em face dessa expansão da corrupção, os estudiosos do tema debruçam-se na análise das várias formas que ela adquire e os seus inúmeros sentidos, como a corrupção do ponto de vista transacional, normativo, criminal, público e privado.

Em todos os estudos sobre o tema fica evidenciada a sua extrapolação do domínio meramente criminal para o terreno político nacional e até mesmo internacional, com as formas complexas e sutis que vai adquirindo, exigindo assim um combate bem elaborado e qualificado também nos planos nacional e internacional.

Não se pode negar, portanto, que a ética deve ser o substrato na construção do Princípio Anticorrupção como aspecto a ser irradiado para a política e para o direito, exercendo efeitos pedagógicos no comportamento dos cidadãos.

O Princípio Anticorrupção encontra-se delineado, no caso brasileiro, nos fundamentos da Constituição da República vigente, nos seus objetivos e no intento de cooperação com as demais nações, o que resta evidenciado pelas previsões constitucionais.

O ideal seria, no entanto, como apregoa o professor Jônatas Machado, a sua previsão expressa no ordenamento constitucional para fortalecer o combate à corrupção em seu atual formato complexo e de expansão, ainda que os princípios constitucionais e administrativos constitucionais também reforcem esse combate.

Não obstante, têm-se no Brasil a atuação de um Ministério Público engajado no combate à corrupção e uma legislação infraconstitucional, traduzida pela Lei n. 12.846/2013, como braço auxiliar no desenho institucional do Princípio Anticorrupção.

Pode-se dizer, por fim, que o combate efetivo à corrupção e a criação de um Princípio Anticorrupção eficaz só serão possíveis na medida em que se tiver o enraizamento de uma cultura de intolerância a ela na sociedade, como forma de impedir que atos dessa natureza fiquem a salvo da impunidade ou que não sejam punidos de forma exemplar.

Referências

BÍBLIA SAGRADA. Coordenação geral e tradução: Ludovico Garmus. São Paulo: Folha de S. Paulo, 2010.

CANOTILHO, José Joaquim Gomes. *Direito Constitucional e Teoria da Constituição.* Coimbra: Almedina, 2000.

______. Pequena nótula de apresentação. In: LOPES, José Mouraz. *O espectro da corrupção.* Coimbra: Almedina, 2011. p. 07-09.

DICIONÁRIO CALDAS AULETE. Rio de Janeiro: Delta, 1987.

FILGUEIRAS, Fernando. *Corrupção, democracia e legitimidade.* Belo Horizonte: UFMG, 2008.

LOPES, José Mouraz. *O espectro da corrupção.* Coimbra: Almedina, 2011.

MACHADO, Jônatas Eduardo Mendes. *Apontamentos de aulas ministradas na Universidade Autónoma de Lisboa – UAL.* Lisboa, 2019-2020.

MELLO, Celso Antônio Bandeira de. *Curso de Direito Administrativo.* São Paulo: Malheiros, 1996.

PERRY, Marvin. *Civilização ocidental:* uma história concisa. Tradução: Waltensir Dutra, Silvana Vieira. 4. ed. São Paulo: WMF Martins Fontes, 2015.

SILVA, Oscar Joseph de Plácido. *Vocabulário jurídico.* Rio de Janeiro: Forense, 1991.

SOUSA, Luís de. *Corrupção.* Lisboa: Relógio D'Água, 2011.

VAZ, Henrique Cláudio de Lima. Ética e justiça: filosofia do agir humano. In: PINHEIRO, José Ernane *et al.* (Orgs.). *Ética, justiça e direito:* reflexões sobre a Reforma do Judiciário. Petrópolis: Vozes, 1996. p. 19-40.

Direito e Literatura

"A linguagem e a vida são uma coisa só. Quem não fizer do idioma o espelho de sua personalidade não vive."

João Guimarães Rosa

Introdução

No estudo do Direito e Literatura, especialmente na relação estabelecida entre eles, deve-se ter presente, inicialmente, o significado de cada um, representando a literatura uma visão de mundo ou criação de mundo fundada ou não na realidade, mas distanciando-se, necessariamente, de uma perspectiva de senso comum. O Direito, por sua vez, sem incorrer no risco de qualquer definição que possa parecer superficial ou incompleta de um ponto de vista epistemológico, tem subjacente a ele o pragmatismo e a objetividade.

O desafio é conciliar esses dois universos da criação humana porque ambos têm as suas especificidades, mas têm também pontos em comum, devendo ser buscada a sua intersecção, que deverá ser reconhecida e aprofundada.

Nos dois universos mencionados, a palavra adquire especial relevância, como narrativa do ponto de vista jurídico e literário, não perdendo a centralidade. No universo jurídico é a narrativa que serve para o conhecimento do objeto da controvérsia enquanto na literatura é a forma pela qual se procura entender a mensagem contida nos textos literários. A palavra, aliás, tem centralidade em inúmeros campos do conhecimento, a exemplo da psicologia e da história, como também na religião, em que serve para alimentar a fé.

Outro ponto que aproxima e serve de entrelaçamento do Direito e da Literatura é que ambos têm vinculação intrínseca com a natureza humana no sentido de que são criações humanas e culturais, traduzindo-se o acesso a eles como direito humano e fundamental. O acesso à cultura de uma maneira geral (cinema, literatura, música e direito) deve ser incentivado como forma de realização plena da condição humana.

Ressaltados os aspectos comuns, cabe dizer que inúmeras obras literárias tratam de temas jurídicos, de forma direta ou indireta, em que há influência do direito ou que influencia o direito.

Nesse aspecto devem ser mencionados *O processo*, de Franz Kafka, *Os miseráveis*, de

Victor-Marie Hugo e o *Grande sertão: Veredas*, de João Guimarães Rosa, entre outros, que fazem referência a temas jurídicos, tratando, respectivamente, da burocracia estatal e jurídica, da legalidade em confronto com a justiça e do costume como fonte do direito, sobrepondo-se à própria lei.

O objetivo desse trabalho é exemplificar as várias hipóteses de intersecção do direito com a literatura, tendo como marco teórico e fundamento a obra de José Calvo González, *El Escudo de Perseo, La Cultura Literaria del Derecho – Estudos Interdisciplinares*, em especial no Estudo da Intersecção Estrutural e Institucional do Direito e da Literatura.

1. Intersecção estrutural

Na intersecção estrutural, o texto de José Calvo González, utilizado como marco teórico desse trabalho, faz referência ao direito como literatura e não o direito na literatura, explicitando que supera essa última hipótese, não se contentando como o método exegético de interpretação(378). Não se trata o direito como literatura, como alude o referido autor, de uma relação instrumental, mas sobretudo de paralelismo, "de simetria entre textos jurídicos e criações literárias".(379)

Rigorosamente o que se tem, como dado empírico, é o tratamento conjunto do direito e da literatura, similar a uma troca em que os virtuosismos de cada um desses ramos do conhecimento são observados para o seu maior aprofundamento.

José Calvo González cita Benjamin Nathan Cardozo que preconiza um diálogo necessário entre literatura e direito, à semelhança do chamado diálogo das fontes, intensamente defendido pela doutrina como forma de melhor compreender os institutos jurídicos.(380)

Também cita Dworkin que defende a narrativa por mais de um jurista, uma espécie de romance em cadeia, que permitiria uma melhor compreensão da narrativa. Dworkin sustenta que enquanto uma obra literária deve ser examinada na perspectiva estética de uma verdadeira obra de arte, na perspectiva jurídica, que tem por função resolver as disputas, deve prevalecer a busca da justiça com o que se deve ter de melhor no campo jurídico.(381)

Joana Aguiar e Silva esclarece que os autores que hoje se debruçam sobre o tema do Direito e Literatura têm uma tendência em adotar a classificação do direito na literatura e direito como literatura. Especificamente sobre o direito como literatura, sustenta que são

---

(378) GONZÁLEZ, José Calvo. *El Escudo de Perseo, La Cultura Literaria del Derecho:* estudos interdisciplinares. Granada: Editorial Comares S.L., 2013, p. 308.

(379) GONZÁLES, José Calvo, *op. cit., loc. cit.*

(380) GONZÁLEZ, José Calvo, *op. cit., loc. cit.*

(381) GONZÁLEZ, José Calvo, *op. cit.*, p. 309.

"textos jurídicos enquanto textos passíveis de análises literárias..."(382)

A autora supramencionada, ainda esclarecendo sobre o tema, anota que ambos, direito e literatura, lidam "... de forma e propósitos diferentes, com relações humanas, valores morais, exigindo ambos um apurado conhecimento da natureza humana".(383)

O segundo pondo de convergência, apontado pela referida autora, é que ambos se servem "do mesmo meio de comunicação — as palavras, estando assim, tanto o jurista como qualquer actor da atividade literária, envolvidos necessariamente na interpretação de textos...".(384)

Em consequência do que foi afirmado pelos autores anteriormente mencionados, o direito e a literatura encontram-se na mesma situação ou, em outras palavras, no mesmo nível de tratamento, ressaltando a identidade de objetos sobre os quais eles recaem (a natureza humana, seus valores morais) e a palavra como ferramenta para tratar das mais variadas questões.

A complexidade da natureza humana exige muito mais do que uma singela valoração, sendo necessária a instrumentalização do conjunto de valores morais para a sua integral compreensão. A palavra, por outro lado, como dito na Introdução deste trabalho, é a ferramenta em relação à qual se utilizam o direito e a literatura na abordagem dos temas tratados, ressaltando que a interpretação dos discursos jurídicos e literários é determinante para identidade das respectivas narrativas.

Nesse passo, tratando da interpretação dos textos, Habermas defende uma interpretação intersubjetiva, referindo-se, inicialmente, ao Imperativo Categórico e à necessidade do diálogo para um melhor entendimento e adoção de uma consciência histórica.

Referindo-se ao pluralismo cultural, Habermas esclarece que "o mundo se revela e é interpretado de modo diferente segundo perspectivas de indivíduos e grupos...". Arremata, dizendo que a interpretação se reveste de um pluralismo que "afeta a visão de mundo e a autocompreensão, bem como a percepção dos valores e dos interesses de pessoas cuja história individual tem suas raízes em determinadas tradições e forma de vida e é por elas moldadas".(385)

Outra ideia do autor, José Calvo González, no desdobramento do paralelismo já referido, diz respeito ao direito segundo a literatura, com uma classificação diversa do ponto de vista da estética, ou seja, a opinião judicial e a arte literária e, especialmente, em torno do

(382) SILVA, Joana Aguiar e. *A prática judiciária entre direito e literatura*. Lisboa: Livraria Almedina, 2001, p. 73.

(383) SILVA, Joana Aguiar e, *op. cit.*, *loc. cit.*

(384) SILVA, Joana Aguiar e, *op. cit.*, *loc. cit.*

(385) HABERMAS, Jürgen. *A ética da discussão e a questão da verdade*. Organização e introdução de Patrick Savidan; tradução Marcelo Brandão Cipolla. 4. ed. São Paulo: WMF Martins Fontes, 2018. p. 08, 09.

estilo de redação das sentenças com a utilização da analogia.[386]

Nesse ponto é necessário averiguar, nas inúmeras obras literárias, o tratamento dado ao direito e as narrativas que trazem um ingrediente jurídico no tratamento dos mais variados ramos e institutos jurídicos.

A título de exemplo, tem-se "*O processo*", de Franz Kafka, que trata do absurdo em que se encontra o personagem ao ser denunciado de algo que se torna inacessível para ele. Em outras palavras, ele procura entender o que está acontecendo e, cada vez mais, a sua situação se torna mais complicada e menos esclarecida.

A história contida no livro não deixa de ser uma denúncia à burocratização excessiva, ao desamparo do cidadão e ao próprio funcionamento da justiça, pois o cidadão não entende como uma instituição, que deveria estar a seu serviço, volta-se contra ele sem permitir que se defenda.

A rigor, pode-se dizer que é um libelo contra a forma distorcida do devido processo legal, que é colocado em dúvida e, mais do que isso, a estória é uma crítica substancial ao funcionamento do Judiciário na prática, ou seja, ele se apresenta como uma burocracia emperrada, consagrando exatamente por isso situações de verdadeira injustiça.

Entre as várias questões tratadas no livro "*Os miseráveis*", de Victor Hugo, no tocante à questão social, envolvendo a situação de miserabilidade de grande parte da população, bem como as mazelas de ordem moral da época, ressai a desproporção entre o crime cometido e a pena atribuída ao principal personagem da estória.

O simples furto de um pedaço de pão e a condenação a cinco anos de galés (prisão) demonstram a distância entre a legalidade e a justiça pela desproporção do ato praticado e a pena recebida, o que se traduz em verdadeira ausência de justiça, em especial tratando-se de furto famélico, que tem como vetor o princípio da insignificância.

Nas obras mencionadas, a literatura trata de temas bem caros ao direito, quais sejam, o devido processo legal, que se eleva à condição de princípio matriz ou ideia-força na principiologia das mais diversas Constituições e nas Cartas de Direitos Humanos, bem como o contraponto entre a legalidade e a justiça, essa como valor último e verdadeiro substrato do direito.

No primeiro livro mencionado, a necessidade de respeito ao devido processo legal chama mais atenção do que a sua previsão nos ordenamentos jurídicos, em razão do impacto da obra na consciência universal no que se refere à importância de se observar o referido princípio, até mesmo como instrumento para impedir a consagração de injustiças.

A questão da relação legalidade e justiça é um debate permanente em que se procura

(386) GONZÁLES, José Calvo, *op. cit.*, p. 309.

afastar a legalidade obtusa e inconsequente em nome da concretização de um valor transcendental representado pela justiça.

Ambos os temas literários têm implicação direta com o direito, procurando, em última análise, questionar o próprio significado do direito como instrumento de realização da justiça que, em muitos aspectos, distancia-se dela em nome de uma insana burocracia e em razão de uma interpretação literal e desqualificada do texto jurídico.

Em seguida, ainda na temática deste título, o autor trata da interpretação do texto, da relação do texto e o leitor com a proposta de "morte do autor/legislador" e a ressurreição das "comunidades interpretativas" na direção do direito na literatura.(387)

Nesse ponto, adquirem importância as narrativas tanto na literatura quanto no direito e a relação entre direito e literatura a partir das narrativas e da sua interpretação.

Walter Benjamin, no livro "*Escritos sobre mito e linguagem*", sustenta que "toda comunicação de conteúdo espiritual é língua, linguagem", acrescentando que a comunicação através das palavras é um caso particular de comunicação, que é a comunicação humana.

A comunicação humana, na obra do autor mencionado, tem por fundamento a palavra e, se fundando "sobre ela", tem-se, por exemplo, "a jurisprudência e a poesia".(388)

O autor distingue a essência espiritual da essência linguística, dizendo que essa última é que procede à comunicação de determinado objeto, na nomeação das coisas pelo homem, e é nesse ato de nomeação que a comunicação é realizada. É isso, segundo o autor, que diferencia os homens, porquanto têm a capacidade de nomear as coisas, de proceder a uma comunicação linguística.(389)

Depois de fazer um paralelo com a linguagem divina e do primeiro julgamento (o de Adão e Eva) de que se tem notícia e é bíblico, o autor refere-se a uma linguagem existente na escultura, na pintura e na poesia. E, mais adiante, conclui que a "linguagem nunca é a comunicação do comunicável, mas é, ao mesmo tempo, símbolo do não comunicável".(390)

Assim, a linguagem tem a palavra como uma de suas formas de comunicação, que não é a única, mas também a simbologia que é uma forma eficaz de comunicação, entendendo-se ao próprio julgamento, restando presente o denominador comum, neste caso, entre o direito e a literatura porquanto ferramenta de ambos.

---

(387) GONZÁLEZ, José Calvo, *op. cit.*, p. 309, 310.

(388) BENJAMIN, Walter. *Escritos sobre mito e linguagem*. Organização, apresentação e notas de Jeanne Marie Gagnebin; tradução de Susana Kampff Lages e Ernani Chaves. 2. ed. São Paulo: Duas Cidades; Editora 34, 2013. (Coleção Espírito Crítico), p. 50.

(389) BENJAMIN, Walter, *op. cit.*, p. 55-56.

(390) BENJAMIN, Walter, *op. cit.*, p. 72.

Indiscutivelmente que a linguagem ganha relevância, abandonando-se uma visão objetiva e subjetiva de análise do direito, pois é pela linguagem, pelo discurso, que se tem a melhor forma de tratamento da matéria jurídica.

É neste sentido que se posiciona Lenio Luiz Streck ao registrar a invasão da filosofia pela linguagem, que é uma forma revolucionária de compreensão do mundo. O autor afirma que "se no paradigma da metafísica clássica os sentidos estavam nas coisas, e na metafísica moderna na mente (consciência de si do pensamento pensante), nessa verdadeira guinada pós-metafísica os sentidos passam a se dar 'na' e 'pela' linguagem".(391)

Luis Alberto Warat também trata do tema em sua obra "*Direito e sua linguagem*", sustentando que a linguagem, a par de permitir o intercâmbio do conhecimento, serve também como controle desses conhecimentos.

Afirma também que "onde não há rigor linguístico não há ciência. Fazer ciência é traduzir numa linguagem rigorosa os dados do mundo, é elaborar uma linguagem mais rigorosa que a linguagem natural". Mais adiante, em complemento ao raciocínio desenvolvido, afirma que "... a compreensão coerente e sistemática do mundo é obtida através da linguagem".(392)

Para finalizar esse item de seu trabalho, José Calvo González aponta três aspectos a serem considerados, iniciando pelas narrativas dos inúmeros operadores do direito, com verdadeiras tramas que ressaem dos interesses e pontos de vista defendidos em convergência ou mesmo decorrentes de interesses opostos.(393)

No segundo ponto faz referência em se admitir as possibilidades da literatura no direito, reconhecendo a necessidade de analisar o componente narrativo das teorias jurídicas como literatura, do ponto de vista de uma perspectiva estética. Afirma que, como é imperfeita a equivalência entre Direito e Narração, sendo que, no paralelismo entre eles, o direito mantém um ponto de fuga em relação à narrativa, apresentando-se como se assim não fosse (uma narração).(394)

No terceiro aspecto, sem abandonar o âmbito judicial, considera a relação Direito e Narrativa como uma Narrativa Crítica da Lei. Sua explicação encontra apoio na natureza de vários institutos processuais, no raciocínio jurídico, nas decisões judiciais e nos julgamentos dos Tribunais como forma de se construir uma narrativa do direito.

---

(391) STRECK, Lenio Luiz. À guisa de prefácio. In: RAMIRES, Maurício. *Crítica à aplicação de precedentes no Direito Brasileiro*. Porto Alegre: Livraria do Advogado, 2019. p. 11-20, p. 14.

(392) WARAT, Luis Alberto. *O Direito e sua linguagem*. 2. ed. Porto Alegre: Sérgio Antônio Fabris, 1995. p. 37-38.

(393) GONZÁLES, José Calvo, *op. cit.*, p. 311.

(394) GONZÁLES, José Calvo, *op. cit.*, p. 311-312.

Registre-se, por fim, a resistência (presumida superioridade) dos juristas em adotar esse tipo de interdisciplinaridade em detrimento de uma melhor interpretação e aplicação do direito.[395]

2. Intersecção institucional

Na intersecção institucional do Direito e Literatura, José Calvo González reconhece que ambos compartilham de uma mesma prática poética, instituindo o social, passando da natureza para cultura e, em última análise, instituindo imaginários sociais.[396]

Trata-se, segundo o referido autor, do Direito com a Literatura, o que, do ponto de vista institucional, reclama o registro de três aspectos que podem ser resumidos na possibilidade de alojar práticas sociais no Direito e na Literatura; essa dualidade acarreta o aproveitamento de certas formas literárias para uma chamada poética jurídica e, de acordo com uma Teoria Literária do Direito, tem-se a apropriação, pela prática jurídica, de arquétipos da poética literária.[397]

No desdobramento dessas assertivas, o autor sustenta, na mesma página, que na intersecção do Direito e Literatura não há uma relação instrumental, nem mesmo há a repetição de um paralelo de afinidades, direta ou indireta, não se admitindo uma compensação substitutiva, mas tratando-se de uma relativa igualdade.

Nesse ponto, inúmeras ideias podem ser retiradas do texto, no pressuposto de que há uma relativa igualdade entre Direito e Literatura, embora haja uma apropriação da literatura por parte do direito, mediante transcrição ou transporte de aportes literários para os textos jurídicos.

Pode-se identificar, nesse aspecto, uma crise do paradigma jurídico da modernidade, porquanto se abandona a escritura jurídica representada pela codificação, passando para uma escritura social em relação à qual se funda o Direito.

Em outras palavras, o direito não codificado é o estuário da escritura social enquanto o código é o local apropriado da escritura jurídica. Na crise desse paradigma de escritura jurídica, em busca de uma escritura social mais abrangente e moderna, deve-se afastar da formalização excessiva de um conteúdo eminentemente jurídico, que não considera a relação Direito e Literatura.

Nesse ponto cabe citar novamente Joana Aguiar e Silva, que se refere a uma "reação a modelos de pensamento jurídico excessivamente formais e abstratos, dominados por esquemas de racionalidade lógico-matemática".[398]

---

(395) GONZÁLEZ, José Calvo, *op. cit.*, p, 312-313.

(396) GONZÁLEZ, José Calvo, *op. cit.*, p. 313.

(397) GONZÁLEZ, José Calvo, *op. cit.*, p. 314.

(398) SILVA, Joana Aguiar e, *op. cit.*, p. 125.

Em consequência da adoção de um novo paradigma, há necessidade de se proceder à releitura, reescritura e oralidade no tratamento do direito.

Na releitura tem-se a possibilidade de reinterpretação do texto, importando ainda na acessibilidade da leitura, que resulta na refundação do direito. Na releitura, com a decodificação do texto surgem problemas de comunicação em relação aos seus destinatários, com leitura a ser realizada por poucos, mas que deve se abrir a todos na perspectiva de que o direito fala a todos. Na reescritura tem-se presente uma nova forma de se escrever o direito com uma dimensão democrática de abertura do texto jurídico, influenciado por aspectos tecnológicos, facilitadores dessa sua disseminação.

No texto de José Calvo González, adotado como referência deste artigo científico, sustenta-se que o texto legal deverá ter uma multiplicidade de autores, situando-se os textos legais e jurisprudenciais no mesmo nível de escritura jurídica. Essa reescritura deve conter as fontes do direito escrito com os aportes da semiologia.(399)

A tecnologia, como signo de avanço da modernidade, acaba por favorecer essa forma democrática e mais visível de tratamento do direito, porquanto propicia um acesso generalizado às leituras jurídicas e a uma maior multiplicidade de autores que influenciam nessa reescritura da norma.

A oralidade representa uma forte tendência do universo jurídico, apregoando-se um procedimento oral que se traduz pela maior simplicidade, informalidade e celeridade, acompanhada do subprincípio da imediatidade (contrato direito do juiz com partes e testemunhas), publicidade e transparência, como forma ética de condução do processo.

A oralidade aproxima a narrativa forense da literária na medida em que ambas devem ter uma sequência legitimante para o discurso adotado de forma a convencer o leitor/operador do direito a respeito da mensagem produzida.

Registrem-se, ainda, os conceitos abertos do direito, que desafiam preenchimento ou que estão à busca de um conteúdo, o que os torna muito próximos de uma linguagem literária também a ser preenchida pelo imaginário social.

José Carlos Barbosa Moreira, ao se referir aos conceitos jurídicos indeterminados, assevera que é impensável que a lei estabeleça com precisão o exemplo de incidência da norma jurídica, considerando todos os aspectos fáticos da realidade. Nesse passo, afirma que o legislador adota o expediente "de fornecer simples indicações de ordem genérica, dizendo o bastante para tornar claro o que lhe parece essencial, e deixando ao aplicador da norma, no momento da subsunção [...] o cuidado de preencher claros, de cobrir os espaços em branco".(400)

---

(399) GONZÁLEZ, José Calvo, *op. cit.*, p. 317.

(400) MOREIRA, José Carlos Barbosa. *Regras de experiência e conceitos juridicamente indeterminados*. Rio de Janeiro: Forense, 1978. p. 44.

Teresa Arruda Alvim Wambier, tratando do mesmo tema, ensina que os conceitos abertos, as cláusulas gerais, "permitem ao Juiz (*rectius* ao Judiciário) adaptar o direito às mudanças e às peculiaridades dos casos concretos".[401]

Todos esses aspectos, cabe o registro, têm pertinência em um contexto que privilegia a linguagem como a melhor forma de trabalhar com o direito.

Joana Aguiar e Silva faz referência ao "domínio da interpretação, como campo preferencial" para orientação das pesquisas e elaboração de teorias. Sustenta que se trata de um rumo seguido "no seio da atividade cognoscitiva em geral". Afirma que "o trabalho desenvolvido pela filosofia da linguagem e pela Teoria da Literatura influenciou e enriqueceu estudos congêneres levados a cabo pelos teóricos do Direito...".[402]

A autora supracitada deixa claro, na esteira de autores como Habermas, que a viragem linguística, hoje presente no direito, permite que essa sua forma discursiva seja compreendida e construída diariamente, com desafios que não podem desconhecer os desenvolvimentos propiciados pela filosofia da linguagem e pela Teoria da Literatura.[403]

Conclusão

Há, indiscutivelmente, uma necessária e indispensável intersecção entre Direito e Literatura, seja na ideia de Direito na Literatura ou mesmo Direito como Literatura, que redunda num paralelismo dos dois campos do conhecimento, mas, sobretudo, no estabelecimento de um diálogo que entre eles deve existir.

Na teoria narrativa do Direito tem-se a crítica da lei, que tem agregado a ela um componente estético dado pela literatura ou, na expressão de Ronald Dworkin, o chamado romance em cadeia com a narrativa de mais de um jurista.

Na intersecção institucional encontra-se presente o imaginário social, que não deixa de ser uma apropriação realizada pelo Direito em relação à Literatura. Esse imaginário social é princípio fundante da mudança do paradigma escritural jurídico para escritural social, com a releitura jurídica ampliada, como instrumento de refundação do direito. Também se apresenta como uma dimensão democrática ampliada em relação à participação na construção do texto jurídico.

E, por fim, mas não menos importante, a oralidade como forte tendência a ser adotada no procedimento, favorecendo a ampliação de conceitos abertos e indeterminados, permitindo uma aproximação com a linguagem literária.

---

(401) WAMBIER, Teresa Arruda Alvim. Estabilidade e adaptabilidade como objetivos do direito: *civil law* e *common law*. *Revista de Processo*, São Paulo, v. 34, n. 172, p. 121-174, jun. 2009, p. 137.

(402) SILVA, Joana Aguiar e, *op. cit.*, p. 126.

(403) SILVA, Joana Aguiar e, *op. cit.*, p. 130.

Passa-se a ter o fortalecimento do direito como ciência humana, com um novo aprendizado como fruto da relação que estabelece com a Literatura, hoje fundamental para a construção do pensamento jurídico e para sua inspiração.

Referências

BENJAMIN, Walter. *Escritos sobre mito e linguagem*. Organização, apresentação e notas de Jeanne Marie Gagnebin; tradução de Susana Kampff Lages e Ernani Chaves. 2. ed. São Paulo: Duas Cidades; Editora 34, 2013. (Coleção Espírito Crítico).

GONZÁLEZ, José Calvo. *El Escudo de Perseo, La Cultura Literaria del Derecho*: estudos interdisciplinares. Granada: Editorial Comares S.L., 2013.

HABERMAS, Jürgen. *A ética da discussão e a questão da verdade*. Organização e introdução de Patrick Savidan; tradução Marcelo Brandão Cipolla. 4. ed. São Paulo: WMF Martins Fontes, 2018.

MOREIRA, José Carlos Barbosa. *Regras de experiência e conceitos juridicamente indeterminados*. Rio de Janeiro: Forense, 1978.

SILVA, Joana Aguiar e. *A prática judiciária entre Direito e Literatura*. Lisboa: Almedina, 2001.

STRECK, Lenio Luiz. À guisa de prefácio. *In:* RAMIRES, Maurício. *Crítica à aplicação de precedentes no Direito Brasileiro*. Porto Alegre: Livraria do Advogado, 2019. p. 11-20.

WAMBIER, Teresa Arruda Alvim. Estabilidade e adaptabilidade como objetivos do direito: *civil law* e *common law*. *Revista de Processo*, São Paulo, v. 34, n. 172, p. 121-174, jun. 2009.

WARAT, Luis Alberto. *O Direito e sua linguagem*. 2. ed. Porto Alegre: Sérgio Antônio Fabris, 1995.

AUTORIA
FELIPE PRATA MENDES

LTr®

OS OBSTÁCULOS AO DESENVOLVIMENTO NA NEGOCIAÇÃO COLETIVA

2024

LTr Editora Ltda.

Rua Jaguaribe, 571
CEP 01224-003
São Paulo, SP — Brasil
Fone: (11) 2167-1101
www.ltr.com.br
Maio, 2024

Projeto Gráfico e Editoração Eletrônica: Peter Fritz Strotbek - The Best Page
Projeto de Capa: Danilo Rebello
Impressão: Meta Brasil

Versão impressa: LTr 6431.3 — ISBN 978-65-5883-273-7
Versão digital: LTr 9917.4 — ISBN 978-65-5883-274-4

Dados Internacionais de Catalogação na Publicação (CIP)
(Câmara Brasileira do Livro, SP, Brasil)

Mendes, Felipe Prata
Os obstáculos ao desenvolvimento da negociação coletiva / Felipe Prata Mendes. — São Paulo, SP : LTr Editora, 2024.

Bibliografia.
ISBN 978-65-5883-273-7

1. Direito do trabalho — Brasil 2. Justiça do trabalho 3. Relações trabalhistas — Brasil I. Título.

23-178778 CDD-34:331.88(81)

Índice para catálogo sistemático:

1. Brasil : Direito coletivo do trabalho
34:331.88(81)

Tábata Alves da Silva - Bibliotecária - CRB-8/9253

A Deus toda honra e toda glória.

À Livia e Elisa, as mulheres da minha vida.

*Para o meu professor, orientador e amigo Pedro Paulo Teixeira Manus (*in memoriam*).*

Sumário

Apresentação

Se há algo que a quarta revolução industrial, a Revolução Tecnológica, fez foi mostrar de forma ainda mais clara a profunda crise que vivem as entidades sindicais no mundo todo.

A terceira revolução já havia evidenciado que havia um grave problema, especialmente por conta da perda pelos sindicatos do "chão de fábrica", mas, ainda assim as organizações sindicais resistiram. Agora, todavia, diante de um trabalhador cada vez menos vinculado a um espaço determinado, a um grupo específico, a uma situação que possa ser vista como aplicável a outros, essa crise atingiu um patamar jamais visto.

O Brasil não passou incólume a essa situação. Pelo contrário, aqui a situação é ainda mais difícil, pois, ao contrário da maioria das democracias, ainda vivemos presos a um modelo corporativista, fechado, monopolista, ultrapassado de organização sindical, e que não respeita o ideal da liberdade sindical.

Com sindicatos em crise, sua principal atividade, que é a busca de condições de trabalho adequadas aos sujeitos das relações de emprego, especialmente aos trabalhadores, e pela via da autocomposição, também sofre, sendo patente a perda de qualidade dos contratos coletivos de trabalho — convenções e acordos coletivos de trabalho — no país.

E isso, longe de ser somente parte de um problema, evidenciado com a crise sindical, finda por gerar outro. As negociações coletivas são a forma por excelência de solucionar conflitos coletivos de trabalho e de criar condições que possam efetivamente regular as múltiplas relações de trabalho que existem, e que guardam profundas diferenças, a depender dos setores econômicos e dos locais de um país grande e cheio de contradições como o Brasil.

Sem a negociação coletiva sobra uma legislação protetiva do trabalho humano que, a par de ser minuciosa, não é suficiente para dar conta das diferenças acima acentuadas. Isso é tarefa dos contratos coletivos de trabalho e, para que eles existam, é imperioso que exista uma negociação coletiva digna deste nome.

É nesse cenário que o autor constrói sua obra. Sua proposta é ousada: discutir os obstáculos ao desenvolvimento da negociação coletiva, e isso é feito de forma competente, em cinco capítulos. No primeiro o autor analisa a negociação coletiva como direito humano e fundamental. Um capítulo propedêutico, necessário à compreensão da importância do instituto. Em seguida, no capítulo dois, trata de questão importante; a essencialidade da negociação coletiva nas relações trabalhistas, para, adiante, no capítulo três, tratar dos fundamentos da negociação coletiva. Caminhando para o necessário desfecho a que ele próprio se obrigou, o autor apresenta, no capítulo quatro, uma exposição a respeito da reforma trabalhista e da integração da negociação coletiva no ordenamento brasileiro.

Traçado todo o cenário necessário em termos conceituais e normativos, chega o autor, no capítulo cinco, ao seu objeto central: os obstáculos da negociação coletiva, e ele os discute em quatro itens: ausência de liberdade sindical, intervenção do Judiciário, falta de oxigenação no conteúdo das negociações, e os desafios da contemporaneidade.

Difícil encontrar cenário mais rico, que vem permitir uma conclusão segura, e que pode servir de base para os atores do mundo do trabalho repensarem sua conduta, tentando encontrar soluções que permitam uma revalorização da negociação coletiva, meio de solução a ser prestigiado como o principal, em caso de conflitos coletivos de trabalho.

A respeito do autor, Felipe Prata Mendes é, seguramente, um grande conhecedor do Direito Sindical e das relações coletivas de trabalho.

Professor da matéria e advogado especializado na temática que envolve o mundo do trabalho, pesquisou, no mestrado e no doutorado, dentro desse subsistema jurídico, como aliás prova este livro, que representa a transposição de sua pesquisa de doutoramento para um texto que permitirá, pela sua qualidade enquanto obra, mas também pela Editora escolhida, a LTr, uma difusão na proporção que a obra merece.

Acompanho há anos seus passos. Fui seu professor no Curso de Mestrado do CESUPA; fui seu examinador nas defesas de mestrado e de doutorado, neste último caso, na PUC/SP; e sou seu amigo/colega de magistério e nas pesquisas que desenvolvemos no Grupo de Pesquisa em Trabalho Decente, do PPGD CESUPA. Sei, então, que é o autor certo para discutir um tema tão relevante para as relações coletivas de trabalho.

Por tudo isso, além de registrar minha satisfação pelo convite para apresentar o livro, recomendo fortemente a sua leitura.

Belém – PA, maio de 2024

José Claudio Monteiro de Brito Filho
Doutor em Direito pela PUC-SP;
Pesquisa de Pós-Doutorado no UniCEUB;
Vice-Coordenador do Programa de Pós-Graduação em Direito e
Editor-Chefe da Revista Jurídica do CESUPA;
Titular da Cadeira n. 26 da Academia Brasileira de Direito do Trabalho.

Introdução

Ao longo da história do Direito do Trabalho, a negociação coletiva foi reconhecida no plano internacional, tanto na perspectiva da Organização Internacional do Trabalho (OIT), quanto no âmbito da Organização das Nações Unidas (ONU).

No plano nacional, esse reconhecimento encontra o ápice na Constituição Federal de 1988, que consagra a força dos acordos e convenções coletivas (resultantes do processo de negociação) e impõe a participação obrigatória dos sindicatos nas negociações coletivas.

Embora a consagração da negociação coletiva nos planos nacional e internacional seja uma conquista, existe um caminho longo a percorrer para que ela seja um instrumento efetivo de aprimoramento das condições de trabalho, sendo o reconhecimento normativo apenas o primeiro passo para que a negociação coletiva cumpra, na prática, os seus objetivos.

Prova concreta dessa afirmação reside na Lei n. 13.467/2017, denominada de Reforma Trabalhista, que promoveu alterações significativas no Direito Individual e no Direito Coletivo do Trabalho. No âmbito coletivo, havia uma promessa de desenvolvimento da negociação coletiva, traduzida pela chamada "prevalência do negociado sobre o legislado".

É necessário investigar se uma alteração legislativa, isoladamente, é capaz de promover uma efetiva modificação na dinâmica das negociações coletivas. O pressuposto da reforma é a existência de sindicatos realmente representativos, que negociem condições de trabalho aplicáveis aos seus representados com firmeza e independência, de modo que é imprescindível perquirir se este é o cenário predominante no Brasil, atualmente.

Os desafios enfrentados pelo sindicalismo se multiplicam quando observados a partir dos fatos sociais contemporâneos. A dinâmica dos fatos sociais e a velocidade dos avanços tecnológicos, na hodierna era digital, exigem, dos sindicatos, o desenvolvimento de competências e habilidades antes desconhecidas. Nesse sentido, multiplicaram-se os fatores de atenção no que concerne às negociações coletivas, diante da exigência de adaptações que permitam um enfrentamento dos desafios da contemporaneidade.

A partir dessa apresentação contextual, surge o seguinte problema de pesquisa: quais são os obstáculos que impedem o efetivo desenvolvimento da negociação coletiva no Brasil?

O objetivo central do presente trabalho é analisar os fatores que obstaculizam o pleno desenvolvimento da negociação coletiva no país, bem como apontar caminhos de solução para o enfrentamento de cada um deles. Apontar os obstáculos, por si só, não é suficiente, uma vez que se faz necessária a apresentação de propostas para que os entraves sejam superados.

Os objetivos específicos são os seguintes: investigar se a negociação coletiva pode ser reconhecida como direito humano e fundamental; analisar a importância da negociação coletiva nas relações trabalhistas; identificar os fundamentos da negociação coletiva; analisar o fenômeno da flexibilização à luz da Lei n. 13.467/2017; investigar a inconstitucionalidade e a inconvencionalidade das modificações implementadas pela Reforma Trabalhista no que toca à negociação coletiva; verificar o papel dos sindicatos diante das complexas exigências da contemporaneidade.

A hipótese de trabalho é a de que, por mais que as disposições normativas sejam importantes para o estímulo da negociação coletiva, existem outros elementos a serem enfrentados, que dificultam o desenvolvimento do instituto, com destaque para os problemas relacionados à organização sindical.

Para destrinchar os aspectos que envolvem o problema proposto, a estrutura do trabalho contempla, no primeiro capítulo, a análise da consagração da negociação coletiva nos âmbitos internacional e nacional, que fizeram com que fosse alçada à condição de direito humano e fundamental.

No segundo capítulo, analisa-se a essencialidade da negociação coletiva, a partir da apresentação dos benefícios por ela proporcionados nas relações laborais. No capítulo seguinte, são explorados os fundamentos da negociação, quais sejam: a autonomia privada coletiva e a liberdade sindical, investigação que se mostra essencial para a visualização da relação existente entre o processo negocial coletivo e a forma como os sindicatos estão organizados no Brasil.

Apresentados os aspectos instrumentais para a compreensão do ponto central da discussão, realiza-se, no quarto capítulo, a análise das inovações promovidas pela Reforma Trabalhista no que tange à negociação coletiva, com destaque para a perquirição de sua constitucionalidade e convencionalidade. Utiliza-se, neste capítulo, Dworkin(1) como referencial teórico, mais precisamente na distinção entre as questões sensíveis e insensíveis à escolha do

---

(1) DWORKIN, Ronald. *Levando os direitos a sério*. São Paulo: Martins Fontes, 2007; DWORKIN, Ronald. *A virtude soberana:* a teoria e a prática da igualdade. São Paulo: Martins Fontes, 2005.

Legislativo, o que subsidia a análise acerca da separação entre as críticas ao legislador reformista e a sustentação de que as normas modificadas devem ser afastadas do ordenamento jurídico.

No último capítulo, enfrentam-se os entraves ao desenvolvimento da negociação coletiva no país, ao mesmo tempo em que se apontam caminhos para o seu desenvolvimento.

Metodologicamente, trata-se de uma análise teórico-normativa, que se pauta não apenas em livros acerca do tema proposto, mas também em artigos científicos publicados em periódicos reconhecidos, nacionais e internacionais, inclusive alguns oriundos de pesquisas desenvolvidas pelo autor do presente trabalho no período do doutorado.

Um tema como o da negociação coletiva não pode ser explorado sem que se enfrente o Direito vivido nas relações cotidianas. Eis a razão pela qual realiza-se, ainda, uma análise de julgados do Supremo Tribunal Federal, do Tribunal Superior do Trabalho e do Tribunal Regional do Trabalho da 8ª Região a respeito do tema, uma vez que o Poder Judiciário é um importante ator no incentivo ou desincentivo à negociação no país.

Seguindo a mesma linha, de levar a discussão acerca da negociação coletiva para as relações cotidianas, faz-se uma análise de convenções coletivas registradas no Sistema Mediador, do Ministério do Trabalho e Emprego, que permitem uma investigação mais profunda sobre o conteúdo das fontes do Direito do Trabalho oriundas do processo de negociação.

Uma análise adequada do tema proposto não pode se limitar a aspectos dogmático-jurídicos, haja vista que os fundamentos devem ser analisados também sob uma perspectiva política e econômica. O estudo da ciência do Direito não pode ter como base apenas seu contexto, devendo se voltar para a necessidade de buscar substrato em outros ramos do conhecimento. É preciso verificar os fatos e a valoração dada a eles pela sociedade, pois assim é possível entender a gênese da norma. Evidencia-se, assim, a obrigatoriedade de uma análise interdisciplinar, não só para entender as origens do problema, mas também para buscar as soluções adequadas.

O estudo justifica-se pelo fato de que as relações coletivas vêm ganhando um destaque cada vez maior no Direito do Trabalho. As pautas vinculadas às possibilidades e limites da negociação coletiva têm sido frequentemente observadas nos casos que chegam ao Supremo Tribunal Federal, inclusive com repercussão geral reconhecida.

Do ponto de vista normativo, a reforma trabalhista apresentou, como um dos seus principais objetivos, a consagração da prevalência das negociações coletivas sobre as leis. Não há, porém, como tratar do tema, sem que se promova uma reflexão sobre o papel dos sindicatos. Com efeito, o pressuposto da Reforma é a existência de sindicatos realmente representativos das categorias profissionais, que negociem, com firmeza e independência, o que, sem qualquer dúvida, precisa ser garantido, de modo que discutir os caminhos para o desenvolvimento da negociação coletiva significa, ao mesmo tempo, vislumbrar saídas para a evolução do sindicalismo no país.

Entretanto, os atos das autoridades públicas não são capazes de acompanhar a dinâmica das relações trabalhistas, que estão em constante modificação. Já por isso, é notória a relevância do estudo da negociação coletiva, que possui notável adaptabilidade e potencial para fazer frente aos complexos desafios que se impõem, especialmente pelas inovações tecnológicas no cotidiano laboral.

Capítulo 1

A Negociação Coletiva como Direito Humano e Fundamental

As discussões referentes à liberdade sindical e à negociação coletiva (que se inserem no âmbito das dimensões da liberdade sindical, como será analisado adiante), em geral, são desenvolvidas fora do arcabouço dos direitos humanos e fundamentais.

Martinez[(2)] salienta que, apesar de sua importância teórica e prática, "a liberdade sindical não tem merecido a devida atenção dos constitucionalistas brasileiros". Em alguns casos, é ignorada nos estudos sobre direitos fundamentais. Em outros, recebe um tratamento raso e superficial, como se pudesse ser resumida a uma vertente da liberdade de associação.

A colocação de um tema tão importante em um plano secundário não se justifica, uma vez que o constituinte brasileiro atribui *status* constitucional à liberdade sindical[(3)], no caput do art. 8º da Constituição[(4)], posicionado no Título II, que trata dos direitos e garantias fundamentais.

1.1. Direitos humanos e direitos fundamentais: um necessário esclarecimento terminológico

Não é incomum a utilização das expressões "direitos humanos" e "direitos fundamentais" como sinônimas. Sarlet[(5)] assevera que, não raro, as denominações são adotadas de forma indistinta. Há, ainda, autores que adotam a expressão "direitos humanos fundamentais"[(6)].

---

(2) MARTINEZ, Luciano. *Revista Magister de Direito do Trabalho,* n. 64, jan./fev. 2015, p. 46.

(3) A projeção da liberdade sindical em sede constitucional não significa que a Constituição de 1988 tenha adotado um modelo de organização compatível com tal direito fundamental. A crítica ao modelo de organização será desenvolvida no presente trabalho.

(4) Art. 8º. É livre a associação profissional ou sindical, observado o seguinte.

(5) SARLET, Ingo Wolfgang. *A eficácia dos direitos fundamentais*: uma teoria geral dos direitos fundamentais na perspectiva constitucional. 13. ed. Porto Alegre: Livraria do Advogado, 2018. p. 29.

(6) A título de exemplo, menciona-se o autor Enoque Ribeiro dos Santos, que insere a denominação "direitos humanos fundamentais". (SANTOS, Enoque Ribeiro dos. *Direitos humanos na negociação coletiva:* teoria e prática jurisprudencial. São Paulo: LTr, 2004. p. 42).

As denominações, entretanto, possuem significados diversos, de modo que a diferenciação é essencial para o entendimento de que não há uma coincidência automática entre direitos humanos e direitos fundamentais. A relevância da distinção não se justifica apenas sob o ponto de vista teórico, mas sobretudo pela relevância prática da matéria(7).

Na definição de Marmelstein(8):

> Os direitos fundamentais são normas jurídicas, intimamente ligadas à ideia de dignidade da pessoa humana e de limitação do poder, positivadas no plano constitucional de determinado Estado Democrático de Direito, que, por sua importância axiológica, fundamentam e legitimam todo o ordenamento jurídico.

O autor destaca que, para além do conteúdo ético dos direitos fundamentais(9), existe um inegável aspecto jurídico. Isso porque não é qualquer direito que recebe o *status* de fundamental, e sim aqueles que o poder constituinte elegeu como merecedores de uma proteção normativa diferenciada. Do ponto de vista jurídico-normativo, são direitos fundamentais aqueles valores que foram agregados pelo ordenamento constitucional de um determinado país(10).

Na mesma linha de raciocínio, Scaff(11) entende por direitos fundamentais aqueles "que foram positivados em determinado ordenamento jurídico, o que pode variar consoante o tempo e o lugar em que foram inseridos no sistema de direito positivo de cada país".

---

(7) Marmelstein destaca que a caracterização de um determinado direito como fundamental possui grande importância prática, pois tais direitos possuem algumas características que propiciam a sua proteção e efetivação judicial, com destaque para a aplicação imediata (art. 5º, § 1º da CF/88); o fato de serem cláusulas pétreas (art. 60, § 4º, inc. IV/CF); e a hierarquia constitucional, uma vez que qualquer das leis que contrariarem seu conteúdo podem ter a aplicação afastada. (MARMELSTEIN, George. *Curso* de direitos fundamentais. 8. ed. São Paulo: Atlas, 2019. p. 16).

(8) *Ibidem*, p. 18.

(9) Marmelstein relaciona o conteúdo ético dos direitos fundamentais ao fato de que estes representam os valores básicos para o alcance de uma vida digna em sociedade, estando intimamente vinculados à ideia de dignidade da pessoa humana. (*Ibidem*, p. 16).

(10) A partir da concepção apresentada, Marmelstein afirma que não há direitos fundamentais decorrentes de lei infraconstitucional, que poderá disciplinar o exercício do direito fundamental garantido pelo texto constitucional. (*Ibidem*, p. 18).

(11) SCAFF, Fernando Facury. Notas sobre Direitos Humanos, Direitos Fundamentais e Direitos Sociais. In: GOES, Gisele Fernandes; MARANHÃO, Ney; LEAL, Pastora do Socorro Teixeira (Coords.). *Direitos humanos e relações trabalhistas:* estudos em homenagem à professora Rosita de Nazaré Sidrim Nassar. São Paulo: LTr, 2021. p. 51.

Sarlet[12] aponta como o caminho correto para a distinção o enquadramento dos direitos fundamentais como os direitos do ser humano reconhecidos e positivados no direito constitucional positivo de uma nação, enquanto a ideia de direitos humanos se relaciona com os documentos de direito internacional, que reconhecem determinados direitos ao indivíduo, independentemente de sua vinculação com uma ordem constitucional específica. Percebe-se, nesse ponto, uma nítida aspiração de validade universal dos direitos humanos.

O conteúdo jurídico dos direitos fundamentais, nesse sentido, assume um caráter específico, pois sua caracterização depende do reconhecimento constitucional por uma determinada nação. Aí reside o ponto importante de distinção em relação aos direitos humanos.

Marmelstein[13] destaca a frequente confusão conceitual entre direitos fundamentais e direitos humanos[14], já mencionada em outra passagem. O autor concebe estes como os valores positivados na esfera internacional. Não é tecnicamente correto, por exemplo, falar em tratado internacional de direitos fundamentais, tampouco em direitos humanos positivados na Constituição[15].

Os direitos fundamentais, nas palavras de Sarlet[16], são aqueles assegurados às pessoas, individual e/ou coletivamente, considerados por uma ordem jurídica constitucional. Tendo em vista a grande quantidade de direitos fundamentais expressa e implicitamente positivados, não há uma coincidência automática com o rol de direitos humanos. Nesse sentido, nem todos os direitos

(12) SARLET, Ingo Wolfgang. *A eficácia dos direitos fundamentais:* uma teoria geral dos direitos fundamentais na perspectiva constitucional. 13. ed. Porto Alegre: Livraria do Advogado, 2018. p. 29.

(13) MARMELSTEIN, George. *Curso* de direitos fundamentais. 8. ed. São Paulo: Atlas, 2019. p. 25.

(14) Sobre a frequente utilização das expressões como sinônimas, ver também SCAFF, Fernando Facury. Notas sobre Direitos Humanos, Direitos Fundamentais e Direitos Sociais. In: GOES, Gisele Fernandes; MARANHÃO, Ney; LEAL, Pastora do Socorro Teixeira (Coords.). *Direitos humanos e relações trabalhistas:* estudos em homenagem à professora Rosita de Nazaré Sidrim Nassar. São Paulo: LTr, 2021. p. 51.

(15) O texto constitucional observa a diferenciação entre direitos humanos e direitos fundamentais com precisão técnica, a exemplo do art. 5º, § 3º, que utiliza a expressão "tratados e convenções internacionais sobre direitos humanos". Quando, por outro lado, o texto constitucional trata dos direitos por ele reconhecidos, adota a expressão "direitos fundamentais".

(16) A condição de direito fundamental decorre de uma escolha do constituinte, pelo menos em relação àqueles expressamente dispostos no texto constitucional. SARLET, Ingo Wolfgang. *Dignidade da pessoa humana e direitos fundamentais na Constituição Federal de 1988*. 10. ed. Porto Alegre: Livraria do Advogado, 2015.

fundamentais são direitos humanos[17], mas todos os direitos humanos, pelo menos em tese, devem ser dignos de proteção pelos Estados.

Santos[18], ao dissertar sobre os direitos fundamentais, utiliza a expressão "direitos humanos fundamentais", a qual entendemos incorreta, pois nem todos os direitos fundamentais são direitos humanos. A indistinção terminológica fica latente, em outra passagem, quando o autor[19] afirma que a Constituição Federal realça os direitos humanos quando, em verdade, o mais consentâneo com a distinção terminológica apresentada no presente trabalho seria utilizar a expressão "direitos fundamentais".

Mais adiante, quando for abordada a colocação da negociação coletiva no âmbito internacional, estar-se-á tratando de seu reconhecimento como um direito humano. No plano da Constituição brasileira de 1988, consagra-se o seu reconhecimento enquanto direito fundamental.

É importante a ressalva feita por Marmelstein[20], no sentido de que os direitos humanos não podem ser confundidos com os direitos do homem, que são "valores ético-políticos ainda não positivados". O conteúdo dos direitos do homem se aproxima do direito natural, que, além de serem anteriores, servem como fundamento para os direitos humanos e para os direitos fundamentais[21].

Santos[22], ao tratar da universalidade dos direitos humanos, coloca este conceito no mesmo plano do direito natural, pois sustenta que os direitos humanos são aqueles que o homem possui pelo simples fato de ser

(17) Quando Sarlet afirma que, de certa forma, os direitos fundamentais são direitos humanos, não está tratando os conceitos como sinônimos e sim afirmando que os direitos fundamentais são direitos humanos quando analisados sob o prisma de que o titular sempre será um ser humano, ainda que representado por entes coletivos. (SARLET, Ingo Wolfgang. *A eficácia dos direitos fundamentais:* uma teoria geral dos direitos fundamentais na perspectiva constitucional. 13. ed. Porto Alegre: Livraria do Advogado, 2018. p. 29).

(18) SANTOS, Enoque Ribeiro dos. *Direitos humanos na negociação coletiva:* teoria e prática jurisprudencial. São Paulo: LTr, 2004. p. 42.

(19) *Ibidem*, p. 60.

(20) MARMELSTEIN, George. *Curso de direitos fundamentais*. 8. ed. São Paulo: Atlas, 2019. p. 24.

(21) Scaff promove uma aproximação entre direitos humanos e direito natural, afirmando que os direitos humanos são aqueles válidos para todos os homens e em todos os tempos, independentemente da positivação na esfera internacional. (SCAFF, Fernando Facury. Notas sobre Direitos Humanos, Direitos Fundamentais e Direitos Sociais. In: GOES, Gisele Fernandes; MARANHÃO, Ney; LEAL, Pastora do Socorro Teixeira (Coords.). *Direitos humanos e relações trabalhistas:* estudos em homenagem à professora Rosita de Nazaré Sidrim Nassar. São Paulo: LTr, 2021. p. 51).

(22) SANTOS, Enoque Ribeiro dos. *Direitos humanos na negociação coletiva:* teoria e prática jurisprudencial. São Paulo: LTr, 2004. p. 33.

homem[23]. O mesmo caminho é adotado por Guerra Filho[24], que realça os direitos humanos enquanto pautas ético-políticas, colocadas em uma dimensão suprapositiva, diferentemente dos direitos fundamentais, que são autênticas manifestações positivas.

Entende-se como mais pertinente a posição de Sarlet[25], que sustenta que a consideração de que as expressões "direitos humanos" e "direitos naturais" podem ser equiparadas não parece adequada, pois, a partir do momento em que há a positivação em normas internacionais, ocorre o desprendimento dos direitos humanos da noção de direito natural.

Isso posto, para sintetizar a distinção terminológica, demarca-se que os direitos fundamentais são os direitos do homem ou os direitos humanos incorporados ao sistema constitucional de determinado país; os direitos humanos são positivados em documentos internacionais; os direitos naturais são direitos não (ou ainda não) positivados. De todo modo, é preciso reconhecer a forte relação entre essas classes de direitos, que possuem uma enorme importância jurídica, política e social.

1.2. A eficácia horizontal dos direitos fundamentais e dos direitos humanos

Em um primeiro momento, é necessário distinguir as noções de vigência e eficácia, que se situam em posições diferenciadas. Para Sarlet[26], vigência é a qualidade da norma que promove a sua existência jurídica, sendo dotada, a partir daí, de um caráter obrigatório. É, desta maneira, pressuposto para a eficácia, que consiste na geração de efeitos jurídicos, vislumbrada a partir da aplicação da norma aos casos concretos[27].

---

(23) Santos defende que os direitos humanos pertencem à natureza intrínseca da pessoa humana, que não estão suscetíveis às modificações circunstanciais. São "eternos, inalienáveis, imprescritíveis que se agregam à natureza da pessoa humana, pelo simples fato de ela existir no mundo do direito". (SANTOS, Enoque Ribeiro dos. *Direitos humanos na negociação coletiva:* teoria e prática jurisprudencial. São Paulo: LTr, 2004. p. 38).

(24) GUERRA FILHO, Willis Santiago. Direitos fundamentais, processo e princípio da proporcionalidade. In: GUERRA FILHO, Willis Santiago (Coord.). *Dos direitos humanos aos direitos fundamentais.* Porto Alegre: Livraria do Advogado, 1997. p. 12.

(25) SARLET, Ingo Wolfgang. *A eficácia dos direitos fundamentais:* uma teoria geral dos direitos fundamentais na perspectiva constitucional. 13. ed. Porto Alegre: Livraria do Advogado, 2018. p. 29.

(26) *Ibidem*, p. 244.

(27) Sarlet distingue a eficácia jurídica e a social. Eficácia jurídica corresponde ao potencial da norma para que seja aplicada às situações concretas. A eficácia social está relacionada à efetividade da norma, ou seja, investiga se aquela norma, de fato, produzirá efeitos na sociedade. A aptidão para a produção de efeitos é diferente da produção de efeitos concretos. (SARLET, Ingo Wolfgang. *A eficácia dos direitos fundamentais:* uma teoria geral dos direitos fundamentais na perspectiva constitucional. 13. ed. Porto Alegre: Livraria do Advogado, 2018. p. 245-246).

A eficácia, portanto, é a aptidão para a produção de efeitos de uma norma juridicamente existente aos casos concretos. Nesse particular, considerando que a negociação coletiva, frequentemente, insere-se no âmbito das relações privadas, é preciso perquirir se os direitos fundamentais possuem eficácia nessas conexões entre particulares[(28)].

A aceitação da eficácia dos direitos fundamentais nas relações entre particulares, pressupõe, nos ensinamentos de Bilbao Ubillos[(29)], a negação da concepção tradicional desses direitos como oponíveis unicamente ao Estado.

Em um primeiro momento, no contexto da concepção do indivíduo como um ser isolado do campo político e social, Estado e sociedade eram tratados como universos separados, cada um regido por diretrizes próprias. Não por outro motivo, os direitos fundamentais eram invocados tão somente pelos cidadãos contra o Estado[(30)].

Antes de justificar a eficácia dos direitos fundamentais nas relações privadas, é necessário distanciar esse nocivo afastamento entre a "política" e as relações privadas.

Quando se fala em caráter político da democracia, não há uma referência ao sentido restrito das questões situadas no âmbito dos partidos e do Estado. Laclau e Mouffe[(31)] afirmam que "a política é uma prática de criação, reprodução e transformação das relações sociais", não podendo ser situada em um nível determinado do social. O problema político é um problema de definição das relações sociais, em um ambiente marcado por antagonismos.

O político, portanto, não se manifesta apenas na figura do Estado. Ele está presente em todo lugar em que se constrói uma ordem de coisas, um conjunto de práticas.

A política já não pode ser pensada somente dentro dos espaços tradicionais, não podendo a sociedade desaparecer como referencial válido de análise. O social é politicamente construído. Nesse sentido, o político adquire

---

(28) Sarlet é enfático ao afirmar que a discussão sobre a vinculação dos poderes públicos e dos particulares aos direitos fundamentais é uma problemática intimamente relacionada à questão da eficácia. (*Ibidem*, p. 384).

(29) BILBAO UBILLOS, Juan María ¿En qué medida vinculan a los particulares los derechos fundamentales? In: SARLET, Ingo Wolfgang (Org.). *Direitos Fundamentais e Direito Privado.* 2. ed. Porto Alegre: Livraria do Advogado, 2006. p. 301.

(30) VIEIRA DE ANDRADE, José Carlos. Os direitos, liberdades e garantias no âmbito das relações entre particulares. In: SARLET, Ingo Wolfgang (Org.). *Constituição, Direitos Fundamentais e Direito Privado.* 2. ed. Porto Alegre: Livraria do Advogado, 2006. p. 274.

(31) LACLAU, Ernesto; MOUFFE, Chantal. *Hegemonia e estratégia socialista:* por uma política democrática radical. São Paulo: Intermeios, 2015. p. 236.

centralidade, pois indica a instituição de uma nova lógica social. Segundo Lopes, Mendonça e Burity[(32)]:

> O político aqui não possui um caráter regional apartado, por exemplo, das dimensões social e econômica. Antes, o político assume uma dimensão ontológica geral, a da instituição de toda e qualquer ordem, seja econômica, social, ou cultural, seja a ordem em escala micro, como orientação (pre) dominante na dinâmica interna e relacional das organizações sociais (quer sejam empresas, escolas, igrejas, ONGs etc.). Neste sentido, toda ordem, todo regime, é resultado de decisões *políticas*, tomadas num terreno indecidível, o que significa que outras decisões poderiam ter tido lugar, mas a contingência histórica configurou-se de uma determinada forma, com a exclusão de outras possibilidades.

O cerne do pensamento de Mouffe[(33)] reside na distinção entre a "política" e o "político". A política refere-se ao nível "ôntico", enquanto o "político" está relacionado ao nível "ontológico". O ôntico representa as variadas práticas políticas, e o ontológico se relaciona com a maneira como a sociedade é construída.

A política tem como referencial o campo empírico, os fatos da atuação política, que remonta ao conjunto de práticas e de instituições por intermédio das quais uma ordem é criada, organizando as relações humanas em um contexto conflituoso[(34)].

Esse contexto conflituoso é produzido pelo que a autora chama de "político", que representa a própria formação da sociedade. Está relacionado a um espaço de poder, conflito e antagonismo. Afirma Mouffe[(35)]:

> Mais precisamente, é assim que diferencio "o político" da política: entendo por "o político" a dimensão de antagonismo que considero constitutiva das sociedades humanas, enquanto entendo por "política" o conjunto de práticas e instituições por meio das quais uma ordem é criada, organizando a coexistência humana no contexto conflituoso produzido pelo político.

---

(32) LOPES, Alice Casimiro; MENDONÇA, Daniel de; BURITY, Joanildo A. A contribuição de hegemonia e estratégia socialista para as ciências humanas e sociais. In: LACLAU, Ernesto; MOUFFE, Chantal. *Hegemonia e estratégia socialista*: por uma política democrática radical. São Paulo: Intermeios, 2015. p. 21-22.

(33) MOUFFE, Chantal. *Sobre o político.* São Paulo: Martins Fontes, 2015.

(34) *Ibidem*, p. 8.

(35) *Idem*.

É necessária a existência de uma preocupação com as práticas da política democrática. Mas essa preocupação engloba, indispensavelmente, a análise do político, que representa a faceta real da democracia, marcada pela existência de espaços de poder. São graves as consequências para a política democrática se negarmos essa acepção do "político".

Deve ser afirmado o caráter público de relações e instituições consideradas privadas. A questão salarial, por exemplo, muito cara ao Direito do Trabalho, não representa somente uma relação entre um empregador e um empregado, ligados por um contrato de trabalho. É uma questão pública, que depende de uma sólida ação coletiva.

Rancière[(36)] sustenta que a dominação se exerce na lógica da distribuição de esferas, por intermédio da separação entre a coisa pública e os interesses privados. Distingue-se o público, que é de titularidade de todos, do privado, em que reina a "liberdade" de cada um. Mas essa "liberdade", em verdade, é o sustentáculo para a hegemonia dos detentores do poder.

A esfera pública apartada dos interesses privados é pobre, limitada, deixando as instituições relegadas aos jogos de poder, protagonizados por aqueles que as comandam. A democracia, que deve afirmar essa "impureza" da política, tem o papel de ampliar a dignidade do cidadão público para outros espaços da vida. O trabalhador é também um sujeito político, não podendo viver isolado, sob o argumento de que pertence à esfera privada. Os variados espaços onde o poder se manifesta não podem ser despolitizados. Do mesmo modo, os direitos fundamentais são aplicáveis às relações entre particulares.

Fachin e Ruzyk[(37)] observam que, embora o estudo dos direitos fundamentais tenha se originado na garantia das liberdades individuais diante do Estado (eficácia vertical), ao longo da história, esse espectro se alargou, de modo que passou a ser cada vez mais comum a investigação de sua aplicação às relações entre sujeitos privados.

Diferentemente de outras Constituições, como a portuguesa[(38)], o texto constitucional brasileiro não prevê, expressamente, a vinculação das entidades

(36) RANCIÈRE, Jacques. *O ódio à democracia.* São Paulo: Boitempo, 2014. p. 74.

(37) FACHIN, Luiz Edson; RUZYK, Carlos Eduardo Pianovski. Direitos fundamentais, dignidade da pessoa humana e o novo Código Civil: uma análise crítica. In: SARLET, Ingo Wolfgang (Org.). *Constituição, Direitos Fundamentais e Direito Privado.* 2. ed. Porto Alegre: Livraria do Advogado, 2006. p. 90.

(38) Art. 18. 1. Os preceitos constitucionais respeitantes aos direitos, liberdades e garantias são diretamente aplicáveis e vinculam as entidades públicas e privadas. Constituição da República Portuguesa. Disponível em: https://www.parlamento.pt/Legislacao/Paginas/ConstituicaoRepublicaPortuguesa.aspx. Acesso em: 21 set. 2021.

privadas aos direitos fundamentais, limitando-se a anunciar a sua aplicabilidade imediata(39). Entretanto, a ausência de disposição expressa, de nenhum modo, pode significar que os direitos fundamentais não se aplicam às relações privadas, de acordo com Sarlet(40).

Sarlet(41) é peremptório ao introduzir a noção de que os direitos fundamentais exercem sua eficácia vinculante na esfera privada, ou seja, no âmbito da vinculação entre sujeitos privados, posição esta que recebe o nome de eficácia privada ou horizontal dos direitos fundamentais.

Sarmento e Gomes(42) apontam a ubiquidade como uma das principais características dos direitos fundamentais, uma vez que são invocados em diversos cenários e contextos. Qualquer concepção que restrinja tais direitos às relações nas quais o Estado se faz presente não condiz com a complexidade do fenômeno dos direitos fundamentais(43).

A sua aplicação às vinculações entre particulares(44), nesse sentido, torna-se imperiosa. Em sua concepção objetiva(45), os direitos fundamentais, consoante Gomes(46), "irradiam para o ordenamento jurídico um conteúdo valorativo vinculante para as entidades privadas".

---

(39) Art. 5º, § 1º As normas definidoras dos direitos e garantias fundamentais têm aplicação imediata.

(40) SARLET, Ingo Wolfgang. *A eficácia dos direitos fundamentais:* uma teoria geral dos direitos fundamentais na perspectiva constitucional. 13. ed. Porto Alegre: Livraria do Advogado, 2018. p. 284.

(41) *Ibidem*, p. 393.

(42) SARMENTO, Daniel; GOMES, Fábio Rodrigues. *Rev. TST*, Brasília, v. 77, n. 4, out./dez. 2011, p. 60.

(43) Sarmento e Gomes remontam à teoria liberal clássica, que limitava o alcance dos direitos fundamentais ao espaço público, aplicando-se somente nas situações nas quais o Estado aparece em um dos polos. Nos Estados Unidos da América, ainda prevalece a visão no sentido de que, em regra, os direitos fundamentais não alcançam as relações privadas. Tal concepção é denominada de teoria da *state action*. (SARMENTO, Daniel; GOMES, Fábio Rodrigues. *Rev. TST*, Brasília, v. 77, n. 4, out./dez. 2011, p. 60-63).

(44) Gediel afirma que a vinculação dos particulares aos direitos fundamentais não é uma opção e sim uma exigência do projeto político e da normatividade constitucional assumidos pelo Brasil em 1988. (GEDIEL, José Antônio Peres. A irrenunciabilidade a direitos de personalidade pelo trabalhador. In: SARLET, Ingo Wolfgang (Org.). *Constituição, Direitos Fundamentais e Direito Privado*. 2. ed. Porto Alegre: Livraria do Advogado, 2006. p. 157).

(45) Gomes faz uma distinção entre os significados objetivo e subjetivo dos direitos fundamentais. O objetivo representa o potencial dos direitos fundamentais de expressar valores que transcendem à esfera individual e subjetiva, alcançando uma realidade que a norma jurídica não consegue atender. Do ponto de vista subjetivo, comportam diversas posições, possibilitando, aos seus titulares, a oposição perante o destinatário ou obrigado. (GOMES, Miriam Cipriani. *Violação de direitos fundamentais na negociação coletiva de trabalho*. São Paulo: LTr, 2012. p. 81-82).

(46) *Ibidem*, p. 81.

Nas relações trabalhistas, tanto individuais quanto coletivas, a violação a direitos fundamentais é plenamente possível, de modo que tal ramo de estudo jurídico, mesmo que se baseie em uma relação entre sujeitos privados, não pode se esquivar da incidência dos direitos fundamentais.

Martinez(47), promovendo uma conexão com a liberdade sindical, aponta que tal direito é um exemplo vivo da aplicação das normas de direitos fundamentais entre os sujeitos privados.

Os direitos humanos, na mesma linha do que se verifica em relação aos direitos fundamentais e pelos mesmos fundamentos, inegavelmente produzem eficácia nas relações entre particulares. Courtis(48) afirma "que a ideia que refuta a invocação dos direitos humanos nos vínculos privados é equivocada".

Os documentos históricos que consagram os direitos humanos, especialmente a Declaração Universal de 1948, o Pacto Internacional de Direitos Econômicos, Sociais e Culturais, vinculam não só ao Estado, mas também aos particulares, como se percebe pelos direitos trabalhistas previstos nos documentos, que obrigam os empregadores(49).

Reconhecida a aplicação dos direitos fundamentais e dos direitos humanos às relações privadas, é necessário perquirir se a vinculação ocorre de forma imediata.

Sarmento e Gomes(50) apresentam a teoria da eficácia horizontal mediata ou indireta, desenvolvida no direito alemão, que, ao mesmo tempo em que não nega o alcance dos direitos fundamentais aos vínculos entre particulares, não admite a sua incidência direta no referido âmbito, uma vez que não se inserem no contexto privado como direitos subjetivos, que podem ser suscitados a partir da Constituição(51). Segundo essa concepção, não é possível que os direitos fundamentais se insiram na esfera privada automaticamente a partir do texto constitucional.

---

(47) MARTINEZ, Luciano. *Revista Magister de Direito do Trabalho,* n. 64, jan./fev. 2015, p. 48.

(48) COURTIS, Christian. La eficacia de los derechos humanos en las relaciones entre particulares. *In:* SARLET, Ingo Wolfgang (Org.). *Constituição, Direitos Fundamentais e Direito Privado.* 2. ed. Porto Alegre: Livraria do Advogado, 2006. p. 406.

(49) Courtis enumera uma série de tratados Internacionais que consagram direitos humanos aplicáveis às relações entre particulares, não se limitando às situações em que estão em jogo os direitos individuais perante o Estado. (*Ibidem*, p. 416).

(50) SARMENTO, Daniel; GOMES, Fábio Rodrigues. *Rev. TST*, Brasília, v. 77, n. 4, out./dez. 2011, p. 66.

(51) Os defensores desta teoria acreditam que a Constituição, por si só, não é capaz de fundamentar a aplicação dos direitos fundamentais às relações privadas, havendo uma dependência do tratamento do tema pela via infraconstitucional.

Sarlet[52] salienta que, para essa corrente, os direitos fundamentais só podem ser aplicados no âmbito privado após um processo de transmutação, consubstanciado na recepção das normas de direitos fundamentais pelo direito privado[53].

Por outro lado, a corrente que defende a eficácia imediata advoga a tese de que os direitos fundamentais se vinculam diretamente aos particulares, uma vez que constituem normas de valor aplicáveis a toda a ordem jurídica, independentemente de um processo de interpretação e aplicação pelo direito privado[54].

É imperioso ressaltar que tal concepção não nega a possibilidade de o legislador atribuir concretude aos direitos fundamentais no âmbito das relações privadas. Ocorre que, quando a mediação não existe, segundo Bilbao Ubillos[55] "as normas constitucionais têm o condão de serem diretamente aplicadas".

Sarmento e Gomes[56] identificam que, na doutrina brasileira, é amplamente majoritária a doutrina que refuta a teoria da eficácia indireta, visto que prevalece a posição que defende a vinculação direta e imediata dos particulares aos direitos fundamentais. É impossível caminhar em outra direção, tendo em vista o arquétipo constitucional brasileiro[57].

Com efeito, no caso dos direitos de natureza trabalhista, não é difícil a identificação da eficácia direta dos direitos fundamentais, em virtude do fato

---

(52) SARLET, Ingo Wolfgang. *A eficácia dos direitos fundamentais:* uma teoria geral dos direitos fundamentais na perspectiva constitucional. 13. ed. Porto Alegre: Livraria do Advogado, 2018. p. 398.

(53) Vieira de Andrade afirma que aqueles que aceitavam a relevância indireta dos direitos fundamentais nas relações entre sujeitos privados entendiam que a eficácia era adstrita à regulação legislativa do direito privado. (VIEIRA DE ANDRADE, José Carlos. Os direitos, liberdades e garantias no âmbito das relações entre particulares. In: SARLET, Ingo Wolfgang (Org.). *Constituição, Direitos Fundamentais e Direito Privado*. 2 ed. Porto Alegre: Livraria do Advogado, 2006. p. 277).

(54) SARLET, Ingo Wolfgang, 2018, *op. cit.*, p. 398.

(55) BILBAO UBILLOS, Juan María ¿En qué medida vinculan a los particulares los derechos fundamentales? In: SARLET, Ingo Wolfgang (Org.). *Constituição Direitos Fundamentais e Direito Privado*. 2. ed. Porto Alegre: Livraria do Advogado, 2006. p. 319.

(56) SARMENTO, Daniel; GOMES, Fábio Rodrigues. *Rev. TST*, Brasília, v. 77, n. 4, out./dez. 2011, p. 70.

(57) Na doutrina alemã, segundo Sarlet, verifica-se uma forte tendência direcionada para a defesa da teoria da eficácia mediata dos direitos fundamentais às relações privadas. As contribuições da doutrina estrangeira são valiosas, mas não se pode deixar de observar as peculiaridades do texto constitucional brasileiro que, claramente, aponta para a aplicação direta dos direitos fundamentais aos vínculos entre sujeitos privados. (SARLET, Ingo Wolfgang. *A eficácia dos direitos fundamentais:* uma teoria geral dos direitos fundamentais na perspectiva constitucional. 13. ed. Porto Alegre: Livraria do Advogado, 2018. p. 401).

de que a Constituição se dirige, diretamente, aos particulares, que devem observar tais direitos[(58)].

O art. 7º da Constituição Federal é emblemático, no sentido de demonstrar a inevitabilidade da defesa da eficácia horizontal imediata dos direitos fundamentais nas relações entre particulares. A observância dos direitos trabalhistas consagrados no texto constitucional vincula diretamente os empregadores, sem a dependência de mediação por institutos típicos do direito privado.

É impossível, conforme lecionam Sarmento e Gomes[(59)], que algum ramo do Direito sobreviva ao arrepio da normatividade constitucional, de modo que é irrefreável a perspectiva da constitucionalização do direito privado[(60)]. A Constituição é o centro não só do direito público, mas também do direito privado.

Com o Direito do Trabalho, não poderia ser diferente. No âmbito individual, os direitos fundamentais funcionam como limitadores do poder do empregador, que deve observar algumas garantias inarredáveis destinadas ao obreiro. Do ponto de vista coletivo, os direitos fundamentais impõem barreiras que não podem ser ultrapassadas pela negociação coletiva que, por si só, apresenta-se como um direito humano e fundamental.

1.3. Negociação coletiva no plano internacional

A preocupação com a proteção e a promoção da negociação coletiva é uma tônica na história do Direito Internacional do Trabalho, não só no âmbito da Organização Internacional do Trabalho (OIT), mas também sob a perspectiva dos documentos históricos da Organização das Nações Unidas (ONU).

Ressalta-se que tal preocupação não ficou esquecida em um passado distante, uma vez que os organismos internacionais têm reiterado a importância da negociação coletiva em documentos recentes, como será analisado a seguir.

1.3.1. A Declaração Universal dos Direitos Humanos

A Declaração Universal dos Direitos Humanos, de 1948, foi elaborada no contexto das violações cometidas durante a Segunda Guerra Mundial. Era necessário o estabelecimento de diretrizes básicas, no sentido de proteger a dignidade de todos os seres humanos, independentemente de fatores como nacionalidade, cor, religião.

---

(58) *Ibidem*, p. 395.

(59) SARMENTO, Daniel; GOMES, Fábio Rodrigues, 2011, *op. cit.*, p. 87.

(60) A constitucionalização do Direito Privado no Brasil, segundo Sarmento e Gomes, não é uma escolha do intérprete e sim uma diretriz que se extrai do próprio texto constitucional. (*Ibidem*, p. 87).

Não é incomum a afirmação de que a Declaração não tem força vinculante, tendo em vista que não é ratificada pelos países, como ocorre com os tratados e convenções internacionais. Tal ideia, porém, não pode prosperar, visto que não faz sentido atribuir, a um dos documentos mais importantes para a afirmação dos direitos humanos, o *status* de mera recomendação.

Na mesma linha de pensamento, Comparato[61] identifica um excesso de formalismo naqueles que acreditam que a Declaração Universal dos Direitos Humanos não possui força vinculante. O reconhecimento dos direitos humanos independe de disposição formal em textos constitucionais e internacionais.

De mais a mais, não pode ser ignorada a distinção apresentada na seção 1.1, que não trata como sinônimos os direitos humanos e os direitos fundamentais, pois os últimos são aqueles reconhecidos no âmbito das constituições dos Estados nacionais.

Os direitos humanos, por outro lado, são reconhecidos no plano internacional, independentemente do ingresso formal no ordenamento jurídico dos respectivos países. A Declaração de 1948, portanto, carrega em seu conteúdo um rol importante de direitos humanos.

Dentre estes direitos, está a liberdade sindical. O art. 23, 4, estabelece que “todo ser humano tem direito a organizar sindicatos e a neles ingressar para proteção de seus interesses”. Ao reconhecer a liberdade sindical como direito humano, a mesma conclusão deve ser adotada para o instituto da negociação coletiva, que se insere dentro das dimensões da liberdade sindical, como será analisado na seção 3.1. Afinal, a negociação coletiva revela-se como o principal instrumento da ação sindical, de modo que não há como promover a liberdade sindical sem propiciar as condições adequadas para que a negociação floresça.

1.3.2. Os Pactos Internacionais de Direitos Humanos

Como forma de detalhar os preceitos introduzidos pela Declaração Universal dos Direitos Humanos de 1948, a Assembleia Geral das Nações Unidas editou, em 1966, dois pactos internacionais de direitos humanos: o Pacto Internacional sobre Direitos Civis e Políticos e o Pacto Internacional sobre Direitos Econômicos, Sociais e Culturais.

Comparato[62], sobre a elaboração de dois documentos diferentes, assevera que as razões para a não compilação em um único instrumento são

(61) COMPARATO, Fábio Konder. *A afirmação histórica dos direitos humanos*. 12. ed. São Paulo: Saraiva Educação, 2019.

(62) *Idem*.

de origem diplomática. É cediço que as potências ocidentais priorizavam o reconhecimento das liberdades individuais, que tutelam os indivíduos contra as interferências indevidas dos órgãos estatais. Os países pertencentes ao bloco comunista, de outra banda, demonstravam maior preocupação com a garantia dos direitos sociais e econômicos, visando ao suporte das classes mais desfavorecidas.

Conquanto exista a divisão em documentos distintos, inúmeros direitos estão elencados em ambos os pactos. É o que ocorre com o direito de sindicalização, previsto no art. 22 do Pacto sobre Direitos Civis e Políticos(63) e no art. 8º do Pacto sobre Direitos Econômicos, Sociais e Culturais(64). Não se olvide que os direitos humanos, conforme destaca Comparato(65), formam um sistema indivisível, que independe da forma de organização dos documentos internacionais.

---

(63) Art. 22. 1. Toda pessoa terá o direito de associar-se livremente a outras, inclusive o direito de construir sindicatos e de a eles filiar-se, para a proteção de seus interesses.

2. O exercício desse direito estará sujeito apenas às restrições previstas em lei e que se façam necessárias, em uma sociedade democrática, no interesse da segurança nacional, da segurança e da ordem públicas, ou para proteger a saúde ou a moral públicas ou os direitos e liberdades das demais pessoas. O presente artigo não impedirá que se submeta a restrições legais o exercício desse direito por membros das forças armadas e da polícia.

3. Nenhuma das disposições do presente artigo permitirá que Estados Partes da Convenção de 1948 da Organização Internacional do Trabalho, relativa à liberdade sindical e à proteção do direito sindical, venham a adotar medidas legislativas que restrinjam ou aplicar a lei de maneira a restringir as garantias previstas na referida Convenção.

(64) Art. 8º. 1. Os Estados Partes do presente Pacto comprometem-se a garantir:

a) O direito de toda pessoa de fundar com outras, sindicatos e de filiar-se ao sindicato de escolha, sujeitando-se unicamente aos estatutos da organização interessada, com o objetivo de promover e de proteger seus interesses econômicos e sociais. O exercício desse direito só poderá ser objeto das restrições previstas em lei e que sejam necessárias, em uma sociedade democrática, no interesse da segurança nacional ou da ordem pública, ou para proteger os direitos e as liberdades alheias;

b) O direito dos sindicatos de formar federações ou confederações nacionais e o direito destas de formar organizações sindicais internacionais ou de filiar-se às mesmas.

c) O direito dos sindicatos de exercer livremente suas atividades, sem quaisquer limitações além daquelas previstas em lei e que sejam necessárias, em uma sociedade democrática, no interesse da segurança nacional ou da ordem pública, ou para proteger os direitos e as liberdades das demais pessoas:

d) O direito de greve, exercido de conformidade com as leis de cada país.

2. O presente artigo não impedirá que se submeta a restrições legais o exercício desses direitos pelos membros das forças armadas, da política ou da administração pública.

3. Nenhuma das disposições do presente artigo permitirá que os Estados Partes da Convenção de 1948 da Organização Internacional do Trabalho, relativa à liberdade sindical e à proteção do direito sindical, venham a adotar medidas legislativas que restrinjam – ou a aplicar a lei de maneira a restringir as garantias previstas na referida Convenção.

(65) COMPARATO, Fábio Konder. *A afirmação histórica dos direitos humanos*. 12. ed. São Paulo: Saraiva Educação, 2019.

Dado o fato de que o Direito do Trabalho é um direito social, é natural que o Pacto sobre Direitos Econômicos, Sociais e Culturais discipline direitos trabalhistas de uma forma mais detalhada, em comparação com o Pacto sobre Direitos Civis e Políticos. Isto porque o direito ao trabalho constitui uma das principais bases da construção de uma legítima sociedade democrática.

À liberdade sindical, conquanto abordada por ambos os documentos, é conferida maior atenção no Pacto sobre Direitos Econômicos, Sociais e Culturais, tendo em vista que o documento dispõe, expressamente, sobre o livre exercício das atividades sindicais, que têm, como principal expoente, a negociação coletiva. O art. 8º, 1, *"c"*, consagra o comprometimento dos Estados-Partes em garantir o direito de exercício das atividades do sindicato, bem como em não interferir indevidamente neste direito humano e fundamental.

Não é à toa que a liberdade sindical e a negociação coletiva recebem atenção especial nos Pactos Internacionais de Direitos Humanos, que não têm o condão de dispor, exclusivamente, sobre temas eminentemente trabalhistas. A constituição de sindicatos fortes e atuantes possui uma importância histórica na afirmação dos direitos humanos.

1.3.3. A consagração da negociação coletiva no âmbito da Organização Internacional do Trabalho — OIT

Se a negociação coletiva recebera atenção nos documentos de direitos humanos que não tratam, exclusivamente, de questões trabalhistas, era de se esperar um aprofundamento do tema no âmbito da Organização Internacional do Trabalho (OIT). Nesse particular, as expectativas foram confirmadas.

Desde a sua Constituição, de 1919[66], que tem como anexo a Declaração da Filadélfia, de 1944, a Organização Internacional do Trabalho demonstrou uma grande preocupação com a liberdade sindical e a promoção da negociação coletiva. No preâmbulo, a Constituição realça a liberdade sindical como princípio fundamental[67].

(66) O texto em vigor da Constituição da Organização Internacional do Trabalho foi aprovado na 29ª reunião da Conferência Internacional do Trabalho, realizada em Montreal, no ano de 1946, substituindo o texto original, de 1919, que fora emendado em 1922, 1934 e 1945. Tais informações podem ser consultadas no *site* internacional da OIT. CONSTITUIÇÃO DA ORGANIZAÇÃO INTERNACIONAL DO TRABALHO (OIT) E SEU ANEXO (Declaração de Filadélfia). Disponível em: https://www.ilo.org/wcmsp5/groups/public/---americas/---ro-lima/---ilobrasilia/documents/genericdocument/wcms_336957.pdf. Acesso em: 21 set. 2021.

(67) "Considerando que existem condições de trabalho que implicam, para grande número de indivíduos, miséria e privações, e que o descontentamento que daí decorre põe em perigo a paz e a harmonia universais, e considerando que é urgente melhorar essas condições no que se refere, por exemplo, à regulamentação das horas de trabalho, à fixação de uma duração máxima do dia e da semana de trabalho, ao recrutamento da mão de obra, à luta contra o

A versão atual da Constituição da Organização Internacional do Trabalho foi aprovada, no Brasil, por meio do Decreto Legislativo n. 5, de 26 de agosto de 1947, e promulgada por intermédio do Decreto n. 25.696 de 20 de outubro de 1948[68].

A Declaração de Filadélfia, que consagra os fins e objetivos da Organização Internacional do Trabalho, além de reforçar a importância do respeito à liberdade sindical, no item I, b, confere especial destaque à negociação coletiva (que se insere nas dimensões da liberdade sindical), ao reconhecer como obrigação solene da Organização o reconhecimento, entre as nações do mundo, "do direito de negociação coletiva e da cooperação entre empregadores e os trabalhadores para a melhoria contínua da organização e da produção"[69].

Em consonância com a preocupação com o tema da negociação coletiva, a Organização Internacional do Trabalho editou Convenções específicas sobre a matéria. A Convenção n. 98 trata do direito de sindicalização e negociação coletiva, demonstrando, cabalmente, que os temas estão intrinsecamente relacionados.

O art. 4[70] prevê que os países devem adotar as medidas necessárias para estimular e promover o pleno desenvolvimento da negociação coletiva. Tal objetivo, todavia, não pode ser atingido sem que se protejam as outras dimensões da liberdade sindical (que serão analisadas no capítulo 3), motivo pelo qual se justifica a abordagem mais abrangente contida na Convenção n. 98.

---

desemprego, à garantia de um salário que assegure condições de existência convenientes, à proteção dos trabalhadores contra as moléstias 3 graves ou profissionais e os acidentes do trabalho, à proteção das crianças, dos adolescentes e das mulheres, às pensões de velhice e de invalidez, à defesa dos interesses dos trabalhadores empregados no estrangeiro, à afirmação do princípio "para igual trabalho, mesmo salário", **à afirmação do princípio de liberdade sindical**, à organização do ensino profissional e técnico, e outras medidas análogas; (grifos nossos)".O texto completo pode ser consultado no *site* internacional da OIT. Disponível em: https://www.ilo.org/wcmsp5/groups/public/---americas/---ro-lima/---ilobrasilia/documents/genericdocument/wcms_336957.pdf. Acesso em: 21 set. 2021.

(68) RODRIGUES JR., Edson Beas (Org.). *Convenções da OIT e outros instrumentos de direito internacional público e privado relevantes ao direito do trabalho*. 4. ed. São Paulo: LTr, 2019. p. 215.

(69) *Ibidem*, p. 220.

(70) Art. 4 – Deverão ser tomadas, se necessário for, medidas apropriadas às condições nacionais, para fomentar e promover o pleno desenvolvimento e utilização dos meios de negociação voluntária entre empregadores ou organizações de empregadores e organizações de trabalhadores com o objetivo de regular, por meio de convenções, os termos e condições de emprego. OIT. C098 – Direito de Sindicalização e de Negociação Coletiva. Disponível em: https://www.ilo.org/brasilia/convencoes/WCMS_235188/lang--pt/index.htm. Acesso em: 21 set. 2021.

O referido texto convencional foi aprovado, no Brasil, pelo Decreto Legislativo n. 49, de 1952 e promulgado por meio do Decreto n. 33.196, de 1953[(71)].

Em 1981, foi editada a Convenção n. 154, que, diferentemente da Convenção n. 98, dedicou-se exclusivamente à questão da negociação coletiva, não tratando de outros aspectos referentes à liberdade sindical. Todavia, mesmo no âmbito da Convenção n. 154, é possível visualizar a ligação umbilical existente entre negociação coletiva e liberdade sindical, a partir da previsão do art. 8º[(72)], que estabelece que o estímulo à negociação coletiva deve ser promovido em um cenário de plena liberdade.

O art. 2º[(73)] da Convenção dedica-se a conceituar a expressão negociação coletiva, questão que será abordada no capítulo seguinte. O dispositivo destaca a importância da negociação na fixação das condições de trabalho, na regulação das relações entre trabalhadores e empregadores, bem como dos vínculos nos quais estejam inseridas as organizações profissionais.

O art. 5º[(74)], na mesma linha do art. 4º da Convenção n. 98, consagra a obrigação dos países no sentido de adotar medidas que estimulem o

---

(71) RODRIGUES JR., Edson Beas (Org.). *Convenções da OIT e outros instrumentos de direito internacional público e privado relevantes ao direito do trabalho.* 4. ed. São Paulo: LTr, 2019. p. 258.

(72) Art. 8 – As medidas previstas com o fito de estimular a negociação coletiva não deverão ser concebidas ou aplicadas de modo a obstruir a liberdade de negociação coletiva. *Idem.*

(73) Art. 2 – Para efeito da presente Convenção, a expressão 'negociação coletiva' compreende todas as negociações que tenham lugar entre, de uma parte, um empregador, um grupo de empregadores ou uma organização ou várias organizações de empregadores, e, de outra parte, uma ou várias organizações de trabalhadores, com fim de:

a) fixar as condições de trabalho e emprego; ou

b) regular as relações entre empregadores e trabalhadores; ou

c) regular as relações entre os empregadores ou suas organizações e uma ou várias organizações de trabalhadores, ou alcançar todos estes objetivos de uma só vez OIT. C154 – Fomento à Negociação Coletiva. Disponível em: https://www.ilo.org/brasilia/convencoes/WCMS_236162/lang--pt/index.htm. Acesso em: 21 set. 2021.

(74) Art. 5 – 1. Deverão ser adotadas medidas adequadas às condições nacionais no estímulo à negociação coletiva.

2. As medidas a que se refere o parágrafo 1 deste artigo devem prover que:

a) a negociação coletiva seja possibilitada a todos os empregadores e a todas as categorias de trabalhadores dos ramos de atividade a que aplique a presente Convenção;

b) a negociação coletiva seja progressivamente estendida a todas as matérias a que se referem os anexos a, b e c do art. 2 da presente Convenção;

c) seja estimulado o estabelecimento de normas de procedimentos acordadas entre as organizações de empregadores e as organizações de trabalhadores;

d) a negociação coletiva não seja impedida devido à inexistência ou ao caráter impróprio de tais normas;

e) os órgãos e procedimentos de resolução dos conflitos trabalhistas sejam concedidos de tal maneira que possam contribuir para o estímulo à negociação coletiva. (*Idem*).

desenvolvimento da negociação coletiva. A diferença é que, nesse ponto, a Convenção n. 154 aprofunda mais a questão, ao exemplificar algumas ações específicas, quais sejam: possibilitar a negociação coletiva a todos os empregadores e todas as categorias de trabalhadores, independentemente do ramo de atividade econômica; estender, progressivamente, a negociação coletiva a uma diversidade de matérias; estimular o estabelecimento de normas de procedimentos que guiem as relações entre as organizações de trabalhadores e empregadores; evitar que a negociação coletiva seja impedida pela ausência de normas de procedimento; criar as condições para que os órgãos e procedimentos de resolução de conflitos trabalhistas contribuam para o estímulo à negociação coletiva.

Como se vê, não há como desenvolver a negociação coletiva fora de um ambiente institucional que propicie o seu amadurecimento. Será analisado, ao longo do presente trabalho, como os órgãos e instituições prejudicam a evolução da negociação coletiva no Brasil. Trata-se, sem dúvidas, de um problema multicêntrico.

Assim como a Convenção n. 98, a Convenção n. 154 também está formalmente inserida no ordenamento jurídico brasileiro, uma vez que foi aprovada pelo Decreto Legislativo n. 22, de 1992, e promulgada pelo Decreto n. 1256, de 1994[(75)].

Gomes[(76)] ressalta que a Convenção n. 98 da Organização Internacional do Trabalho integra o "bloco de constitucionalidade", de forma que complementa o elenco de direitos fundamentais consagrados no texto constitucional. Acresce-se a isso que a Convenção n. 154, igualmente, integra o bloco de constitucionalidade, pois, além de ter sido formalmente aprovada pelo Brasil, aborda um direito que possui *status* de direito humano e fundamental. Ambas as Convenções se enquadram como tratados internacionais de direitos humanos.

Consoante observam Franco Filho e Mazzuoli[(77)], não há, no Brasil, entendimento pacífico sobre a posição dos tratados Internacionais de Direitos Humanos no ordenamento brasileiro, dentre os quais estão inseridas as convenções da Organização Internacional do Trabalho.

---

(75) RODRIGUES JR., Edson Beas (Org.). *Convenções da OIT e outros instrumentos de direito internacional público e privado relevantes ao direito do trabalho*. 4. ed. São Paulo: LTr, 2019. p. 325.

(76) GOMES, Miriam Cipriani. *Violação de direitos fundamentais na negociação coletiva de trabalho*. São Paulo: LTr, 2012. p. 96.

(77) FRANCO FILHO, Georgenor de Sousa Franco; MAZZUOLI, Valerio de Oliveira. Incorporação e aplicação das convenções internacionais da OIT no Brasil. In: FRANCO FILHO, Georgenor de Sousa; MAZZUOLI, Valério de Oliveira (Orgs.). *Direito internacional do trabalho:* o estado da arte sobre a aplicação das convenções internacionais da OIT no Brasil. São Paulo: LTr, 2016. p. 15.

No julgamento do RE n. 466.343-1/SP(78), o Supremo Tribunal Federal entendeu que os tratados de direitos humanos não aprovados no quórum do § 3º do art. 5º da Constituição Federal/88 possuem natureza supralegal.

Todavia, no caso dos tratados internacionais de direitos humanos, sequer é preciso invocar a natureza supralegal para que seja reconhecida uma posição privilegiada a eles no ordenamento jurídico, uma vez que o art. 5º, § 2º(79), da Constituição Federal/88, considera como materialmente constitucionais os direitos decorrentes dos tratados dos quais o Brasil faz parte.

Se as convenções internacionais da Organização Internacional do Trabalho forem aprovadas pelo quórum previsto no art. 5º, § 3º(80), da Carta Magna, serão consideradas como normas constitucionais do ponto de vista formal. Mas, como ensinam Franco Filho e Mazzuoli(81), mesmo que não sejam formalmente aprovadas no quórum das emendas constitucionais, serão materialmente constitucionais, pois as convenções da Organização Internacional do Trabalho são tratados de Direitos Humanos, compatíveis com os princípios adotados pelo texto constitucional(82).

---

(78) PRISÃO CIVIL. Depósito. Depositário infiel. Alienação fiduciária. Decretação da medida coercitiva. Inadmissibilidade absoluta. Insubsistência da previsão constitucional e das normas subalternas. Interpretação do art. 5º, inc. LXVII e §§ 1º, 2º e 3º, da CF, à luz do art. 7º, § 7º, da Convenção Americana de Direitos Humanos (Pacto de San José da Costa Rica). Recurso improvido. Julgamento conjunto do RE n. 349.703 e dos HCs n. 87.585 e n. 92.566. É ilícita a prisão civil de depositário infiel, qualquer que seja a modalidade do depósito. (STF – RE: 466343 SP, relator: Min. CEZAR PELUSO, Data de Julgamento: 03.12.2008, Tribunal Pleno, Data de Publicação: *DJe-104* DIVULG 04.06.2009 PUBLIC 05.06.2009 EMENT VOL-02363-06 PP-01106 RDECTRAB v. 17, n. 186, 2010, p. 29-165).

(79) Art. 5º, § 2º. Os direitos e garantias expressos nesta Constituição não excluem outros decorrentes do regime e dos princípios por ela adotados, ou dos tratados internacionais em que a República Federativa do Brasil seja parte.

(80) Art. 5º, § 3º. Os tratados e convenções internacionais sobre direitos humanos que forem aprovados, em cada Casa do Congresso Nacional, em dois turnos, por três quintos dos votos dos respectivos membros, serão equivalentes às emendas constitucionais.

(81) FRANCO FILHO, Georgenor de Sousa Franco; MAZZUOLI, Valerio de Oliveira. Incorporação e aplicação das convenções internacionais da OIT no Brasil. In: FRANCO FILHO, Georgenor de Sousa; MAZZUOLI, Valério de Oliveira (Orgs.). *Direito internacional do trabalho:* o estado da arte sobre a aplicação das convenções internacionais da OIT no Brasil. São Paulo: LTr, 2016. p. 17.

(82) Sarlet ensina que a concepção de direitos fundamentais adotada pela Constituição brasileira segue a tradição que foi inaugurada na Alemanha, no sentido de que direitos fundamentais adquirem essa condição, para além de seu conteúdo, pelo fato de terem sido contemplados com um regime constitucional reforçado, dotados de eficácia e proteção. (SARLET, Ingo Wolfgang. *Dignidade da pessoa humana e direitos fundamentais na Constituição Federal de 1988*. 10. ed. Porto Alegre: Livraria do Advogado, 2015).

Franco Filho e Mazzuoli(83) chegam a afirmar que sequer era necessária a alteração da Constituição, promovida pela Emenda Constitucional n. 45/2004, que introduziu o § 3º do art. 5º, pois o simples fato de os tratados de direitos humanos versarem sobre temas de direitos humanos é suficiente para que sejam considerados materialmente constitucionais. Não se pode olvidar que o art. 4º, II, da Constituição Federal/88, dispõe que, no cenário internacional, o Brasil se pauta pelo princípio da prevalência dos direitos humanos.

A preocupação da Organização Internacional do Trabalho com a negociação coletiva não remonta somente a um passado distante. Trata-se de uma constante, que pode ser verificada em documentos importantes, elaborados nos últimos vinte anos.

Em junho de 1998, por ocasião da 86ª sessão da Conferência Internacional do Trabalho, realizada em Genebra, a Organização Internacional do Trabalho sintetizou, por meio da Declaração sobre os princípios e direitos fundamentais no trabalho, o seu compromisso com o trabalho decente(84).

O objetivo é a reafirmação dos compromissos firmados desde a Constituição da Organização Internacional do Trabalho e a Declaração de Filadélfia, que consagraram os objetivos gerais da Organização.

O item 2(85) da Declaração, insere, dentro do rol que integra o conceito de trabalho decente, a liberdade sindical e o reconhecimento efetivo do direito de negociação coletiva. Mais uma vez, percebe-se a inafastável conexão entre a liberdade sindical e a negociação coletiva que, além de fazer parte da definição de trabalho decente, é um importante instrumento para que os outros pilares sejam observados, quais sejam: a liberdade no trabalho, especialmente com a eliminação do trabalho forçado; a igualdade no trabalho, por

(83) FRANCO FILHO, Georgenor de Sousa Franco; MAZZUOLI, Valerio de Oliveira. Incorporação e aplicação das convenções internacionais da OIT no Brasil. In: FRANCO FILHO, Georgenor de Sousa; MAZZUOLI, Valério de Oliveira (Orgs.). *Direito internacional do trabalho:* o estado da arte sobre a aplicação das convenções internacionais da OIT no Brasil. São Paulo: LTr, 2016. p. 18.

(84) RODRIGUES JR., Edson Beas (Org.). *Convenções da OIT e outros instrumentos de direito internacional público e privado relevantes ao direito do trabalho.* 4. ed. São Paulo: LTr, 2019. p. 223

(85) 2. Declara que todos os Membros, ainda que não tenham ratificado as convenções aludidas, têm um compromisso derivado do fato de pertencer à Organização de respeitar, promover e tornar realidade, de boa fé e de conformidade com a Constituição, os princípios relativos aos direitos fundamentais que são objeto dessas convenções, isto é: a) a liberdade sindical e o reconhecimento efetivo do direito de negociação coletiva; b) a eliminação de todas as formas de trabalho forçado ou obrigatório; c) a abolição efetiva do trabalho infantil; e d) a eliminação da discriminação em matéria de emprego e ocupação.

intermédio da eliminação de todas as formas de discriminação no emprego; e a abolição do trabalho infantil[86].

Destaca-se que, no dia 10 de junho de 2022, durante a 110ª Conferência da Organização Internacional do Trabalho, foi aprovada a inclusão da segurança e da saúde no ambiente de trabalho no rol dos princípios fundamentais, consagrados na Declaração sobre os Princípios e Direitos Fundamentais do Trabalho de 1998[87].

Aquilo que se convencionou denominar de trabalho decente não representa uma série de recomendações que podem ou não ser seguidas pelos países, mas sim um rol de princípios e direitos que assumem um caráter cogente, mesmo para os países que não ratificaram as Convenções que tratam dos respectivos temas.

No ano de 2019, a Organização Internacional do Trabalho, por ocasião de seu centenário, editou, em mais uma Conferência Internacional do Trabalho realizada em Genebra, a Declaração do Centenário da Organização Internacional do Trabalho para o Futuro do Trabalho[88].

Em um contexto de severa transformação no mundo do trabalho, impulsionada, especialmente, pela inserção das novas tecnologias, a Organização Internacional do Trabalho buscou reafirmar os seus ditames de justiça social e a promoção do trabalho decente. Conforme salientam Maranhão e Savino[89], a proposta é promover uma "agenda centrada no ser humano", por meio da qual os diferentes atores inseridos no contexto laboral, pautados pelo diálogo social, assumam a responsabilidade conjunta pela construção de um futuro do trabalho justo, digno e equitativo.

Nesse particular, mais uma vez, a negociação coletiva aparece como protagonista, pois representa uma das formas mais democráticas de promoção do "diálogo social", expressão inúmeras vezes utilizadas na Declaração

(86) A concepção defendida no presente trabalho caminha no sentido de que o rol elencado pela OIT na Declaração sobre os Princípios e Direitos Fundamentais no Trabalho é meramente exemplificativo, conforme será analisado adiante. Temas como a justa remuneração, a limitação da jornada de trabalho e a proteção da saúde e da segurança do trabalhador não podem estar apartados da ideia de trabalho decente.

(87) Sobre a inclusão, *vide*: https://www.gov.br/trabalho-e-previdencia/pt-br/noticias-e-conteudo/trabalho/2022/junho/seguranca-e-saude-no-trabalho-passa-a-figurar-como-o-quinto-direito-de-todos-os-trabalhadores. Acesso em: 18 jun. 2022.

(88) RODRIGUES JR., Edson Beas (Org.). *Convenções da OIT e outros instrumentos de direito internacional público e privado relevantes ao direito do trabalho*. 4. ed. São Paulo: LTr, 2019- p. 17.

(89) MARANHÃO, Ney; SAVINO, Thiago Amaral Costa. O futuro do trabalho sob o olhar da OIT: análise do relatório "Trabalhar para um futuro melhor" (março/2019). *Revista de Direito do Trabalho*, v. 203/2019, p. 213-230, jul. 2019, p. 214.

de 2019. Segundo a Organização Internacional do Trabalho, o progresso tecnológico deve ser aproveitado para a promoção do trabalho decente e do desenvolvimento sustentável, por meio do diálogo social.

O item II, A, vi, da Declaração, estabelece que a Organização Internacional do Trabalho deve enveredar esforços para promover os direitos dos trabalhadores como elemento central para alcançar um crescimento inclusivo e sustentável, com especial atenção para a liberdade sindical e para o reconhecimento efetivo da negociação coletiva, que aparece como elemento indispensável para a promoção do diálogo social.

A Organização Internacional do Trabalho consagra, nesse diapasão, a perspectiva institucional do conceito de trabalho decente, que não pode ser alcançado sem o fortalecimento das instituições, com destaque especial para os sindicatos. Os mecanismos de diálogo social só podem ser aprimorados em um cenário composto por organizações fortes e representativas.

O trabalho decente, na perspectiva que se pode chamar de institucional, deve ser compreendido como um conjunto de normas e ações que propiciem àqueles que vivem do trabalho encontrar meios que garantam a sua subsistência, prestando o trabalho de forma que preserve a sua dignidade. Na perspectiva pessoal, deve ser um trabalho digno, ou seja, livre, igual, e em que direitos mínimos sejam garantidos. O caminho para o trabalho decente, assim como, de forma mais ampla, para que se tenha uma sociedade mais justa, é o fortalecimento das instituições sociais(90).

O futuro do trabalho que se deseja é aquele no qual todos tenham a garantia de um trabalho decente.

Para que isso ocorra, a negociação coletiva é indispensável. Maranhão e Savino(91) destacam que o alcance do diálogo social preconizado pela Organização Internacional do Trabalho perpassa pelo estabelecimento de um sistema efetivo de negociação, bem como pelo reconhecimento da negociação coletiva enquanto direito fundamental, tema este que será analisado na próxima seção.

1.4. Negociação coletiva no plano nacional

Não se olvide que os direitos fundamentais são aqueles reconhecidos como tal pela ordem constitucional de determinado país. Conforme salientado

(90) BRITO FILHO, José Claudio Monteiro de. *Trabalho decente:* análise jurídica da exploração do trabalho: trabalho escravo e outras formas de trabalho indigno. São Paulo: LTr, 2018.

(91) MARANHÃO, Ney; SAVINO, Thiago Amaral Costa. O futuro do trabalho sob o olhar da OIT: análise do relatório "Trabalhar para um futuro melhor" (março/2019). *Revista de Direito do Trabalho*, v. 203/2019, p. 213-230, jul. 2019, p. 217.

em seções anteriores, por mais que se reconheça a diferença entre os direitos fundamentais e os direitos humanos, não se ignora a íntima relação entre eles. Muitos direitos fundamentais consagrados no texto constitucional brasileiro encontraram inspiração em documentos internacionais históricos, especialmente, como salienta Sarlet[(92)], a Declaração Universal de 1948.

Com a negociação coletiva que, no Brasil, representa um direito fundamental sob os prismas formal e material, não é diferente.

Formalmente, verifica-se que o art. 7º, XXVI e o art. 8º, VI estão inseridos no Título II do Texto Constitucional – Dos Direitos e Garantias Fundamentais. O art. 7º, XXVI, reconhece os acordos e convenções coletivas, que constituem o resultado originado da negociação coletiva de trabalho; o art. 8º, VI, por sua vez, consagra a participação obrigatória dos sindicatos nas negociações coletivas.

Stürmer[(93)] pontua a importância do dimensionamento da real importância da negociação coletiva de trabalho, que é, indiscutivelmente, um direito fundamental.

Materialmente, a negociação coletiva adquire a condição de direito fundamental por força do art. 5º, § 2º, da Constituição Federal, uma vez que foi consagrada, como visto, em tratados internacionais dos quais o Brasil faz parte, bem como decorre dos princípios adotados no texto constitucional. Nesse ponto, é válido trazer à baila os ensinamentos de Sarlet[(94)], que define os direitos fundamentais em sentido material como aqueles que, por seu conteúdo e sua importância, devem ser equiparados aos direitos formalmente constitucionais.

Conectando a afirmação da liberdade sindical como direito fundamental com a questão da sua eficácia as relações privadas, questão já abordada no presente trabalho, Martinez[(95)] afirma:

> Vê-se na liberdade sindical um rico exemplo de direito fundamental, cuja eficácia horizontal é indiscutível. O comando nele inserido extrapola os limites da exigência de abstencionismo do Estado para alcançar também os comportamentos dos particulares. Não há como negar que a sociedade pode exigir não apenas do Estado, mas dos

---

(92) SARLET, Ingo Wolfgang. *A eficácia dos direitos fundamentais:* uma teoria geral dos direitos fundamentais na perspectiva constitucional. 13. ed. Porto Alegre: Livraria do Advogado, 2018. p. 32.

(93) STÜRMER, Gilberto. Negociação coletiva de trabalho como Direito Fundamental. *Revista Justiça do Direito*, v. 31, n. 2, p. 409-431, maio/ago. 2017, p. 418.

(94) SARLET, Ingo Wolfgang, 2018, *op. cit.*, p. 81.

(95) MARTINEZ, Luciano. *Revista Magister de Direito do Trabalho,* n. 64, jan./fev. 2015, p. 48.

agentes privados de um modo geral, o dever de respeito à liberdade sindical em seus âmbitos individual ou coletivo. O Estado, afinal, não é o único inimigo das liberdades.

O posicionamento da liberdade sindical e da negociação coletiva enquanto direitos fundamentais apresenta uma considerável relevância prática, tendo em vista o aumento de sua eficácia jurídica e social. Sarlet(96) recorda que os direitos humanos que não se manifestam como direitos fundamentais nos respectivos países dependem, para que possuam um caráter cogente, de mecanismos internos para que possam ser recepcionados juridicamente. Por mais que se reconheça a inequívoca evolução dos mecanismos de proteção internacional dos direitos humanos, ainda há um peso relevante do reconhecimento de sua eficácia pelas nações.

A negociação coletiva, gozando desta consagração nos planos nacional e internacional, reúne as condições para que produza efeitos nos âmbitos jurídico e social.

1.5. A negociação coletiva na perspectiva da promoção dos direitos fundamentais

Uma objeção frequente à concepção que sustenta a eficácia imediata dos direitos fundamentais nas relações privadas reside no fato de que esta coloca em risco a autonomia da vontade.

Sarmento e Gomes(97) ressaltam que a defesa da teoria da eficácia imediata dos direitos fundamentais nas relações privadas não elimina a necessidade de observar a autonomia privada dos sujeitos envolvidos na situação concreta. O problema da vinculação dos particulares aos direitos fundamentais, nos ensinamentos de Sarlet(98), apresenta uma necessidade de enfrentamento da questão da conciliação dos direitos fundamentais com os princípios fundantes do direito privado.

Outrossim, não se questiona o fato de que ao legislador infraconstitucional é reservado um espaço para que possa valorizar a autonomia privada, ponderando-a com os direitos fundamentais(99).

---

(96) SARLET, Ingo Wolfgang. *A eficácia dos direitos fundamentais:* uma teoria geral dos direitos fundamentais na perspectiva constitucional. 13. ed. Porto Alegre: Livraria do Advogado, 2018. p. 34.

(97) SARMENTO, Daniel; GOMES, Fábio Rodrigues. *Rev. TST*, Brasília, v. 77, n. 4, out./dez. 2011, p. 72.

(98) SARLET, Ingo Wolfgang. *A eficácia dos direitos fundamentais:* uma teoria geral dos direitos fundamentais na perspectiva constitucional. 13. ed. Porto Alegre: Livraria do Advogado, 2018. p. 399.

(99) SARMENTO, Daniel; GOMES, Fábio Rodrigues, 2011, *op. cit.*, p. 85.

A autonomia privada coletiva deve ser enxergada não como um potencial espaço de violação de direitos fundamentais (por mais que não se negue que este cenário pode se manifestar), mas como um terreno de expressão destes, tendo em vista que se manifesta como o fundamento central do exercício da negociação coletiva, que é um direito humano e fundamental.

Não se olvide que a autonomia privada coletiva, conforme destaca Gediel[(100)], é princípio tutelado constitucionalmente, na condição de direito fundamental, como se observa pelo art. 7º, XXVI, da Constituição Federal.

Nesse sentido, devem ser realçadas duas características importantes dos direitos fundamentais: a interdependência e a complementaridade.

A interdependência aponta para as intersecções entre os direitos fundamentais, que, frequentemente, estão intimamente vinculados. A complementaridade, por sua vez, aponta para a ideia de que os direitos fundamentais não podem interpretados isoladamente, tendo como pano de fundo os objetivos previstos pelo constituinte[(101)].

De mais a mais, a negociação coletiva, que é, inequivocamente, um direito fundamental, deve ser analisada em conexão com outros direitos fundamentais, não só os de natureza trabalhista, mas outros que são imprescindíveis para o exercício da ação sindical, como a liberdade de expressão e de associação. A liberdade sindical não pode ser exercida sem a observância das liberdades civis.

Scaff[(102)], remontando aos ensinamentos de Abramovich e Courtis, aponta que os direitos fundamentais atraem diferentes níveis de obrigações por parte do Estado e dos particulares, quais sejam: respeitar, proteger, garantir e promover.

As obrigações de respeitar objetivam evitar que o Estado impeça o acesso ou o gozo dos direitos fundamentais. As de proteger almejam impedir que terceiros dificultem o gozo a esses direitos. As de garantir asseguram, ao titular do direito, que tenha acesso ao bem. Por fim, as de promover consistem

(100) GEDIEL, José Antônio Peres. A irrenunciabilidade a direitos de personalidade pelo trabalhador. In: SARLET, Ingo Wolfgang (Org.). *Constituição, Direitos Fundamentais e Direito Privado*. 2. ed. Porto Alegre: Livraria do Advogado, 2006. p. 158.

(101) SANTOS, Enoque Ribeiro dos. *Direitos humanos na negociação coletiva:* teoria e prática jurisprudencial. São Paulo: LTr, 2004. p. 43.

(102) SCAFF, Fernando Facury. Notas sobre Direitos Humanos, Direitos Fundamentais e Direitos Sociais. In: GOES, Gisele Fernandes; MARANHÃO, Ney; LEAL, Pastora do Socorro Teixeira (Coords.). *Direitos humanos e relações trabalhistas:* estudos em homenagem à professora Rosita de Nazaré Sidrim Nassar. São Paulo: LTr, 2021. p. 54.

na implementação de condições para que os titulares gozem plenamente dos seus direitos(103).

Costa(104) ressalta que os direitos fundamentais podem apresentar-se como direitos defensivos, protegendo o indivíduo contra a ação do Poder Público, mas também sob um viés positivo, como deveres de proteção ou de promoção.

A negociação coletiva, na condição de autêntico direito fundamental, precisa ser respeitada, protegida, garantida e promovida. Nesse diapasão, Martinez(105) afirma que a liberdade sindical impõe ao Estado uma série de deveres: um dever de não interferência na criação, organização e no exercício da atividade sindical; um dever prestacional de proteção, como forma de evitar violações advindas de terceiro; e um dever de promoção, no sentido de estimular o diálogo e o entendimento sociais.

Em geral, no âmbito da negociação coletiva, que é uma das manifestações mais importantes da liberdade sindical, tais deveres são frequentemente esquecidos, tanto pelo Estado quanto pelos particulares.

Constatada a posição da negociação coletiva como direito humano e fundamental, é necessário avançar para a análise de seus aspectos conceituais e sua importância prática, a fim de que se compreenda a necessidade da construção do aparato necessário para o funcionamento dos sindicatos e, consequentemente, para o desenvolvimento da negociação coletiva.

---

(103) *Ibidem*, p. 55.

(104) COSTA, Judith Martins. Os direitos fundamentais e a opção multiculturalista do novo Código Civil. In: SARLET, Ingo Wolfgang (Org.). *Constituição, Direitos Fundamentais e Direito Privado*. 2. ed. Porto Alegre: Livraria do Advogado, 2006. p. 72

(105) MARTINEZ, Luciano. *Revista Magister de Direito do Trabalho,* n. 64, jan./fev. 2015, p. 49.

Capítulo 2

A Essencialidade da Negociação Coletiva nas Relações Trabalhistas

Na vida, as pessoas negociam em diversos momentos: em casa, no trabalho, com os amigos, na condição de consumidores, de trabalhadores e empregadores. Trata-se de uma prática que remonta aos primórdios da atividade humana.

Como a negociação compreende um hábito dos seres humanos, praticado, às vezes, até de forma imperceptível, é comum a falta de atenção para as peculiaridades que ela guarda.

Por ser um fenômeno tão complexo, presente em várias situações distintas, mais do que definida, a negociação precisa ser experimentada na prática. Isso não torna, porém, menos importante a definição da ideia de negociação, pois somente a partir dela será possível construir uma definição de negociação coletiva(106). A negociação coletiva é, antes de qualquer definição específica, uma negociação. A Organização Internacional do Trabalho (107) caminha no mesmo sentido, ao manifestar que, em verdade, a negociação coletiva é uma negociação no sentido corrente da palavra.

2.1. A negociação coletiva como uma espécie de negociação

Negociação é processo, é caminho para se alcançar um determinado objetivo, no qual, segundo Costa(108), dois ou mais sujeitos solucionam diferenças ou conflitos, por intermédio de discussões que levam a um acordo, mutuamente construído pelos envolvidos.

---

(106) Brito Filho afirma que, para conceituar negociação coletiva, é preciso expor o significado da palavra negociação, que é um processo de diálogo, de entendimento protagonizado pelas partes. (BRITO FILHO, José Cláudio Monteiro de. *Direito sindical.* 9. ed. São Paulo: LTr, 2021a. p. 164).

(107) OIT. Organização Internacional do Trabalho. *La negociación colectiva em países industrializados com economia de mercado.* Genebra: OIT, 1974. p. 7.

(108) COSTA, Ligia Maura. *Negociação:* como negociam brasileiros e franceses? São Paulo: Quartier Latin, 2010. p. 18.

Faz parte da dinâmica da negociação o desenvolvimento de estratégias, dado o fato de que estão em jogo interesses diferentes, muitas vezes conflitantes.

Zapparolli[(109)] ensina que, na negociação, não há isenção de interesses, tendo em vista a evidente ligação dos sujeitos envolvidos. Todavia, ela propicia um ambiente para a redução das diferenças entre os interesses das partes, gerando caminhos de escuta ativa[(110)]. Escutar ativamente não significa apenas ouvir, mas demonstrar interesse e atenção ao que o outro fala. Uma negociação não é um debate, mas sim um diálogo com vistas a atingir um objetivo.

Este processo, característico da prática da negociação, precisa ser qualificado para que se possa alcançar a definição de negociação coletiva.

Adotar-se-á, no presente trabalho, a classificação desenvolvida por Zapparolli[(111)], que classifica a negociação em simples, multipolos e coletiva.

A negociação simples é aquela na qual participam apenas dois polos, sejam coletivos ou individuais. É o que ocorre nas operações diretas de compra e venda, em que comprador e vendedor negociam as bases do negócio jurídico.

A negociação multipolos é aquela em que há mais de dois polos em destaque, sejam eles coletivos ou individuais. Imagine-se a venda de um bem imóvel, na qual estão envolvidos o comprador, o vendedor, o cartório, o banco que concede o financiamento.

Por outro lado, a negociação coletiva se diferencia pela participação de um ou mais grupos de sujeitos integrantes de um dos polos da negociação, podendo ser simples ou multipolos. É o caso da negociação coletiva trabalhista, que pode ser simples quando envolve um sindicato profissional e uma empresa, ou multipolos, quando abrange uma gama de sindicatos profissionais e sindicatos representantes de categorias econômicas.

Como se vê, é possível definir a negociação coletiva como um processo no qual estão envolvidos um ou mais grupos integrantes em um dos polos da negociação. É possível, desta maneira, avançar para definir a negociação

---

(109) ZAPPAROLLI, Célia Regina. Procurando entender as partes nos meios de resolução pacífica de conflitos, prevenção e gestão de crises. *In:* SALLES, Carlos Alberto de; LORENCINI, Marco Antônio Garcia Lopes; SILVA, Paulo Eduardo Alves da (Coords.). *Negociação, mediação, conciliação e arbitragem:* curso de métodos adequados de solução de controvérsias. 3. ed. Rio de Janeiro: Forense, 2020.

(110) Matos salienta que, mesmo diante das diferenças, é possível verificar, na negociação, a existência de uma base comum de interesses que faça com que as pessoas se disponham ao diálogo. Os motivos comuns fazem surgir o acordo. (MATOS, Francisco Gomes de. *Negociação e conflito*. São Paulo: Saraiva, 2014).

(111) ZAPPAROLLI, Célia Regina, 2020, *op. cit.*

coletiva trabalhista, que se apresenta como um dos mais importantes institutos do direito do trabalho.

São diversas as definições de negociação coletiva no âmbito da doutrina trabalhista.

Santos[(112)] entende a negociação coletiva como o processo por meio do qual os seres coletivos de trabalhadores e empregadores entabulam uma série de discussões, com a finalidade de estabelecer novas condições de trabalho e remuneração. Trata-se, segundo o autor, de um prolongamento direto do direito sindical, uma vez que um dos objetivos mais importantes das organizações de empregados e de trabalhadores é a definição de salários e outras condições de emprego mediante contratos coletivos[(113)].

Nas palavras de Teixeira Filho[(114)], é o processo democrático de autocomposição de interesses pelos próprios atores sociais, objetivando a fixação de condições de trabalho aplicáveis a uma coletividade de empregados de uma determinada empresa ou de toda uma categoria econômica, bem como a regulação entre as entidades estipulantes.

Outra definição é aquela que entende a negociação coletiva como o "conjunto de entendimentos e procedimentos adotados pelas partes envolvidas a fim de encaminhar questões cotidianas ou de resolver determinado conflito trabalhista, atual ou iminente"[(115)].

Rodrigues Pinto[(116)], por sua vez, conceitua a negociação coletiva como o complexo de entendimentos entre categorias de trabalhadores e empresas, ou suas representações, com a finalidade de estabelecer condições gerais de trabalho, que se propõem a regular as relações individuais entre seus integrantes ou resolver questões que estejam impedindo a execução normal dos contratos.

Ruprecht[(117)] assevera que a negociação coletiva é a que se celebra entre empregadores e trabalhadores, ou seus representantes, para buscar definir

---

(112) SANTOS, Enoque Ribeiro dos. *Negociação coletiva de trabalho*. Rio de Janeiro: Forense, 2018.

(113) Enoque Ribeiro dos Santos realça a condição da negociação coletiva enquanto sistema fundamental para a solução dos conflitos trabalhistas, em uma sociedade democrática, tema que será analisado na seção 2.2.1. (*Idem*).

(114) TEIXEIRA FILHO, João de Lima. *Instituições de Direito do Trabalho*. 21. ed. São Paulo: LTr, 2003. p. 1.182.

(115) SIQUEIRA NETO, José Francisco. *Contrato coletivo de trabalho:* perspectiva de rompimento com a legalidade repressiva. São Paulo: LTr, 1991. p. 14.

(116) PINTO, José Augusto Rodrigues. *Direito Sindical e Coletivo do Trabalho*. 2. ed. São Paulo: LTr, 2002. p. 184.

(117) RUPRECHT, Alfredo J. *Relações coletivas de trabalho*. São Paulo: LTr, 1995. p. 265.

condições de trabalho ou regulamentar relações laborais entre as partes. A ideia do autor é deixar bem delineado o fato de que a negociação não conduz necessariamente ao alcance de um acordo, ponto importante para separar a negociação coletiva em sentido amplo da negociação em sentido estrito, que será analisada na próxima subseção.

Arouca[118] destaca a importância da negociação coletiva para o equilíbrio da relação entre o capital e o trabalho, quando a define como o procedimento de tratativas entre sindicatos de trabalhadores, de empregadores, podendo também envolver as empresas, com a finalidade de conciliar o capital e o trabalho.

Cada uma das definições carrega aspectos importantes acerca da negociação coletiva trabalhista, guardadas as particularidades dos autores, no sentido de destacar pontos que consideram mais relevantes.

A negociação coletiva trabalhista pode ser definida como o processo autônomo e democrático de resolução de demandas e conflitos, protagonizado por sujeitos coletivos representantes de trabalhadores e empresas (ou por elas próprias), que tem como objetivo a fixação de condições de trabalho e o estabelecimento de diretrizes que balizam as relações entre as partes negociantes.

É processo no sentido de constituir um meio para o alcance de determinado resultado, qual seja a fixação de condições de trabalho e a regulamentação das relações entre os sujeitos coletivos envolvidos.

Democracia e negociação coletiva estão intrinsecamente vinculadas, pois somente a partir de um ambiente democrático, a negociação coletiva pode desabrochar. Ademais, a negociação coletiva é um instrumento que propicia a vivência da experiência democrática nas relações de trabalho, ao permitir a participação dos interessados na definição dos seus destinos[119].

Um elemento não destacado nas definições apresentadas, mas que precisa ser realçado, é o fato de que a negociação coletiva trabalhista é um processo autônomo. Isto porque as técnicas de negociação são encontradas em uma diversidade de meios de resolução de conflitos. Todavia, no caso da negociação coletiva, não há uma mera transversalidade, mas sim um cenário no qual a própria essência do instituto engloba a negociação, que se apresenta de uma forma autônoma.

---

(118) AROUCA, José Carlos. *Curso básico de direito sindical* da CLT à reforma trabalhista de 2017 (Lei n. 13.467). 6. ed. São Paulo: LTr, 2018. p. 251.

(119) A relação entre negociação coletiva e democracia será explorada de forma mais detalhada no tópico 3.2.3.

Zapparolli[120], nesse sentido, observa que, a depender da situação concreta, a negociação pode ou não funcionar como um processo autônomo de resolução de conflitos[121]. Isso porque, em outros métodos de resolução, como na conciliação e na mediação, é possível vislumbrar momentos de negociação. Vale ressaltar que a negociação, enquanto processo autônomo, não é assistida por um terceiro, diferentemente do que ocorre na mediação e na conciliação.

Quando se afirma que a negociação coletiva é processo de resolução de demandas e conflitos, o objetivo é demarcar a ideia no sentido de que, para que a negociação aconteça, não é necessária a existência de um conflito prévio.

Aguiar[122] assevera que o conflito deve ser colocado dentro do devido contexto programático no âmbito do processo negocial, devendo ser reservado a situações limítrofes, de acordo com o complexo de dificuldades encontradas no processo. A negociação, desse modo, fora do âmbito de um conflito, propõe-se, também, a solidificar convícios e prescrever princípios fundamentais em uma sociedade civilizada.

É frequente que a necessidade de resolução pela via da negociação coletiva esteja vinculada a um conflito, mas é possível que este instrumento entre em cena no contexto de uma demanda rotineira, vinculada a um acontecimento nas relações coletivas de trabalho que não corresponde a um conflito.

Veja-se, enfim, que, na conceituação apresentada, a negociação em sentido amplo não é entendida como aquela que conduz, necessariamente, à elaboração de uma convenção ou um acordo coletivo, pois quando se está tratando deste resultado específico, insere-se na seara da negociação coletiva em sentido estrito.

---

(120) ZAPPAROLLI, Célia Regina. Procurando entender as partes nos meios de resolução pacífica de conflitos, prevenção e gestão de crises. In: SALLES, Carlos Alberto de; LORENCINI, Marco Antônio Garcia Lopes; SILVA, Paulo Eduardo Alves da (Coord.). *Negociação, mediação, conciliação e arbitragem:* curso de métodos adequados de solução de controvérsias. 3. ed. Rio de Janeiro: Forense, 2020.

(121) Assef coloca que a negociação é ferramenta transversal a todos os métodos extrajudiciais de resolução de conflitos, pois neles as partes possuem a independência e o espaço para promover uma troca de influências. (ASSEF, Beatriz Alaíde de Souza. Transversalidade da Negociação. In: DALLEGRAVE NETO, José Affonso; DAL PIZZOL, Dineia Anziliero; GARCIA, Phelippe Henrique Cordeiro (Coords.). *Soluções de conflitos corporativos.* Brasília: Venturoli, 2020. p. 36).

(122) AGUIAR, Antonio Carlos. *Negociação coletiva de trabalho.* 2. ed. São Paulo: Saraiva Educação, 2018. p. 86-87.

2.1.1. Negociação coletiva em sentido estrito

A Organização Internacional do Trabalho, ao definir negociação coletiva, aborda o seu sentido amplo e o seu sentido estrito, quando estabelece que se entende por negociação coletiva não só as discussões que culminam em um contrato coletivo de trabalho, mas todas as formas de tratamento entre empregadores e trabalhadores ou entre seus respectivos representantes, sempre e quando suponham uma negociação no sentido corrente da palavra(123).

Comumente, associa-se a negociação coletiva ao objetivo de celebração de uma norma coletiva. Veja-se que esta lógica nem sempre é verdadeira, pois a negociação pode surgir em situações de entendimentos cotidianos, por meio da resolução de demandas que não necessitam da edição de uma convenção ou um acordo coletivo.

Porém, não se pode negar o peso da fixação de condições de trabalho por meio das convenções e acordos, motivo pelo qual é importante a definição da negociação coletiva em sentido estrito, que, como o nome sugere, deve partir da definição ampla apresentada na seção anterior.

A negociação coletiva em sentido estrito é o processo autônomo e democrático, protagonizado por sujeitos coletivos representantes de trabalhadores e empresas (ou por elas próprias), que tem como objetivo a celebração de um instrumento normativo (convenção ou acordo coletivo) regulamentador das condições de trabalho e das diretrizes que balizam as relações entre as partes negociantes.

No Brasil, os sindicatos assumem um completo protagonismo no que diz respeito à negociação coletiva, porquanto impera, no país, o princípio da interveniência sindical nas negociações coletivas, que alçam os sindicatos como partícipes obrigatórios do processo negocial coletivo, que culmina com a celebração de uma convenção ou acordo coletivo(124).

Eis a razão pela qual é impossível tecer qualquer análise sobre a negociação coletiva no Brasil sem discorrer sobre o papel dos sindicatos, tendo em vista que o fortalecimento das entidades sindicais é imprescindível para o amadurecimento da negociação coletiva.

Ruprecht(125) apresenta a negociação coletiva como um procedimento, um caminho para se conseguir um objetivo determinado, qual seja a celebração

---

(123) OIT. Organização Internacional do Trabalho. *La negociación colectiva em países industrializados com economia de mercado*. Genebra: OIT, 1974. p. 7.

(124) DELGADO, Mauricio Godinho. *Direito Coletivo do Trabalho*. 7. ed. São Paulo: LTr, 2017. p. 71.

(125) RUPRECHT, Alfredo J. *Relações coletivas de trabalho*. São Paulo: LTr, 1995. p. 926.

de uma convenção coletiva, que põe fim a um conflito ou atende a uma pretensão(126).

Sem dúvida, o conceito de negociação em sentido estrito é mais específico se comparado à definição de negociação coletiva em sentido amplo. Não poderia ser diferente, uma vez que a negociação coletiva voltada para a celebração das convenções e acordos coletivos apresenta grande relevância, constituindo-se como a principal manifestação da autonomia privada coletiva no Direito do Trabalho, capaz de produzir normas jurídicas derivadas de fontes autônomas, dentro da perspectiva do pluralismo jurídico(127).

Meirelles(128), desde logo, faz uma ressalva (que será analisada no próximo capítulo), no sentido de separar a negociação coletiva dos seus resultados:

> Enquanto a negociação pressupõe todos os atos preparatórios, procedimentos, meios e instrumentos necessários para a promoção do entendimento entre as partes envolvidas (no caso, empregadores e trabalhadores), visando a realização de um negócio jurídico, que poderá se concretizar ou não, a contratação diz respeito ao resultado positivo daquela, passando pelas mesmas fases, até se chegar efetivamente ao negócio jurídico (acordo). Simplificando, negociação coletiva é o processo de discussão que nem sempre chegará a um acordo, e contratação coletiva é o processo de discussão que levará a um contrato coletivo (no caso brasileiro, a um acordo coletivo ou a uma convenção coletiva de trabalho).(129)

Nesse sentido, quando se afirma que a negociação em sentido estrito tem como objetivo a celebração de um instrumento coletivo, isto não significa que o resultado alcançado será, necessariamente, o da edição da convenção ou do acordo coletivo, uma vez que existem outras formas de resolução dos conflitos coletivos, como a heterocomposição, que pode ser exemplificada

---

(126) Teodoro, do mesmo modo, enfatiza, em sua definição, a negociação como um caminho para a elaboração de "cláusulas aplicáveis às relações individuais de trabalho das categorias envolvidas na transação". (TEODORO, Maria Cecília Máximo. *O princípio da adequação setorial negociada no direito do trabalho*. São Paulo: LTr, 2018. p. 103).

(127) A autonomia privada coletiva enquanto fundamento da negociação coletiva, bem como seus desdobramentos, será objeto de análise no capítulo 3.

(128) MEIRELLES, Davi Furtado. *Negociação coletiva em tempos de crise*. São Paulo: LTr, 2018. p. 21.

(129) Nascimento *et al.*, por outro lado, entendem que a negociação coletiva é uma fonte de produção de regulamentação jurídica. Em verdade, ela é a origem, o caminho a ser percorrido para que se alcance a regulamentação. (NASCIMENTO, Amauri Mascaro; NASCIMENTO, Sônia Mascaro; NASCIMENTO, Marcelo Mascaro. *Compêndio de direito sindical*. 8. ed. São Paulo: LTr, 2015. p. 400).

pelos dissídios coletivos, em que um terceiro (a Justiça do Trabalho) soluciona a controvérsia.

Fato é que a negociação coletiva, seja em seu sentido amplo ou estrito, é um pilar fundamental do Direito do Trabalho, que deve ser constantemente aprimorado, tendo em vista todos os efeitos positivos que provoca, como será analisado adiante.

2.2. Vantagens da negociação coletiva

Brito Filho(130) afirma, com propriedade, que "dificilmente alguém discorda de que a melhor forma de solução dos conflitos coletivos de trabalho é a negociação direta".

De mais a mais, existem inúmeras vantagens que fazem da negociação coletiva um instrumento imprescindível para o bom desenvolvimento das relações trabalhistas.

2.2.1. Melhor meio de resolução de conflitos

A negociação coletiva é, certamente, a melhor forma de pacificação de um conflito coletivo(131).

Conflito significa divergência em face de determinado interesse. Brito Filho(132) identifica os conflitos coletivos como aqueles que envolvem interesses coletivos e surgem em decorrência da relação de trabalho em sua dimensão coletiva(133).

Surgem a partir da divergência entre um grupo de trabalhadores, de um lado, e empregador, ou grupo de empregadores, de outro lado, tendo por objeto a realização de um interesse do grupo(134).

---

(130) BRITO FILHO, José Cláudio Monteiro de. *Direito sindical*. 8. ed. São Paulo: LTr, 2021a. p. 162.

(131) A negociação coletiva é, segundo Delgado, um dos mais importantes métodos de solução de conflitos existentes na sociedade contemporânea. (DELGADO, Mauricio Godinho. *Direito Coletivo do Trabalho*. 7. ed. São Paulo: LTr, 2017. p. 188).

(132) BRITO FILHO, José Cláudio Monteiro de. *Direito sindical*. 8. ed. São Paulo: LTr, 2021a. p. 247.

(133) Afirmar que a negociação coletiva é o melhor meio de resolução de conflitos não significa inferir que a negociação somente estará presente quando houver conflito. Ruprecht salienta que o princípio da contradição entre as partes negociantes deixou de ser intocável e passou a ser analisado em conjunto com o princípio da cooperação. Não se almeja, com isso, negar a existência de interesses conflitantes, mas existem situações que são solucionadas sem que surja qualquer relação conflituosa. O autor afirma que, para que a negociação ocorra, não é necessária a existência de um conflito prévio. (RUPRECHT, Alfredo J. *Relações coletivas de trabalho*. São Paulo: LTr, 1995. p. 261, 925).

(134) MAGANO, Otávio Bueno. *Manual de direito do trabalho:* direito coletivo do trabalho. São Paulo: LTr, 1980. v. 3, p. 161.

A negociação coletiva representa uma forma de resolução destes conflitos pela via da autocomposição[135], vez que se desenvolve sem a intervenção de um terceiro que auxilie na condução do processo ou que substitua a vontade das partes por meio de uma decisão.

Nesse particular, Magano[136] enxerga a autocomposição como a modalidade de solução de um conflito coletivo na qual a resolução ocorre pela vontade das partes e não pela sujeição de uma delas à vontade da outra ou pela sujeição de ambas à vontade de um terceiro.

Pela autocomposição, encontra-se um equilíbrio entre a resolução pelas próprias forças de uma das partes ou a partir da intervenção de terceiros, que, não raro, desconhecem os meandros que envolvem as relações entre os sujeitos envolvidos[137]. É a modalidade de solução de conflitos que se encaixa perfeitamente com a negociação coletiva, que abre o caminho para a fixação de condições de trabalho que regerão as relações entre aqueles que, diretamente ou por meio de seus representantes, participam do processo de construção das soluções. Nesse sentido, Brito Filho[138] aponta que, nos meios autocompositivos, o poder de solucionar o conflito é das próprias partes.

A finalidade é fazer com que as partes, em conjunto, adotem decisões que solucionem problemas ou estabeleçam condições de trabalho[139]. Pela via da negociação, equilibram-se as pretensões, a fim de que o conflito seja solucionado a partir do estabelecimento de parâmetros razoáveis.

Nascimento *et al.*[140], sobre a Recomendação n. 163, declaram que o direito de negociação deve ser amplo, assegurado a todas as organizações, em qualquer nível, de empresa, estabelecimento, ramo de indústria, região ou até nacional, coordenados esses níveis entre si. Assinala a conveniência da troca de informações entre as partes, para que ambas possam negociar conhecendo a situação da outra, o que, também, vale para o Estado, porque

(135) Delgado enquadra a negociação coletiva como uma fórmula autocompositiva essencialmente democrática, gerindo interesses profissionais e econômicos de significativa relevância social. A contribuição relevante da negociação coletiva na promoção da democratização das relações de trabalho será destacada no presente trabalho. (DELGADO, Mauricio Godinho. *Direito Coletivo do Trabalho*. 7. ed. São Paulo: LTr, 2017. p. 189).

(136) MAGANO, Octávio Bueno, 1980, *op. cit.*, p. 188.

(137) Rodrigues Pinto (2002, p. 175) assevera que "a autocomposição, como a virtude, está no meio, isto é, entre o ímpeto de resolver pela própria força as pendências mantidas com outrem e a prudência de entregar a estranhos a tarefa de resolvê-las". É "a solução do conflito de interesses mediante a simples e direta interlocução dos sujeitos afetados por sua ocorrência".

(138) BRITO FILHO, José Cláudio Monteiro de. *Direito sindical*. 8. ed. São Paulo: LTr, 2021a. p. 256.

(139) RUPRECHT, Alfredo J. *Relações coletivas de trabalho*. São Paulo: LTr, 1995. p. 262.

(140) NASCIMENTO, Amauri Mascaro; NASCIMENTO, Sônia Mascaro; NASCIMENTO, Marcelo Mascaro. *Compêndio de direito sindical*. 8. ed. São Paulo: LTr, 2015. p. 136.

dispõe de dados econômicos e sociais globais do país. O mesmo documento sugere que conste das convenções coletivas a previsão dos mecanismos que serão adotados pelas partes para a solução das controvérsias que resultarem da sua aplicação, como a mediação e a arbitragem privada.

Evidenciam-se, assim, as vantagens de uma resolução do conflito por quem vive a realidade e conhece as potencialidades e dificuldades geradas pelas complexas relações trabalhistas nos diferentes setores da economia.

Ademais, é uma solução mais célere e menos desgastante do que, por exemplo, aquelas que dependem da intervenção do Poder Judiciário. Dallegrave Neto[141] ressalta que as pessoas não gostam de litigar, muito menos em juízo. Além do desgaste, do decurso do tempo, nem sempre as soluções são as mais justas e satisfatórias. A boa negociação, por outro lado, é aquela que traz resultados positivos para todos os envolvidos.

A solução imposta pelo Estado passou a ser a regra na sociedade brasileira e revela uma forte dependência das pessoas e instituições ao Estado, o que explica, parcialmente, a quantidade excessiva de demandas submetidas à solução pelo Poder Judiciário[142].

Não se objetiva, aqui, rechaçar as soluções provenientes do Estado, pois estas, a depender do caso, são as mais recomendadas. O que se critica é um encaminhamento quase que automático ao Estado no contexto de relações equilibradas, transferindo ao Poder Público a responsabilidade pela resolução do problema. Este cenário fez com que mecanismos como o da negociação não se desenvolvessem como o desejado no Brasil.

Nas relações coletivas de trabalho, tal raciocínio pode ser aplicado, a partir do momento em que a transferência automática da resolução dos conflitos ao Estado, pela via da heterocomposição, materializada pelo exercício da competência normativa da Justiça do Trabalho, não propicia o fortalecimento dos sindicatos e, consequentemente, da negociação coletiva. Este hábito, sem dúvidas, representa um dos obstáculos ao florescimento da negociação coletiva e será mais detidamente analisado no capítulo final do presente trabalho.

A autocomposição é a forma de resolução de conflitos almejada pelas partes e pela sociedade em geral, pois os interessados conhecem melhor

---

(141) DALLEGRAVE NETO, José Affonso. Negociação, Neurociência e Felicidade. Reflexões a partir do Método Harvard. In: DALLEGRAVE NETO, José Affonso, DAL PIZZOL; Dineia Anziliero; GARCIA, Phelippe Henrique Cordeiro (Coords.). *Soluções de conflitos corporativos.* Brasília: Venturoli, 2020. p. 20.

(142) LORENCINI, Marco Antônio Garcia Lopes. "Sistema Multiportas": opções para tratamento de conflitos de forma adequada. In: SALLES, Carlos Alberto de; LORENCINI, Marco Antônio Garcia Lopes; SILVA, Paulo Eduardo da (Orgs.). *Negociação, mediação, conciliação e arbitragem*: curso de métodos adequados de solução de controvérsias. 3. ed. Rio de Janeiro: Forense, 2020.

do que ninguém a realidade de seu trabalho, de forma a encontrar a melhor solução para os seus problemas. Por intermédio dela, os atores sociais procuram se desvincular da tutela estatal, buscando soluções próprias para os problemas. Ninguém melhor do que os diretamente envolvidos para definir o que é melhor para as suas vidas laborais(143).

Nascimento *et al.*(144) enfatizam que a solução do conflito sempre terá maior eficácia quando resultar do consentimento dos conflitantes no exercício da autonomia da vontade(145).

A negociação coletiva tem o condão de transformar um potencial conflito nocivo em uma solução harmônica, que adeque os interesses mercadológicos dos empregadores e a garantia de benefícios aos trabalhadores e, sobretudo, de seus empregos. Vianna(146) insere, nesse contexto, o princípio da paz social. Após a negociação frutífera, verifica-se uma trégua assumida pelas partes, ao celebrarem o instrumento normativo(147).

A negociação coletiva é o meio mais eficaz para a solução dos conflitos coletivos, sendo o meio para a manutenção da paz social, alcançada por meio do diálogo entre partes que possuem interesses aparentemente contraditórios, mas que buscam uma acomodação(148).

Um ponto importante precisa ser salientado: a defesa da negociação como fórmula autocompositiva que se apresenta como o melhor meio de resolução de conflitos coletivos trabalhistas não representa, de nenhuma forma, uma negação à existência dos conflitos.

O conflito de classes existe. Mas a possibilidade de convivência, apesar da contraposição de interesses, também.

---

(143) MANUS, Pedro Paulo Teixeira. *Negociação coletiva e contrato individual de trabalho.* São Paulo: Atlas, 2001. p. 30.

(144) NASCIMENTO, Amauri Mascaro; NASCIMENTO, Sônia Mascaro; NASCIMENTO, Marcelo Mascaro. *Compêndio de direito sindical.* 8. ed. São Paulo: LTr, 2015. p. 386.

(145) A negociação cumpre uma principal função, a compositiva, forma de superação dos conflitos entre as partes, ao lado das demais previstas pela ordem jurídica. Tem por fim harmonizar os interesses contrapostos dos trabalhadores e os dos empregadores, evitando desgastes futuros, como a greve e o recurso ao órgão jurisdicional (*Ibidem*, p. 432).

(146) VIANNA, Segadas. *Instituições de Direito do Trabalho.* 21. ed. São Paulo: LTr, 2003. p. 1.887.

(147) Russomano, referindo-se à convenção coletiva, que resulta do processo de negociação, afirma que as convenções são instrumentos de conciliação entre as partes, que se propõem a promover a paz social. Nos momentos mais adversos, nas crises mais agudas, a negociação se mostra como decisiva para a pacificação dos conflitos. (RUSSOMANO, Mozart Victor. *Princípios gerais de direito sindical.* 2. ed. Rio de Janeiro: Forense, 1997. p. 144).

(148) SÜSSEKIND, Arnaldo. *Instituições de Direito do Trabalho.* 21. ed. São Paulo: LTr, 2003. p. 1.166.

Nesse particular, é importante remontar aos ensinamentos de autores que buscaram aprofundar os estudos da negociação enquanto técnica. Fisher, Ury e Patton[(149)] apontam que o objetivo da negociação não é, e nem deve ser, eliminar o conflito, que se constitui como uma inevitável (e útil) parte da vida. O conflito gera compreensão acerca de inúmeros aspectos da vida e provoca necessárias mudanças. O conflito sério permite que injustiças sejam abordadas, propiciando a sua não concretização ou correção no momento oportuno.

O desafio que se impõe não é a eliminação do conflito e sim a sua transformação, pois a sua existência propicia que as pessoas convivam melhor com as diferenças, tentando resolver os problemas lado a lado, dentro de um processo de diálogo, evitando as abordagens destrutivas, que encaram o outro como um inimigo no campo de batalha[(150)].

No campo da negociação coletiva, existe um processo natural de amadurecimento e aprendizado com os erros. Este é mais um motivo para que se privilegie a autocomposição como forma ideal de solução de conflito. A solução por conta de terceiros, destarte, impede com que os sujeitos envolvidos possam evoluir a partir das próprias práticas.

A partir do momento em que a negociação se torna um hábito, é possível aprimorá-la constantemente. Tratando da negociação coletiva em sentido estrito, é normal que, após celebrada uma convenção ou um acordo coletivo, percebam-se lacunas, que deixam margem para variadas interpretações e que podem ser preenchidas em um próximo ciclo de negociação. Em verdade, este constitui um caminho extremamente salutar.

2.2.2. Fortalecimento dos sindicatos

A negociação coletiva é o mais importante vetor de fortalecimento dos sindicatos, porquanto simboliza a efetividade da ação sindical perante os representados e diante da sociedade. Não há manifestação mais contundente da atividade sindical. A negociação coletiva é, segundo Siqueira Neto[(151)], o momento mais sublime da ação sindical. Trata-se, conforme demonstrado no capítulo 1, do exercício de um direito fundamental.

---

(149) FISHER, Roger; URY, William; PATTON, Bruce. *Como chegar ao sim*. 10. ed. Alfagride: Lua de Papel, 2012. p. 11.

(150) *Idem*.

(151) SIQUEIRA NETO, José Francisco. *Contrato coletivo de trabalho*: perspectiva de rompimento com a legalidade repressiva. São Paulo: LTr, 1991. p. 116.

Brito Filho[152] salienta que, em um contexto no qual a flexibilização[153] ganha cada vez mais espaço, a função negocial assume o papel de mais importante do sindicato.

Não há como desassociar negociação coletiva e sindicato. Trata-se de uma via de mão dupla[154]. Ao mesmo tempo em que a negociação coletiva promove o fortalecimento dos sindicatos, as entidades sindicais bem estruturadas têm o condão de promover resultados mais satisfatórios nas negociações coletivas.

Da análise de uma convenção ou de um acordo coletivo, resultantes do processo de negociação coletiva, é possível mensurar a força e a capacidade de atuação de um sindicato. As normas coletivas que vão além da previsão de reajustes salariais e da reprodução de cláusulas que se repetem sucessivamente, criando cláusulas condizentes com as necessidades hodiernas da categoria, que apresentam um caráter dinâmica, exige uma estrutura mais sólida da entidade sindical envolvida. A intensificação e o incremento na qualidade das negociações coletivas fortalecem os sindicatos.

Não se pode olvidar que, quando se aborda a negociação coletiva em sentido estrito, a participação dos sindicatos se faz obrigatória, o que gera uma mútua dependência, de modo que os sindicatos precisam da negociação coletiva para que se desenvolvam e para que emitam sinais de fortalecimento, assim como a negociação coletiva, para que seja mais eficaz como instrumento de criação de melhores condições de trabalho, necessita da mobilização da entidade sindical.

Russomano[155] ensina que "o sindicalismo autêntico, forte, atuante, consciente do seu valor e de suas possibilidades, é pedra angular da negociação coletiva". É impossível compreender o fenômeno da negociação coletiva no Brasil sem inserir, na discussão, a atuação dos sindicatos[156]. Não por

---

(152) BRITO FILHO, José Cláudio Monteiro de. *Direito sindical*. 8. ed. São Paulo: LTr, 2021a. p. 159.

(153) No capítulo 4, será explorada a ideia de flexibilização que, comumente, é rotulada em virtude de uma associação com o conceito de desregulamentação.

(154) Nascimento *et al.* classificam a relação entre sindicato e negociação coletiva como um binômio, de maneira que as modificações no modo de conceber o sindicato refletem diretamente sobre a forma de compreender a negociação coletiva. (NASCIMENTO, Amauri Mascaro; NASCIMENTO, Sônia Mascaro; NASCIMENTO, Marcelo Mascaro. *Compêndio de direito sindical*. 8. ed. São Paulo: LTr, 2015. p. 401).

(155) RUSSOMANO, Mozart Victor. *Princípios gerais de direito sindical*. 2. ed. Rio de Janeiro: Forense, 1997. p. 145.

(156) Esta dependência se reforça pelo fato de que a Constituição atribuiu aos sindicatos, de forma preponderante, a legitimidade para negociar e celebrar normas coletivas aplicáveis à categoria. (LOPES, Mônica Sette. *A convenção coletiva e sua força vinculante*. São Paulo: LTr, 1998. p. 93).

outra razão, será apresentado, como um dos entraves ao desenvolvimento da negociação coletiva, o modelo de organização sindical brasileiro, que não garante a liberdade sindical de forma plena, o que dificulta o incremento da atividade negocial.

Esta ligação umbilical entre negociação coletiva e organização sindical foi reconhecida no plano internacional, especialmente na Declaração da Organização Internacional do Trabalho Relativa aos Princípios e Direitos Fundamentais no Trabalho, que reconhece, como parte do conceito de trabalho decente, de forma associada, a liberdade sindical e o reconhecimento efetivo da negociação coletiva.

No contexto de uma realidade marcada pela existência de sindicatos extremamente frágeis, não há outro caminho senão uma intensa dificuldade quanto às negociações coletivas, que, não raro, não fazem jus ao potencial que possuem de representar uma significativa melhoria nas relações laborais.

A falta de representatividade dos sindicatos devasta a sua legitimidade para negociar. A realidade que se observa, atualmente, é a de um sindicalismo brasileiro que está distante de alcançar a representatividade sindical, que vai além da mera representação.

A representação sindical está ligada à prerrogativa, definida por disposições legais, do sindicato de atuar em defesa dos interesses da categoria. A representatividade sindical, por outro lado, consiste na efetiva tutela dos interesses dos indivíduos que integram o agregado profissional. Vale destacar que o ordenamento jurídico não exige qualquer comprovação de que a atividade exercida atenda aos interesses dos representados, uma vez que define, previamente, que a representação da categoria cabe a um sindicato, ainda que ele não seja capaz de garantir a representatividade da categoria(157).

Nas palavras de Siqueira Neto(158), a representatividade:

> Exprime uma relação que não se dá apenas entre grupo e indivíduo, mas, preponderantemente, entre estrutura organizativa e grupo profissional amplo, ao qual, por inteiro — com inscritos e não inscritos — esta se empenha, para emprestar a efetividade da autotutela. Assim sendo, de fato, na expressão 'representatividade' está incluída estruturalmente a idoneidade do fenômeno organizativo sindical para ser o porta-voz dos interesses unitários do grupo, sem relevância

---

(157) MENDES, Felipe Prata. *Os sindicatos no Brasil e o modelo de democracia ampliada.* São Paulo: LTr, 2018. p. 99.

(158) SIQUEIRA NETO, José Francisco. *Liberdade sindical e representação dos trabalhadores nos locais de trabalho.* São Paulo: LTr, 1999. p. 106.

sobre os modos de composição deste (o qual integra trabalhadores sindicalizados e não sindicalizados). O que importa aqui, então, é a capacidade da organização para interpretar a vontade, mais que representá-la pelo explícito recebimento de um mandato.

A representação é uma questão de legalidade, enquanto a representatividade é uma questão de legitimidade, de modo que poderia um sindicato deter a representação legal, mas não a real e efetiva representatividade e vice-versa(159).

A representatividade sindical expressa um sujeito coletivo de trabalho que cumpre a missão de promover a tutela coletiva, o que pode ser visualizado no mundo fático. De outra banda, a representação sindical, de importância jurídica, constitui um pacto contratual oriundo da vontade dos interessados em se verem representados por certo sujeito de direito privado, de acordo com os critérios estabelecidos no ordenamento jurídico de cada nação(160).

Nesse sentido, é possível considerar a representatividade sindical como o título de legitimidade e de autenticidade da formal representação sindical.

Segundo Kaufmann(161):

> A representatividade sindical expressa, muito mais, a qualidade da representação formal sindical, a verdadeira legitimidade de se ter um porta voz. Se a representação sindical está, enfim, próxima às bases representadas, mais legitimada estará a estrutura de representação formal, legal, instituída, no caso brasileiro, por lei, para aquele mister de representação. Por consequência, menos insegurança representativa haverá.

A representatividade não se manifesta a partir de uma imposição de cima (do Estado) para baixo (para os trabalhadores e empregadores). A avaliação da existência de uma efetiva representatividade sindical perpassa, necessariamente, pelo contato com as bases, de baixo para cima, do substrato fático à norma jurídica(162).

---

(159) NASCIMENTO, Amauri Mascaro. *Compêndio de Direito Sindical*. 6. ed. São Paulo: LTr, 2009. p. 42.

(160) MENDES, Felipe Prata. *Os sindicatos no Brasil e o modelo de democracia ampliada*. São Paulo: LTr, 2018. p. 100.

(161) KAUFMANN, Marcus de Oliveira. Da formal representação à efetiva representatividade sindical: problemas e sugestões em um modelo de unicidade. *Revista do Tribunal Superior do Trabalho*, v. 76, n. 2, p. 109-157, abr./jun. 2010, p. 118.

(162) *Idem*.

Nesse contexto, sustenta-se que a representação sindical se adquire, mas que a representatividade sindical, por ser uma questão de autenticidade e de legitimidade, conquista-se.

Veja-se que a representatividade sindical, que se encontra intimamente vinculada às ações concretas do sindicato, é indispensável para o desenvolvimento das negociações coletivas[(163)] que, como afirmado anteriormente, representam a principal expressão da atividade dos sindicatos. Trata-se da melhor oportunidade para que se possa aferir o grau de representatividade dos sindicatos negociantes.

Siqueira Neto[(164)] aponta que não basta uma lei fomentando a negociação, pois, se os sindicatos não tiverem força, a negociação se constituirá como mera burocracia. Uma ratificação da pertinência desta afirmação é a Lei n. 13.467/2017, conhecida como Reforma Trabalhista (que será objeto de análise no capítulo 4). A Reforma introduziu o slogan da "prevalência do negociado sobre o legislado". Sem diminuir a importância de afirmar os preceitos constitucionais promotores da negociação coletiva, o ponto fulcral reside no fato de que a legislação, isoladamente, não conseguirá promover a negociação coletiva ao patamar almejado a nível constitucional e no âmbito do preceituado pelas normas internacionais.

Não é possível vislumbrar um fortalecimento dos sindicatos enquanto instituições sem o desenvolvimento da negociação coletiva, assim como é inimaginável que a negociação coletiva se desenvolva sem que as entidades sindicais cumpram os ditames da representatividade, que vai além da mera representação. Há uma relação de interdependência. Como será analisado adiante, o amadurecimento da negociação coletiva depende de um sindicato forte, inserido no âmbito de um sistema que garanta a liberdade sindical. Porém, o fortalecimento dos sindicatos se viabiliza pela evolução da função negocial. Os elementos que formam o Direito Coletivo do Trabalho não podem ser analisados de forma apartada.

2.2.3. Democratização nas relações trabalhistas

Antes de demonstrar o porquê de a negociação coletiva se apresentar como importante instrumento de promoção de democratização das relações

---

(163) Vianna salienta que, a partir do momento em que o sindicato robustece sua representatividade, sendo a negociação coletiva um caminho essencial para alcançar este intento, a lei passa a desempenhar uma função secundária na satisfação dos interesses coletivos. (VIANNA, Segadas. *Instituições de Direito do Trabalho*. 21. ed. São Paulo: LTr, 2003. p. 1.172).

(164) SIQUEIRA NETO, José Francisco. *Contrato coletivo de trabalho:* perspectiva de rompimento com a legalidade repressiva. São Paulo: LTr, 1991. p. 27.

trabalhistas, é importante demarcar que a existência de um ambiente democrático é essencial para o desenvolvimento das atividades sindicais, em especial da negociação coletiva(165).

Plá Rodriguez(166) destaca a necessidade da democracia para que os sindicatos possam funcionar de maneira adequada. Existe uma densidade democrática necessária para se alcançar a liberdade sindical.

A vinculação entre democracia e liberdade está fundada na premissa de que a democracia é o regime político que se baseia no respeito ao homem, reconhecendo a possibilidade de os indivíduos pensarem e se articularem livremente(167).

Russomano(168) pontua que a negociação coletiva, além de ser marcante nas sociedades industrializadas, é característica observável na economia dos países democráticos, haja vista que não encontra o ambiente para que floresça nos regimes totalitários(169).

Existe uma interdependência entre as liberdades. É impossível o pleno exercício da liberdade sindical (que é fundamento da negociação coletiva, conforme será analisado no próximo capítulo) sem que exista a garantia de outras liberdades essenciais em um contexto democrático, como a liberdade de expressão, a liberdade de reunião e a liberdade de associação.

Democracia e negociação coletiva estão intrinsecamente vinculadas, pois somente a partir de um ambiente democrático, no qual existe espaço para a sindicalização livre, a negociação coletiva pode desabrochar. O regime político de um país é vetor de estímulo ou inibição das negociações coletivas.

Outrossim, em um ambiente democrático, a negociação coletiva é um importante mecanismo para a condução à democratização das relações de trabalho.

---

(165) Sá afirma que o contexto democrático é essencial para o desenvolvimento das negociações coletivas. (SÁ, Maria Cristina Haddad de. *Negociação coletiva de trabalho no Brasil*. São Paulo: LTr, 2002. p. 59).

(166) PLÁ RODRIGUES, Américo. Democracia e Sindicatos. In: MALLET, Estevão; ROBORTELLA, Luiz Carlos Amorim (Coords.). *Direito e Processo do Trabalho*: Estudos em homenagem a Octavio Bueno Magano. São Paulo: LTr, 1996. p. 177.

(167) *Ibidem*, p. 179.

(168) RUSSOMANO, Mozart Victor. *Princípios gerais de direito sindical*. 2. ed. Rio de Janeiro: Forense, 1997. p. 145.

(169) Nos países totalitários, em que os sindicatos são capturados pelo Estado, ou permanecem sob o controle do partido dominante, a negociação coletiva se transforma em instrumento das pretensões governamentais (*Ibidem*, p. 146).

As organizações sindicais cumprem um papel fundamental na incrementação de democracia no seio social, nomeadamente porque tais entidades constituem o cerne de um dos setores mais importantes da vida em sociedade[(170)].

Recorde-se que democracia seria uma palavra pobre se a sua definição não fosse desenvolvida nos campos de batalha, nos quais tantos indivíduos combateram por ela[(171)]. Essa, porém, é uma luta constante e que deve contar com representantes dos mais diversos setores sociais.

Afinal, somente a partir de uma vontade democrática os indivíduos podem discutir, de igual para igual, com aqueles que detêm os recursos econômicos, políticos e culturais. Esse é o motivo pelo qual a negociação coletiva e a democracia industrial foram duas grandes conquistas da democracia[(172)].

Assim se dá porque não se pode falar de democracia sem analisar o controle exercido pelos atores sociais sobre os poderes constituídos. Nesse contexto, Touraine[(173)] afirma que a democracia "define-se como a penetração do maior número de atores sociais e coletivos no campo das decisões". A negociação coletiva, por sua vez, propicia esta penetração, no sentido de que os próprios atingidos pelas decisões participam do processo de construção das diretrizes nas quais se baseiam as relações de trabalho.

Delgado[(174)], relacionando as funções do Direito Coletivo do Trabalho com a negociação coletiva, afirma que tais funções desaguam, em regra, na negociação coletiva trabalhista, uma vez que esta constitui o instrumento principal e mais privilegiado de sua realização concreta.

De maneira geral, a negociação coletiva trabalhista desponta como o mais significativo mecanismo de realização das funções inerentes ao Direito Coletivo do Trabalho. Por tais razões e vínculos é que os objetivos e funções da negociação coletiva se confundem com aqueles caracterizadores do próprio segmento juscoletivo trabalhista.

Destaca-se, aqui, a função política do Direito Coletivo, enquanto promotor da democratização nas relações de trabalho. A negociação coletiva representa

---

(170) MARANHÃO, Ney; MENDES, Felipe Prata. Democracia e sindicalismo na contemporaneidade: breves notas reflexivas. In: SILVA NETO, Manuel Jorge e (Org.). *Desafios à autonomia negocial coletiva*: estudos em homenagem ao Professor José Augusto Rodrigues Pinto. Brasília: ESMPU, 2021. p. 276.

(171) TOURAINE, Alain. *O que é a democracia*. Petrópolis: Vozes, 1996. p. 21.

(172) BOBBIO, Norberto. *O futuro da democracia*: uma defesa das regras do jogo. Rio de Janeiro: Paz e Terra, 1986. p. 22.

(173) TOURAINE, Alain, 1996, *op. cit.*, 1996, p. 41.

(174) DELGADO, Mauricio Godinho. *Direito Coletivo do Trabalho*. 7. ed. São Paulo: LTr, 2017. p. 190.

o ápice do exercício desta função, momento no qual os trabalhadores e empregadores, por meio das respectivas entidades de representação, participam ativamente da definição das condições laborais(175).

Nascimento *et al.*(176) sublinham que a negociação coletiva exerce outras funções, não jurídicas, dentre as quais a função política. E assim é enquanto forma de diálogo entre grupos sociais em uma sociedade democrática, para a valorização da ação pacífica do capital e do trabalho, porque é do interesse geral que ambos superem as suas divergências.

A negociação coletiva é, nas palavras de Vianna(177), "um processo democrático", por meio do qual "as partes buscam, diretamente, uma composição para a regência das relações de trabalho que protagonizam". O autor destaca a valorização constitucional da negociação coletiva como o instrumento mais eficaz e democrático de solução dos conflitos coletivos de trabalho(178).

A negociação coletiva proporciona a gestão democrática das relações de trabalho, configurando-se como um mecanismo efetivo de participação dos trabalhadores na definição das condições laborais.

Siqueira Neto(179) assevera que a negociação coletiva exerce um papel essencial na consolidação dos espaços democráticos. A participação de corpos intermediários na negociação promove uma saudável descentralização, apta a oferecer respostas mais justas e racionais às demandas. Também estimula o senso de responsabilidade e participação dos cidadãos, que não ficarão na dependência exclusiva das soluções advindas do Estado(180).

Falar de democracia na esfera sindical, bem se vê, demanda uma análise da ideia de participação. Frequentemente, a palavra "participação" é utilizada de forma imprecisa. Nesse contexto, a participação:

---

(175) Na verdade, a experiência histórica dos principais países ocidentais demonstrou, desde o século XIX, que uma diversificada e atuante dinâmica de negociação coletiva no cenário das relações laborativas sempre influenciou, positivamente, a estruturação mais democrática do conjunto social (DELGADO, Mauricio Godinho. *Direito Coletivo do Trabalho*. 7. ed. São Paulo: LTr, 2017. p. 198).

(176) NASCIMENTO, Amauri Mascaro; NASCIMENTO, Sônia Mascaro; NASCIMENTO, Marcelo Mascaro. *Compêndio de direito sindical*. 8. ed. São Paulo: LTr, 2015. p. 433.

(177) VIANNA, Segadas. *Instituições de Direito do Trabalho*. 21. ed. São Paulo: LTr, 2003. p. 1.182.

(178) Na mesma linha, Matos sustenta que a negociação é marca evidente de um processo democrático e sua prática regular é uma comprovação cabal de que a democracia impera nas organizações. (MATOS, Francisco Gomes de. *Negociação e conflito*. São Paulo: Saraiva, 2014).

(179) SIQUEIRA NETO, José Francisco. *Contrato coletivo de trabalho:* perspectiva de rompimento com a legalidade repressiva. São Paulo: LTr, 1991. p. 16.

(180) VIANNA, Segadas, 2003, *op. cit.*, p. 1174.

> Consiste basicamente na criação de oportunidades, sob as condições adequadas, para que as pessoas influam nas decisões que as afetam. Essa influência pode ser de pouca a muita [...] [participação] constitui um caso especial de delegação no qual o subordinado adquire um controle maior, uma maior liberdade de escolha em relação a suas próprias responsabilidades. O termo participação é usualmente aplicado à maior influência do subordinado sobre assuntos de responsabilidade do superior.(181)

Trazendo esse conceito para o mundo do trabalho, pode-se definir a participação como um processo por meio do qual os trabalhadores, assim como os empregadores, podem contribuir para a tomada de decisões que influenciem em seu cotidiano de trabalho. Nesse sentido, a participação configura-se quando as partes envolvidas nas relações de trabalho contribuem, ativamente, para a elaboração dos planos, das políticas e das decisões incidentes no contexto laborativo(182).

Como destaca Pateman(183), para que a ideia de participação seja útil para resolver os problemas relacionados à democracia nas relações de trabalho, é necessário que se realize uma análise rigorosa. Logo, a definição apresentada acima exclui as situações nas quais um indivíduo apenas é informado sobre uma decisão que o atinge ou quando participa de uma reunião, sem que, contudo, exerça qualquer influência. Seguramente, não é desse tipo de participação que trata o presente trabalho.

Também ressalta, com inteira pertinência, que o ambiente de trabalho ocupa um lugar central na discussão sobre a viabilidade de uma sociedade participativa. Com efeito, é pouco restringir o papel do cidadão à escolha dos representantes políticos(184).

Daí o porquê de enfatizar a necessidade de atuação do cidadão nas "áreas alternativas", como segue, *in verbis*:

> Somente se o indivíduo tiver a oportunidade de participar de modo direto no processo de decisão e na escolha de representantes nas

---

(181) MCGREGOR *apud* PATEMAN, Carole. *Participação e teoria democrática*. Rio de Janeiro: Paz e Terra, 1992. p. 93.

(182) MARANHÃO, Ney; MENDES, Felipe Prata. Democracia e sindicalismo na contemporaneidade: breves notas reflexivas. In: SILVA NETO, Manuel Jorge e (Org.). *Desafios à autonomia negocial coletiva*: estudos em homenagem ao Professor José Augusto Rodrigues Pinto. Brasília: ESMPU, 2021. p. 277.

(183) PATEMAN, Carole. *Participação e teoria democrática*. Rio de Janeiro: Paz e Terra, 1992. p. 94.

(184) *Ibidem*, p. 112.

áreas alternativas é que, nas modernas circunstâncias, ele pode esperar ter qualquer controle real sobre o curso de sua vida ou sobre o desenvolvimento do ambiente em que ele vive. É claro que as decisões tomadas, por exemplo, no local de trabalho, na Câmara dos Deputados ou no ministério não são exatamente as mesmas, mas pode-se concordar com Schumpeter e seus seguidores pelo menos a este respeito: é de se duvidar que o cidadão comum chegue algum dia a se interessar por todas as decisões que são tomadas a nível nacional da mesma forma que se interessaria por aquelas que estão mais próximas dele.(185)

Miguel(186), de sua parte, salienta que, por intermédio do trabalho, surgiram oportunidades para a obtenção de informações acerca do mundo, proporcionando aos indivíduos um conhecimento mais preciso do funcionamento da política e da sociedade, o que implica um aumento da autonomia coletiva, fazendo com que o trabalhador assuma o controle de âmbitos importantes de sua vida cotidiana. Como o trabalho é um dos principais núcleos da vida cotidiana de homens e mulheres, não há ambiente mais propício para o desenvolvimento da autonomia coletiva.

Qualquer concepção restrita de democracia cria obstáculos à afirmação daqueles interesses que precisam ser gerados de forma coletiva, como é o caso dos interesses dos trabalhadores. Embora cada empregador tenha suas próprias aspirações, todos buscam a obtenção de lucro. Nesse sentido, existe um objetivo comum a todos, não obstante a concorrência no mercado. Contudo, a situação da classe operária é mais problemática. Maiores salários não constituem um objetivo unívoco, tal como o lucro, uma vez que concorrem com outros benefícios almejados, como melhorias no meio ambiente de trabalho(187).

A participação do trabalhador nos assuntos que dizem respeito aos seus interesses é essencial para alimentar e desenvolver as qualidades psicológicas requeridas para a participação política, em âmbito nacional. Pateman entende que, quando o indivíduo usufrui de oportunidades de participar das

---

(185) PATEMAN, Carole. *Participação e teoria democrática*. Rio de Janeiro: Paz e Terra, 1992. p. 145.

(186) MIGUEL, Luis Felipe. *Democracia e representação*: territórios em disputa. São Paulo: Unesp, 2014. p. 64.

(187) MARANHÃO, Ney; MENDES, Felipe Prata. Democracia e sindicalismo na contemporaneidade: breves notas reflexivas. In: SILVA NETO, Manuel Jorge e (Org.). *Desafios à autonomia negocial coletiva*: estudos em homenagem ao Professor José Augusto Rodrigues Pinto. Brasília: ESMPU, 2021. p. 279.

decisões sociais, ele estará, do mesmo modo, apto a participar das outras decisões políticas[(188)].

Enfim, a participação nas áreas alternativas, como a dimensão laboral, capacita o cidadão a realizar, de modo mais preciso, a conexão entre as esferas pública e privada, que não estão de modo algum apartadas. A inserção do indivíduo em uma sociedade participativa faz com que ele esteja mais preparado para contribuir para a tomada de decisões importantes, como a escolha dos representantes nacionais. Diálogos decisórios no microcosmo laborativo também influenciam, portanto, a maturidade das decisões exercitadas no macrocosmo político, propriamente dito[(189)].

Entretanto, para que se vislumbre a democracia nas relações laborais, é preciso ampliar a noção de "trabalho". Deveras, o trabalho não é somente a atividade que proporciona o sustento do indivíduo e determina seu *status* no mundo, mas abrange, também, "as atividades que ele realiza em cooperação com outros"[(190)].

Dentro desse conceito amplo, surge a importância dos sindicatos e, consequentemente, da negociação coletiva, que são espaços onde essa cooperação pode se manifestar.

A unidade dos trabalhadores é determinante para o êxito de suas lutas, uma vez que, apesar de os trabalhadores constituírem um grande contingente populacional, a sua expressão só possui ressonância quando eles edificam organizações que permitam a união da classe. Segundo Antunes[(191)], a grande quantidade de trabalhadores é anulada quando há desunião. Nessa linha de raciocínio, os sindicatos sempre representaram o centro de organização dos trabalhadores, visando ao alcance de uma melhor condição econômica, social e política. O movimento sindical é, pois, imprescindível para o desenvolvimento das condições materiais e existenciais da população que trabalha.

Por isso, a negociação coletiva não pode ser um espaço em que reste garantida, apenas, uma participação parcial, perante a qual os trabalhadores afiguram-se meros coadjuvantes. Essa, infelizmente, no geral, é a realidade brasileira. Não raro, mesmo cumpridas as formalidades no que diz respeito à

(188) PATEMAN, Carole. *Participação e teoria democrática*. Rio de Janeiro: Paz e Terra, 1992. p. 72.

(189) MARANHÃO, Ney; MENDES, Felipe Prata. Democracia e sindicalismo na contemporaneidade: breves notas reflexivas. In: SILVA NETO, Manuel Jorge e (Org.). *Desafios à autonomia negocial coletiva:* estudos em homenagem ao Professor José Augusto Rodrigues Pinto. Brasília: ESMPU, 2021. p. 279.

(190) PATEMAN, Carole. *Participação e teoria democrática*. Rio de Janeiro: Paz e Terra, 1992. p. 77.

(191) ANTUNES, Ricardo. *O que é sindicalismo?* São Paulo: Brasiliense, 1985. p. 12.

realização da assembleia, as negociações não são precedidas de um momento de deliberação, que garanta uma ampla participação dos trabalhadores.

Tal constatação pode ser confirmada pelo conteúdo da maioria das convenções coletivas celebradas pelos sindicatos. Frequentemente, as cláusulas convencionais são as mesmas de vários anos atrás, sem que se promova um amplo debate com os trabalhadores acerca das suas necessidades. Não por outro motivo, Brito Filho[(192)] afirma que temos, no Brasil, um arremedo de negociação coletiva.

Sem ação sindical, não há legitimidade e, sem legitimidade, não há reconhecimento. Um sindicato não reconhecido, que não é visto pelos representados como um efetivo canal de manifestação de demandas, está fadado ao insucesso, uma vez que perde a capacidade de falar e de agir por eles[(193)].

Sem dúvida, o sindicalismo precisa encontrar novas formas de organização que propiciem a articulação da população trabalhadora. O movimento sindical precisa ser includente, incorporando aqueles que estão alijados das discussões que repercutem, diretamente, em suas vidas, porque os trabalhadores são os mais legitimados a decidir sobre os caminhos que devem trilhar e, por consequência, as condições sociais e ambientais que almejam desfrutar[(194)].

Ao longo da história do Brasil, grande parte dos direitos conquistados pelos trabalhadores decorreu das lutas do operariado.[(195)] O resgate dessa tradição depende da atuação dos sindicatos, sendo a negociação coletiva a melhor ferramenta para a demonstração da capacidade de promover a melhoria das condições de trabalho, por meio da ação. Atualmente, o movimento sindical vive uma crise de identidade, que faz com que a sociedade, como um todo, não consiga identificar onde os sindicatos se inserem no tecido social.

De fato, o papel dos sindicatos não se resume à celebração de convenções e acordos coletivos, uma vez que a representação abrange outros pontos, que, comumente, são negligenciados. Todavia, a negociação coletiva,

---

(192) BRITO FILHO, José Cláudio Monteiro de. *Direito sindical*. 8. ed. São Paulo: LTr, 2021a.

(193) CARVALHO, Guilherme. Dessindicalização, institucionalização e representação sindical. *REED — Revista Espaço de Diálogo e Desconexão*, Araraquara, SP, v. 1, n. 2, jan./jul. 2009.

(194) MARANHÃO, Ney; MENDES, Felipe Prata. Democracia e sindicalismo na contemporaneidade: breves notas reflexivas. In: SILVA NETO, Manuel Jorge e (Org.). *Desafios à autonomia negocial coletiva*: estudos em homenagem ao Professor José Augusto Rodrigues Pinto. Brasília: ESMPU, 2021. p. 280.

(195) Após inúmeros movimentos grevistas, o final da década de 1920 foi marcado pela edição de um considerável rol de leis tratando de diversos temas inerentes às relações laborais, tais como férias, acidentes de trabalho e proteção ao trabalho do menor.

na condição de mecanismo mais importante dentre as funções sindicais, deve ser a porta de entrada, para que outras ações sejam desenvolvidas(196).

Ferreira(197) afirma que é necessário:

> Reconstruir as políticas de antagonismo social de modo a conferir ao sindicalismo um novo papel na sociedade, um sindicalismo mais político, menos sectorial e mais solidário, um sindicalismo de mensagem integrada e alternativa civilizacional, onde tudo liga com tudo: trabalho e meio ambiente; trabalho e sistema educacional; [...]. Em suma, a ação reivindicativa não pode deixar de fora nada do que afete a vida dos trabalhadores e dos cidadãos em geral.

A renovação do movimento sindical é, assim, um pressuposto para a democratização do trabalho e para o fortalecimento da voz coletiva. A consolidação de um sistema democrático nas relações de trabalho passa pelo aumento da participação dos trabalhadores na gestão das relações trabalhistas. Daí o porquê de o movimento sindical não poder se limitar a reações passivas ou à "oposição pela simples oposição". O movimento dos trabalhadores não é somente um resultado da sociedade onde se desenvolve. É também uma contribuição original, uma força que se impõe. Ao estudar o sindicalismo, não se pode ignorar seu aspecto propulsor e sua margem de liberdade criadora(198).

O exercício dessa liberdade criadora depende, porém, de sindicatos fortalecidos, dotados de instrumentos que permitam a criação de um autêntico e democrático modelo de negociação coletiva. O fortalecimento dos sindicatos, entretanto, não é possível sem uma alteração do modelo vigente. Bier(199) assevera que:

> A necessidade de mudança no modelo brasileiro de relações de trabalho é uma constante que não se conseguiu levar a termo ao longo dos últimos anos. A democratização de nosso sistema jurídico

---

(196) Os sindicatos deveriam desempenhar, com frequência, funções como: negociar condições de trabalho dentro das empresas; organizar reuniões de trabalhadores; integrar comissões para a discussão de políticas de governo; falar, em nome dos trabalhadores, sobre questões de grande interesse público, dentre outras funções que sequer são conhecidas pelos trabalhadores e pela sociedade em geral.

(197) FERREIRA, Antonio Casimiro. Para uma concepção decente e democrática do trabalho e dos seus direitos. (Re)pensar o direito das relações laborais. In: SANTOS, Boaventura de Sousa (Org.). *Globalização e as Ciências Sociais.* São Paulo: Cortez, 2002. p. 291.

(198) CROZIER, Michel. Sociologia do sindicalismo. In: RODRIGUES, Leôncio Martins. *Sindicalismo e sociedade.* São Paulo: Difusão Europeia do Livro, 1968. p. 16-17

(199) BIER, Clerilei A. Transformações nas relações coletivas de trabalho: por uma concepção democrática de sindicalismo. *Revista Sequência*, n. 56, p. 305-320, jun. 2008, p. 305-306.

> de relações trabalhistas faz-se necessária há muitas décadas, já que fundamentalmente este sistema, de matriz ideológica corporativista, foi concebido para desenvolver um sistema legalista minucioso e tutelar no âmbito das relações individuais de trabalho. Por outro lado, ao estar permeado por uma tônica repressora e intervencionista no tocante às relações coletivas de trabalho, objetivando restringir a livre organização sindical e inibir o desenvolvimento de um sistema negocial efetivo, faz com que prevaleçam as interferências dos poderes Executivo e Legislativo, em detrimento da participação dos interlocutores sociais.

Como se vê, o aprimoramento da democracia depende de instituições que promovam a participação dos indivíduos nos processos decisórios perpetrados em diversos níveis sociais. Os sindicatos são capazes de mobilizar os trabalhadores, por intermédio do fomento das capacidades necessárias para o engajamento. Sindicatos fortes e autônomos, que consigam fazer a diferença por meio da negociação coletiva, representam a possibilidade real de resistência ao domínio, seja do Estado, seja dos detentores do poder econômico. Por isso, como outros movimentos sociais, são indissociáveis da democracia. Uma teoria da democracia deve ser política, porém não há como apartar a teoria política da análise das relações sociais e da ação coletiva. A evolução conceitual da ideia de democracia não pode ser entendida como o estabelecimento de um novo tipo de democracia, mas, sim, como a ocupação, também pelas formas ainda tradicionais de democracia, de novos espaços de discussão e deliberação[200].

Veja-se que são inúmeros os desafios que se impõem sobre a relação entre sindicalismo, negociação coletiva e democracia, porém o reconhecimento desta complexidade deve ser acompanhado de uma motivação, no sentido de expurgar todos os males que impedem que a negociação coletiva seja um sólido caminho para a construção de um ambiente cada vez mais democrático no âmbito das relações de trabalho.

2.2.4. *Adaptabilidade*

A estrutura tradicional da legislação não consegue acompanhar a dinâmica e a complexidade das mudanças constantes nas relações de trabalho. Diante dessa impotência, a negociação coletiva ganha uma importância singular.

---

(200) MARANHÃO, Ney; MENDES, Felipe Prata. Democracia e sindicalismo na contemporaneidade: breves notas reflexivas. In: SILVA NETO, Manuel Jorge e (Org.). *Desafios à autonomia negocial coletiva:* estudos em homenagem ao Professor José Augusto Rodrigues Pinto. Brasília: ESMPU, 2021. p. 282-283.

Frequentemente, emerge a crítica no sentido de que a CLT é antiga, uma vez que entrou em vigor em 1943. Independentemente do argumento no sentido de que foram muitas as alterações sofridas pelo diploma heterônomo ao longo dos anos, fato é que a negociação coletiva se manifesta como uma possibilidade de promoção de uma norma condizente com a realidade vivida durante o seu período de vigência.

Temas como o teletrabalho, que ainda encontram uma regulamentação tímida na CLT, podem e devem ser objeto de negociação coletiva, que tem o condão de alinhar as necessidades trabalhistas com as tendências políticas, econômicas e institucionais. No contexto de um mundo no qual as mudanças se operam em uma velocidade avassaladora, é importante que existam instrumentos de adaptação, que consigam fazer frente às modificações, que impactam as relações laborais[(201)].

É importante, nesse contexto, recuperar a relação desenvolvida por Delgado[(202)] entre a negociação coletiva e as funções do Direito Coletivo do Trabalho. Aqui, destaca-se a função econômica, que consiste em sua aptidão para produzir a adequação às particularidades setoriais, regionais ou históricas, que influenciam decisivamente nas condições de trabalho.

Com a negociação coletiva, é possível a realização de um ajuste, que promova adequações em relação a setores específicos do mercado de trabalho, em um cenário no qual a generalidade das leis trabalhistas não consegue, isoladamente, atender às complexidades dos segmentos econômicos.

O setor de bares e restaurantes, por exemplo, que trabalha com uma forma de remuneração específica e peculiar, mais especificamente as gorjetas, encontra, na negociação coletiva, um importante instrumento de disciplina de aspectos como a forma de divisão, a retenção para que as empresas possam suportar os encargos sociais, dentre outras questões importantes.

Em um país de grandes extensões territoriais, onde regiões são separadas não só por questões geográficas, mas também por severas desigualdades, a negociação coletiva ganha maior importância. É por meio dela que, diante da ausência de previsão na CLT (após as mudanças promovidas pela Reforma Trabalhista), as horas *in itinere* podem ser consagradas como tempo de integração na jornada de trabalho, o que ocorre em algumas localidades, como no interior do Estado do Pará, em que existem inúmeros locais de trabalho de difícil acesso e não servidos por transporte público.

---

(201) Manus detecta uma insuficiência e inadequação das legislações para fazer frente à multiplicidade de situações inerentes às relações de trabalho, tendo em vista que o mundo laboral está em constante mutação. (MANUS, Pedro Paulo Teixeira. *Negociação coletiva e contrato individual de trabalho*. São Paulo: Atlas, 2001).

(202) DELGADO, Mauricio Godinho. *Direito Coletivo do Trabalho*. 7. ed. São Paulo: LTr, 2017. p. 190.

Magano[203] afirma que "a convenção oferece a vantagem de ser mais maleável que a lei". Trata-se de uma característica essencial, pois as exigências dos setores produtivos se modificam constantemente, assim como os anseios dos trabalhadores[204].

A negociação coletiva é, enquanto procedimento, mais simplificada do que a lei. Em comparação com a legislação, os seus trâmites são mais simples, e as suas formalidades se vinculam a iniciativas empreendidas pelos interlocutores sociais. Além de mais simples, é mais rápida. A elaboração da lei, não raro, é demorada, pois perpassa pelos debates entre políticos, comissões das diferentes Casas Legislativas, obstáculos estes que nem sempre são facilmente transponíveis. A negociação, por outro lado, apresenta melhores condições de atender às peculiaridades de cada setor econômico e profissional, ou cada empresa para a qual é instituída. A legislação é geral, uniforme, e se aplica a toda a sociedade. A negociação é específica e se aplica a universos menores, permitindo a regulamentação acerca de questões que a lei, norma de ordem geral, não pode e nem deve tutelar[205].

É nítida, portanto, a insuficiência da legislação intervencionista estatal. A autonomia privada coletiva que, como será analisado no próximo capítulo, constitui-se como fundamento da negociação coletiva, é instrumento de equilíbrio de relações jurídicas originalmente desiguais[206].

A negociação coletiva, segundo Siqueira Neto[207], promove a oxigenação do Direito do Trabalho. É demonstração cabal do caráter dinâmico deste ramo do estudo jurídico, ao aliar agilidade na concepção e o envolvimento dos interessados. Por meio de um mecanismo de constante adaptação, escapa-se da lógica tradicional da tutela estatal. O autor sustenta que "flexibilizar o Direito do Trabalho quer dizer torná-lo mais ajustável a situações reais e, portanto, menos rígido. É o processo de adaptação das normas trabalhistas à realidade em mudança".

(203) MAGANO, Otávio Bueno. *Convenção coletiva de trabalho*. São Paulo: LTr, 1972. p. 173.

(204) No mesmo sentido, Ruprecht destaca que, pela sua adaptabilidade, a negociação coletiva é mais conveniente e flexível do que os procedimentos legislativos, judiciais e administrativos. Adapta-se a diversas condições de trabalho e a variados segmentos da atividade econômica. (RUPRECHT, Alfredo J. *Relações coletivas de trabalho*. São Paulo: LTr, 1995. p. 268).

(205) NASCIMENTO, Amauri Mascaro; NASCIMENTO, Sônia Mascaro; NASCIMENTO, Marcelo Mascaro. *Compêndio de direito sindical*. 8. ed. São Paulo: LTr, 2015. p. 402.

(206) É o que Ronaldo Lima dos Santos denomina de igualização de relações jurídicas inicialmente desiguais em diversos setores do Direito Privado, sendo o Direito do Trabalho o berço, por excelência, da autonomia privada coletiva. (SANTOS, Ronaldo Lima dos. *Teoria das normas coletivas*. 3. ed. São Paulo: LTr, 2014. p. 125).

(207) SIQUEIRA NETO, José Francisco. *Contrato coletivo de trabalho*: perspectiva de rompimento com a legalidade repressiva. São Paulo: LTr, 1991. p. 54.

A ideia de flexibilização, que será analisada mais adiante, deve ser vista como algo positivo, ao promover a necessária conexão das fontes do Direito do Trabalho com as imposições da realidade. Não deve ser confundida, em nenhuma hipótese, com a desregulamentação que, em alguns casos, é instrumento de violação de direitos humanos e fundamentais.

Álvares da Silva[208] rechaça qualquer especulação no sentido de que o Brasil não suporta avanços na negociação coletiva. Trata-se, em verdade, de um resquício de um apego a um passado de corporativismo que não foi superado, no qual o Estado ditava os caminhos que achava convenientes para os agentes econômicos e sociais.

O Estado não tem como cuidar de todas as situações. Especialmente em contextos de crise, que têm sido cada vez mais frequentes na realidade brasileira, a negociação coletiva deve ser enxergada como instrumento de estímulo para a manutenção dos empregos e para a superação dos problemas do setor produtivo. Muitas vezes, é impossível esperar o nascimento da lei.

2.2.5. *Reconhecimento de direitos sem base heterônoma*

No contexto já explorado, de um país de grande extensão territorial, marcado por inúmeras desigualdades regionais, a negociação coletiva é um canal de criação de direitos que não encontram base nas fontes heterônomas, como as leis, que não contam, na sua elaboração, com a participação dos destinatários da norma.

Gomes e Gottschalk[209] salientam que a convenção coletiva de trabalho, resultante do processo de negociação coletiva, modifica o quadro do Direito clássico, no qual as condições de trabalho eram ditadas pelos contratos individuais de trabalho e pelas determinações normativas.

A legislação apresenta disposições genéricas, que não conseguem atender à profundidade das situações. Siqueira Neto[210] ressalta que a resolução de demandas pela via da negociação é eficaz no sentido de promover a proximidade dos interlocutores com os problemas.

A negociação surge como uma via diferente, que foge da imposição da vontade do empregador no âmbito de um contrato individual de trabalho,

---

(208) ÁLVARES DA SILVA, Antônio. Contratação coletiva. In: MALLET, Estêvão; ROBORTELLA, Luiz Carlos Amorim (Coord.). *Direito e Processo do Trabalho:* Estudos em homenagem a Octavio Bueno Magano. São Paulo: LTr, 1996. p. 247.

(209) GOMES, Orlando; GOTTSCHALK, Elson. *Curso de direito do trabalho*. Rio de Janeiro: Forense, 1995. p. 596.

(210) SIQUEIRA NETO, José Francisco. *Contrato coletivo de trabalho:* perspectiva de rompimento com a legalidade repressiva. São Paulo: LTr, 1991. p. 56.

bem como de eventuais arbítrios das autoridades públicas. Em um processo democrático, as partes dialogam, a fim de estabelecer melhores condições de trabalho.

Ao reconhecer direitos sem base heterônoma, é possível, ainda, que a negociação coletiva funcione como inspiração para futuras modificações legislativas. Nascimento *et al.*(211), nesse sentido, ao abordarem as relações entre a legislação e a convenção coletiva, fazem uma referência à tendência natural de migração dos direitos inicialmente previstos nas convenções para o âmbito das leis. A título de exemplo, elenca-se o instituto do regime de trabalho em tempo parcial, inserido no ordenamento jurídico de forma geral no ano de 2001, mas que, anteriormente, encontrava previsões em instrumentos coletivos.

No Brasil, a criação de direitos em matéria trabalhista ainda depende, em boa medida, da previsão no âmbito das normas advindas do Estado. Veneziani(212), observando a realidade dos países da América Latina, afirma:

> El observador extranjero que se asoma al sistema de relaciones industriales de los países de América Latina no puede menos que quedar impresionado del peso que tiene en el mismo la ley y, en general, la presencia de la autoridad pública.(213)

A técnica intervencionista, utilizada em excesso, inibe o desenvolvimento da autonomia privada coletiva. Não se olvide que a negociação coletiva pode se configurar como marco inicial da criação de genuínas normas jurídicas, conforme será analisado no próximo capítulo. Tais fontes formais autônomas, que contemplam, em sua gênese, a participação dos destinatários da norma, encontram no processual negocial coletivo o impulso necessário para o estabelecimento de novos direitos(214).

---

(211) NASCIMENTO, Amauri Mascaro; NASCIMENTO, Sônia Mascaro; NASCIMENTO, Marcelo Mascaro. *Compêndio de direito sindical*. 8. ed. São Paulo: LTr, 2015. p. 405.

(212) VENEZIANI, Bruno. Negociación colectiva y disciplina autónoma del conflicto. In: AVILÉS, Antonio Ojeda; URIARTE, Óscar Ermida (Orgs.). *La negociación colectiva en América Latina*. Madrid: Instituto Europeo de Relaciones Industriales, 1993. p. 33.

(213) O observador estrangeiro que examina o sistema de relações industriais dos países latino-americanos não pode deixar de se impressionar com o peso que a lei e, em geral, a presença do poder público nela têm.

(214) Santos pontua que a negociação coletiva produz norma jurídica, de caráter geral e abstrato. Ressalta-se apenas o fato de que, quando se aborda a questão da negociação coletiva em sentido estrito, deve ser diferenciado o processo de negociação dos seus resultados, mais especificamente as convenções e acordos coletivos. A negociação coletiva inicia o processo de produção da norma jurídica, mas não é a norma jurídica em si. (SANTOS, Enoque Ribeiro dos. *Negociação coletiva de trabalho*. Rio de Janeiro: Forense, 2018).

Ruprecht[215] aponta a negociação como o melhor meio para "solucionar os problemas que surgem entre o capital e o trabalho, não só para fixar salários e estabelecer condições laborais, mas também para regular todas as relações de trabalho entre empregador e trabalhador".

O sistema de normas heterônomas e cogentes, consoante Sá[216], se aperfeiçoa quando os sujeitos de direito coletivo se reúnem em uma mesa de negociações de alto nível, com aptidão, discernimento e respeito mútuo. Este aperfeiçoamento do arquétipo heterônomo tem potencial para ir muito além da fixação de salários, haja vista que existem inúmeras outras questões sensíveis que permeiam a seara trabalhista.

No Brasil, a negociação coletiva foi consagrada pelo legislador constituinte, como analisado no capítulo 1, mas não completou seu processo de desenvolvimento. O instituto veio do texto para a realidade.

As possibilidades no âmbito da negociação coletiva, repita-se, vão muito além da questão salarial. Trata-se de um ambiente propício para discutir temas ligados à saúde e segurança do trabalho, formas alternativas de remuneração, dentre outros, conforme será analisado na seção 5.3. Em um momento no qual a pandemia da COVID-19 afeta consideravelmente as relações de trabalho, a negociação coletiva se manifesta como um importante instrumento para regulamentar algumas condutas que devem ser praticadas pelo empregador, a fim de proteger a vida e a saúde dos trabalhadores.

2.2.6. Mecanismo de gerenciamento empresarial

A negociação coletiva é, também, meio de competição econômica, que promove um equilíbrio nas relações concorrenciais, uma vez que, com um resultado frutífero, as forças econômicas se vinculam à observação de diretrizes básicas em matéria de trabalho, criadas a partir de um processo edificado de diálogo social.

Em segmentos econômicos não regulados por normas coletivas, decorrentes do processo de negociação, existe uma tendência irrefreável de desequilíbrio nas relações concorrenciais, tendo em vista a não obrigatoriedade de observância de diretrizes que constituem como pilares das relações de trabalho no âmbito de determinado setor. A legislação, como analisado no tópico anterior, é insuficiente para cumprir este intento.

---

(215) RUPRECHT, Alfredo J. *Relações coletivas de trabalho*. São Paulo: LTr, 1995. p. 261.

(216) SÁ, Maria Cristina Haddad de. *Negociação coletiva de trabalho no Brasil*. São Paulo: LTr, 2002.

Do ponto de vista da gestão empresarial, é preciso desmistificar a ideia de que a negociação coletiva se presta, tão somente, a proteger o trabalhador, por meio da criação de novos direitos. É evidente que a negociação deve servir à promoção de melhores condições de trabalho, mas, ao mesmo tempo, pode e deve ser instrumento de gestão empresarial, no sentido de estabelecer segurança para as ações futuras e, ao mesmo tempo, propiciar uma previsibilidade de custos.

Nas palavras de Meirelles[(217)]:

> A negociação coletiva de trabalho deve ser essa ponte de equilíbrio entre os interesses contrapostos dos trabalhadores e dos empresários, resultando em contratos coletivos que estabeleçam vantagens e, por que não, desvantagens para ambos os lados, num processo de "ganha-ganha" e "perde-perde". Aquele que ganha de um lado, perde de outro, enquanto aquele que perdeu terá em contrapartida um ganho compensatório. Tudo visando um equilíbrio do contrato firmado.

O Direito do Trabalho não pode se "fechar em copas" e ignorar os conhecimentos advindos de outras áreas do saber. A negociação carrega, em sua essência, a ideia de realização de concessões recíprocas, a fim de chegar a um resultado almejado. Todas as partes envolvidas precisam ceder em determinados pontos, sob pena de se caracterizar uma imposição ou uma renúncia[(218)].

O fundamento da validade de qualquer restrição que provoque um aparente prejuízo ao trabalhador é o mesmo princípio que autoriza a estipulação mais vantajosa, isto é, a autonomia coletiva dos particulares, que não é via de uma só mão, funcionando tanto para promover os trabalhadores, mas, também, em especial na economia moderna, para administrar crises da empresa e da economia[(219)].

Ruprecht[(220)], enumerando as possibilidades ofertadas pela negociação do ponto de vista empresarial, afirma que ela permite que a empresa consiga

(217) MEIRELLES, Davi Furtado. *Negociação coletiva em tempos de crise*. São Paulo: LTr, 2018. p. 49.

(218) Arouca, no mesmo caminho, destaca que os diálogos que caracterizam a negociação coletiva pressupõem necessariamente que ocorram avanços e recuos de parte a parte. (AROUCA, José Carlos. *Curso básico de direito sindical*: da CLT à reforma trabalhista de 2017 (Lei n. 13.467). 6. ed. São Paulo: LTr, 2018. p. 251).

(219) NASCIMENTO, Amauri Mascaro; NASCIMENTO, Sônia Mascaro; NASCIMENTO, Marcelo Mascaro. *Compêndio de direito sindical*. 8. ed. São Paulo: LTr, 2015. p. 444.

(220) RUPRECHT, Alfredo J. *Relações coletivas de trabalho*. São Paulo: LTr, 1995. p. 308.

um maior aumento na produção; os trabalhadores conseguem a melhoria das condições de trabalho, especialmente de sua remuneração. Ao mesmo tempo, confere estabilidade para que empresários planejem e executem suas estratégias, bem como para trabalhadores, que tem domínio sobre a sua situação durante a vigência do instrumento coletivo.

Siqueira Neto(221), na mesma linha de raciocínio, afirma que:

> O empresário encontra na contratação coletiva a viabilidade para eximir-se dos efeitos da legislação do trabalho muitas vezes paternalistas e ineficazes, para regular a produtividade, para garantir uma harmonização nas relações quotidianas, para comprometer os trabalhadores com os objetivos da empresa, para obter maiores informações das relações produtivas, para aprimorar a administração, para evitar paralisações, sobretudo as decorrentes da comunicação imperfeita e para atingir todos os demais objetivos que lhe assegurem o desenvolvimento da atividade e seus lucros pelo menor custo possível.

Não é nenhum crime, tampouco uma violação a direitos humanos e fundamentais, reconhecer que a negociação coletiva é instrumento, para os empregadores, de adequação de custos, de gestão de recursos humanos e de definição de estratégias empresariais.

Sobre a questão da composição e manutenção do equilíbrio dos custos sociais, Nascimento *et al.*(222) asseveram que a negociação coletiva possibilita, à empresa, prever os custos trabalhistas, o cálculo dos gastos com o fator trabalho, bem como a diminuição de riscos que podem afetar a normalidade da sua saúde financeira(223).

Não raro, na análise do conteúdo das normas resultantes do processo de negociação coletiva, realiza-se uma análise de cláusulas isoladas, a fim de investigar se propiciam benefícios ou provocam prejuízos ao trabalhador.

---

(221) SIQUEIRA NETO, José Francisco. *Contrato coletivo de trabalho:* perspectiva de rompimento com a legalidade repressiva. São Paulo: LTr, 1991. p. 153.

(222) NASCIMENTO, Amauri Mascaro; NASCIMENTO, Sônia Mascaro; NASCIMENTO, Marcelo Mascaro, 2015, *op. cit.*, p. 435.

(223) Nascimento *et al.* ressaltam que, para que a negociação surta este efeito do ponto de vista gerencial e administrativo, é necessário um sindicalismo disposto a considerar as situações pelas quais uma empresa pode passar, as dificuldades vividas, as crises e a necessidade de uma ação conjunta, que preserve a atividade empresarial e proteja a manutenção dos empregos, com a qualidade necessária para a promoção de justas condições de trabalho. (*Ibidem*, p. 436).

Mannrich[224] alerta para o perigo desta prática, uma vez que a negociação coletiva pressupõe vontade dos atores sociais, cabendo a eles ponderar se há ou não vantagens no conjunto do negociado, ou até mesmo visando os próximos ciclos de negociação.

É perigosa, portanto, a verificação isolada e descontextualizada, que deve ser evitada, especialmente pelo Judiciário, no momento de analisar a validade de cláusulas advindas da negociação. A lógica, aqui, não pode ser a mesma aplicada às situações nas quais o trabalhador se encontra isolado, sem a representação sindical.

Os empregadores, todavia, não podem almejar somente as benesses da negociação, sem que se comprometam com o processo como um todo. Como salientado, trata-se de uma via de mão dupla, de forma que a garantia de melhores condições de trabalho deve ser prioridade.

Posturas como a tentativa de imposição de uma autoridade, com a intenção de transformar as concessões recíprocas em renúncias, não podem ser admitidas. Do mesmo modo, o não fornecimento de informações importantes, como a comprovação de impactos financeiros provocados em momentos de crise, prejudica qualquer negociação no sentido de estabelecer normas que auxiliem as organizações empresariais a ultrapassar os períodos de dificuldade.

O mais importante, de mais a mais, é que as empresas e os sindicatos representativos das categorias econômicas não utilizem a negociação como meio de redução de garantias constitucionais. Não por outro motivo, é essencial perquirir os fundamentos da negociação coletiva, que viabilizarão o caminho necessário para a análise das alterações promovidas pela reforma trabalhista no que concerne ao processo negocial coletivo.

(224) MANNRICH, Nelson. Reconhecimento das convenções e acordos coletivos de trabalho. In: MARTINEZ, Luciano; TEIXEIRA FILHO, João de Lima (Coords.). *Comentários à Constituição de 1988 em matéria de direitos sociais trabalhistas* (arts. 6º a 11): uma homenagem aos 30 anos da Constituição da República e aos 40 anos da Academia Brasileira de direito do trabalho. São Paulo: LTr, 2019. p. 314.

Capítulo 3

Fundamentos da Negociação Coletiva

Frequentemente, afirma-se que a autonomia privada é o fundamento da negociação coletiva(225). Tal assertiva é verdadeira, porém a autonomia privada coletiva, quando analisada sob a perspectiva do exercício das funções sindicais, está inserida em um contexto mais amplo, uma vez que representa uma das dimensões da liberdade sindical. Meirelles(226) não ignora esta ligação, quando define a autonomia privada coletiva como a liberdade garantida aos sujeitos partícipes do processo de negociação de regulamentar as questões relacionadas aos seus interesses, dentro de alguns limites.

Os institutos do Direito Coletivo do Trabalho precisam ser estudados de forma integrada. Siqueira Neto(227) critica os estudiosos que realizam uma análise apartada, gerando, inclusive, um risco de incoerência no estudo, ao, por exemplo, defender posturas liberais para determinadas questões coletivas e conservadora para outras. Em outra obra, o autor(228) crava a ideia de que liberdade sindical e negociação coletiva são institutos que se completam mutuamente. Mais do que isso, a negociação coletiva faz parte do conceito de liberdade sindical, como será explicitado adiante, sob o prisma das suas dimensões.

Como sustentado em linhas anteriores, a negociação coletiva representa o exercício de um direito fundamental que, segundo João(229), está inserido no campo das liberdades públicas, manifestado pela prática da liberdade sindical.

---

(225) Santos sustenta que a negociação coletiva é instrumento da autonomia privada coletiva, enquanto as normas coletivas são o seu produto. (SANTOS, Ronaldo Lima dos. *Teoria das normas coletivas*. 3. ed. São Paulo: LTr, 2014. p. 133).

(226) MEIRELLES, Davi Furtado. *Negociação coletiva em tempos de crise*. São Paulo: LTr, 2018. p. 27.

(227) SIQUEIRA NETO, José Francisco. *Contrato coletivo de trabalho:* perspectiva de rompimento com a legalidade repressiva. São Paulo: LTr, 1991. p. 19.

(228) SIQUEIRA NETO, José Francisco. *Direito do trabalho e negociação coletiva*. São Paulo: Associação Brasileira de Estudos do Trabalho — ABET, 1998. p. 16.

(229) JOÃO, Paulo Sergio. Negociações coletivas de trabalho no Brasil. In: FORJAS, Paula; SILVA, J. A. Ferreira da; MADEIRA, Auta; CORREIA, Nilton (Coords.). *Temas Laborais Luso-Brasileiros*. Coimbra: Editora Coimbra – JUTRA, 2007. p. 309.

3.1. Liberdade sindical

Nas palavras de Brito Filho[(230)], a liberdade sindical:

> Consiste no direito de trabalhadores e empregadores de constituir as organizações sindicais que reputarem convenientes, na forma que desejarem, ditando suas regras de funcionamento e ações que devam ser empreendidas, podendo nelas ingressar ou não, permanecendo enquanto for sua vontade.

Nesse sentido, a liberdade sindical constitui-se como o direito dos trabalhadores e empregadores de não sofrerem interferências do Poder Público, das empresas, tampouco de uns em relação aos outros, bem como o direito de promoverem seus interesses livremente.

Como destaca Santos[(231)], a liberdade sindical constitui a razão de ser do Direito Coletivo do Trabalho.

A ideia de liberdade sindical abrange tanto o plano individual, como o coletivo, seja para disciplinar a afiliação, a desfiliação ou a não afiliação a um sindicato, seja para regular o direito do trabalhador de se juntar a outros para formar uma entidade.

No sentido político, a liberdade sindical representa o reconhecimento do caráter privado do sindicato, desligado dos caracteres de entidade de direito público. Tal realidade, contudo, não se manifesta no Brasil, pois o sindicato, formalmente, é uma pessoa jurídica de direito privado, mas, na prática, não está imune ao controle estatal

A liberdade sindical possui um conteúdo complexo, abrangendo aspectos individuais e coletivos, uma vez que, ao mesmo tempo em que concede prerrogativas a cada trabalhador e empregador, carrega consigo um feixe de liberdades que salvaguardam as entidades sindicais.

A Convenção n. 87 da Organização Internacional do Trabalho (OIT)[(232)], chamada de "Convenção sobre a liberdade sindical e a proteção ao direito de sindicalização", que não foi ratificada pelo Brasil (o país é o único membro da Organização Internacional do Trabalho na América do Sul que não a ratificou),

---

(230) BRITO FILHO, José Cláudio Monteiro de. *Direito sindical*. 8. ed. São Paulo: LTr, 2021a. p. 79.

(231) SANTOS, Enoque Ribeiro dos. *Negociação coletiva de trabalho*. Rio de Janeiro: Forense, 2018.

(232) OIT. Organização Internacional do Trabalho. *Liberdade sindical:* Recopilação de Decisões e Princípios do Comitê de Liberdade Sindical do Conselho de Administração da OIT. 1. ed. Brasília: Organização Internacional do Trabalho, 1997.

representa o principal diploma internacional em matéria de liberdade sindical. O art. 2 da Convenção estabelece que:

> Os trabalhadores e os empregadores, sem distinção de qualquer espécie, terão direito de constituir, sem autorização prévia, organizações de sua escolha, bem como o direito de se filiar a essas organizações, sob a única condição de se conformar com os estatutos das mesmas.

Dentre as muitas classificações existentes, adotar-se-á a desenvolvida por Nascimento *et al.*(233), que dividem a liberdade sindical em cinco dimensões: liberdade de filiação, liberdade de desfiliação, liberdade de associação, liberdade de organização, liberdade de administração, liberdade de exercício das funções.

As liberdades de filiação e de desfiliação relacionam-se com o plano individual da liberdade sindical, a partir da perspectiva do sujeito individualmente considerado. Trata-se do direito do trabalhador e do empregador de optarem pela filiação ou não ao sindicato, bem como pela desfiliação, caso entendam que a manutenção da vinculação à entidade sindical não atende mais aos seus interesses. Essas duas últimas vertentes representam o aspecto negativo da liberdade sindical.

A Convenção n. 98 da Organização Internacional do Trabalho, no art. 1º, defende esta liberdade, quando protege os trabalhadores de atos que vinculem o emprego à condição de não se filiar ou deixar de compor um sindicato, proibindo, também, a demissão de empregado em virtude de sua filiação sindical.

Pereira(234) enfatiza que o vasto conteúdo do princípio da liberdade sindical só pode ser identificado a partir da observância da sua dimensão individual, haja vista que a dimensão individual é requisito para a solidificação da dimensão coletiva.

A liberdade de associação preconiza que deve ser garantido o direito aos trabalhadores e empregadores de criarem organizações sindicais. Ela nasce, segundo Brito Filho(235), quando o Estado permite o direito de sindicalização. A criação dos sindicatos não pode sofrer controle discricionário.

---

(233) NASCIMENTO, Amauri Mascaro; NASCIMENTO, Sônia Mascaro; NASCIMENTO, Marcelo Mascaro. *Compêndio de direito sindical*. 8. ed. São Paulo: LTr, 2015.

(234) PEREIRA, Ricardo José Macedo de Britto. *Constituição e liberdade sindical*. São Paulo: LTr, 2007. p. 122.

(235) BRITO FILHO, José Cláudio Monteiro de. *Direito sindical*. 8. ed. São Paulo: LTr, 2021a. p. 83.

O texto constitucional garante a liberdade de associação, ao permitir que os trabalhadores criem organizações sindicais, independentemente de autorização estatal. Isso porque esta liberdade está relacionada ao direito de criar organizações sindicais, e não à estrutura em que as entidades estão inseridas(236).

A liberdade de organização refere-se ao direito de os sujeitos definirem seu modelo de organização sindical. Como será analisado adiante, é uma liberdade frontalmente atingida pelo modelo de organização sindical consagrado no texto constitucional, pois este, ao limitar o número de entidades existentes em cada base territorial e a forma de agrupamento dos trabalhadores, impede a livre estruturação dos sindicatos.

A liberdade de administração que, segundo Martinez(237), coincide com a ideia de autonomia sindical, diz respeito ao direito dos sindicatos de definirem o seu modo de organização interno, sem que haja qualquer intromissão por parte do Estado ou de particulares. Nesse sentido, percebe-se que a autonomia sindical está inserida no âmbito da liberdade sindical, sob o ponto de vista coletivo.

Engloba o poder dos sindicatos de determinar suas regras fundamentais, materializadas nos estatutos, em que definem o nome e a sede, o número de representantes, o processo eleitoral, dentre outros aspectos.

Percebe-se que o texto constitucional apresentou avanços no que tange à liberdade de administração(238), uma vez que confere, aos sindicatos, proteção contra interferências externas, seja do Estado, das empresas ou de terceiros.

Porém, embora se verifiquem os avanços referidos, não se pode afirmar que a liberdade de administração é garantida, no ordenamento brasileiro, de forma plena(239).

---

(236) BRITO FILHO, José Cláudio Monteiro de. *Direito sindical*. 8. ed. São Paulo: LTr, 2021a. p. 90.

(237) MARTINEZ, Luciano. Condutas antissindicais. São Paulo: Saraiva, 2013. p. 342.

(238) Brito Filho destaca que, tendo em vista que a Constituição impediu qualquer ingerência, por parte do Estado, na vida dos sindicatos, deixam de prevalecer regras como a do art. 553, § 2º, da CLT, que permitia ao ministro do Trabalho afastar dirigentes sindicais, ou a do art. 554, que conferia, ao Ministério do Trabalho, a prerrogativa de indicar delegado para dirigir a entidade sindical, em caso de destituição dos dirigentes. (BRITO FILHO, José Cláudio Monteiro de. *Direito sindical*. 8. ed. São Paulo: LTr, 2021a. p. 97).

(239) Ainda são muitas as restrições, como a expressa no texto da Súmula 369, item II, do TST, que declara como recepcionado o art. 522 da CLT, limitando a garantia de emprego a apenas sete dirigentes sindicais e a igual número de suplentes.

A liberdade de exercício das funções (que está intimamente relacionada ao objeto da presente pesquisa) é aquela que, nas palavras de Brito Filho[(240)], preserva o direito das entidades sindicais de empreender as ações necessárias ao cumprimento de suas finalidades, garantindo que sejam praticados os atos necessários para a defesa dos interesses dos representados.

O estudo de tal dimensão é de singular importância porque, como destaca Uriarte[(241)], a liberdade sindical é, fundamentalmente, um direito de atividade. O aspecto associativo carece de sentido sem a existência de um posterior direito de exercício das funções sindicais.

Consagra-se, assim, a vinculação umbilical entre negociação coletiva e liberdade sindical, de modo que esta representa um dos fundamentos básicos daquela[(242)].

Nascimento *et al.*[(243)] salientam que "a Organização Internacional do Trabalho incentiva a negociação coletiva como forma democrática de composição dos conflitos coletivos de trabalho". O objetivo é que os próprios atores sociais cheguem a um satisfatório entendimento, fruto do livre diálogo, sem que haja qualquer interferência do Estado ou de terceiros que não se relacionam com os interesses coletivos em jogo.

O Comitê de Liberdade Sindical da OIT[(244)] estabelece que as autoridades públicas devem se abster de intervir de qualquer forma que possa cercear ou dificultar o legítimo exercício da negociação coletiva, consagrando a noção no sentido de que o direito de negociar livremente é elemento essencial da liberdade sindical, de modo que é direito dos sindicatos melhorar, pela via negocial, as condições de vida e de trabalho dos representados. No capítulo 5, será demonstrado, no âmbito do sistema de organização sindical brasileiro, o porquê de a inexistência de plena liberdade sindical constituir um dos principais obstáculos ao florescimento da negociação coletiva no Brasil.

---

(240) BRITO FILHO, José Cláudio Monteiro de, 2021a, *op. cit.*, p. 84.

(241) URIARTE, Oscar Ermida. *Liberdade sindical*: normas internacionais, regulação estatal e autonomia. In: TEIXEIRA FILHO, João de Lima (Coord.). *Relações coletivas de trabalho*. São Paulo: LTr, 1989. p. 255.

(242) Nos ensinamentos de Nascimento *et. al.*, a negociação coletiva é expressão do princípio da autonomia coletiva dos particulares e da liberdade sindical. (NASCIMENTO, Amauri Mascaro; NASCIMENTO, Sônia Mascaro; NASCIMENTO, Marcelo Mascaro. *Compêndio de direito sindical*. 8. ed. São Paulo: LTr, 2015. p. 400).

(243) *Ibidem*, p. 413.

(244) OIT. Organização Internacional do Trabalho. *Liberdade sindical:* Recopilação de Decisões e Princípios do Comitê de Liberdade Sindical do Conselho de Administração da OIT. 1. ed. Brasília: Organização Internacional do Trabalho, 1997. p. 171.

A negociação coletiva, portanto, faz parte das dimensões da liberdade sindical. Representa a principal manifestação da liberdade de exercício das funções sindicais. A autonomia privada coletiva, que tem na negociação o seu principal instrumento, está, segundo Santos[(245)], inserida no conteúdo do princípio da liberdade sindical.

Romita[(246)] afirma que "a autonomia negocial coletiva constitui manifestação da liberdade sindical. Sem liberdade sindical, não há negociação digna desse nome" [(247)]. Da mesma forma, não há autonomia negocial coletiva sem liberdade sindical.

3.2. Autonomia privada coletiva

Conforme a etimologia da palavra, autonomia significa "reger-se pelas próprias leis. A expressão pode ser definida como a "aptidão ou competência para gerir sua própria vida, valendo-se de seus próprios meios, vontades e/ou princípios"[(248)].

Em um sentido jurídico, autonomia representa a regência pelas próprias normas, traduzindo a possibilidade de uma pessoa, um grupo ou uma instituição estabelecer normas de conduta, sem que haja interferências de sujeitos externos.

Nos ensinamentos de Santos[(249)], "é a liberdade de os sujeitos determinarem com sua vontade, eventualmente aliada à vontade de uma contraparte no consenso contratual, o conteúdo das obrigações que pretendem assumir".

A autonomia privada coletiva, como salientado alhures, constitui-se como um dos fundamentos da negociação coletiva. Todavia, preliminarmente à sua análise, deve ser sedimentada a noção de autonomia privada, para que seja possível demonstrar a insuficiência da autonomia privada individual, que trouxe

---

(245) SANTOS, Enoque Ribeiro dos. *Negociação coletiva de trabalho*. Rio de Janeiro: Forense, 2018.

(246) ROMITA, Arion Sayão. Os limites da autonomia negocial coletiva segundo a jurisprudência. *Rev. TST*, Brasília, v. 82, n. 4, out./dez. 2016, p. 67.

(247) Siqueira Neto salienta o vínculo estreito que existe entre negociação coletiva e liberdade sindical. Segundo o autor, não é possível afirmar que o Brasil cumpre, integralmente, o conteúdo das Convenções 98 e 154 da Organização Internacional do Trabalho, que versam sobre negociação coletiva, se, por outro lado, não ratificou a Convenção 87, que apresenta os pilares da liberdade sindical. (SIQUEIRA NETO, José Francisco. *Contrato coletivo de trabalho:* perspectiva de rompimento com a legalidade repressiva. São Paulo: LTr, 1991 p. 19).

(248) HOUAISS. *Dicionário* on-line *de Língua Portuguesa*. Disponível em: https://houaiss.uol.com.br/corporativo/apps/uol_www/v6-0/html/index.php#1. Acesso em: 10 jan. 2021.

(249) SANTOS, Enoque Ribeiro dos. *Negociação coletiva de trabalho*. Rio de Janeiro: Forense, 2018. p. 20.

à baila a necessidade de amadurecimento dos estudos acerca da autonomia privada coletiva.

3.2.1. Autonomia privada e autonomia da vontade

Silva(250) alerta para o fato de que considerável segmento da doutrina contemporânea classifica as expressões "autonomia privada" e "autonomia da vontade" como sinônimas. Todavia, é imperioso o reconhecimento de algumas diferenciações que separam os dois conceitos.

De acordo com as lições de Santos(251) (2018), a autonomia privada representa a possibilidade de os atos dos particulares se tornarem jurídicos, constituindo regras ou normas de conduta e comportamento. Por meio dela, viabiliza-se a criação de normas não identificadas com as da ordem estatal, fenômeno que deve ser reconhecido a partir de uma concepção pluralista, que atribua juridicidade a variados centros de produção de normas jurídicas, independentemente de a origem coincidir com um ato estatal.

Este potencial gerador de normas jurídicas separa a autonomia privada da autonomia da vontade. Santos(252) salienta que "a ideia de vontade significa a faculdade do indivíduo de querer, de manifestar exteriormente um desejo, o propósito de realizar algo". O ser humano é dotado desta capacidade de, livremente, praticar ou deixar de praticar certos atos.

A intenção de agir em determinado sentido, que caracteriza a autonomia da vontade, não está relacionada à produção de normas jurídicas(253). A ideia de autonomia da vontade possui um viés subjetivo, psicológico. Em se tratando de autonomia privada, a vontade é um elemento essencial, que, ao se orientar para a geração de normas, adquire uma qualificação especial. Percebe-se uma dissociação entre a noção de autonomia privada e a simples vontade(254).

---

(250) SILVA, Walküre Ribeiro da. Autonomia privada coletiva. *Revista da Faculdade de Direito da Universidade de São Paulo* v. 102, p. 135-159, jan./dez. 2007, p. 141.

(251) SANTOS, Enoque Ribeiro dos. *Negociação coletiva de trabalho*. Rio de Janeiro: Forense, 2018.

(252) SANTOS, Ronaldo Lima dos. *Teoria das normas coletivas*. 3. ed. São Paulo: LTr, 2014. p. 105.

(253) Silva sustenta que a autonomia da vontade representa uma manifestação da vontade com o objetivo de praticar um ato jurídico, enquanto a autonomia privada envolve a vontade como uma expressão de poder dos particulares de criar norma jurídica. (SILVA, Walküre Ribeiro da. Autonomia privada coletiva. *Revista da Faculdade de Direito da Universidade de São Paulo* v. 102, p. 135-159, jan./dez. 2007, p. 141).

(254) Ronaldo Lima dos Santos (2014, p. 113) afirma que o conceito de autonomia privada se incorporou à teoria do negócio jurídico, o que gerou uma reelaboração de seus fundamentos, deslocando sua razão de ser da simples vontade para fundamentá-lo no instituto da autonomia privada. (SANTOS, Ronaldo Lima dos, 2014, *op. cit.*, p. 113).

Nesse sentido, a expressão autonomia privada, do ponto de vista técnico, amolda-se à criação de normas, constituindo-se, como sustenta Santos[(255)], como um poder jurídico.

Santos[(256)] arremata o raciocínio apresentando as características da autonomia privada: (1) trata-se de um poder; (2) é dotada de concretude; (3) cria regras vinculantes para as partes envolvidas; (4) é limitável pelo ordenamento jurídico.

A negociação coletiva, que é uma manifestação viva da autonomia privada coletiva, ratifica todas estas características elencadas.

Em primeiro lugar, a autonomia privada representa um poder de estipular normas jurídicas para a regulação de interesses particulares. Arouca[(257)] salienta que a autonomia, definida como a capacidade de governar por si mesmo, constitui-se como uma expressão de poder. É o que ocorre no exercício da negociação coletiva, ocasião na qual são tutelados os interesses coletivos de trabalhadores e empregadores.

Afirmar que a autonomia privada coletiva é dotada de concretude significa sustentar a ideia de que esta está relacionada a interesses concretos e específicos. Tal característica se manifesta na negociação coletiva, uma vez que os interesses envolvidos são de titularidades de grupos determinados ou determináveis, não confundindo-se com os interesses gerais, que são objeto de tutela pela via das fontes heterônomas, como a legislação.

A terceira característica remonta à noção no sentido de que a observância das normas que resultam do exercício da autonomia privada coletiva não é uma opção e sim uma obrigatoriedade. A negociação coletiva (que, como afirmado, é manifestação da autonomia privada coletiva), se frutífera, redunda na elaboração de convenções e acordos coletivos, que possuem força vinculante.

Por último, reconhece-se o fato de que a autonomia privada é limitável pelo ordenamento jurídico. O exercício de um poder, elencado como a primeira característica da autonomia privada, é acompanhado do exercício de uma função, que demanda responsabilidade de quem exerce. Nenhum agrupamento possui autonomia absoluta.

Tal característica apresenta-se como de suma importância para os fins do presente estudo, uma vez que um dos objetivos é a análise das possibilidades

---

(255) SANTOS, Ronaldo Lima dos, 2014, *op. cit.*, p. 119.

(256) SANTOS, Ronaldo Lima dos. *Teoria das normas coletivas*. 3. ed. São Paulo: LTr, 2014. p. 105, p. 115.

(257) AROUCA, José Carlos. *Curso básico de direito sindical:* da CLT à reforma trabalhista de 2017 (Lei n. 13.467). 6. ed. São Paulo: LTr, 2018. p. 55.

e limites da negociação coletiva, que é a mais importante manifestação da autonomia privada coletiva no Direito do Trabalho.

O entendimento destas possibilidades e limites perpassa, necessariamente, pelas distinções que separam a autonomia privada individual e a autonomia privada coletiva, pois, encontrando a negociação coletiva o seu fundamento nesta, não há sentido destinar a ela o mesmo tratamento conferido às limitações no campo da autonomia individual.

3.2.2. *A autonomia privada coletiva como decorrência do caráter insuficiente da autonomia individual*

Bulgueroni(258) classifica a autonomia privada em individual e coletiva. Antes, porém, de traçar os elementos caracterizadores da autonomia privada coletiva, de especial interesse para os fins desta pesquisa, é essencial justificar a criação de um subsistema coletivo, dada a insuficiência da autonomia individual para fazer frente a todas as questões atinentes às relações de trabalho.

A autonomia privada individual corresponde à capacidade de regulamentação dos interesses pelos próprios particulares, a partir de declarações de vontade negocial. Silva(259), ao comparar os modelos individualista e coletivista, salienta que aquele é insuficiente, uma vez que o empregado se encontra em situação de inferioridade econômica e subordinação jurídica diante do empregador(260).

Faz-se necessária, neste diapasão, a criação e o desenvolvimento de um sistema específico de relações coletivas, pautado por princípios próprios e diferentes do Direito Individual do Trabalho. A demanda pela criação de subsistemas se verificou em outros âmbitos, como na relação entre o Processo Civil e o Processo do Trabalho.

O Processo do Trabalho foi originalmente organizado para assegurar ao litigante vulnerável o acesso facilitado à jurisdição e promover um relativo reequilíbrio na capacidade de defesa de seus direitos. Não se trata de criar vantagens processuais ao trabalhador; ao revés, constituem instrumentos que visam mitigar a posição processual superior do outro litigante.

---

(258) BULGUERONI, Renata Orsi. *Negociação coletiva e fontes do Direito do Trabalho:* propostas para a prevalência do negociado sobre o legislado nas relações de emprego. São Paulo: USP, 2014. p. 58.

(259) SILVA, Walküre Ribeiro da. Autonomia privada coletiva. *Revista da Faculdade de Direito da Universidade de São Paulo*, v. 102, p. 135-159, jan./dez. 2007, p. 149.

(260) Silva chama atenção para o risco de, no âmbito das relações trabalhistas, verificar-se a preponderância da autonomia individual, enquanto a autonomia privada coletiva ganha cada vez mais importância em outros ramos do direito privado, como o Direito do Consumidor e o Direito Ambiental. (*Idem*).

O Direito do Trabalho se emancipou do Direito Civil no momento em que este se mostrou insuficiente para conferir adequada proteção ao contratante vulnerável da relação de emprego. O sistema de defesa do consumidor percorreu o mesmo caminho, desenvolvendo-se a partir da constatação da insuficiência das normas constantes do Código Civil para proteção do sujeito vulnerável na relação de consumo.

Não foi diferente no âmbito processual. A constatação de que as normas gerais do Processo Civil são insuficientes para a adequada proteção do trabalhador foi o motor que impulsionou a criação de um (sub)sistema normativo distinto que passamos a denominar Direito Processual do Trabalho.

Há, como se observa, uma relação direta entre a insuficiência de um sistema normativo e a criação de outro (sub)sistema capaz de suprir referida limitação. Foi, aliás, a constatação de que a Justiça Comum dos Estados e da União não seriam capazes de conceder adequado acesso e tutela aos trabalhadores que conduziu à criação da Justiça Especializada Laboral.

Se a premissa é a de suprir insuficiências, então é evidente que os sistemas devem ser diferentes entre si, caso contrário um deles não teria qualquer razão de existir. O Direito do Trabalho foi criado para ser diferente do Direito Civil, assim como o Processo do Trabalho foi projetado para se diferenciar do Processo Civil. É justamente nos pontos de diferença entre um sistema e outro que se pode encontrar a proteção especial pretendida.

Do mesmo modo, o Direito Coletivo do Trabalho existe porque se baseia em elementos estruturantes diferentes do Direito Individual do Trabalho.

Silva(261), tecendo considerações sobre as diferenças entre a autonomia individual e a autonomia coletiva, salienta que aquela objetiva satisfazer interesse individual, atinente à pessoa individualmente considerada, enquanto a autonomia coletiva está voltada para a realização do interesse coletivo, pertencente ao grupo(262).

A justificativa da autonomia privada coletiva repousa na evolução dos fatos sociais e na necessidade de encontrar soluções justas para as relações coletivas de trabalho. Seu desenvolvimento se materializa em um contexto de insuficiência da autonomia individual para a resolução das questões trabalhistas(263).

(261) SILVA, Walküre Ribeiro da. Autonomia privada coletiva. *Revista da Faculdade de Direito da Universidade de São Paulo*, v. 102, p. 135-159, jan./dez. 2007, p. 41.

(262) O interesse coletivo não pode ser confundido com o interesse público, que está ligado ao interesse de toda a comunidade.

(263) ALMEIDA, Renato Rua de. Justificação da autonomia da vontade coletiva no direito do trabalho. *Revista LTr*, 1983, p. 788.

O interesse coletivo, de titularidade de um agrupamento de pessoas, não representa a soma de interesses individuais, mas uma combinação indivisível, voltada para o atendimento dos anseios da coletividade. Acerca da distinção entre interesses coletivos e individuais, Santos(264) afirma:

> A autonomia privada coletiva consiste, assim, no poder reconhecido aos grupos sociais de criar normas jurídicas para a tutela de interesses de uma coletividade, comunidade ou classe de pessoas globalmente consideradas, revelando-se como um instrumento de tutela de interesses coletivos pertinentes ao grupo globalmente considerado, que não se confundem com a mera soma de interesses individuais dos membros da coletividade nem com os interesses pertinentes a toda a sociedade.

Fincada a ideia no sentido de que a autonomia privada coletiva visa à satisfação dos interesses coletivos, é imprescindível aprofundar o conceito, para que seja possível perquirir como se materializa esta defesa dos interesses do grupo.

A autonomia privada coletiva carrega consigo um poder de autorregulamentação das relações coletivas de trabalho, exercido pelas organizações representativas de agrupamentos profissionais e econômicos(265). Nas lições de Teixeira Filho(266), "é o poder social dos grupos representados autorregularem seus interesses gerais e abstratos, reconhecendo o Estado a eficácia plena dessa avença em relação a cada integrante dessa coletividade".

Nesse ponto, fica evidente a importância da distinção apresentada na seção anterior, que separa as ideias de autonomia privada e autonomia da vontade. A autonomia privada não se restringe ao espectro do querer, do desejo manifestado, da intenção de agir em determinado sentido. No âmbito da autonomia privada, a vontade se faz presente, mas está orientada para a produção de normas que regerão grupos sociais(267).

---

(264) SANTOS, Ronaldo Lima dos. *Teoria das normas coletivas*. 3. ed. São Paulo: LTr, 2014. p. 127.

(265) Santos enxerga, na autonomia privada coletiva, o poder dos grupos de organizar, por suas próprias decisões, as relações de trabalho. (SANTOS, Enoque Ribeiro dos. *Negociação coletiva de trabalho*. Rio de Janeiro: Forense, 2018).

(266) TEIXEIRA FILHO, João de Lima. *Instituições de Direito do Trabalho*. 21. ed. São Paulo: LTr, 2003. p. 1.178.

(267) Respeitáveis autores, como Nascimento *et al.*, utilizam a expressão "autonomia da vontade" na qualidade de fonte geradora de regras de direito, sem fazer qualquer diferenciação em relação à autonomia privada. (NASCIMENTO, Amauri Mascaro; NASCIMENTO, Sônia Mascaro; NASCIMENTO, Marcelo Mascaro. *Compêndio de direito sindical*. 8. ed. São Paulo: LTr, 2015. p. 399).

Nascimento[268] *et al.* ponderam que a autonomia coletiva favorece o exercício, pelas entidades sindicais, do poder de elaboração da norma jurídica, assumindo um protagonismo que retira do Estado o monopólio na regulação das questões trabalhistas. Observa-se que o autor, ao dissertar sobre a aplicação do conceito de autonomia privada coletiva às relações de trabalho, enfatiza a figura dos sindicatos, pois estes são legitimados exclusivos para a celebração de acordos e convenções coletivas de trabalho, que apresentam a qualidade de fontes normativas autônomas do Direito do Trabalho.

Na mesma linha, Manus[269] apresenta a autonomia privada coletiva como o poder das entidades sindicais de auto-organização e autorregulamentação dos conflitos coletivos do trabalho, que resulta na produção de normas regentes das relações entre trabalhadores e empregadores[270].

Embora seja inevitável reconhecer que a negociação coletiva encontra na autonomia privada coletiva o seu fundamento, os institutos não podem ser tratados como sinônimos. De acordo com Teixeira Filho[271], "a autonomia coletiva não pode ser confundida com a negociação coletiva. Esta decorre daquela, configurando-se como sua manifestação concreta".

A negociação coletiva é o ápice, no âmbito das relações trabalhistas, do exercício da autonomia privada coletiva, que, segundo Bulgueroni[272], possibilita a composição de interesses por intermédio de acordos firmados entre grupos sociais, que redundam em normas abstratas que balizarão as relações dos grupos profissionais e econômicos[273].

As normas que se apresentam como resultado da autonomia privada coletiva são reconhecidas pelo texto constitucional (art. 7º, XXVI), de forma

---

(268) NASCIMENTO, Amauri Mascaro; NASCIMENTO, Sônia Mascaro; NASCIMENTO, Marcelo Mascaro. *Compêndio de direito sindical.* 8. ed. São Paulo: LTr, 2015. p. 173.

(269) MANUS, Pedro Paulo Teixeira. *Negociação coletiva e contrato individual de trabalho.* São Paulo: Atlas, 2001. p. 102.

(270) Arouca destaca o papel do sindicato no exercício da autonomia privada coletiva, tendo em vista a sua prerrogativa de elaborar leis internas por meio das negociações, materializadas nos acordos e convenções coletivas, que possuem força obrigatória para a categoria. (AROUCA, José Carlos. *Curso básico de direito sindical*: da CLT à reforma trabalhista de 2017 (Lei n. 13.467). 6. ed. São Paulo: LTr, 2018. p. 55).

(271) TEIXEIRA FILHO, João de Lima. *Instituições de Direito do Trabalho.* 21. ed. São Paulo: LTr, 2003. p. 1.178.

(272) BULGUERONI, Renata Orsi. *Negociação coletiva e fontes do Direito do Trabalho*: propostas para a prevalência do negociado sobre o legislado nas relações de emprego. São Paulo: USP, 2014. p. 59.

(273) A discussão sobre a natureza jurídica dos produtos das negociações coletiva será tratada em seções posteriores do presente trabalho.

que a Constituição, nas lições de Mannrich[274], "introduz garantia de validade e eficácia das convenções e acordos coletivos de trabalho".

Afirmada a noção de que a autonomia privada coletiva, diferentemente da autonomia da vontade, possibilita o exercício da negociação coletiva, que pode redundar na criação de normas aplicáveis aos coletivos de trabalhadores e tomadores de serviços, é factível reconhecer que essa rede relacional só faz sentido em um ambiente de reconhecimento de uma pluralidade de normas jurídicas, mesmo que não coindicam com a origem estatal.

Santos[275] sustenta que o conceito de autonomia privada coletiva se edifica sobre o fenômeno do pluralismo jurídico, isto é, "da descentralização indivíduos ou entidades normativas da capacidade resultante do reconhecimento de regras de conduta ou da atribuição no seu círculo a certos de fins e interesses". Nesse sentido, é imperioso enfrentar o tema do pluralismo jurídico no domínio das relações trabalhistas.

3.3. Plurinormativismo no Direito do Trabalho

O Estado não é o único gerador de normas jurídicas. Tal afirmação ganha uma conotação especial no Direito do Trabalho, ramo do estudo jurídico caracterizado pela existência de uma pluralidade de fontes normativas. Nesse cenário, emerge um protagonismo das entidades sindicais que, por meio da negociação coletiva, têm a possibilidade de editar normas que regerão o grupo de trabalhadores e empregadores[276].

Nascimento *et al.*[277] pontuam que, apesar de o Estado ser detentor da coação jurídica, existe direito também a partir de outras origens, como pela atuação do grupo profissional ou sindical que regulamenta as atividades de classe e estabelece normas protegidas por sanções organizadas[278].

---

(274) MANNRICH, Nelson. Reconhecimento das convenções e acordos coletivos de trabalho. In: MARTINEZ, Luciano; TEIXEIRA FILHO, João de Lima (Coords.). *Comentários à Constituição de 1988 em matéria de direitos sociais trabalhistas (arts. 6º a 11):* uma homenagem aos 30 anos da Constituição da República e aos 40 anos da Academia Brasileira de direito do trabalho. São Paulo: LTr, 2019. p. 311.

(275) SANTOS, Ronaldo Lima dos. *Teoria das normas coletivas.* 3. ed. São Paulo: LTr, 2014. p. 113.

(276) Martins e Gurgel (MARTINS, Adalberto; GURGEL, Christianne Moreira Moraes. A autonomia privada coletiva de trabalho: da reforma trabalhista à Covid-19. *Revista de Direito do Trabalho*, vol. 213, 2020, p. 150) salientam que o pluralismo jurídico, na seara trabalhista, conta com a participação do Estado, bem como das entidades sindicais, que representam a vontade da categoria e têm o condão de produzir normas que regerão as relações individuais de trabalho.

(277) NASCIMENTO, Amauri Mascaro; NASCIMENTO, Sônia Mascaro; NASCIMENTO, Marcelo Mascaro. *Compêndio de direito sindical.* 8. ed. São Paulo: LTr, 2015. p. 167.

(278) Nascimento *et al.* ensinam que existe uma riqueza de fenômenos que interessam ao direito sindical, de forma que se verifica uma realidade paralela de força e poder, relevante para

O exercício da autonomia privada, que permite o desenvolvimento da negociação coletiva, demarca a eliminação do monopólio normativo por parte do Estado[279] e a transferência de poderes para as entidades sindicais, hábeis à criação de condições de trabalho por uma via normativa que não coincide com o Direito posto pelo Estado.

Seguindo esta linha de conexão entre autonomia privada e pluralismo normativo, Santos[280] destaca que a autonomia privada possibilita a criação de normas não identificadas com as da ordem estatal. A partir de uma concepção pluralista, são múltiplos os centros geradores de normas jurídicas.

Reconhecida a inexistência de exclusividade do Estado quanto à titularidade na produção de normas jurídicas, é preciso investigar o alcance do pluralismo no Direito do Trabalho.

3.3.1. Pluralismo de fontes e pluralismo jurídico

É perceptível, no âmbito do Direito do Trabalho, a existência de um pluralismo de fontes formais, que são classificadas, pela doutrina, em autônomas e heterônomas[281].

As fontes heterônomas são aquelas nas quais, na origem, não há a participação dos destinatários da norma (trabalhadores e tomadores de serviço), tais como a Constituição Federal, a Consolidação das Leis do Trabalho e as sentenças normativas. As autônomas, por sua vez, são caracterizadas pela participação dos destinatários da norma em sua gênese, que pode ser concretizada diretamente, como nos contratos de trabalho, ou por meio de representantes legitimados, como no caso das convenções e acordos coletivos.

Bulgueroni[282], reconhecendo a existência do pluralismo de fontes e tecendo uma conexão com a negociação coletiva, afirma que os frutos desta

o conhecimento dos fenômenos coletivos em seara trabalhista, que não podem ser elucidados apenas sob a ótica formalista do direito estatal. (*Ibidem*, p. 171).

(279) Sobre o tema, Mannrich arremata: "nesse contexto de pluralismo jurídico, o Estado não é o único centro de produção da norma jurídica". (MANNRICH, Nelson. Reconhecimento das convenções e acordos coletivos de trabalho. In: MARTINEZ, Luciano; TEIXEIRA FILHO, João de Lima (Coords.). *Comentários à Constituição de 1988 em matéria de direitos sociais trabalhistas (arts. 6º a 11):* uma homenagem aos 30 anos da Constituição da República e aos 40 anos da Academia Brasileira de direito do trabalho. São Paulo: LTr, 2019. p. 311).

(280) SANTOS, Enoque Ribeiro dos. *Negociação coletiva de trabalho.* Rio de Janeiro: Forense, 2018.

(281) Sobre as fontes do Direito do Trabalho, *vide* Martinez. (MARTINEZ, Luciano. *Curso de Direito do Trabalho.* 12. ed. São Paulo: Saraiva Educação, 2021a).

(282) BULGUERONI, Renata Orsi. *Negociação coletiva e fontes do Direito do Trabalho:* propostas para a prevalência do negociado sobre o legislado nas relações de emprego. São Paulo: USP, 2014. p. 3.

(convenções e acordos coletivos) são autênticas fontes de Direito. A autora reforça uma questão levantada no capítulo 2 deste trabalho, no sentido de identificar uma incapacidade de a legislação fazer frente às novas realidades economias e profissionais(283).

Nesse sentido, é cada vez mais importante analisar como as fontes heterônomas se relacionam com as fontes autônomas, especialmente as convenções e acordos coletivos, que são resultantes do processo de negociação coletiva. Esta discussão será explorada nos próximos capítulos.

Em um contexto no qual são crescentes e diversas as necessidades dos agrupamentos sociais, é impossível que as relações trabalhistas sejam guiadas pelas balizas do monismo jurídico, que aceita o Estado como o único centro produtor de fontes de Direito.

Nas palavras de Bulgueroni(284):

> De fato, a atuação estatal — embora intensa — mostrou-se insuficiente par atender, de forma eficaz, a todas as necessidades dos trabalhadores: em primeiro lugar, em virtude da lentidão e excesso de formalismo do processo legislativo oficial; em segundo, diante da dificuldade do Estado em conhecer, minuciosamente, todas as necessidades da classe operária. Somem-se a tais fatores as profundas transformações sofridas pelo mercado de trabalho e de capital.

Reconhecida a existência de uma pluralidade de fontes no Direito do Trabalho, é importante investigar se é possível falar também em um autêntico pluralismo jurídico.

Bulgueroni(285) sustenta que, tendo em vista a manutenção da supremacia estatal, não é possível falar em uma pluralidade de ordenamentos no Brasil, existindo somente uma pluralidade de fontes. A autora prossegue o raciocínio, afirmando que não cabe defender a existência de um pluralismo jurídico e de um "direito alternativo", uma vez que este está totalmente subjugado ao poder estatal e, tecendo uma relação com as entidades sindicais, afirma que estes dependem do Estado para nascer e sobreviver.

---

(283) Bulgueroni aprofunda a discussão, asseverando que o reconhecimento do Estado como único titular do poder-dever de produzir leis é incompatível com o atual modelo de relações trabalhistas. (*Ibidem*, p. 14).

(284) BULGUERONI, Renata Orsi. *Negociação coletiva e fontes do Direito do Trabalho*: propostas para a prevalência do negociado sobre o legislado nas relações de emprego. São Paulo: USP, 2014. p. 25.

(285) *Idem*.

De acordo com a linha de raciocínio de Bulgueroni(286), é contraditório invocar a existência de um pluralismo em um país onde existe uma supremacia da lei sobre a negociação coletiva(287). Refuta-se a posição da autora, reconhecendo a incontestável coerência argumentativa por ela apresentada.

De fato, a negociação coletiva experimentou um desenvolvimento muito aquém do seu potencial na história das relações laborais brasileiras. Porém, é imperioso reconhecer sua capacidade de criação de um feixe normativo, tendo em vista a natureza jurídica das convenções e acordos coletivos, que será analisada na próxima seção.

Santos(288), discordando do entendimento de Mannrich(289), ensina que o fato de existirem fontes normativas previstas na legislação estatal não elimina a existência do pluralismo jurídico. Naturalmente, o reconhecimento, pelo Estado, das fontes de produção jurídica não estatais, é essencial para a reafirmação da pluralidade do Direito do Trabalho.

Se a negociação coletiva não alcançou o patamar desejado, é preciso olhar para os fatores que provocaram este cenário, buscando encontrar a solução para as adversidades. Isso não significa, porém, que ela não reúna as condições para assumir um protagonismo no estabelecimento de condições de trabalho, dada a reconhecida insuficiência legislativa para regular a complexidade das interações econômicas e sociais.

A negociação coletiva é direito humano e fundamental, como analisado anteriormente, não podendo permanecer sob o manto da ordem estatal. Por meio do exercício da autonomia privada coletiva, cria-se direito na essência da palavra, de modo que os institutos resultantes da negociação assumem um caráter cogente para os agrupamentos envolvidos.

Em nenhum momento, ignora-se o Direito originado nas fontes estatais, imprescindível para o desenvolvimento de qualquer ramo de estudo jurídico. Sem a atuação estatal, o pluralismo não encontra espaço para o seu desenvolvimento. O Estado é essencial na criação de condições materiais para que

---

(286) BULGUERONI, Renata Orsi. *Negociação coletiva e fontes do Direito do Trabalho*: propostas para a prevalência do negociado sobre o legislado nas relações de emprego. São Paulo: USP, 2014. p. 25.

(287) É preciso reforçar que a tese da professora Renata Bulgueroni foi publicada em 2014, antes da vigência da Lei n. 13.467/2017 ("Reforma Trabalhista), que instituiu a denominada "prevalência do negociado sobre o legislado".

(288) SANTOS, Ronaldo Lima dos. *Teoria das normas coletivas*. 3. ed. São Paulo: LTr, 2014. p. 88.

(289) Mannrich (MANNRICH, Nelson. Pluralismo jurídico e Direito do Trabalho. *Revista do Advogado*, São Paulo, Ano XXII, n. 66, 2002, p. 17-19) entende que a pluralidade de fontes do Direito do Trabalho não significa que exista um pluralismo jurídico.

o pluralismo jurídico aconteça. Entretanto, o argumento da supremacia estatal não pode ser invocado para negar a sua existência.

Silva[(290)] é categórica ao afirmar que o Direito do Trabalho se insere no contexto do pluralismo jurídico, pois é composto não só por uma pluralidade de fontes normativas, mas, sobretudo, por uma pluralidade de normas. Admite-se, nesse contexto, que o Estado e os particulares têm condições de produzir normas jurídicas.

No âmbito das relações coletivas de trabalho, a partir do momento em que a Constituição Federal reconhece, no art. 7º, XXVI, as convenções e acordos coletivos de trabalho, resta evidente que a ordem estatal caminha em conjunto com as normas jurídicas geradas por aqueles que vivem de perto o cotidiano das relações laborais.

Santos[(291)] admite que a Constituição Federal de 1988 não previu expressamente o princípio do pluralismo jurídico, o que não significa, todavia, que tal princípio não esteja plenamente albergado por ela, pois, "já em seu preâmbulo, a Carta Magna, ao instituir um Estado Democrático de Direito, assegurou como supremo uma sociedade pluralista comprometida com a solução pacífica das controvérsias"[(292)].

Nascimento[(293)] *et al.* enfrentam a conexão entre o pluralismo jurídico e as relações coletivas de trabalho, introduzindo a ideia de que a compreensão do Direito como oriundo tanto de uma produção normativa do Estado quanto dos grupos sociais, beneficia o sindicalismo, pois o entendimento de que apenas é considerado como Direito o que o Estado propõe "criaria um sério problema sindical de liberdade e de operacionalidade porque difícil seria conciliar convenções coletivas de trabalho com o monismo estatal". Arrematando o raciocínio, Nascimento *et al.*[(294)] afirmam que "se há uma instituição do direito do trabalho característica do plurinormativismo do direito é a negociação coletiva".

---

(290) SILVA, Walküre Ribeiro da. Autonomia privada coletiva. *Revista da Faculdade de Direito da Universidade de São Paulo*, v. 102, p. 135-159, jan./dez. 2007, p. 135.

(291) SANTOS, Ronaldo Lima dos. *Teoria das normas coletivas*. 3. ed. São Paulo: LTr, 2014. p. 75.

(292) Ronaldo Lima dos Santos (SANTOS, Ronaldo Lima dos. *Teoria das normas coletivas*. 3. ed. São Paulo: LTr, 2014. p. 84) ratifica a inevitabilidade do reconhecimento da força do pluralismo jurídico, afirmando que não há como discutir mais a dicotomia entre monismo e pluralismo. O desafio, segundo autor, gira em torno da dimensão do pluralismo presente em uma sociedade, tema este que é objeto de análise do presente trabalho.

(293) NASCIMENTO, Amauri Mascaro; NASCIMENTO, Sônia Mascaro; NASCIMENTO, Marcelo Mascaro. *Compêndio de direito sindical*. 8. ed. São Paulo: LTr, 2015. p. 173.

(294) *Ibidem*, p. 399.

O Estado nem sempre é o ente mais preparado para editar uma norma jurídica. Em um ramo jurídico como o Direito do Trabalho, não pode ser ignorado o caráter dinâmico e flexível das fontes autônomas, em especial àquelas decorrentes da negociação coletiva. Para amoldar as convenções e acordos coletivos ao contexto do pluralismo jurídico, é necessário superar a visão meramente contratualista destes institutos.

3.3.2. Natureza jurídica dos produtos da negociação coletiva em sentido estrito

Investigar a natureza jurídica de um instituto significa perquirir sua essência; identificar aquilo que lhe é mais básico e mais marcante(295).

Do mesmo modo como a autonomia coletiva não pode ser confundida com a negociação coletiva, conforme analisado em seção anterior, a negociação coletiva precisa ser diferenciada dos acordos e convenções coletivas. Estes são resultantes daquela, uma vez que, sendo frutífera a negociação, as convenções e acordos coletivos regerão as relações entre os agrupamentos profissionais e econômicos, bem como exercerão importantes reflexos nos contratos individuais de trabalho.

Santos(296) salienta que, por mais que os institutos sejam correlatos, negociação coletiva e convenção coletiva de trabalho possuem naturezas totalmente distintas. Negociação coletiva é procedimento, enquanto convenção coletiva é um contrato normativo por meio do qual se estipulam condições de trabalho. Segundo o autor, "a negociação coletiva está para a convenção coletiva como a fase de puntuação (tratativas) está para os contratos em geral".

Investigar a essência dos produtos da negociação coletiva revela mais aspectos sobre esta do que sobre as convenções e acordos. O caminho, aqui, é tão importante quanto o resultado.

Três são as correntes sobre a natureza jurídica das convenções e acordos coletivos: a contratualista, a normativista e a mista.

A corrente contratualista sustenta que, na origem dos institutos, há um ajuste de vontades, característico de um arquétipo contratual. Em sua formação, os agrupamentos coletivos negociam as cláusulas que determinarão diretrizes delineadoras das relações de trabalho.

---

(295) Segundo Enoque Ribeiro dos Santos, o objetivo, quando se fala da investigação da natureza jurídica de determinado instituto, é analisar de onde ele provém, ou seja, a sua razão de ser, sua essência ou substância. (SANTOS, Enoque Ribeiro dos. *Negociação coletiva de trabalho*. Rio de Janeiro: Forense, 2018).

(296) SANTOS, Ronaldo Lima dos. *Teoria das normas coletivas*. 3. ed. São Paulo: LTr, 2014. p. 183.

Os normativistas entendem que os acordos e convenções coletivas produzem efeitos normativos, de caráter *erga omnes*, exercendo influência direta nas relações individuais de trabalho (de filiados e não filiados ao sindicato), que se submetem, necessariamente, às condições estabelecidas no instrumento coletivo. Esta linha é adotada por Santos[(297)], que assevera que "a negociação coletiva possibilita a criação de normas, por meio convencional, e seus efeitos são diversos daqueles produzidos pelos demais contratos, regidos sob a égide do direito civil".

A corrente mista é a mais consentânea com a natureza jurídica das convenções e acordos coletivos, pois enxerga os aspectos contratuais e normativos nos institutos, sendo impossível reduzi-los, unicamente, a somente um desses polos[(298)].

A gênese, de fato, carrega características que se verificam nos contratos: é bilateral ou plurilateral (a depender se o instrumento tem duas ou mais partes acordantes); é sinalagmático, pois envolve prestações recíprocas, visto que os sujeitos envolvidos possuem direitos e obrigações; é consensual, de modo que se aperfeiçoa com o consenso na manifestação de vontade; é comutativo, em virtude do fato de que as prestações são equivalentes e conhecidas desde o início do ajuste; é de trato sucessivo, pois os instrumentos coletivos regem situações que se prolongam no tempo, não se esgotando em um único ato.

Quando se analisa a convenção e o acordo coletivo sob o prisma do "produto" pronto e acabado, é inevitável reconhecer o aspecto normativo, uma vez que tais instrumentos se apresentam como autênticas normas jurídicas, de aplicação obrigatória às relações coletivas e individuais de trabalho. São fontes formais autônomas, decorrentes do exercício da autonomia privada coletiva. O reconhecimento da faceta normativa dos institutos é consentâneo com a concepção de que existe um efetivo pluralismo jurídico no Direito do Trabalho.

Magano[(299)] afirma que "há verdades tanto do lado dos contratualistas, como do dos normativistas, razão pela qual a convenção coletiva não pode se resumir, isoladamente, a um desses sistemas". O autor[(300)] define a convenção coletiva como um "ato jurídico solene emanado do poder social dos sindicatos

---

(297) SANTOS, Enoque Ribeiro dos. *Negociação coletiva de trabalho*. Rio de Janeiro: Forense, 2018.

(298) Consoante os ensinamentos de Gomes Neto (GOMES NETO, Indalécio. Modalidades da negociação coletiva. *Revista do TST*. Brasília, n. 54, 1995, p. 33), não se pode negar a vertente contratualista da convenção coletiva, pois se trata de um ajuste. Todavia, a natureza jurídica não se encerra no prisma contratual, pois são pactuadas normas que regem as relações de trabalho no âmbito dos representados.

(299) MAGANO, Otávio Bueno. *Convenção coletiva de trabalho*. São Paulo: LTr, 1972. p. 59.

(300) *Ibidem*, p. 154.

ou de outros agrupamentos similares", permitindo que estes criem, após percorrida a negociação, normas jurídicas que carregam direitos e obrigações recíprocas e pautam as condições de trabalho[(301)].

Santos[(302)] diagnostica que a corrente mista é abraçada pela maioria absoluta dos juslaboralistas (Kaskel-Dersch, Nipperdey, Nikish, Krotoschin, Paul Durand, Jaussaud, Rivero, Savatier, Octavio Bueno Magano, Carlos Moreira De Luca, Mozart Victor Russomano). Tais estudiosos consideram a convenção coletiva como um instituto híbrido: quanto à formação, identifica-se com um contrato; por seu conteúdo, equivale a uma norma jurídica.

Manus[(303)], adotando a corrente mista, entende que convenções e acordos coletivos possuem aspecto contratual e normativo. Quanto à formação do instrumento, reveste-se de caráter contratual, mas quanto ao seu resultado, apresenta faceta normativa.

Brito Filho[(304)] esclarece que as convenções e acordos coletivos não possuem natureza puramente contratual não pelo fato de serem contratos coletivos, pois este elemento não retira a natureza de contrato, mas por serem aplicáveis, de modo indistinto, a sindicalizados e não sindicalizados. Nesse sentido, o estudioso adere à corrente mista, reconhecendo a incidência do aspecto contratual no momento da celebração e do viés normativo na produção de efeitos.

Ruprecht[(305)], ao apresentar o seu conceito de convenção coletiva, demonstra a preferência pela corrente mista, pois define o instituto como um acordo bilateral, que objetiva fixar condições de trabalho. Nessa fixação de condições, emerge o efeito normativo, que não invalida, todavia, o efeito contratual.

Delgado[(306)] destaca que as convenções coletivas, embora tenham origem privada, criam regras jurídicas gerais, abstratas e impessoais. Nesse sentido,

(301) O autor utiliza a expressão poder social a fim de deixar bem-marcada a ideia de que nem todo poder emana exclusivamente do Estado, demonstrando sua adesão à concepção pluralista do Direito do Trabalho.

(302) SANTOS, Ronaldo Lima dos. *Teoria das normas coletivas*. 3. ed. São Paulo: LTr, 2014. p. 169.

(303) MANUS, Pedro Paulo Teixeira. *Negociação coletiva e contrato individual de trabalho*. São Paulo: Atlas, 2001. p. 113.

(304) BRITO FILHO, José Cláudio Monteiro de. *Direito sindical*. 8. ed. São Paulo: LTr, 2021a. p. 187.

(305) RUPRECHT, Alfredo J. *Relações coletivas de trabalho*. São Paulo: LTr, 1995. p. 302.

(306) DELGADO, Mauricio Godinho. *Direito Coletivo do Trabalho*. 7. ed. São Paulo: LTr, 2017. p. 209.

deve ser admitido o acerto da teoria mista, que realça uma combinação singular(307), tendo em vista que as convenções e acordos coletivos são contratos criadores de normas jurídicas.

Percebe-se, no âmbito doutrinário, uma clara tendência à adoção da teoria mista para explicar a natureza jurídica das convenções e acordos coletivos. É importante, neste ponto, reiterar que, na perspectiva do pluralismo jurídico, o conceito de norma não pode ser confundido com o de um ato estatal.

Nascimento(308) *et al.* pontuam que a convenção coletiva é uma norma, "desde que se dissocie o conceito de norma do conceito de lei ou ato estatal". O pluralismo jurídico aponta para a inevitável conclusão de que existe produção normativa fora do direito positivo estatal.

A Organização Internacional do Trabalho insere-se na perspectiva do pluralismo jurídico, ao incentivar a negociação coletiva como forma democrática de composição dos conflitos coletivos de trabalho. A pretensão se volta para o entendimento entre os próprios atores sociais, sem qualquer interferência do Estado, uma vez que aqueles conhecem, como ninguém, a realidade na qual estão inseridos e as necessidades concernentes às relações laborais.

Conforme analisado, a autonomia privada, que é fundamento da negociação coletiva, se edifica sobre o fenômeno do pluralismo jurídico. Estabelecidas essas conexões, é importante, antes de entender a negociação coletiva no contexto da reforma trabalhista, investigar se a autonomia privada coletiva é dependente da outorga estatal ou se é um poder originário. A resposta a esta questão está umbilicalmente relacionada com a perquirição das possibilidades e limites da negociação coletiva.

3.4. A autonomia privada coletiva é poder originário ou derivado?

A autonomia privada coletiva é, como analisado, o fundamento da negociação coletiva. O Direito, constantemente, trabalha com a imposição de limites e com os efeitos decorrentes da ultrapassagem ou do não alcance destes. Com a negociação coletiva, não é diferente. O entendimento das possibilidades e limites, porém, no contexto do pluralismo jurídico, em que convivem

(307) Essa combinação peculiar é observada por Pinto, que afirma que "é da natureza da convenção coletiva a convivência de uma antinomia – o contrato-lei". O autor identifica uma natureza jurídica complexa, que mescla elementos característicos de um contrato e de uma norma. (PINTO, José Augusto Rodrigues. *Direito Sindical e Coletivo do Trabalho*. 2. ed. São Paulo: LTr, 2002. p. 231).

(308) NASCIMENTO, Amauri Mascaro; NASCIMENTO, Sônia Mascaro; NASCIMENTO, Marcelo Mascaro. *Compêndio de direito sindical*. 8. ed. São Paulo: LTr, 2015. p. 409.

fontes estatais e privadas, perpassa pela consideração da autonomia privada coletiva como poder originário ou derivado.

A tese do poder originário caminha no sentido de que a autonomia privada coletiva compreende um poder normativo natural, anterior e independente da ação do Estado, que aceita a criação normativa pelos particulares. Por outro lado, o enquadramento da autonomia privada coletiva como um poder derivado remete à ideia de que a regulamentação dos interesses pelos sujeitos privados depende da delegação do Estado.

Silva[(309)] realça a posição de Bobbio como defensor da corrente do poder derivado, uma vez que entende que a autonomia privada coletiva deriva do poder estatal, manifestando-se somente a partir da delegação do ente público.

Com efeito, a noção de que a autonomia privada é poder derivado e dependente do Estado não é consentânea com a magnitude da negociação coletiva. É inegável que, na história do sindicalismo brasileiro, verificou-se uma extrema proximidade (muitas vezes prejudicial) entre os entes estatais e os agrupamentos coletivos trabalhistas. Todavia, essa vinculação não pode embaçar a visão sobre a real essência deste instituto base do Direito Coletivo do Trabalho.

Santos[(310)] entende que a tese do poder derivado resulta de um equívoco de pensamento consistente em atribuir ao Estado uma existência diversa da própria sociedade que o criou, como se fosse um ente separado desta. Seus defensores esquecem, todavia, que tanto o Estado quanto o ordenamento jurídico decorrem de uma manifestação da sociedade[(311)].

A autonomia privada coletiva, prossegue Santos[(312)], é anterior ao surgimento do Estado, pois já se verificava em sociedades pré-estatais. Com o reconhecimento estatal, atribui-se, a ela, uma maior objetividade e uma ressonância formal.

É inegável o peso do reconhecimento do Estado para o desenvolvimento da autonomia privada coletiva. A ordem estatal é importante para definir contornos, para estabelecer limites ao exercício deste poder-função. As

(309) SILVA, Walküre Ribeiro da. Autonomia privada coletiva. *Revista da Faculdade de Direito da Universidade de São Paulo*, v. 102, p. 135-159, jan./dez. 2007, p. 138.

(310) SANTOS, Ronaldo Lima dos. *Teoria das normas coletivas*. 3. ed. São Paulo: LTr, 2014. p. 143.

(311) Santos refuta a chamada concepção estatalista do direito, que parte da ideia de que as normas decorrentes das fontes não estatais seriam introduzidas no ordenamento jurídico somente pelos processos de delegação ou reconhecimento. Tal posição, segundo o autor, é incompatível com o conceito de direito como sistema. (*Ibidem*, p. 88).

(312) *Ibidem*, p. 144.

convenções e acordos coletivos, que decorrem do exercício da autonomia privada coletiva, são reconhecidas pelo texto constitucional (art. 7º, XXVI), o que é essencial para a validade e a eficácia destes institutos.

Entretanto, as ideias não podem ser misturadas: reconhecer a importância do Estado não significa que a autonomia privada coletiva é criada ou outorgada por ele. O ente estatal tem uma função importante de garantir as condições para que a autonomia privada floresça.

É preciso recordar a análise realizada no primeiro capítulo deste trabalho, que atesta o *status* da negociação coletiva (que encontra seu fundamento na autonomia privada coletiva) como direito humano. A posição aqui firmada é imprescindível para a análise da negociação coletiva no contexto da reforma trabalhista, bem como para a definição de suas possibilidades e limites.

Silva[(313)] observa que, no Direito comparado, a visão acerca da autonomia privada coletiva, frequentemente, depende do contexto no qual o país está inserido. Na Itália, há uma defesa consensual de que se trata de um poder originário. Houve, no país, um rompimento completo com as bases do regime fascista, negando-se a ideia, defendida anteriormente, de que a atuação normativa dos grupos profissionais e econômicos decorresse da delegação estatal. A Constituição italiana valoriza fortemente a liberdade e a autonomia dos sindicatos, sufocadas durante o fascismo.

O Brasil carrega uma história de forte intervencionismo do Estado nas relações coletivas de trabalho, que pode levar a uma predileção pelo enquadramento da autonomia privada como poder derivado. Bulgueroni[(314)], com razão, assevera que o ocorrido nos regimes corporativistas deve ser entendido "como distorção do conceito de autonomia coletiva, na medida em que não se coaduna com a verdadeira gênese das organizações sindicais", e não é capaz de modificar a natureza jurídica de poder originário da autonomia coletiva.

É preciso entender no que consiste esta raiz corporativista vivenciada no Brasil, a partir de elementos concretos do histórico do sindicalismo brasileiro.

É frequente a afirmação de que o período em que Vargas permaneceu na presidência do país foi marcado pelo atrelamento do sindicalismo brasileiro ao modelo corporativista. Todavia, a assertiva foi incorporada à linguagem política e jurídica sem maiores cuidados, o que redunda, invariavelmente, em sua utilização pejorativa. Por isso, antes de adentrar em acontecimentos

---

(313) SILVA, Walküre Ribeiro da. Autonomia privada coletiva. *Revista da Faculdade de Direito da Universidade de São Paulo*, v. 102, p. 135-159, jan./dez. 2007, p. 138-139.

(314) BULGUERONI, Renata Orsi. *Negociação coletiva e fontes do Direito do Trabalho:* propostas para a prevalência do negociado sobre o legislado nas relações de emprego. São Paulo: USP, 2014. p. 64.

específicos ocorridos na Era Vargas, é importante apresentar uma definição de corporativismo. De acordo com Schmitter(315):

> Corporativismo pode ser definido como um sistema de intermediação de interesses no qual as unidades constitutivas são organizadas em um número limitado de categorias singulares, de pertencimento compulsório, não competitivas, ordenadas hierarquicamente e diferenciadas funcionalmente e que são reconhecidas ou autorizadas (quando não criadas pelo Estado que lhes confere monopólio da representação de suas respectivas categorias) em troca da observância de algum controle na seleção de lideranças e na articulação de apoio a demandas.

Nesse sentido, o corporativismo é marcado pelo monopólio de representação de grupos funcionais e pelo seu vínculo próximo com o Estado, que os legitima e lhes confere prerrogativas.

O corporativismo, segundo Vianna(316), buscava a promoção da "paz social", no intento de estabelecer um grande consenso que atingisse, também, as classes mais desfavorecidas. Porém, não seria possível alcançar esse objetivo sem a existência de sistemas de representação adequados aos interesses estatais, surgindo, então, a importância do controle dos sindicatos. Gomes(317) demonstra com precisão essa dinâmica:

> Por essa razão, em tal lógica, ao lado de um Executivo forte e pessoal, o segundo grande instrumental político para a produção de novos arranjos institucionais era a montagem de um Estado corporativo que, ao mesmo tempo, separava os indivíduos — agrupando-os em diversas categorias profissionais por sindicatos — e reunia-os pela hierarquia global e harmônica de uma ordem social corporativa.

Portanto, a escolha de um modelo de organização sindical que atendesse aos anseios do Estado era indispensável para a consolidação do corporativismo, como se demonstrará mais adiante.

---

(315) SCHMITTER *apud* TAVARES DE ALMEIDA, Maria Hermínia. *Crise econômica e interesses organizados:* o sindicalismo no Brasil nos anos 80. São Paulo: Edusp, 1996. p. 133.

(316) VIANNA, Luiz Werneck. *Liberalismo e sindicato no Brasil*. Belo Horizonte: UFMG, 1999. p. 258.

(317) GOMES, Ângela de Castro. Autoritarismo e corporativismo no Brasil: o legado de Vargas. In: BASTOS, Pedro Paulo Zahluth; FONSECA, Pedro Cezar Dutra (Orgs.). *A Era Vargas:* desenvolvimentismo, economia e sociedade. São Paulo: Unesp, 2012a. p. 80.

O governo Vargas sabia dessa necessidade, tanto que, em 26 de novembro de 1930, por meio do Decreto n. 19.443, criou o Ministério do Trabalho, Indústria e Comércio (MTIC)[318], com a competência de fiscalizar o regular cumprimento das normas trabalhistas, podendo, também, aplicar penalidades.

A criação do MTIC não demorou muito a gerar reflexos nas relações sindicais. Em 19 de março de 1931, entrou em vigor o Decreto n. 19.770, com o objetivo de regular a sindicalização das classes patronais e operárias. A nova regulamentação instituiu a necessidade de aprovação dos estatutos dos sindicatos pelo MTIC, requisito obrigatório para a aquisição de personalidade jurídica[319].

Silva[320] destaca que a fiscalização trabalhista foi uma estratégia importante, utilizada pelo Ministério do Trabalho, para a conquista de prestígio junto ao movimento sindical. Os fiscais eram acompanhados, nas fiscalizações, por determinados empregados, com a finalidade de consolidar novas lideranças, que fossem capazes de funcionar como um elo entre o Estado e os trabalhadores. O objetivo era relegar os sindicatos à condição de órgãos de colaboração entre classes.

O pretenso conflito era transformado em cooperação e em integração de interesses, estabelecendo-se a ideia de que era uma ilusão a oposição entre os sujeitos. Como afirma Vianna[321], o objetivo era impedir que “a democracia fosse ameaçada por conflitos democráticos”. Visava-se reprimir os “excessos de democracia”.

Essa transformação do conflito em cooperação, em grande parte, foi alcançada em virtude da personalidade de Vargas. Nesse sentido, Gomes[322] destaca um aspecto curioso: ao mesmo tempo em que o presidente montava, em torno dele, uma burocracia tecnicamente qualificada, que ampliou as funções de intervencionismo estatal, conseguiu fazer com que o Estado se personalizasse em sua própria figura carismática, que se anunciava como a grande possibilidade de condução de um processo de mudança.

---

(318) A criação do Ministério do Trabalho foi acompanhada de uma forte propaganda. Era o “Ministério da Revolução”, segundo Lindolfo Collor, o primeiro ocupante da cadeira de ministro.

(319) O Decreto determinava o envio ao MTIC da relação dos nomes de todos os associados. Previa, também, que qualquer alteração no estatuto ficava condicionada à aprovação do Ministério.

(320) SILVA, Sayonara Grillo Coutinho Leonardo da. *Relações coletivas de trabalho*. São Paulo: LTr, 2008. p. 146.

(321) VIANNA, Luiz Werneck. *Liberalismo e sindicato no Brasil*. Belo Horizonte: UFMG, 1999. p. 230.

(322) GOMES, Ângela de Castro. Autoritarismo e corporativismo no Brasil: o legado de Vargas. In: BASTOS, Pedro Paulo Zahluth; FONSECA, Pedro Cezar Dutra (Orgs.). *A Era Vargas:* desenvolvimentismo, economia e sociedade. São Paulo: Unesp, 2012a. p. 71.

O Decreto também inaugurou, no Brasil, a imposição da unicidade sindical, que, como será evidenciado no capítulo quarto, representa uma importante restrição à liberdade sindical[(323)].

Começava-se, assim, a construção do modelo corporativo. O sindicato foi trazido para a órbita do Estado, funcionando como seu órgão consultivo e auxiliador, o que limitava, sobremaneira, a autonomia sindical.

Quanto à liberdade de cada indivíduo de se filiar a um sindicato, Moraes Filho[(324)] afirma que, muito embora ninguém fosse obrigado a aderir, os sindicalizados possuíam alguns privilégios, como o direito exclusivo de apresentar reclamações perante as Juntas de Conciliação e Julgamento; o direito de gozar férias, dentre outros.

Como se percebe, foi considerável o número de dispositivos legais voltados para a regulação das relações de trabalho durante o Governo Provisório (1930-1934). Nesse cenário, verifica-se, em um primeiro momento, uma resistência do setor empresarial em aceitar essa gama de regulações, haja vista que consideravam pesado o ônus de arcar com os novos encargos.

Todavia, Vianna[(325)] identifica uma alteração no comportamento empresarial. Os empresários, ao invés de refutarem a legislação trabalhista, passaram a intervir no debate perante o Governo. O modelo corporativista, desenhado pelo Estado, não funcionaria sem a participação do empresariado.

Segundo Vianna[(326)]:

> O movimento político-militar de 30 consistiu principalmente numa reordenação institucional-legal da dominação burguesa, que, ao criar organizações corporativas, nominalmente voltadas para o estabelecimento da harmonia entre classes, transformou-as em vigoroso instrumento de acumulação industrial.

O Ministério do Trabalho passara a enviar às empresas mais influentes o anteprojeto de cada nova proposta de regulamentação, atendendo a antigas reivindicações dos capitalistas, que se queixavam de que o Estado promulgava as leis sem considerar a realidade concreta das fábricas.

---

(323) Art. 9º: “Cindida uma classe e associada em dois ou mais sindicatos, será reconhecido o que reunir dois terços da mesma classe, e, se isto não se verificar, o que reunir maior número de associados”.

(324) MORAES FILHO, Evaristo de. *O problema do sindicato único no Brasil:* seus fundamentos sociológicos. São Paulo: Alfa-Ômega: 1978, p. 224.

(325) VIANNA, Luiz Werneck. *Liberalismo e sindicato no Brasil.* Belo Horizonte: UFMG, 1999. p. 216.

(326) *Ibidem*, p. 21.

Em contrapartida à regulamentação das questões trabalhistas, os empresários firmaram posição em não admitir o reconhecimento das convenções coletivas de trabalho, ao mesmo tempo em que exigiram o controle dos sindicatos pelo Estado. A classe empresarial delegou ao Estado a função de controle dos operários, para que se garantisse a tranquilidade na condução dos negócios. Os empresários não demoraram muito a perceber os benefícios que o controle do Estado sobre a organização sindical traria.

Com isso, não se deseja afirmar que os empresários foram os grandes responsáveis pela construção do modelo sindical brasileiro, haja vista que o Estado estava fortemente interessado em manter o controle dos sindicatos à época. Porém, não se pode negar a existência de uma contribuição dos tomadores de serviços para a edificação do modelo vigente até os dias atuais.

Muito se fala que o Estado, com a introdução do sistema corporativo, mobilizou a classe operária em torno dele. Mas a mobilização não seria possível sem que, antes, houvesse um processo de desmobilização[(327)]. O Estado, no anseio de assumir um papel de protagonismo junto à classe operária, precisou eliminar a autonomia dos sindicatos. Como destaca Vianna[(328)], variadas estratégias foram utilizadas. Alguns líderes sindicais foram reprimidos, outros cooptados, outros corrompidos.

Foi difundida, à época, a ideia de que a falta de solidariedade era uma marca da sociedade brasileira, uma vez que o trabalhador brasileiro teria sido formado, historicamente, nos latifúndios, ambientes em que o homem ficava isolado, para justificar a necessidade da intervenção estatal nas relações coletivas, como forma de implantar um "sentimento de solidariedade forçado". Se a sociedade era, historicamente, não solidária, o Estado surgia como o instrumento capaz de promover a interlocução entre os diversos setores da sociedade. Era o grande "chefe de família", como destaca Gomes[(329)], no seguinte trecho:

> É bom ressaltar que uma das imagens mais frequentes a que os discursos estado-novistas recorriam para caracterizar o processo de construção do Estado nacional era a da formação de uma grande família. Nela, as lideranças sindicais eram como irmãos mais velhos

(327) Uma das grandes provas desse anseio de desmobilização foi o Decreto n. 19.770, de 1931, que era o diploma regulador do sindicalismo na época. Na tentativa de afastar as lideranças estrangeiras, havia previsão no sentido de que o número de associados brasileiros, natos ou naturalizados, deveria atingir 2/3 do total de filiados.

(328) VIANNA, Luiz Werneck. *Liberalismo e sindicato no Brasil.* Belo Horizonte: UFMG, 1999. p. 179.

(329) GOMES, Ângela de Castro. Autoritarismo e corporativismo no Brasil: o legado de Vargas. In: BASTOS, Pedro Paulo Zahluth; FONSECA, Pedro Cezar Dutra (Org.). *A Era Vargas:* desenvolvimentismo, economia e sociedade. São Paulo: Unesp, 2012a. p. 89.

> e o presidente — o *pai dos pobres* —, o pai de um povo nobre e trabalhador, a quem ele se dirigia com uma interpelação que se tornaria famosa: *Trabalhadores do Brasil.*

O corporativismo, portanto, não surgiu ao acaso. Foi resultado de uma estratégia minuciosamente planejada, com o objetivo de submeter a classe trabalhadora ao Estado e às classes dominantes.

Em alguns momentos da história do país, vislumbrou-se um possível rompimento com as raízes corporativistas. A maior esperança, certamente, era a Constituição de 1988, que alimentou esperanças de uma definitiva reforma no modelo sindical historicamente construído.

A Constituição, porém, manteve a unicidade sindical e preservou a estrutura sindical existente. As modificações introduzidas pelo texto constitucional foram tímidas, conforme sustenta Brito Filho[(330)]:

> Muda, então, o panorama do sindicalismo brasileiro. Muda pouco, entretanto, pois ao lado desta liberdade são mantidas as bases do sistema corporativista: a unicidade sindical; a contribuição compulsória e a competência normativa da Justiça do Trabalho, as quais, juntas, denominamos *tripé da incompetência* ou *tripé da farsa,* por sustentarem um sindicalismo sem compromisso com suas bases, além de outras restrições dissonantes de um regime de liberdade sindical.

Mesmo as lideranças que acenavam com propostas mais renovadoras, tinham, como parâmetro, a estrutura corporativa na qual foram formadas[(331)]. Nesse sentido, certas características do nosso sistema passaram a ser consideradas como naturais, deixando de ser objeto de questionamentos.

O texto constitucional afastou-se dos propósitos originais do chamado Novo Sindicalismo, que prometia eliminar, definitivamente, o sistema corporativista. A organização sindical brasileira não se desprendeu de suas raízes corporativistas.

---

(330) BRITO FILHO, José Cláudio Monteiro de. *Direito sindical.* 8. ed. São Paulo: LTr, 2021a. p. 71.

(331) O sindicalismo de confrontação, da década de 80, foi protagonista na luta contra a política salarial adotada no período. Destaca-se o papel exercido pelas centrais sindicais, em especial a CUT (Central Única dos Trabalhadores) e a CGT (Central Geral dos Trabalhadores), que representavam uma estrutura espontânea surgida acima do sistema confederativo, buscando a articulação das entidades componentes do quadro oficial (sindicatos, federações e confederações). A Central Única dos Trabalhadores (CUT) que, pelo seu alcance, poderia ser um vetor de mudança no contexto da constituinte, já circulava, muito à vontade, na estrutura corporativista. Aqueles que passaram a gozar das benesses do sistema romperam com o passado de lutas.

Brito Filho[332] destaca que essa reforma tímida do modelo de organização sindical não é de responsabilidade, somente, de forças contrárias aos trabalhadores. Não pode se atribuir apenas ao Estado ou aos empresários a manutenção das bases do corporativismo.

É bem verdade que, na década de 30, havia um grande interesse do Estado na construção do modelo. Porém, em 1988, o cenário era diferente. O Poder Público chegou a tomar iniciativas de reformas, mas o próprio movimento sindical, por meio dos dirigentes sindicais representantes de empregados e empregadores, almejou a continuidade da antiga forma de organização.

O sistema corporativista, com sua constante presença na estrutura sindical brasileira, comprometeu a força e o amadurecimento dos sindicatos, desvirtuando, de forma contundente, os fins para os quais estas instituições foram concebidas.

As dificuldades enfrentadas pelo movimento sindical estão relacionadas aos obstáculos organizativos postos pela estrutura sindical. Como enfatiza Delgado[333], esses mecanismos corporativistas dificultaram a construção de um padrão democrático de gestão trabalhista no país.

O que não se admite é a utilização do histórico corporativista vivido no Brasil como um argumento sustentante da noção de que a autonomia privada coletiva (e consequentemente a negociação coletiva) é um poder derivado e dependente da ordem estatal, posição esta refutada no presente trabalho. A autonomia privada coletiva é, não há dúvidas, um poder originário.

A reforma trabalhista, mesmo sem promover uma modificação no modelo sindical brasileiro, promoveu avanços no que tange à valorização da autonomia privada coletiva, o que será a seguir analisado.

---

(332) BRITO FILHO, José Cláudio Monteiro de. *Direito sindical*. 8. ed. São Paulo: LTr, 2021a. p. 72.

(333) DELGADO, Mauricio Godinho. *Direito Coletivo do Trabalho*. 6. ed. São Paulo: LTr, 2015. p. 144.

Capítulo 4

A Reforma Trabalhista e a Integração da Negociação Coletiva no Ordenamento Brasileiro

A apresentação do projeto de lei, pelo Poder Executivo, que deu origem à Lei n. 13.467/2017 (denominada de "reforma trabalhista) ocorreu no dia 23.12.2016[(334)]. Originalmente, a proposta era no sentido de alterar aspectos pontuais da Consolidação das Leis do Trabalho, em temas como eleições de representantes dos trabalhadores no local de trabalho e trabalho temporário.

Entretanto, o que seria uma modificação pontual se transformou em uma alteração de grande monta, que redundou, também, na edição de dispositivos que tratam de matérias atinentes ao Direito Coletivo do Trabalho. Diante de mudanças tão significativas na maior referência normativa acerca das relações de trabalho no Brasil, é extremamente pertinente a crítica no sentido de que o tempo de tramitação foi muito curto, em cotejo com o impacto provocado pelas alterações normativas.

A falta de uma discussão mais consistente entre os diversos segmentos da sociedade, além de ser negativa do ponto de vista democrático, refletiu em artigos reformados que pecaram na questão técnica, o que pode ser visto a partir de deslizes que poderiam ser evitados no contexto de um processo de debates mais amadurecidos.

É necessário perquirir, porém, se este contexto de fragilidade nas deliberações que antecederam o advento da reforma trabalhista constitui uma base sólida para sustentar uma conclusão geral pela sua inconstitucionalidade ou sua inconvencionalidade, o que autorizaria a revisão judicial do que foi estatuído no texto normativo. A investigação será analisada à luz dos ensinamentos de Dworkin[(335)], em especial no âmbito da obra "*A virtude soberana*".

(334) Para mais detalhes sobre a tramitação do Projeto de Lei n. 6.787/2018, que se transformou na Lei n. 13.467/2017, ver: https://www.camara.leg.br/proposicoesWeb/fichadetramitacao?idProposicao=2122076. Acesso em: 23 mar. 2021.

(335) DWORKIN, Ronald. *A virtude soberana:* a teoria e a prática da igualdade. São Paulo: Martins Fontes, 2005.

4.1. A reforma trabalhista e as questões sensíveis à escolha do legislador

Dworkin(336), ao tratar das concepções de democracia, promove uma separação entre as concepções dependente e separada(337).

A concepção dependente, segundo Dworkin(338), é aquela que presume que parte do pressuposto de que a melhor forma de democracia é aquela que seja capaz de produzir decisões que tratem todos os membros da comunidade com igual consideração, distribuindo os recursos disponíveis de maneira equânime. Trata-se de uma concepção que sustenta os elementos fundamentais da democracia, como o sufrágio universal e a liberdade de expressão, mas procura entender tais instrumentos na perspectiva da promoção da igualdade.

A concepção separada, por outro lado, de acordo com Dworkin(339), separa a igualdade política das outras formas de igualdade substantiva, uma vez que compreende a democracia como uma questão de distribuição igualitária de poder político. É a concepção que, em sua forma pura, estabelece que a democracia é um poder eleitoral simétrico, distribuído entre as pessoas capazes, de modo que prevalece a regra da maioria, sendo que qualquer falha na regra majoritária é considerada antidemocrática.

A concepção separada não pode prosperar, todavia, em sua forma mais pura, devendo, nas palavras de Dworkin(340), abrir espaço para uma concepção mista de democracia, que contemple aspectos inerentes à concepção dependente e à concepção separada. Segundo Brito Filho(341), esta parece uma decorrência natural para aqueles que acreditam que a regra da maioria, por mais que seja importante para a democracia, não pode ignorar o respeito a valores previamente definidos pela comunidade, independente do posicionamento da maioria circunstancial.

A perquirição sobre o modo como esta concepção mista pode se concretizar é possível a partir do entendimento de outra classificação apresentada

---

(336) DWORKIN, Ronald. *A virtude soberana:* a teoria e a prática da igualdade. São Paulo: Martins Fontes, 2005. p. 254.

(337) Brito Filho (BRITO FILHO, José Cláudio Monteiro de. *Justiça:* temas de liberalismo igualitário. Brasília: Editora Venturoli, 2021b. p. 102.) chama atenção para o fato de que, em outra obra, A raposa e o porco-espinho, Dworkin denomina a concepção dependente de coparticipativa e atribui, à concepção separada, a denominação de majoritarista.

(338) DWORKIN, Ronald. *A virtude soberana:* a teoria e a prática da igualdade. São Paulo: Martins Fontes, 2005. p. 255.

(339) *Ibidem*, p. 258.

(340) *Ibidem*, p. 261.

(341) BRITO FILHO, José Cláudio Monteiro de. *Justiça:* temas de liberalismo igualitário. Brasília: Editora Venturoli, 2021b. p. 102.

por Dworkin[342], que distingue dois tipos de decisões políticas: as questões sensíveis à escolha e as questões insensíveis à escolha do Legislativo.

As questões sensíveis à escolha são "aquelas cuja solução correta, por questão de justiça, depende essencialmente do caráter e da distribuição de preferências dentro da comunidade política". Brito Filho[343] destaca que estas questões estão ligadas à vontade do parlamento, a partir do voto de seus integrantes.

Quando se trata deste tipo de questão, prevalece a regra da maioria, de modo que as escolhas dos representantes eleitos pelo povo devem ser respeitadas.

As questões que dizem respeito a direitos humanos e fundamentais, por outro lado, são insensíveis à escolha do Legislativo[344]. Mesmo que a maioria entenda como o justo, não se pode atentar, por via legal, contra a vedação à discriminação no trabalho ou contra o direito ao salário-mínimo, por exemplo.

Acerca das questões insensíveis à escolha, cabe a revisão judicial aos atos do Legislativo, sendo a atuação do Judiciário, nestes casos, um elemento essencial para o funcionamento da democracia.

Tal constatação, entretanto, não elimina o fato de que todos os cidadãos têm direitos básicos, que se sobrepõem a qualquer ato governamental, abrangidos aqueles praticados pelo Poder Executivo, pelo Legislativo e pelo Judiciário[345]. Dworkin[346] reconhece esta condição, ao afirmar que há um consenso no sentido de que os cidadãos têm alguns direitos contra o que o autor chama de "Governo". Quanto à garantia destes direitos mínimos, não pode haver neutralidade, uma vez que o seu reconhecimento representa o cumprimento de uma promessa, voltada para as minorias, de que sua dignidade será respeitada[347].

---

(342) DWORKIN, Ronald. *A virtude soberana:* a teoria e a prática da igualdade. São Paulo: Martins Fontes, 2005. p. 281.

(343) BRITO FILHO, José Cláudio Monteiro de. *Justiça:* temas de liberalismo igualitário. Brasília: Editora Venturoli, 2021b. p. 103.

(344) Dworkin entende que as questões de política são sensíveis à escolha, enquanto as questões de princípio são insensíveis à escolha. (DWORKIN, Ronald, 2005, *op. cit.*, p. 282).

(345) Brito Filho afirma que é necessário reconhecer, em um Estado que reconhece direitos fundamentais, sustentados em uma constituição, que as pessoas têm direitos que devem ser reconhecidos em quaisquer circunstâncias, e não podem ser livremente alterados pelo Parlamento, sendo imperioso que exista um mecanismo para o controle desta situação. (BRITO FILHO, José Cláudio Monteiro de, 2021b, *op. cit.*, p. 101).

(346) DWORKIN, Ronald. *Levando os direitos a sério.* São Paulo: Martins Fontes, 2007. p. 283.

(347) *Ibidem*, p. 314.

No âmbito das relações de trabalho, estes direitos básicos, que devem ser garantidos a qualquer trabalhador, independentemente das circunstâncias fáticas, compõem as condições mínimas para que se possa alcançar o cenário de existência de um trabalho decente. Tais direitos não podem ser afastados por meio de alterações legislativas, com base na regra da maioria. Brito Filho[(348)], nesse sentido, assevera que os atos do parlamento, mesmo que representem a vontade da maioria, não podem atentar contra aquilo que foi anteriormente definido na Constituição como insensível à escolha do próprio parlamento.

Nesse sentido, a democracia deve ser reconhecida como o governo da maioria, mas respeitando as questões insensíveis à escolha do Legislativo que, em matéria de relações de trabalho, estão definidas no texto constitucional e em documentos internacionais que asseguram direitos humanos nas relações de trabalho.

Trazendo a teoria de Dworkin para o contexto das modificações provocadas pela reforma trabalhista no âmbito da negociação coletiva, não é razoável sustentar uma inconstitucionalidade ou uma inconvencionalidade geral da modificação legislativa, uma vez que, na maioria dos pontos que foram objeto de alteração, o legislador tratou de questões sensíveis à escolha, que seguem a regra da maioria.

Nesse sentido, deve haver um discernimento no sentido de separar as críticas (que são legítimas), relacionadas, por exemplo, ao rápido andamento do projeto de lei que redundou na reforma trabalhista, que não podem se confundir com a defesa de uma revisão judicial direcionada a um afastamento completo das modificações legislativas do ordenamento jurídico.

À exceção de algumas inovações legislativas pontuais, em especial àquelas que afetam questões que envolvem a saúde e a segurança do trabalhador, os aspectos introduzidos pela reforma trabalhista no que diz respeito à negociação coletiva devem ser reconhecidos e aceitos como parte integrante do ordenamento jurídico. Além de serem questões que podem ser tratadas pelo Parlamento, segundo a regra da maioria, o próprio texto constitucional incentiva a preocupação do legislador a tratar destas matérias, ao reconhecer a negociação coletiva como direito fundamental, conforme analisado no capítulo 1.

Arouca[(349)] sustenta uma posição, com a qual não há como concordar, na linha de que a inconstitucionalidade da reforma trabalhista resta evidente, em

---

(348) BRITO FILHO, José Cláudio Monteiro de. *Justiça:* temas de liberalismo igualitário. Brasília: Editora Venturoli, 2021b. p. 103.

(349) AROUCA, José Carlos. *Curso básico de direito sindical:* da CLT à reforma trabalhista de 2017 (Lei n. 13.467). 6. ed. São Paulo: LTr, 2018. p. 472.

virtude da perda da representatividade do Poder Legislativo e do Presidente da República, de quem partiu a iniciativa do projeto de Lei[350].

A reforma trabalhista não é inconstitucional ou inconvencional em virtude das críticas referentes à tramitação ou por uma desaprovação relacionada à composição do Congresso Nacional. Os dispositivos que devem ser objeto de revisão judicial são aqueles que atacam questões insensíveis à escolha, conforme será analisado na investigação acerca dos arts. 611-A e 611-B da CLT.

4.2. A flexibilização como um fenômeno anterior à reforma trabalhista

Não é incomum a afirmação no sentido de que uma das inovações introduzidas pela reforma trabalhista diz respeito à questão da flexibilização pela via da negociação coletiva. Todavia, tal assertiva deve ser analisada com cautela.

Flexibilizar significa adaptar a uma nova realidade, diferente da anterior. Trazendo o conceito para a realidade do Direito do Trabalho, a flexibilização representa uma adaptação das normas trabalhistas diante de um contexto de constantes modificações que impactam nas relações laborais[351].

Barros Júnior[352] entende a flexibilização no Direito do Trabalho como o conjunto de medidas e procedimentos com o objetivo social e econômico de conceder a possibilidade de ajustar a sua produção, emprego e condições de trabalho às circunstâncias do sistema econômico.

É inerente à relação entre o capital e o trabalho a existência de um cenário cambiante, de modo que a flexibilização se torna um mecanismo necessário de ajuste, sem o qual as fontes do Direito do Trabalho padecem de um engessamento e de uma impossibilidade de acompanhamento da realidade fática.

Trata-se de um instrumento de política social, marcado pela adaptação permanente das normas jurídicas à realidade econômica, social e institucional,

(350) Arouca sustenta que essa perda de legitimidade se deu pelo fato de o Presidente da República ter sido acusado de corrupção passiva, obstrução da justiça e organização criminosa. O Legislativo, segundo o autor, estava impedido de, no contexto de um quadro suspeito, alterar a legislação trabalhista. (*Ibidem*, p. 472).

(351) Nos ensinamentos de Siqueira Neto, "flexibilizar o Direito do Trabalho quer dizer torná-lo mais ajustável a situações reais e, portanto, menos rígido. É o processo de adaptação das normas trabalhistas à realidade em mudança". (SIQUEIRA NETO, José Francisco. *Direito do trabalho e negociação coletiva*. São Paulo: Associação Brasileira de Estudos do Trabalho — ABET, 1998. p. 86).

(352) BARROS JÚNIOR *apud* MARTINS, Sérgio Pinto. *Flexibilização das condições de trabalho*. São Paulo: Atlas, 2009. p. 12.

propiciando a regulação do mercado de trabalho. Esta adaptabilidade se apresenta como uma vantagem em relação aos procedimentos legislativos, judiciais e administrativos, de modo que permite uma maior aderência às necessidades dos diferentes segmentos de atividade.

A negociação coletiva representa não o único, mas um dos principais instrumentos de flexibilização no Direito do Trabalho. Na seção 2.2.4, a adaptabilidade foi exaltada como uma das principais vantagens da negociação coletiva. Tal elemento se torna fundamental, uma vez que a estrutura legislativa é incapaz de fazer frente, de forma plena, ao ritmo de mudanças constantes que se verificam nas relações de trabalho.

Destarte, a flexibilização por meio da negociação coletiva consagra a função econômica do Direito Coletivo do Trabalho, que proporciona a adequação às especificidades setoriais, regionais ou históricas, que apresentam variações marcantes em um país heterogêneo como o Brasil.

Existe, da parte daqueles que são mais apegados à solução das questões por meio da intervenção estatal, uma resistência à flexibilização por meio da negociação coletiva, acompanhada de uma maior tolerância às medidas flexibilizantes instituídas pelas mãos do Estado. Reitera-se, aqui, que a negociação coletiva não é a única forma de flexibilização[(353)].

Meirelles[(354)] destaca, com razão, que a palavra flexibilização se encontra um tanto quanto desgastada, o que leva a um preconceito no momento de sua aplicação. A ideia de flexibilização não pode ser confundida com a de desregulamentação, em que existe uma abdicação da aplicação das fontes heterônomas nas relações de trabalho, que delimitam condições mínimas, traduzidas em normas de ordem pública de caráter cogente[(355)].

Não se nega, porém, que, sob o título de "flexibilização", podem ser adotadas práticas de desregulação e precarização das condições de trabalho, que devem ser rechaçadas. Nesse cenário, não se teria uma adaptação à realidade das relações laborais e sim uma violação a direitos humanos e fundamentais. É cediço que essas distorções existem e se apresentam de forma extremamente preocupante na realidade brasileira, mas não podem ser confundidas com a ideia de flexibilização, especialmente quando esta advém da autonomia da vontade coletiva.

---

(353) Leis como a que regula o trabalho temporário (Lei n. 6.019 de 1974) e a Lei n. 9.601/1998, que dispõe sobre o contrato especial por prazo determinado, são exemplos de que a flexibilização pode ser instituída por fontes heterônomas do Direito do Trabalho.

(354) MEIRELLES, Davi Furtado. *Negociação coletiva em tempos de crise*. São Paulo: LTr, 2018. p. 48.

(355) Martins aponta que a desregulamentação "significa desprover de normas heterônomas as relações de trabalho". (MARTINS, Sérgio Pinto. *Flexibilização das condições de trabalho*. São Paulo: Atlas, 2009. p. 14).

A resistência em relação à prática da flexibilização, especialmente por meio da negociação coletiva, foi escancarada com o advento da reforma trabalhista, como se a Lei n. 13.467/2017 houvesse inaugurado a possibilidade de flexibilização negocial[(356)]. O que se percebe, porém, é que a chancela fora construída historicamente, de modo que a reforma confirmou um direcionamento que já vinha sendo delineado.

O que se convencionou denominar de prevalência do negociado sobre o legislado, na verdade, é uma ampliação do que se convencionou chamar de flexibilização[(357)].

No Recurso Extraordinário (RE) n. 590.415[(358)], julgado em 30.04.2015, de relatoria do Ministro Luís Roberto Barroso, o STF consagrou a posição no sentido de que, no âmbito dos Planos de Dispensa Incentivada (PDIs), a cláusula de norma coletiva que prevê quitação ampla e irrestrita das parcelas decorrentes do contrato de trabalho é válido[(359)].

Conforme recorda Bersani[(360)], o Banco do Estado de Santa Catarina (BESC) interpôs recurso junto ao STF contra acórdão proferido pelo TST, que não reconheceu a validade à quitação ampla, geral e irrestrita do contrato de trabalho, em virtude da adesão ao Plano de Demissão Incentivada apresentado pela instituição, que fora instituído por meio de acordo coletivo.

O voto condutor foi enfático na necessidade de respeito à negociação coletiva, pois consiste em um mecanismo de resolução de conflitos de base constitucional. O destaque se dá para o fato de que a posição firmada admite essa prevalência da negociação coletiva, mesmo que ela reduza ou restrinja direitos previstos em lei. Veja-se que, mesmo antes da reforma trabalhista, a

---

(356) Nas palavras de Bulgueroni, a flexibilização não é fenômeno recente no Direito do Trabalho no Brasil, seja aquela operada pelo legislador, seja a protagonizada pela negociação coletiva, constituindo-se, na verdade, como inerente à própria legislação protetora. (BULGUERONI, Renata Orsi. *Negociação coletiva e fontes do Direito do Trabalho:* propostas para a prevalência do negociado sobre o legislado nas relações de emprego. São Paulo: USP, 2014. p. 173).

(357) BRITO FILHO, José Cláudio Monteiro de. *Direito sindical*. 8. ed. São Paulo: LTr, 2021a. p. 202.

(358) Disponível em: https://redir.stf.jus.br/paginadorpub/paginador.jsp?docTP+TP&docID=8590961. Acesso em: 15 maio 2021.

(359) O STF, no julgado, fixou a seguinte tese: "A transação extrajudicial que importa rescisão do contrato de trabalho em razão de adesão voluntária do empregado a plano de dispensa incentivada enseja quitação ampla e irrestrita de todas as parcelas objeto do contrato de emprego caso essa condição tenha constado expressamente do acordo coletivo que aprovou o plano, bem como dos demais instrumentos celebrados com o empregado".

(360) BERSANI, Humberto. A autonomia da vontade e a vontade da autonomia: análise do recurso extraordinário n. 590.415. In: MARTINS, Juliane Caravieri; MONTAL, Zélia Maria Cardoso; NUNES, Cicília Araújo (Orgs.). *O Supremo Tribunal Federal e o esvanecer dos direitos sociais:* leading cases sobre trabalho regulado e seguridade social. Londrina: Thoth, 2021. p. 191.

ideia de intervenção mínima na autonomia da vontade coletiva, consagrada no art. 8º, § 3º, da CLT, foi introduzida pelo STF[(361)].

Em sua fundamentação, o acórdão do TST reconheceu que não havia dúvidas acerca da autenticidade da manifestação coletiva dos empregados do BESC. Todavia, segundo o entendimento ali manifestado, "o empregado merece proteção, inclusive, contra a sua própria necessidade ou ganância, quando levado a anuir com preceitos coletivos que lhe subtraem direitos básicos"; e a negociação realizada era de duvidosa validade, quer porque "no Direito do Trabalho a tônica é precisamente o esvaziamento do princípio da autonomia da vontade", quer porque não se pode permitir que todos os direitos sejam passíveis de transação, sob pena de se retornar "à estaca zero"[(362)].

O STF, ao reformar a decisão, estabeleceu uma coerente separação entre o Direito Individual e o Direito Coletivo do Trabalho, porquanto neste não existe a assimetria entre as partes vislumbrada nas relações individuais, nas quais a aplicação do princípio da proteção se faz necessária, em razão da hipossuficiência de uma das partes envolvidas na relação.

O Direito Individual do Trabalho necessita da existência de normas de caráter cogente, que funcionam como ponto de equilíbrio, de modo que o plano jurídico promove uma recomposição das forças em um cenário de desigualdade existente entre empregado e empregador[(363)].

No Direito Coletivo, a lógica é outra, em virtude do fato de que os sindicatos, que assumem o papel de protagonismo nessas relações, não estão situados no plano de hipossuficiência existente no posto do trabalhador individualmente considerado. É inconcebível, consoante Barroso e Mello[(364)], que se trate como absolutamente incapaz uma categoria profissional inteira, ignorando o reconhecimento da autonomia privada coletiva no plano constitucional.

---

(361) Santos (2018), no mesmo sentido, assevera que, no julgamento do RE 590.415, o STF começou a balizar a ideia de intervenção mínima do Judiciário, no sentido de que a análise do conteúdo das normas coletivas pelo Judiciário pode ocorrer somente quando há violação de direitos de indisponibilidade absoluta, e não pelo fato de que o negociado não corresponder com o previsto em lei. (SANTOS, Enoque Ribeiro dos. *Negociação coletiva de trabalho*. Rio de Janeiro: Forense, 2018).

(362) BARROSO, Luís Roberto; MELLO, Patrícia Perrone Campos. O Direito Coletivo do Trabalho no Supremo Tribunal Federal: planos de demissão incentivada e autonomia da vontade, um estudo de caso. *Revista de Direito do Trabalho*, v.190, p. 21-46, jun. 2018, p.25.

(363) Barroso e Mello, nessa linha de raciocínio, sustentam que, a partir do momento em que se reconhece, nas relações individuais, uma desigualdade econômica e de poder entre as partes, as normas que as regem devem se voltar à tutela do trabalhador, baseadas no princípio da proteção. (*Ibidem*, p. 25).

(364) *Ibidem*, p. 33.

O princípio da liberdade sindical, já analisado no presente trabalho, coloca, à disposição dos sindicatos e seus dirigentes, uma série de instrumentos para que a representação seja eficaz, como a greve, as garantias de emprego e as prerrogativas de atuação. Tais mecanismos, em última análise, beneficiam a satisfação dos interesses do grupo, a partir do momento em que podem atuar de forma autônoma e independente.

Posteriormente, a Lei n. 13.467/2017 introduziu, na CLT, o art. 477-B, que caminha na mesma direção da decisão do STF no RE n. 590.415, o que demonstra, cabalmente, que não foi a reforma trabalhista que inaugurou uma posição mais afeita à ampliação das possibilidades das normas resultantes do processo de negociação coletiva(365).

Outro caso emblemático no âmbito do STF, também anterior à reforma trabalhista, é o RE n. 895.759(366), julgado em 08.09.2016, de relatoria do Ministro Teori Zavascki). O STF, seguindo a mesma linha de prestígio ao negociado coletivamente, reformou a decisão do TST, que anulou cláusula de acordo coletivo que excluía o pagamento das horas *in itinere.*

No recurso, interposto pela Usina Central Olho D'Água S/A, foi suscitada uma violação à Constituição Federal, pelo fato de o texto constitucional permitir a negociação coletiva em questões afetas ao salário e à jornada de trabalho. Ademais, foi alegado que a previsão na CLT acerca das horas *in itinere* (revogada pela Lei n. 13.467/2017) não representa norma de ordem pública, tampouco se trata de direito indisponível(367).

Na decisão, foi reafirmada a tese apresentada pelo Ministro Luís Roberto Barroso no julgamento do RE 590.415, no sentido de que inexiste, em âmbito coletivo, a assimetria existente nas relações individuais de trabalho. A autonomia privada coletiva, portanto, deve ser respeitada, uma vez que a estipulação de tais condições não se deu a partir da manifestação de vontade do trabalhador hipossuficiente, isoladamente considerado.

---

(365) Art. 477-B. Plano de Demissão Voluntária ou Incentivada, para dispensa individual, plúrima ou coletiva, previsto em convenção coletiva ou acordo coletivo de trabalho, enseja quitação plena e irrevogável dos direitos decorrentes da relação empregatícia, salvo disposição em contrário estipulada entre as partes.

(366) Disponível em: https://redir.stf.jus.br/paginadorpub/paginador.jsp?docTP=TP&docID=12923110. Acesso em: 21 maio 2021.

(367) MARQUES, Bruna Maria Expedido; BRASILEIRO, Carol Matias; SCHAEFER, Matheus Karl Schmidt. Crise de civilização, sindicato e jornada de trabalho: a construção do instituto do negociado sobre o legislado pela jurisprudência do STF e a usurpação dos tempos livres das classes trabalhadoras a partir do RE 895.759. In: MARTINS, Juliane Caravieri; MONTAL, Zélia Maria Cardoso; NUNES, Cicília Araújo (Orgs.). *O Supremo Tribunal Federal e o esvanecer dos direitos sociais:* leading cases sobre trabalho regulado e seguridade social. Londrina: Thoth, 2021. p. 243.

Ademais, deve-se observar que, no caso em exame, a negociação que resultou na exclusão do pagamento das horas *in itinere* foi acompanhada da concessão de contrapartidas, como o fornecimento de cesta básica; o seguro de vida e acidentes pessoais; o pagamento do salário família acima dos limites legais, o que reforça a necessidade de respeito ao resultado do exercício da autonomia coletiva.

Marques, Brasileiro e Schaefer(368), analisando a decisão do STF, apontam que a desigualdade presente nas relações individuais se manifesta, também, nas relações coletivas, concluindo que a ideia do negociado sobre o legislado contribui para a precarização das condições de vida dos trabalhadores por meio das negociações coletivas e para o aprofundamento da crise dos sindicatos.

Tal análise carece — com todo o respeito que permeia o debate acadêmico — de uma autocrítica, bem como elege, de forma equivocada, o principal obstáculo que impede o desenvolvimento das negociações coletivas. Ao invés de olhar para os problemas estruturais dos sindicatos, que são bem anteriores às referidas decisões do STF e à reforma trabalhista, aponta-se o negociado sobre o legislado como responsável pela precarização do trabalho. Sindicatos mais bem estruturados e efetivamente representativos permitem que o instituto da negociação coletiva, protegido constitucionalmente, seja exercido com maior eficácia. No próximo capítulo, serão apontados os verdadeiros obstáculos ao desenvolvimento da negociação coletiva, mas pode-se afirmar, desde logo, que o incentivo à flexibilização ou a prevalência do negociado sobre o legislado não são os principais problemas.

A depender da perspectiva de análise, a flexibilização pode assumir o papel de heroína ou de vilã. Trata-se, na verdade, de instrumento salutar para a adaptação das fontes do Direito do Trabalho à realidade fática, porém que deve ser aplicado em doses equilibradas, de modo a não ferir os preceitos constitucionais.

Ainda existe, na doutrina, um pensamento predominante no sentido de que a lei é hierarquicamente superior aos acordos e convenções coletivas, de modo que as normas coletivas não podem, em nenhuma hipótese, estabelecer disposições menos favoráveis do que as previstas em lei, o que só poderia ocorrer em situações de autorização normativa expressa(369).

---

(368) MARQUES, Bruna Maria Expedido; BRASILEIRO, Carol Matias; SCHAEFER, Matheus Karl Schmidt. Crise de civilização, sindicato e jornada de trabalho: a construção do instituto do negociado sobre o legislado pela jurisprudência do STF e a usurpação dos tempos livres das classes trabalhadoras a partir do RE 895.759. In: MARTINS, Juliane Caravieri; MONTAL, Zélia Maria Cardoso; NUNES, Cicília Araújo (Orgs.). *O Supremo Tribunal Federal e o esvanecer dos direitos sociais:* leading cases sobre trabalho regulado e seguridade social. Londrina: Thoth, 2021. p. 248.

(369) SANTOS, Ronaldo Lima dos. *Teoria das normas coletivas*. 3. ed. São Paulo: LTr, 2014. p. 282.

Mannrich[370], com razão, pontua que é insustentável afirmar que a Constituição Federal permitiu somente as modalidades de flexibilização constantes no art. 7º. É imperioso que se inverta a lógica de que a flexibilização por meio da negociação coletiva é exceção, que só seria admitida nas hipóteses de autorização expressa pelo texto constitucional[371].

A partir do momento em que a Constituição reconhece as convenções e acordos coletivos, bem como elege a negociação coletiva como meio prioritário de resolução de conflitos trabalhistas, é natural que o legislador infraconstitucional detalhe as possibilidades e limites das normas coletivas. Nesse sentido, não há uma inconstitucionalidade geral no art. 611-A da CLT, o que não elimina a necessidade de analisar os incisos que não preservam os valores consagrados na Constituição.

A discussão, nesse particular, não pode ser prejudicada pelas paixões, que dificultam a troca de ideias em bom nível. A Constituição confere, aos sindicatos, a possibilidade de tratar de temas extremamente importantes pela via da negociação, motivo pelo qual a reforma trabalhista não deve ser vista, no que diz respeito às questões coletivas, como uma modificação legislativa empreendida às margens dos limites estabelecidos pelo ordenamento jurídico, exceto no que diz respeito a algumas inovações pontuais, como será analisado a seguir.

4.3. A (in)constitucionalidade e a (In) convencionalidade da prevalência do negociado sobre o legislado

Com o advento da Reforma Trabalhista, houve grandes modificações nas relações laborais, sobretudo no que diz respeito às questões atinentes ao Direito Coletivo do Trabalho.

Tais mudanças ocasionaram em diversos questionamentos no que diz respeito a uma eventual incompatibilidade com a Constituição Federal ou com as Convenções internacionais das quais o Brasil é signatário.

---

(370) MANNRICH, Nelson. Reconhecimento das convenções e acordos coletivos de trabalho. *In:* MARTINEZ, Luciano; TEIXEIRA FILHO, João de Lima (Coords.). *Comentários à Constituição de 1988 em matéria de direitos sociais trabalhistas (arts. 6º a 11):* uma homenagem aos 30 anos da Constituição da República e aos 40 anos da Academia Brasileira de direito do trabalho. São Paulo: LTr, 2019. p. 311.

(371) Art. 7º/CF: VI – irredutibilidade do salário, salvo o disposto em convenção ou acordo coletivo; XIII – duração do trabalho normal não superior a oito horas diárias e quarenta e quatro semanais, facultada a compensação de horários e a redução da jornada, mediante acordo ou convenção coletiva de trabalho; XIV – jornada de seis horas para o trabalho realizado em turnos ininterruptos de revezamento, salvo negociação coletiva;

Dessa forma, observando o objeto da presente pesquisa, faz-se necessário analisar se os dispositivos que trataram das possibilidades e limites da negociação coletiva (arts. 611-A e 611-B da CLT) padecem de vícios de inconstitucionalidade, tendo em vista que a Constituição Federal exerce papel norteador das demais normas infraconstitucionais. De igual forma, é importante a análise sob a ótica da convencionalidade, considerando que o Brasil ratificou diversas Convenções da Organização Internacional do Trabalho.

A Constituição Federal de 1988, por meio das Emendas Constitucionais ns. 3/1993 e 45/2004, dispôs sobre o mecanismo do controle de constitucionalidade e de que forma é realizado. O controle de constitucionalidade permite que dispositivos infraconstitucionais sejam cotejados com a Carta Magna, que dispõe de princípios e direitos, em sua, maioria, inegociáveis, como a dignidade da pessoa humana. Segundo Medeiros[(372)]:

> Valorizou-se sensivelmente o controle concentrado de constitucionalidade, ampliando-se e fortalecendo-se a via da Ação Direta, mas manteve-se o controle difuso, para possibilitar que, pela via incidental, inúmeras questões (principalmente aquelas relacionadas aos direitos e garantias individuais e sociais) pudessem chegar à apreciação dos Tribunais e do Supremo Tribunal Federal.

O controle de constitucionalidade pode ser realizado no momento de criação de uma norma ou posteriormente à sua vigência, por controle difuso, em que qualquer litigante pode suscitar a (in) constitucionalidade, como no âmbito de uma ação trabalhista que trate da anulação de uma cláusula de norma coletiva negociação coletiva, sendo o seu efeito produzido somente entre as partes. Por outro lado, no controle concentrado, nos termos dos arts. 102 e 103 da Constituição Federal, faz-se necessário ajuizar ações específicas, a exemplo da ação direta de inconstitucionalidade, que é processada e julgada pelo Supremo Tribunal Federal, que proferirá decisão com efeitos vinculantes e *erga omnes*.

A Constituição Federal apresenta um rol extenso no art. 7º, no qual são enumerados os direitos fundamentais dos trabalhadores. Nesse sentido, as leis infraconstitucionais, ao versarem sobre direitos trabalhistas, devem observar, inarredavelmente, a redação constitucional.

---

(372) MEDEIROS, Orione Dantas de. O controle de constitucionalidade na Constituição brasileira de 1988: do modelo híbrido à tentativa de alteração para um sistema misto complexo. *Revista de Informação Legislativa*, v. 50, n. 200, out./dez. 2013, p. 191. Disponível em: https://www12.senado.leg.br/ril/edicoes/50/200/ril_v50_n200_p189.pdf. Acesso em: 10 abr. 2022.

Sob a ótica da convencionalidade, é importante salientar que, após a Segunda Guerra Mundial, o Direito Internacional foi fortemente impactado pelos acontecimentos históricos, em que foi necessária uma maior abrangência das normas para garantir a proteção aos direitos humanos. O Direito Internacional seguiu com uma série de normas que são classificadas como normas horizontais, sendo precipuamente baseadas no direito consuetudinário, que confere força cogente aos costumes. No entanto, existem, ainda, as normas *jus cogens*, que são vistas como normas superiores obrigatórias, não podendo ter seu conteúdo reduzido por nenhum Estado, como é o caso das convenções internacionais da Organização Internacional do Trabalho.

A partir do momento em que o Brasil se tornou integrante do Sistema Interamericano de Direitos Humanos e Estado-Membro da Organização Internacional do Trabalho, além de se comprometer com a efetivação dos direitos fundamentais, passou a ser submetido ao controle de convencionalidade. Segundo a Corte Interamericana de Direitos Humanos, o procedimento do controle de convencionalidade(373):

> Consiste en verificar la compatibilidad de las normas y demás prácticas internas con la CADH, la jurisprudencia de la Corte IDH y los demás tratados interamericanos de los cuales el Estado sea parte; b) Es una obligación que corresponde a toda autoridad pública en el ámbito de sus competencias; c) Para efectos de determinar la compatibilidad con la CADH, no sólo sc debe tomar en consideración el tratado, sino que también la jurisprudencia de la Corte IDH y los demás tratados interamericanos de los cuales el Estado sea parte; d) Es un control que debe ser realizado *ex officio* por toda autoridad pública; y e) Su ejecución puede implicar la supresión de normas contrarias a la CADH o bien su interpretación conforme a la CADH, dependiendo de las facultades de cada autoridad pública.

Assim como o controle de constitucionalidade, o controle de convencionalidade pode ser realizado pelas vias difusa e concentrada. O controle difuso pode ser efetuado por qualquer juiz ou tribunal, no caso concreto, enquanto o controle concentrado abstrato somente pode ser efetuado pelo Supremo Tribunal Federal(374).

---

(373) A Corte Interamericana edita, recorrentemente, uma série de cadernos sobre temas relevantes do direito internacional. Sobre a questão do controle de convencionalidade, ver: Cuadernillo de Jurisprudencia de la Corte Interamericana de Derechos Humanos n. 7. Disponível em: https://www.corteidh.or.cr/sitios/libros/todos/docs/cuadernillo7.pdf. Acesso em: 05 abr. 2022.

(374) MAZZUOLI, Valerio de Oliveira. Teoria geral do controle de convencionalidade no direito brasileiro. *Revista dos Tribunais*, São Paulo, v. 98, n. 889, p.105-148, nov. 2009, p. 105.

Não obstante a vigência de diversas normas internacionais de natureza *jus cogens*, como a Declaração Universal dos Direitos do Homem (1948), a Convenção Europeia de Direitos Humanos (1950) e o Pacto São Jose da Costa Rica (1969), essas não são suficientes para que haja a estrita observância aos direitos humanos nos países signatários, considerando que cada país possui soberania para legislar sobre a matéria que entenderem como pertinentes. Como mecanismo de garantia dos direitos inerentes a todo indivíduo, o controle de convencionalidade foi instituído para averiguar a coerência de dispositivos internos de determinado país com tratados internacionais de direitos humanos ratificados por ele.

Convenção significa um tratado solene (e multilateral) oriundo de encontros internacionais, versando sobe assuntos de interesse geral, em que a vontade das partes é paralela e uniforme[(375)].

O Brasil, na qualidade de integrante do Sistema Interamericano de Direitos Humanos e como Estado-Membro da Organização Internacional do Trabalho, deve observar as normas internacionais ratificadas. No momento em que há a ratificação de determinada Convenção por um país, cria-se uma obrigação internacional para o Estado.

A Emenda Constitucional n. 45, de 2004, acrescentou o parágrafo terceiro ao art. 5º da Constituição, que, como analisado em seção anterior do presente trabalho, atribuiu *status* de emenda constitucional aos tratados e convenções internacionais sobre direitos humanos aprovados no quórum exigido pelo § 3º do art. 5º da Constituição Federal/88, enquanto que o STF entendeu que os tratados de direitos humanos não aprovados no referido quórum possuem natureza supralegal. Segundo Azevedo Neto[(376)]:

> As convenções da OIT e demais tratados aplicados na seara laboral ostentam natureza supralegal, por se tratar de tratados internacionais de direitos humanos, notadamente sociais, sendo que as eventuais convenções aprovadas com o quórum qualificado estabelecido no § 3º do art. 5º, da CRFB/88 possue status de emenda constitucional. Ou seja, observada a hierarquia normativa, havendo conflito entre tratado internaciona de direitos humanos e uma lei ordinária do direito brasileiro, prevalesce, por este critério, a norma internacional se mais favorável ao trabalhador.

---

(375) MAZZUOLI, Valério de Oliveira. *Curso de direito internacional público*. 12. ed. Rio de Janeiro: Forense, 2019. p. 136.

(376) AZEVEDO NETO, Platon Teixeira de. *Controle de convencionalidade em matéria trabalhista*. 1. ed. Brasília: Editora Venturoli, 2021. p. 65.

Ressalta-se que a análise de convencionalidade, no caso das normas trabalhistas já promulgadas, ocorre pela via difusa, por meio do judiciário, na figura de magistrados da Justiça do Trabalho ou do Supremo Tribunal Federal. Esta análise pode ser provocada a partir da abordagem das convenções internacionais nas peças processuais pelas partes ou de ofício pela figura judicante.

Ainda são muitos os desafios a serem enfrentados para a consolidação do controle de convencionalidade no Brasil. Franco Filho e Mazzuoli[(377)] destacam dois fatores: a coragem e o conhecimento. Falta coragem ao Poder Judiciário para contrariar normas internas, privilegiando direito garantido em instrumento internacional. Carece-se, igualmente, de um maior conhecimento acerca dos princípios e regras que regem o Direito Internacional, especialmente no que tange aos pontos que se relacionam aos direitos humanos.

É necessário abandonar a ideia de que se trata de mera opção ou faculdade o cumprimento de uma norma internacional ratificada pelo Brasil. Como analisado, tais normas possuem força obrigatória, a partir do momento em que o sistema jurídico disciplinou os mecanismos de integração ao ordenamento nacional.

Feitas as considerações gerais sobre o controle de constitucionalidade e de convencionalidade, passa-se à análise do artigo art. 611-A, da CLT, que consagra, em âmbito celetista, a prevalência do negociado sobre o legislado. Refuta-se, de plano, qualquer afirmativa de caráter genérico, que carece de uma mais apurada investigação, no sentido de que o dispositivo é, em sua integralidade, inconvencional ou inconstitucional. Como analisado nas seções anteriores, é necessário separar as críticas à condução do processo legislativo ou as não concordâncias com os posicionamentos daqueles que ocupam os cargos públicos, de uma alegação extrema no sentido de que uma alteração legislativa inteira, como a reforma trabalhista, deve ser afastada do ordenamento jurídico.

Cumprindo com a promessa de analisar eventuais inconvencionalidades ou inconstitucionalidades de forma criteriosa, destacam-se os dois incisos do art. 611-A que apresentam vícios desta natureza.

O inciso doze trata da possibilidade de prevalência da negociação coletiva, sobre a lei, quando o diploma resultante da negociação disciplinar o tema do enquadramento do grau de insalubridade. Entende-se, pela redação,

---

(377) FRANCO FILHO, Georgenor de Sousa Franco; MAZZUOLI, Valerio de Oliveira. Incorporação e aplicação das convenções internacionais da OIT no Brasil. In: FRANCO FILHO, Georgenor de Sousa; MAZZUOLI, Valério de Oliveira (Orgs.). *Direito internacional do trabalho:* o estado da arte sobre a aplicação das convenções internacionais da OIT no Brasil. São Paulo: LTr, 2016. p. 15.

que seria possível negociar, coletivamente, o percentual de insalubridade a ser aplicado para os empregados expostos a determinado agente insalubre.

O adicional de insalubridade é considerado uma espécie de sobre salário, mais especificamente na forma de salário condição, pois apenas há incidência do seu pagamento se constatar a incidência do fato gerador, que está ligado ao contato com agentes que causem prejuízo à saúde do trabalhador. Assim, desaparecendo a causa geradora, desaparece a obrigatoriedade do pagamento do referido adicional.

A Constituição Federal de 1988 prevê, no art. 7º, inciso XXII, que é direito dos trabalhadores a redução dos riscos inerentes ao trabalho, por meio de normas de saúde, higiene e segurança. A negociação coletiva, nesse sentido, não pode constituir um fator de incentivo para a inserção de empregados em ambientes insalubres.

No inciso seguinte do art. 7º (XXIII), o texto constitucional é claro no sentido de que o adicional de insalubridade deve ser definido na forma da lei, não devendo o tema ser tutelado por convenções e acordos coletivos.

Para auferir o grau de insalubridade presente no ambiente de trabalho, faz-se necessário recorrer à Norma Regulamentadora n. 15, que dispõe sobre atividades e/ou operações que são insalubres.

Consoante dispõe a CLT, em seu art. 157, "compete às empresas cumprir e fazer cumprir as normas de segurança e medicina do trabalho". Conforme a avaliação de técnico de saúde e segurança do trabalho, as empresas são obrigadas a documentar os agentes insalubres presentes no ambiente de trabalho, ao mesmo tempo em que elencam os equipamentos de proteção individual necessários para a minimização ou atenuação do agente insalubre.

O empregado apenas faz jus ao adicional de insalubridade se os equipamentos de proteção individual não puderem neutralizar os agentes insalubres. Nesse sentido, entende-se como razoável o seu pagamento, pois o empregado expõe sua saúde (física e mental) a agentes que podem causar consequências, sejam elas a curto ou a longo prazo. No entanto, com a reforma trabalhista, o legislador trouxe a possibilidade de negociar a questão em análise.

Por mais que se defenda, de forma contundente, a importância da negociação coletiva para as relações trabalhistas, entender pela possibilidade de negociação do enquadramento do grau de insalubridade para uma determinada categoria de trabalhadores é desmerecer a saúde e a segurança dos trabalhadores, violando frontalmente o art. 6º, caput, art. 7º, incisos XXII e XXIII. De mais a mais, tal entendimento viola o arcabouço de proteção ao meio ambiente do trabalho, nos termos do art. 225 da Constituição Federal/88.

Paradoxalmente, o inciso XVII do art. 611-B, da CLT, que trata do rol taxativo das matérias que não podem ser objeto de negociação coletiva que reduza ou suprima direitos dos trabalhadores, traz, expressamente, a impossibilidade de negociar as normas de saúde, higiene e segurança do trabalho previstas em lei ou em normas regulamentadoras do Ministério do Trabalho, não permitindo, igualmente, a negociação acerca do adicional de remuneração para as atividades penosas, insalubres ou perigosas.

No que tange à análise de convencionalidade, a Convenção n. 155 da Organização Internacional do Trabalho que trata sobre Segurança e Saúde dos Trabalhadores e o Meio Ambiente de Trabalho, destaca-se o art. 11, inciso *"a"*, que dispõe:

> Art. 11 — Com a finalidade de tornar efetiva a política referida no art. 4 da presente Convenção, a **autoridade ou as autoridades competentes deverá garantir a realização progressiva das seguintes tarefas: a) determinação, quando a natureza e o grau de risco** assim o requererem, das condições que regem a concepção, a construção e o acondicionamento das empresas, sua colocação em funcionamento, as transformações mais importantes que forem necessárias e toda modificação dos seus fins iniciais, assim como a segurança do equipamento técnico utilizado no trabalho e a aplicação de procedimentos definidos pelas autoridades competentes.

A partir do cotejo com o que preceitua o inciso XII, art. 611-A, da CLT, verifica-se que o grau de insalubridade deve ser estimado mediante avaliação técnica especializada, não sendo possível negociar o enquadramento do percentual (podendo ser inferior ou superior à avaliação técnica) via norma coletiva, razão pela qual se entende pela inconvencionalidade do referido inciso(378).

---

(378) Durante a 2ª Jornada de Direito Material e Processual do Trabalho (2017), após análise do inciso XII do art. 611-A, da CLT, a Associação Nacional dos Magistrados da Justiça do Trabalho (ANAMATRA) editou enunciado sustentando a inconstitucionalidade e a inconvencionalidade do dispositivo, nos seguintes termos: Enunciado 32. NEGOCIADO SOBRE LEGISLADO: GRAUS DE INSALUBRIDADE. INSTITUCIONALIDADES, INCONVENCIONALIDADES, RETROCESSO SOCIAL. As disposições dos incisos XII e XIII do art. 611-A da CLT (possibilidade de enquadramento de trabalhadores em graus de insalubridade e de prorrogação de jornada em ambientes insalubres por meio de acordo ou convenção coletiva de trabalho) perfazem retrocesso social, com prejuízos à vida digna e à saúde do trabalhador, sendo incompatíveis com os arts. 3º, I e IV, 5º, XXIII, 6º, 7º, XXII, 170, III, 196 e 225 da Constituição Federal, com o art. 11, A, da Convenção n. 155 da OIT, com o art. 611-B, XVII, da CLT, e, no campo processual/decisório, com os arts. 1º, 8º e 489, § 2º, do CPC.

Martins e Gurgel[(379)] apresentam interpretação coerente do dispositivo, no sentido de que, em relação à matéria, a negociação coletiva poderia prever hipóteses de atividades insalubres que não estão contempladas na NR-15 ou estabelecer adicional de insalubridade em patamar superior ao estipulado pela norma regulamentadora.

Conquanto a essência da negociação coletiva seja a de negociar e definir contrapartidas entre as partes, permitir o enquadramento de um determinado grupo de empregados a um percentual de insalubridade menor do que lhe seria devido viola as diretrizes constitucionais e também a Convenção n. 155 da Organização Internacional do Trabalho. Nem todas as questões podem ir para a mesa de negociaçao, de modo que é imperioso discutir suas possibilidades e limites.

O inciso seguinte do art. 611-A da CLT (XIII) também merece atenção no que concerne à inconstitucionalidade e à inconvencionalidade. O dispositivo disciplina a possibilidade de prevalência do negociado coletivamente sobre a lei no tema da prorrogação de jornada em ambientes insalubres, sem licença prévia das autoridades competentes do Ministério do Trabalho. O dispositivo relativiza a regra insculpida no art. 60 da CLT, que condiciona a prorrogação de jornada nos ambientes insalubres à licença prévia das autoridades competentes em matéria de higiene do trabalho.

Em relação à constitucionalidade, verifica-se, assim como no inciso anterior, uma afronta ao art. 6º, caput, da Constituição Federal, uma vez que a prorrogação de jornada em ambientes insalubres sem exames e verificações dos métodos e processos de trabalho é prejudicial à saúde e à segurança do trabalhador, motivo pelo qual se identifica, também, uma desobediência ao art. 7º, inciso XXII, que tutela a redução de riscos inerentes ao trabalho. Outrossim, o dispositivo introduzido pela Lei n. 13.467/2017 não observa o art. 225 da Constituição Federal/88, que consagra o direito ao meio ambiente equilibrado, no qual está inserido o meio ambiente do trabalho.

Do ponto de vista da inconvencionalidade, a permissão da negociação coletiva para a prorrogação da jornada em ambientes insalubres, sem autorização das autoridades competentes, atrai a incidência da Convenção n. 155 da Organização Internacional do Trabalho. O art. 9 da referida Convenção dispõe que "o controle da aplicação das leis e dos regulamentos relativos à segurança, a higiene e o meio-ambiente de trabalho deverão estar assegurados por um sistema de inspeção das leis ou dos regulamentos". Verifica-se, nesse particular, que o dispositivo introduzido pela Reforma Trabalhista caminha em

---

(379) MARTINS, Adalberto; GURGEL, Christianne Moreira Moraes. A autonomia privada coletiva de trabalho: da reforma trabalhista à Covid-19. *Revista de Direito do Trabalho*, vol. 213, 2020, p. 154.

sentido contrário, pois enfraquece a estrutura de inspeção das autoridades competentes, ao afastá-las da análise de um tema tão importante como a prorrogação de jornada em ambientes insalubres.

Ademais, observa-se uma afronta direta ao Protocolo Adicional à Convenção Americana sobre Direitos Humanos em Matéria de Direitos Econômicos, Sociais e Culturais, que prevê, no art. 7º, *"e"*, a necessidade de promoção, pelas nações, de medidas que protejam a segurança e a higiene no trabalho. Ainda, no art. 7º, alínea *"g"*, há previsão no sentido de que deve ser garantida a "limitação razoável das horas de trabalho, tanto diárias quanto semanais. As jornadas serão de menor duração quando se tratar de trabalhos perigosos, insalubres ou noturnos". Nesse sentido, inegável é a inconvencionalidade do dispositivo inserido pela Reforma Trabalhista.

Não se olvide que, conforme mencionado no capítulo 1, no mês de junho de 2022, a Organização Internacional do Trabalho incluiu as questões atinentes à segurança e saúde no ambiente de trabalho no rol dos princípios fundamentais, consagrados na Declaração sobre os Princípios e Direitos Fundamentais do Trabalho de 1998. Reforça-se, com isso, a necessidade de as negociações coletivas tratarem dos temas envolvendo meio ambiente laboral com um especial cuidado, sob pena de romper a estrutura dos direitos indisponíveis, consagrados em âmbito nacional e internacional.

As inconstitucionalidades e inconvencionalidades identificadas devem ser controladas pelo Judiciário, especialmente por meio do controle difuso, porém não se vislumbra uma contaminação geral do art. 611-A da CLT, que carrega, em seu rol, matérias que podem ser negociadas coletivamente.

A título exemplificativo, enumera-se o primeiro inciso, que trata da possibilidade de pactuar a jornada de trabalho, observados os limites constitucionais. O próprio texto constitucional autoriza, no art. 7º, inciso XIII, a possibilidade de as convenções e acordos coletivos disciplinarem a compensação de jornada de trabalho.

De mais a mais, não se enxerga qualquer vício de inconstitucionalidade ou inconvencionalidade na permissão, pelo art. 611-A, para que sejam negociadas questões referentes à remuneração por produtividade, incluídas as gorjetas percebidas pelo empregado. Historicamente, os acordos e convenções coletivas são importantes instrumentos para disciplinar os aspectos atinentes às gorjetas, dadas as especificidades empresariais em relação ao tratamento desta parcela.

O art. 611-B da CLT, por sua vez, demonstra a existência de limites quanto ao objeto das convenções e acordos coletivos, ao dispor que a supressão ou redução de determinados direitos pela via negocial é eivada de ilicitude.

Trata-se de iniciativa louvável do legislador, que não encontra precedentes na legislação infraconstitucional anterior à reforma.

Sarlet[(380)] afirma que o Poder Legislativo está vinculado aos direitos fundamentais, não sendo possível sustentar uma onipotência do legislador, de modo que existem barreiras intransponíveis impostas pela Constituição. O art. 611-B, ao reproduzir, em boa medida, o art. 7º do texto constitucional, reconhece a existência de direitos fundamentais nas relações de trabalho que não podem ser suprimidos ou reduzidos por meio da negociação coletiva. De fato, existem direitos trabalhistas que não podem ficar expostos à liberdade de negociação, não podendo ser restringidos pelo exercício da autonomia privada coletiva[(381)].

A ordem pública, desta maneira, coloca-se como limite para a atuação negocial, exprimindo, segundo Silva[(382)], a exigência de que os particulares, em suas convenções e acordos, não subvertam os valores fundamentais estruturantes de uma sociedade, consagrados na Constituição da nação[(383)]. Existe um núcleo de garantias mínimas que não pode ser negociado. A rigor, não existe nenhuma atividade que não encontre limites, que precisam ser observados.

Mesmo no âmbito do julgamento do Recurso Extraordinário 590.415[(384)], analisado na seção anterior, em que se reconheceu a possibilidade de cláusula de norma coletiva estabelecer quitação plena do contrato de trabalho nos casos de Planos de Dispensa Incentivada, o relator, Ministro Luís Roberto Barroso, reconheceu a existência de direitos que não podem ser suprimidos por meio de negociação coletiva, conforme se verifica pelo trecho do voto a seguir:

> Por fim, de acordo com o princípio da adequação setorial negociada, as regras autônomas juscoletivas podem prevalecer sobre o padrão

---

(380) SARLET, Ingo Wolfgang. *A eficácia dos direitos fundamentais:* uma teoria geral dos direitos fundamentais na perspectiva constitucional. 13. ed. Porto Alegre: Livraria do Advogado, 2018. p. 385-386.

(381) Nascimento *et al.* apontam que a liberdade convencional encontra limites nos direitos fundamentais do trabalhador, protetores de valores básicos que não podem ser entregues à economia de mercado, como a proteção da vida, saúde, integridade física, dignidade. (NASCIMENTO, Amauri Mascaro; NASCIMENTO, Sônia Mascaro; NASCIMENTO, Marcelo Mascaro. *Compêndio de direito sindical.* 8. ed. São Paulo: LTr, 2015. p. 444).

(382) SILVA, Walküre Ribeiro da. Autonomia privada coletiva. *Revista da Faculdade de Direito da Universidade de São Paulo*, v. 102, p. 135-159, jan./dez. 2007, p. 150.

(383) Esses valores fundamentais formam aquilo que Rodrigues Pinto denomina como o "santuário" do Direito do Trabalho. (PINTO, José Augusto Rodrigues. *Direito Sindical e Coletivo do Trabalho.* 2. ed. São Paulo: LTr, 2002. p. 187).

(384) Disponível em: https://redir.stf.jus.br/paginadorpub/paginador.jsp?docTP+TP&docID=8590961. Acesso em: 15 maio 2021.

> geral heterônomo, mesmo que sejam restritivas dos direitos dos trabalhadores, desde que não transacionem setorialmente parcelas justrabalhistas de indisponibilidade absoluta. Embora o critério definidor de quais sejam as parcelas de indisponibilidade absoluta seja vago, afirma-se que estão protegidos contra a negociação *in pejus* os direitos que correspondam a um "patamar civilizatório mínimo", como a anotação da CTPS, o pagamento do salário-mínimo, o repouso semanal remunerado, as normas de saúde e segurança do trabalho, dispositivos antidiscriminatórios, a liberdade de trabalho etc. Enquanto tal patamar civilizatório mínimo deveria ser preservado pela legislação heterônoma, os direitos que o excedem sujeitar-se-iam à negociação coletiva, que, justamente por isso, constituiria um valioso mecanismo de adequação das normas trabalhistas aos diferentes setores da economia e a diferenciadas conjunturas econômicas.

Os direitos humanos e os direitos fundamentais representam um núcleo intransponível, uma vez que o reconhecimento, tanto pela Constituição, como pelas normas internacionais, de direitos como a limitação de jornada e a patamares mínimos de remuneração, representa elemento essencial para a garantia da dignidade do trabalhador. A negociação coletiva careceria de sentido, conforme ensina Meirelles(385), se não buscasse valorizar o trabalho humano, por meio da criação de condições para que sua prestação se dê dentro de patamares dignos.

A rigor, embora deva ser valorizada a iniciativa legislativa, o art. 611-B é dispensável para demonstrar a inadmissibilidade quanto à violação dos direitos fundamentais. Porém, não pode o dispositivo ser reputado, em seu todo, como inconstitucional ou inconvencional.

O grande equívoco do art. 611-B reside na consideração de que o rol enumerado, de matérias inegociáveis, é taxativo (ao contrário do art. 611-A, que apresenta um rol exemplificativo), o que faz com que matérias importantes, que se apresentam como direitos humanos e fundamentais, sejam ignoradas(386).

---

(385) MEIRELLES, Davi Furtado. *Negociação coletiva em tempos de crise*. São Paulo: LTr, 2018. p. 27.

(386) Bulgueroni, mesmo antes da Reforma Trabalhista, já alertava para o fato de que, mesmo que a lei defina matérias infensas à negociação, a precisa determinação de tais matérias é de difícil operacionalização. Nesse sentido, sustenta-se que a inclusão de um rol taxativo de questões inegociáveis não se apresentou como uma boa estratégia adotada pelo legislador. (BULGUERONI, Renata Orsi. *Negociação coletiva e fontes do Direito do Trabalho:* propostas para a prevalência do negociado sobre o legislado nas relações de emprego. São Paulo: USP, 2014. p. 210).

O legislador optou por seguir um caminho perigoso de silêncio em relação a determinadas matérias, de modo que possibilitar a transação, supressão ou redução de direitos assegurados na Constituição enfraquece o sistema constitucional de proteção aos direitos fundamentais dos trabalhadores(387).

Deveras, direitos constitucionais importantes, sobre as quais é inadmissível a supressão ou redução via normas coletivas, não foram incluídos no rol do art. 611-B, a exemplo da vedação da dispensa arbitrária ou sem justa causa da empregada gestante, desde a confirmação da gravidez até cinco meses após o parto, prevista no art. 10, II, *"b"*, do ADCT. O dispositivo celetista veda a negociação que diminua direitos relacionados à proteção ao trabalho da mulher e à licença-maternidade, mas ignora um dos principais instrumentos de proteção, qual seja a estabilidade gravídica.

Outro ponto de inconstitucionalidade identificado no art. 611-B da CLT reside em seu parágrafo único, que dispõe que "regras sobre duração do trabalho e intervalos não são consideradas como normas de saúde, higiene e segurança do trabalho para os fins do disposto neste artigo".

O dispositivo viola o art. 7º, inciso XXII, que consagra, como analisado, o direito dos trabalhadores à redução dos riscos inerentes ao trabalho, por meio de normas de saúde, higiene e segurança.

Acresce-se a isso a desobediência ao art. 225 da Constituição Federal, uma vez que a proteção do meio ambiente do trabalho é direito difuso, alçado à condição de direito fundamental. Nesse particular, a relação íntima entre saúde e trabalho pode ser identificada no art. 200, VIII, do texto constitucional que, ao definir as atribuições do sistema único de saúde, inclui a de colaborar na proteção do meio ambiente laboral.

Souza Júnior, Souza, Maranhão e Azevedo Neto(388) ainda identificam, no dispositivo, uma inconvencionalidade, mais precisamente pelo fato de que a Convenção n. 155 da Organização Internacional do Trabalho, ratificada pelo Brasil, estabelece, no art. 4º, a obrigação dos países signatários de formular e colocar em prática uma política nacional coerente em matéria de saúde e segurança dos trabalhadores.

Como uma das vias para a promoção de políticas públicas é a Legislativa, não atende aos preceitos da Convenção uma previsão legal que desassocia

---

(387) SOUZA JÚNIOR, Antonio Umberto de; SOUZA, Fabiano Coelho de; MARANHÃO, Ney; AZEVEDO NETO, Platon Teixeira de. *Reforma trabalhista:* análise comparativa e crítica da Lei n. 13.467/2017 e da MP n. 808/2017. 2. ed. São Paulo: Editora Rideel, 2018. p. 379.

(388) *Ibidem*, p. 406.

as questões envolvendo a duração do trabalho dos primados de saúde e segurança do trabalhador.

Para além da violação constitucional e convencional, o parágrafo único do art. 611-B busca romper com o histórico que permeou a criação e a evolução do Direito do Trabalho[389]. À época da Revolução Industrial, acidentes e mortes ocorriam em virtude de jornadas excessivas e da ausência de condições mínimas de segurança. É nesse contexto que começaram a surgir inúmeros movimentos de organizações de trabalhadores. Não se pode, por meio de uma modificação da legislação infraconstitucional, romper com essa história.

Os excessos de jornada estão associados ao adoecimento e aos acidentes de trabalho, constituindo-se como extremamente nocivos para a saúde do trabalhador. A limitação de jornada possui, como um de seus fundamentos, uma explicação de caráter biológico, uma vez que objetiva permitir o adequado repouso e a recomposição do trabalhador, para que esteja em condições de exercer as suas atividades na jornada seguinte.

Com a introdução do parágrafo único, cria-se uma realidade paralela, apenas para efeitos do que pode ou não ser negociado coletivamente, como se a relação entre saúde e segurança no trabalho e jornada existisse para todos os efeitos no Direito do Trabalho, menos para a negociação coletiva. Trata-se de uma tentativa frustrada de chancelar as inconstitucionalidades e inconvencionalidades identificadas no art. 611-A.

A questão da prevalência do negociado sobre o legislado adquire contornos desafiadores, especialmente em países como o Brasil, em que, conforme identificam Nascimento[390] *et al.*, o espaço da lei é amplo, o que gera atritos incontroláveis com as normas coletivas.

Entretanto, esse fato não pode contaminar a análise jurídica técnica que deve ser realizada quanto ao tratamento do tema pela Reforma Trabalhista, devendo ser rechaçadas as abordagens que defendem, em razão das críticas ao contexto político e econômico do momento de alteração legislativa, uma necessidade geral de afastamento das inovações legislativas do ordenamento jurídico, sob o argumento de que são inconstitucionais e inconvencionais.

---

(389) Souza Júnior, Souza, Maranhão e Azevedo Neto asseveram que as temáticas envolvendo jornada laboral estão ligadas à própria gênese do Direito do Trabalho. (SOUZA JÚNIOR, Antonio Umberto de; SOUZA, Fabiano Coelho de; MARANHÃO, Ney; AZEVEDO NETO, Platon Teixeira de. *Reforma trabalhista:* análise comparativa e crítica da Lei n. 13.467/2017 e da MP n. 808/2017. 2. ed. São Paulo: Editora Rideel, 2018. p. 405).

(390) NASCIMENTO, Amauri Mascaro; NASCIMENTO, Sônia Mascaro; NASCIMENTO, Marcelo Mascaro. *Compêndio de direito sindical.* 8. ed. São Paulo: LTr, 2015. p. 437.

Marques, Brasileiro e Schaefer[391] afirmam, de forma genérica, que os arts. 611-A e 611-B preveem um rol aberto de disposições em que as negociações coletivas prevalecem sobre a lei, restringindo a possibilidade de acesso à justiça para o exame de instrumentos coletivos, o que abre caminho para a redução de direitos. Tal afirmação não pode ser feita em abstrato, sem levar em consideração a realidade das negociações coletivas no Brasil. Invertem-se os verdadeiros problemas, como se a reforma trabalhista fosse a responsável pelo enfraquecimento das negociações coletivas no país e se não existissem questões estruturais pré-existentes, que representam verdadeiros obstáculos ao desenvolvimento do instituto, conforme será analisado no próximo capítulo.

Como se pode reputar como integralmente inconstitucionais e inconvencionais dispositivos que objetivam disciplinar as possibilidades e limites da negociação coletiva, mecanismo de resolução de conflitos com guarida constitucional?[392] Análises desta natureza, com todo o respeito que merecem, mascaram o verdadeiro cerne do problema, que tem como principal fator a organização sindical brasileira, que imobiliza o pleno florescimento das negociações coletivas.

Pires e Barbosa[393] defendem a inconstitucionalidade do art. 611-A em sua integralidade, sob o argumento de que, nesse particular, a Reforma Trabalhista inclina a balança do Direito do Trabalho para o favorecimento do capital.

Em verdade, exceto quanto as inconstitucionalidades e inconvencionalidades identificadas, o legislador cumpriu o intento de definir as possibilidades da negociação coletiva, que representa, como analisado no capítulo 1, um direito humano e fundamental. Retomando as lições de Dworkin[394], tais decisões são sensíveis à escolha do legislador, devendo ser observada a regra da maioria.

---

(391) MARQUES, Bruna Maria Expedido; BRASILEIRO, Carol Matias; SCHAEFER, Matheus Karl Schmidt. Crise de civilização, sindicato e jornada de trabalho: a construção do instituto do negociado sobre o legislado pela jurisprudência do STF e a usurpação dos tempos livres das classes trabalhadoras a partir do RE 895.759. In: MARTINS, Juliane Caravieri; MONTAL, Zélia Maria Cardoso; NUNES, Cicília Araújo (Orgs.). *O Supremo Tribunal Federal e o esvanecer dos direitos sociais: leading cases* sobre trabalho regulado e seguridade social. Londrina: Thoth, 2021. p. 244.

(392) Bulgueroni destaca a importância de combinar a atuação do legislador, que estabelece parâmetros e limites para a flexibilização, com a dos atores sociais, que promovem a adaptação legal ao caso concreto. (BULGUERONI, Renata Orsi. *Negociação coletiva e fontes do Direito do Trabalho:* propostas para a prevalência do negociado sobre o legislado nas relações de emprego. São Paulo: USP, 2014. p. 209).

(393) PIRES, Rosemary de Oliveira; BARBOSA, Arnaldo Afonso. *A prevalência do negociado sobre o legislado:* algumas reflexões quanto à constitucionalidade do art. 611-A da CLT. Belo Horizonte: RTM, 2018.

(394) DWORKIN, Ronald. *A virtude soberana:* a teoria e a prática da igualdade. São Paulo: Martins Fontes, 2005.

Não se olvide que o reconhecimento das convenções e acordos coletivos, em nível constitucional, está situado no Título II, que trata dos Direitos e Garantias Fundamentais. O texto constitucional possibilita, à negociação coletiva, a possibilidade de adaptação das fontes heterônomas aos casos concretos, reconhecendo a convenção e o acordo coletivo como autênticas fontes do Direito do Trabalho.

O debate, como destaca Mannrich(395), não deve trilhar o caminho argumentativo no sentido de que as normas coletivas não podem estar acima da lei, que goza de status superior, do ponto de vista de uma hierarquia formal. As normas coletivas possuem reconhecimento constitucional no art. 7º, XXVI, o que autoriza que haja uma disposição negocial diferente da disciplina legal, desde que não haja rompimento com a Constituição Federal.

Faz-se necessário reconhecer que existem, no Direito do Trabalho, normas supletivas (ou dispositivas), que admitem afastamento em qualquer sentido por meio da negociação coletiva, independentemente da análise isolada no sentido de investigar se promovem ou não benefícios ao trabalhador(396).

É tarefa do legislador infraconstitucional detalhar o alcance das normas coletivas, em respeito, evidentemente, aos valores consagrados na Constituição. A Lei n. 13.467/2017 procurou cumprir este intento, mesmo que tenha incorrido em desvios pelo caminho, conforme analisado, desvios estes que devem ser controlados pelo Poder Judiciário.

4.4. Reforma trabalhista e responsabilidade dos sindicatos

Conforme analisado anteriormente, a Constituição reconheceu as convenções e acordos coletivos como instrumentos legítimos e prioritários para a resolução de conflitos trabalhistas(397). Eis a razão pela qual são louváveis as iniciativas normativas que se direcionam para a valorização da negociação coletiva.

---

(395) MANNRICH, Nelson. Reconhecimento das convenções e acordos coletivos de trabalho. In: MARTINEZ, Luciano; TEIXEIRA FILHO, João de Lima (Coords.). *Comentários à Constituição de 1988 em matéria de direitos sociais trabalhistas (arts. 6º a 11):* uma homenagem aos 30 anos da Constituição da República e aos 40 anos da Academia Brasileira de direito do trabalho. São Paulo: LTr, 2019. p. 314.

(396) BULGUERONI, Renata Orsi. *Negociação coletiva e fontes do Direito do Trabalho:* propostas para a prevalência do negociado sobre o legislado nas relações de emprego. São Paulo: USP, 2014. p. 104.

(397) Conquanto a Constituição, nesse particular, não preveja, de forma direta, o direito à negociação coletiva, como analisado na seção 1.4, é possível extrair da interpretação do conjunto dos dispositivos constitucionais que tratam das relações coletivas de trabalho a conclusão no sentido de que a negociação coletiva é direito fundamental.

Ao abordar os inúmeros projetos legislativos que buscaram consagrar a prevalência do negociado coletivamente sobre o legislado, Romita[398] afirma que o desejável seria que primeiro ocorresse uma reforma completa na estrutura sindical, para que depois fossem ampliadas, via legislação, as possibilidades de negociação. Todavia, não se podem desvalorizar as iniciativas legislativas nesse sentido, porquanto deixam evidente o atraso nas bases da organização sindical.

É salutar que a legislação trabalhista incentive e promova a contratação coletiva. A reforma trabalhista, mesmo que seja merecedora de algumas críticas, buscou cumprir este intento, ao estabelecer possibilidades e limites à negociação coletiva. Embora a ideia de flexibilização não tenha sido inaugurada pela Lei n. 13.467/2017, a modificação legislativa representa um marco importante, uma vez que buscou, de forma expressa, promover uma compatibilização entre fontes heterônomas e autônomas, o que, de fato, sinaliza um objetivo de conferir maior destaque às soluções pela via negocial.

Santos[399] observa que a Reforma Trabalhista acentuou o chamado caráter bifronte da CLT, uma vez que a esta pode ser enxergada sob duas óticas: uma lente intervencionista no âmbito do Direito Individual do Trabalho, marcada por uma forte intervenção do Estado, que estabelece normas de ordem pública de caráter cogente e que funcionam como os parâmetros mínimos para os contratos de trabalho; e outra lente para as relações coletivas de trabalho, marcada por uma incidência bem mais intensa da autonomia da vontade, de modo que os próprios destinatários da norma (trabalhadores e empregadores), por meio da atuação dos sindicatos, ganham um considerável espaço para regulamentar as condições de trabalho.

Nesse particular, o fato de se verificar uma intervenção do Estado nas relações de trabalho não eliminou a função da autonomia privada coletiva, porquanto o Poder Público não dispõe de meios para disciplinar, de forma detalhada, as condições de trabalho em cada segmento de atividade[400].

Eis a razão pela qual o Estado abdica, em parte, de seu papel de disciplinar as relações de trabalho, conferindo margem de atuação aos sindicatos, no exercício da autonomia privada coletiva, que poderão instituir condições

---

(398) ROMITA, Arion Sayão. *O princípio da proteção em xeque:* e outros ensaios. São Paulo: LTr, 2003. p. 35.

(399) SANTOS, Enoque Ribeiro dos. *Negociação coletiva de trabalho*. Rio de Janeiro: Forense, 2018.

(400) SILVA, Walküre Ribeiro da. Autonomia privada coletiva. *Revista da Faculdade de Direito da Universidade de São Paulo*, v. 102, p. 135-159, jan./dez. 2007, p. 144.

capazes, inclusive, de prevalecer sobre as fontes heterônomas. Assim, combina-se a ação estatal com a atuação dos particulares, que são protagonistas na elaboração das fontes que formam o conjunto normativo laboral[401].

Com efeito, a valorização da negociação coletiva não instaura uma competição entre as fontes autônomas e as heterônomas do Direito do Trabalho, haja vista que cada uma delas ocupa um espaço importante na regulação das relações laborais[402].

Conforme salientado alhures, em um contexto no qual a flexibilização ganha cada vez mais espaço, a função negocial assume o papel de mais importante do sindicato. Nesse sentido, por trás de uma legislação que busca incentivar a solução das questões trabalhistas por meio da negociação, existe uma carga de responsabilidade dos partícipes do processo negocial. Os poderes carregam, em seu "pacote", uma gama de responsabilidades.

O que se espera, segundo João[403], nas relações coletivas, é que os atores sociais atuem com responsabilidade, sem a expectativa de que posteriormente o Judiciário vá dirimir as dúvidas. Assim, a atividade negocial não criará campos propícios a uma litigiosidade futura.

Nesse sentido, deve haver, por parte dos sujeitos, um cuidado considerável com a forma e com o conteúdo das normas coletivas, que devem obedecer aos elementos essenciais do negócio jurídico, previstos no art. 104 do Código Civil.

Columbu e Massoni[404] asseveram, com precisão, que, a partir do momento em que os sindicatos se fortalecem, aumenta, também, a importância da contratação coletiva, o que provoca, automaticamente, uma diminuição do protagonismo da legislação nas relações laborais. É necessário romper o antagonismo entre lei e normas coletivas, pois não são fontes excludentes, e

(401) Süssekind (SÜSSEKIND, Arnaldo. Instituições de Direito do Trabalho. 21. ed. São Paulo: LTr, 2003. p. 1.177) identifica, há, algum tempo, que é cada vez mais difícil sustentar a existência de modelos estanques, ou que são puramente legislados ou puramente negociados. A distância que separa os modelos está em franco processo de redução.

(402) AGUIAR, Antonio Carlos. *Negociação coletiva de trabalho*. 2. ed. São Paulo: Saraiva Educação, 2018. p. 172.

(403) JOÃO, Paulo Sergio. Democracia, pluralidade e representatividade sindical: qual é o modelo de organização que mais se adequa aos fundamentos constitucionais brasileiros? In: BELMONTE, Alexandre Agra; MARTINEZ, Luciano; NAHAS, Thereza (Coords.). *Liberdade sindical:* uma proposta para o Brasil. Campinar: Lacier Editora, 2021. p. 109.

(404) COLUMBU, Francesca; MASSONI, Túlio de Oliveira. Sindicatos, autonomia privada coletiva e ordem democrática: análise da decisão do STF no ARE 1.121.633. In: MARTINS, Juliane Caravieri; MONTAL, Zélia Maria Cardoso; NUNES, Cicília Araújo (Orgs.). *O Supremo Tribunal Federal e o esvanecer dos direitos sociais: leading cases* sobre trabalho regulado e seguridade social. Londrina: Thoth, 2021. p. 313.

sim complementares. Mas, para que esta relação se dê de forma harmônica, é necessário que os sindicatos, trabalhadores e empresas tenham a dimensão da importância da função que lhes é delegada.

A reforma trabalhista coloca, à disposição dos sujeitos coletivos, uma "máquina" que, em funcionamento, tem a capacidade de propiciar o desenvolvimento da negociação coletiva. Todavia, para que esta estrutura funcione, não são suficientes os impulsos legislativos. Não por outro motivo, é necessário perquirir os entraves ao progresso da negociação coletiva no Brasil.

Capítulo 5

Os Obstáculos ao Desenvolvimento da Negociação Coletiva no Brasil

A Reforma Trabalhista promoveu alterações significativas no Direito Individual e no Direito Coletivo do Trabalho. No âmbito coletivo, havia uma promessa de desenvolvimento da negociação coletiva, traduzida pela chamada "prevalência do negociado sobre o legislado".

É difícil, porém, imaginar que uma alteração legislativa, isoladamente, seja capaz de promover uma efetiva modificação na dinâmica das negociações coletivas. O pressuposto da reforma é a existência de sindicatos realmente representativos, que negociem condições de trabalho aplicáveis aos seus representados com firmeza e independência. Infelizmente, não é este o cenário predominante no Brasil atualmente.

5.1. Ausência de liberdade sindical

Na seção 3.1, foram apresentadas as dimensões da liberdade sindical, com destaque para a liberdade de exercício das funções sindicais, que preserva o direito, dos sindicatos, de levarem a efeito as ações necessárias para o cumprimento dos seus objetivos. Todavia, para que a liberdade de exercício das funções sindicais seja praticada, é necessária uma estrutura que a sustente.

O sistema de organização brasileiro, como será analisado a seguir, não atende a tais dimensões de forma plena, o que prejudica o desenvolvimento das negociações coletivas, uma vez que é impossível tratar do tema sem trazer à baila a questão da liberdade sindical. Conforme leciona Siqueira Neto[405], o fortalecimento da liberdade sindical propiciou a implementação da contratação coletiva, de forma que os institutos do Direito Coletivo não podem ser analisados de forma separada. A discussão sobre a negociação coletiva não se esgota na análise da liberdade sindical, mas representa um pressuposto para o desenvolvimento daquela.

(405) SIQUEIRA NETO, José Francisco. *Contrato coletivo de trabalho:* perspectiva de rompimento com a legalidade repressiva. São Paulo: LTr, 1991. p. 18.

É necessário perquirir a relação entre um modelo de organização sindical que não garanta a liberdade de forma plena e os prejuízos que esse fator gera às negociações coletivas. De plano, afirma-se que o modo de estruturação dos sindicatos está intimamente ligado ao exercício da função negocial, que representa mister nuclear das entidades sindicais.

A negociação coletiva faz parte das dimensões da liberdade sindical. Representa a principal manifestação da liberdade de exercício das funções sindicais. Sem liberdade sindical, não há negociação digna desse nome. Da mesma forma, não há autonomia negocial coletiva sem liberdade sindical.

As instituições, sem dúvida, geram reflexos sobre a ação individual e sobre os resultados coletivos. Nesse sentido, não se deve ignorar que o estágio atual do sindicalismo brasileiro é condicionado, fortemente, por fatores institucionais e organizativos[(406)].

Sob o prisma constitucional, a organização sindical é regulada pelo art. 8º, inciso II, que dispõe:

> Art. 8º É livre a associação profissional ou sindical, observado o seguinte:
>
> II – é vedada a criação de mais de uma organização sindical, em qualquer grau, representativa de categoria profissional ou econômica, na mesma base territorial, que será definida pelos trabalhadores ou empregadores interessados, não podendo ser inferior à área de um Município;

O fato, porém, é que a Constituição da República consagra uma organização sindical híbrida, que alterna garantias de autonomia sindical com instrumentos de controle da atividade dos sindicatos. Dito isso, explorar-se-ão os aspectos que marcam o modelo de organização sindical brasileiro consagrado no supracitado artigo.

A vedação à existência de mais de uma entidade sindical, representativa de categoria profissional ou econômica, é conhecida como unicidade sindical.

Em relação à unicidade, vale destacar, primeiramente, que esse termo não é sinônimo de unidade. Unidade, bem se sabe, é a característica do que é um, uniforme, representando a ideia de coesão ou harmonia. Unicidade, por outro lado, significa a condição do que é único. Percebe-se, já dessa distinção, um sutil e incômodo traço arbitrário permeando a ideia-base de unicidade.

---

(406) TAVARES DE ALMEIDA, Maria Hermínia. *Crise econômica e interesses organizados:* o sindicalismo no Brasil nos anos 80. São Paulo: Edusp, 1996.

Naturalmente, no âmbito propriamente jurídico, mais precisamente no tocante ao Direito Coletivo, também se vislumbram diferenças entre unidade e unicidade sindical reveladoras da mesma sutileza semântica. Delgado[(407)] explica a unicidade como:

> Previsão normativa obrigatória de existência de um único sindicato representativo dos correspondentes obreiros, [...] imperativa do tipo de sindicato passível de organização na sociedade, vedando-se a existência de entidades sindicais concorrentes ou de outros tipos sindicais [...] A segunda expressão (unidade) traduz a estruturação ou operação unitárias dos sindicatos, em sua prática, fruto de sua maturidade e não de imposição legal.

A unicidade sindical, como se vê, está associada a uma imposição, uma obrigatoriedade, enquanto a unidade é resultado de uma maturação, uma confluência natural geradora de benfazeja harmonia associativa não decorrente de qualquer mandamento legal ou constitucional. Na primeira, a união é talhada a fórceps, sendo resultado direto do arbítrio de um terceiro. Na segunda, deflui como expressão de uma natural convergência de interesses e propósitos por partes dos próprios integrantes da categoria em um cenário de máxima liberdade pessoal e associativa.

Assim, fica difícil vislumbrar plena e verdadeira liberdade sindical em um contexto de unicidade. Deveras, segundo Pamplona Filho[(408)], "a unicidade sindical impede, quanto ao sentido individualístico, que se configure a liberdade sindical na plenitude, já que se impede que o trabalhador possa filiar-se a outro sindicato, caso queira".

Brito Filho[(409)] ressalta que, em um contexto de unicidade sindical, a liberdade de escolha de trabalhadores e empregadores é totalmente reduzida, pois se limita à adesão ao único sindicato fundado, cuja simples existência tem suficiente força jurídica para refrear qualquer mínimo ímpeto concorrencial.

A liberdade de escolha é incompatível com a imposição de existência de apenas um sindicato, representativo de determinada categoria, em uma mesma base territorial.

Desse modo, a Constituição acabou por adotar, segundo Pinto[(410)], simultaneamente, princípios que se repelem: liberdade sindical e unicidade

---

(407) DELGADO, Mauricio Godinho. *Direito Coletivo do Trabalho*. 6. ed. São Paulo: LTr, 2015. p. 86.

(408) PAMPLONA FILHO, Rodolfo. *Pluralidade sindical e democracia*. 2. ed. São Paulo: LTr, 2013. p. 64.

(409) BRITO FILHO, José Cláudio Monteiro de. *Direito sindical*. 8. ed. São Paulo: LTr, 2021a. p. 98.

(410) PINTO, Almir Pazzianotto. *A velha questão sindical e outros temas*. São Paulo: LTr, 1995.

sindical[411]. A unicidade representa uma amarra, especialmente direcionada à classe trabalhadora, que impede que ela busque seus interesses de forma verdadeiramente autônoma.

Se não bastassem as fragilidades do sistema de unicidade, o modelo brasileiro não oferece outro critério de agregação que esteja fora da definição de categoria. Eis outro grave problema na estrutura sindical brasileira.

O conceito de categoria tem feição sociológica, antecedendo a qualquer construção jurídica. O Direito, ao utilizar essa terminologia para delinear o instituto basilar da organização sindical do Brasil, confere-lhe aspectos formalmente jurídicos. A noção de categoria, no âmbito do Direito Sindical, possui seus contornos definidos pela legislação, consoante a qual é uma espécie de interesse que impulsiona a reunião dos indivíduos em determinado grupo.

A Consolidação das Leis do Trabalho (CLT) prevê, no art. 511, que "os limites de identidade, similaridade ou conexidade fixam as dimensões dentro das quais a categoria econômica ou profissional é homogênea e a associação é natural".

No sistema brasileiro, a categoria surge de forma obrigatória, uma vez que, historicamente, foi moldada de acordo com os desígnios políticos estatais. As categorias econômicas e profissionais formam-se de acordo com o âmbito de atividade em que estão enquadrados os empregadores[412].

A finalidade buscada pela Consolidação das Leis do Trabalho era garantir uma suposta naturalidade das associações, tanto de trabalhadores, como de empregadores. O desiderato original era o reconhecimento, pelo Estado, de formalização a agregados sociais que, naturalmente, formar-se-iam.

A normatização, porém, como salienta Pamplona Filho[413], força uma pretensa coesão que pode não existir na realidade concreta. A Consolidação das Leis doTrabalho define que a categoria é "homogênea", levando em consideração somente os limites de identidade, similaridade ou conexidade da atividade econômica ou profissional, sem oportunizar qualquer outra modalidade de interação entre os grupos de trabalhadores e empregadores. Além

---

(411) O texto constitucional, conforme aponta Rodrigues Pinto (2002, p. 96), deu alguns passos em matéria de sindicalismo, mas não todos os necessários. Instituiu-se uma liberdade sindical "nanica".

(412) A exceção é relativa à chamada categoria profissional diferenciada, que, segundo o art. 511 da CLT, "é aquela formada por empregados que exerçam profissões ou funções diferenciadas por força de estatutos profissionais especiais ou, em consequência de condições de vida singulares".

(413) PAMPLONA FILHO, Rodolfo. *Pluralidade sindical e democracia*. 2. ed. São Paulo: LTr, 2013.

disso, soa contraditória a imposição de uma associação "natural", pois esse adjetivo não se compatibiliza com qualquer tipo de imposição. Mais uma vez, sob a justificativa de tutelar a liberdade, cristaliza-se, antes, o arbítrio.

Pamplona Filho(414) prossegue seu raciocínio, afirmando que não é preciso que haja qualquer proximidade entre os sujeitos para que exista uma categoria. Apenas a semelhança é destacada como critério agregador e essa semelhança não precisa nem ser real, sendo suficiente que seja suposta. No caso das disposições legais brasileiras acerca do sindicato, essa aproximação é suposta, uma vez que a categoria é presumida em lei como "homogênea". Trata-se de uma presunção absoluta, pois não se admite outra aglutinação sindical que não se embase na ideia imposta de categoria.

Destarte, a Consolidação das Leis do Trabalho, ao estabelecer a definição de categoria, não leva em conta as possibilidades de interação entre as pessoas, limitando-se a afirmar que a categoria redunda em uma associação "natural" — em verdade, "coativamente" natural.

Ora, a definição de categoria como parâmetro de organização sindical vai de encontro ao ideal de representatividade, isto é, de uma efetiva representação, pois impede que os indivíduos formem, livremente, suas entidades, visando à defesa de seus interesses.

Como a ideia de categoria dispensa qualquer manifestação fática, percebe-se que os interesses dos empregados e dos empregadores ficam, em muitas situações, desconectados, porquanto além de o modelo contemplar um sindicato único, a organização é rígida, não havendo, pois, garantia de liberdade sindical de forma plena.

Ademais, o modelo brasileiro impõe inúmeras dificuldades de ordem prática, impedindo que a união dos trabalhadores ocorra de modo mais espontâneo.

Como destaca Brito Filho(415), o modelo de organização sindical brasileiro, marcado pela unicidade sindical e pela sindicalização por categoria, é mais uma restrição à livre organização das entidades, não estando em conformidade com o princípio da liberdade sindical porque, no mundo livre, os trabalhadores decidem como vão se organizar, podendo fazê-lo por profissão, por empresa ou por atividade, dentre outras formas.

É natural que existam variações de interesses, dentro de uma mesma categoria, de modo que a sua adoção como o único critério de agrupamento

---

(414) PAMPLONA FILHO, Rodolfo. *Pluralidade sindical e democracia*. 2. ed. São Paulo: LTr, 2013.

(415) BRITO FILHO, José Cláudio Monteiro de. *Direito sindical*. 8. ed. São Paulo: LTr, 2021a. p. 87.

é incapaz de abarcar a multiplicação de centros de interesses. Ademais, a sindicalização por categoria impede a mobilidade dos trabalhadores de uma entidade para outra, bem como sua união de forma mais espontânea.

Para agravar ainda mais a situação, como destaca Manus[(416)], as categorias econômicas e profissionais se submetem ao critério geográfico da "base territorial". É que, além de o texto constitucional estabelecer que só é permitida a criação de um sindicato em cada base territorial, estabelece, também, o Município como a base territorial mínima. Esse conjunto de limitações provoca uma fragmentação do movimento operário, abrindo espaço para controle da atuação sindical.

Fica inviabilizado, por exemplo, o sindicato por empresa. O sistema imobiliza, em todas as frentes, a vontade coletiva, que não pode moldar a constituição dos sindicatos de acordo com os critérios que entenda mais eficazes na consecução dos seus objetivos.

O fato é que a imposição prévia, pelo texto constitucional, da forma de organização dos grupos, em nada contribui para a formação de uma identidade coletiva. O caráter constitutivo da representação deve se exercer, no âmbito dos sindicatos, a partir de uma perspectiva pluralista, que não condiz com a determinação, pelo texto constitucional, de uma única forma de agregação dos trabalhadores para a formação dos sindicatos.

Teixeira Filho[(417)], ao observar a relação existente entre o modelo de organização sindical e a negociação coletiva, salienta que o Direito Coletivo do Trabalho é construído a partir da interação dinâmica de alguns elementos: estrutura sindical, negociação coletiva, papel do Estado, direito de greve[(418)].

De pronto, refutam-se as afirmações no sentido de que a reforma trabalhista promoveu uma alteração profunda no sindicalismo brasileiro. Em outro estudo, foi possível analisar os impactos da Lei n. 13.467/2017 sobre o sistema de organização sindical brasileiro[(419)].

---

(416) MANUS, Pedro Paulo Teixeira. *Negociação coletiva e contrato individual de trabalho.* São Paulo: Atlas, 2001.

(417) TEIXEIRA FILHO, João de Lima. *Instituições de Direito do Trabalho.* 21. ed. São Paulo: LTr, 2003. p. 1.169-1.170.

(418) Segundo Teixeira Filho, quanto mais rígida é a organização sindical, mais dificultosa é a negociação coletiva. Remontando às diretrizes emanadas pela Organização Internacional do Trabalho, o autor afirma que a negociação coletiva e a organização sindical são temas umbilicalmente ligados. A Declaração da OIT Relativa aos Princípios e Direitos Fundamentais no Trabalho deixa muito evidente esta vinculação. (*Ibidem*, p. 1.172).

(419) Sobre o tema, ver: MENDES, Felipe Prata; MARANHÃO, Ney. Sindicalismo e pandemia: reflexões críticas. In: MENDES, Felipe Prata; MENDES NETO, João Paulo; MARANHÃO, Ney; MENDES FILHO, Sérgio. *Direito e Pandemia:* olhares críticos sobre a crise. Homenagem ao professor João Paulo do Valle Mendes. Brasília: Editora Venturoli, 2020.

Com o advento da reforma trabalhista, um dos pilares do modelo de organização sindical foi desconstituído, mas isso não significou avanço nas relações sindicais.

A contribuição sindical obrigatória configurava-se como mais uma afronta à liberdade sindical, em seu aspecto negativo, uma vez que, mesmo aqueles que optavam pela não filiação, eram atingidos pela cobrança de um valor compulsório. A liberdade de não filiação, em sua essência, deve ser acompanhada da liberdade de não contribuição.

A Lei n. 13.467/2017 extinguiu a obrigatoriedade da contribuição sindical, ao estabelecer, no art. 578 da Consolidação das Leis do Trabalho, que o seu pagamento está condicionado à prévia e expressa autorização dos participantes das categorias econômicas e profissionais[(420)]. Mesmo por negociação coletiva, não se poderá autorizar qualquer cobrança ou desconto salarial sem expressa e prévia anuência do trabalhador (CLT, art. 611-B, XXVI). Sem dúvida, trata-se de expressivo passo rumo à plena liberdade sindical.

Entretanto, tais medidas, por mais que estejam em conformidade com as bases do princípio da liberdade sindical, não têm o condão de, isoladamente, modificar as bases do sindicalismo brasileiro. Ao contrário, a extinção da contribuição, sem uma reforma sindical plena, agravou os problemas que já existiam, pois os sindicatos, malgrado deixando de usufruir de sua principal fonte de arrecadação financeira, mantiveram a obrigação de exercer as funções representativa e negocial em prol do interesse de todos, filiados ou não.

Veja-se que no julgamento da Ação Direta de Inconstitucionalidade n. 5.794 (STF/ADI n. 5.794. Rel.: Ministro Edson Fachin, decisão em 29.06.2018), em que foi reconhecida a constitucionalidade da extinção da obrigatoriedade da contribuição sindical, o Ministro Luís Roberto Barroso destacou que o passo necessário e coerente com o fim da contribuição sindical é a extirpação da unicidade sindical, sob pena de manter um modelo "capenga". A reforma do modelo não poderia ocorrer apenas parcialmente.

Sobre a questão das contribuições aos sindicatos, em 2023, o STF, no julgamento do tema 935, fixou a seguinte tese: "É constitucional a instituição, por acordo ou convenção coletivos, de contribuições assistenciais a serem impostas a todos os empregados da categoria, ainda que não sindicalizados, desde que assegurado o direito de oposição".

Todavia, em mais uma oportunidade, verifica-se uma discussão centrada na questão da contribuição, de modo que o Brasil segue distante de uma efetiva reforma sindical.

---

(420) No julgamento da ADI n. 5.794, ocorrido no dia 29 de junho de 2018, o STF declarou a constitucionalidade da extinção da obrigatoriedade da contribuição sindical.

A valorização da negociação coletiva carece de sentido no plano normativo se não for fincada a mentalidade no sentido de que a negociação precisa ocorrer com quem defenda, efetivamente, os interesses dos trabalhadores. Nesse sentido, urge a revisão da dinâmica das relações sindicais e a progressiva ampliação dos canais democráticos na distribuição do poder entre os atores que compõem tal dinâmica.

Estes problemas estruturais são colocados à prova no momento de crise. O contexto provocado pela pandemia decorrente da COVID-19 é emblemático nesse particular. No plano normativo, são muitas as possibilidades de atuação dos sindicatos, mas, no plano fático, não existem as condições necessárias para que as entidades sindicais assumam um papel de protagonismo no enfrentamento dos reflexos trabalhistas decorrentes da pandemia.

O estado de calamidade pública decorrente do novo coronavírus escancarou as fragilidades inerentes às relações coletivas de trabalho no Brasil. Seria impossível a superação dessa fase difícil sem qualquer sequela, mas, com bases mais sólidas, os efeitos negativos sobre os atores envolvidos seriam menos severos.

É cediço que alguns sindicatos, no Brasil, não assumiram o papel de protagonismo diante das consequências provocadas pela Covid-19 nas atividades laborais e empresariais. Isso se deve a vários fatores. Em alguns casos, pela falta de estrutura das entidades sindicais, incapazes de atender à massiva demanda por negociações coletivas. Em outros, pelas atitudes reprováveis de alguns dirigentes, que condicionam a celebração das normas coletivas ao pagamento de valores ilícitos.

Esses problemas, evidenciados no contexto da crise, em boa medida, podem ser entendidos a partir de uma análise do modelo de organização sindical brasileiro, que não atende, de forma plena, o princípio da liberdade sindical, a constituir uma das bases do conceito de trabalho decente, consagrado pela Declaração da Organização Internacional do Trabalho (OIT) Sobre os Princípios e Direitos Fundamentais no Trabalho.

Não se deseja, aqui, atribuir o problema a somente um fator, mas é preciso que exista uma autocrítica capaz de identificar que as bases do sindicalismo brasileiro, construídas desde a década de 1930, são importantes para a compreensão do contexto atual. Afinal, os sindicatos não podem ser considerados como fins em si mesmos e, sim, como meios para a satisfação dos interesses dos representados. A legitimidade de sua existência e atuação estará sempre diretamente relacionada com seu real poder de, limpidamente, espelhar os anseios da categoria que representa.

Um outro fato importante precisa ser registrado: os sindicatos estão cada vez mais distantes do cotidiano das empresas, o que impede uma maior aproximação dos trabalhadores. É muito restrita a relação orgânica entre os sindicatos e os trabalhadores nos ambientes de trabalho. A manutenção da institucionalidade sindical vigente acaba por excluir os obreiros de toda forma de participação no cotidiano dos sindicatos.

Imaginou-se que a Lei n. 13.467/2017 pudesse melhorar essa situação, por meio da regulação legal das comissões de representação de empregados. O legislador reformista achou ainda por bem criar entidade obreira paralela à sindical, dotando-as de poderes para profunda imersão no cotidiano das empresas.

Para tanto, essa comissão, cuja existência é assegurada nas empresas com mais de duzentos empregados (CLT, art. 510-A, *caput*), detém poderes para representar os empregados perante a administração da empresa, aprimorar o relacionamento entre a empresa e seus empregados, prevenir e solucionar conflitos, encaminhar reivindicações específicas dos empregados, auxiliar no equilíbrio do meio ambiente do trabalho e até fiscalizar o cumprimento de disposições legais e convencionais (CLT, art. 510-B, incisos I a VII).

Teoricamente, as comissões de representação dos empregados, no tocante às suas atribuições, não concorrem com a entidade sindical – a propósito, assim o disse, explicitamente, a Medida Provisória n. 808/2017, ao enxertar um provisório art. 510-E ao Texto Consolidado(421). Pelo contrário, deveriam sincronizar suas atuações, fortalecendo-se mutuamente em benefício de toda a classe trabalhadora. Contudo, o que se tem verificado é a inexistência de qualquer articulação entre entidades sindicais e formas alternativas de representação dos trabalhadores nas empresas. Nesse sentido, Kaufmann afirma que as representações no âmbito das empresas não representam um combate à representação sindical, mas sim possibilitam a conexão no exercício das funções representativas clássicas com outros tipos de organismos no âmbito da empresa.(422)

Com efeito, o sindicato, no Brasil, como ensina Brito Filho (2021), organiza-se mesmo fora dos muros da empresa, esterilizando esse papel de complementação que bem poderia ser sadiamente alinhavado com as comissões

(421) A MP n. 808, de 14 de novembro de 2017, teve seu prazo de vigência encerrado no dia 23 de abril de 2018.

(422) KAUFMANN, Marcus de Oliveira. A representação dos empregados na empresa: dogmatização mínima e incompletude sistêmica na regulação das relações coletivas de trabalho intraempresariais. In: SIVOLELLA, Roberta Ferme; COLNAGO, Lorena de Mello Rezende; BOUCINHAS FILHO, Jorge Cavalcanti. *Temas de Direito Coletivo e Processual Coletivo do Trabalho.* Brasília: Editora Venturoli, 2021. p. 146.

de representação obreira, tendentes a suprir lacunas surgidas em virtude do fato de o sindicato ter uma base de atuação superior ao âmbito empresarial. A Convenção n. 135 da Organização Internacional do Trabalho, no art. 5º, ratifica essa necessidade de se estabelecer uma relação de parceria, ao prescrever:

> Quando uma empresa contar ao mesmo tempo com representantes sindicais e representantes eleitos, medidas adequadas deverão ser tomadas, cada vez que for necessário, para garantir que a presença de representantes eleitos não venha a ser utilizada para o enfraquecimento da situação dos sindicatos interessados ou de seus representantes e para incentivar a cooperação, relativa a todas as questões pertinentes, entre os representantes eleitos, por uma Parte, e os sindicatos interessados e seus representantes, por outra Parte.

Sem dúvida, o estreitamento desses laços implicaria em um fortalecimento dos próprios sindicatos, ao mesmo tempo em que proporcionaria, para os trabalhadores, distintos caminhos viáveis para a solução de seus problemas. Trata-se, a bem da verdade, de uma via de mão dupla, pois o desenvolvimento das comissões nos locais de trabalho também depende de um modelo de organização sindical consistente, exatamente o contrário do vigente.

João[(423)] salienta que "a empresa se transforma em local de exercício da cidadania com relações que importam no crescimento da produtividade e desenvolvimento com melhorias de condições sociais". O ambiente empresarial, nesse sentido, ganha cada vez mais destaque nas relações coletivas, atendendo a especificidades que não são alcançadas pelas negociações que possuem efeitos gerais.

Em contextos extremos, como o vivenciado na crise pandêmica de 2020, essa conexão geraria soluções criativas e inteligentes, capazes de promover uma adaptação às peculiaridades das atividades econômicas e que, ao mesmo tempo, contribuam para a manutenção dos postos de trabalho e das atividades empresariais.

Feitas essas pontuações, cabe registrar, ainda no âmbito do cenário pandêmico, que as Medidas Provisórias publicadas pelo Presidente da República não apenas secundarizaram as entidades sindicais, senão que também solenemente desprezaram as comissões representativas de empregados. Há de se destacar, neste ponto de nossas reflexões: sindicatos fortes e comissões

---

(423) JOÃO, Paulo Sergio. Democracia, pluralidade e representatividade sindical: qual é o modelo de organização que mais se adequa aos fundamentos constitucionais brasileiros? *In:* BELMONTE, Alexandre Agra; MARTINEZ, Luciano; NAHAS, Thereza (Coords.). *Liberdade sindical:* uma proposta para o Brasil. Campinas: Lacier Editora, 2021. p. 110.

representativas atuantes, com ambas se complementando em sincrônica atuação, ofereceriam um valiosíssimo suporte social para auxiliar empresários na prevenção e solução de diversos conflitos próprios ao cenário pandêmico. Por certo, muitas das problemáticas relacionadas à difícil aplicação das medidas trabalhistas contidas nas Medidas Provisórias ns. 927 e 936, tais como a massiva/repentina migração de obreiros para o regime de teletrabalho e a incômoda intensificação do labor no setor de saúde, bem poderiam ter sido minimizadas através de uma ação cooperativa e coordenada dessas entidades representativas.

Veja-se que, em geral, no cenário pandêmico, havia uma espera mais intensa pelos atos governamentais, em especial no âmbito das Medidas Provisórias, do que por uma iniciativa sindical que pudesse ser capaz de fazer frente às necessidades impostas. Uma atuação consistente dos sindicatos pode constituir interessante vetor de estímulo à adesão sindical. Nos momentos de crise, surgem grandes oportunidades, mas os atores precisam estar preparados para agarrá-las.

A superação deste obstáculo ao desenvolvimento da negociação coletiva começa pela modificação do art. 8º, II, da Constituição[424], extirpando-se a unicidade sindical e a sindicalização por categoria[425], alteração esta que, a partir de uma visão sistemática, guardará coerência com o art. 1º do texto constitucional, que consagra o pluralismo político. Assim, além de extinguir a imposição relacionada ao sindicato único, serão diversificados os critérios de agregação dos representados, que podem se pautar na profissão, no setor da economia, na empresa. Do mesmo modo, deve ser eliminada a imposição do Município como base territorial mínima para a formação dos sindicatos, pois tal restrição, não raro, não se coaduna com os anseios dos trabalhadores.

Registre-se que a pluralidade sindical não representa a imposição e sim a possibilidade de existência de mais de um sindicato representante de determinado agrupamento. Conforme salienta João[426], a formação dos sindicatos deve espelhar a liberdade de pensamento dos trabalhadores, por meio de

(424) Existem algumas Propostas de Emenda Constitucional em tramitação acerca da matéria, com destaque para a PEC n. 71, a PEC n. 314/2004, a PEC n. 246/2013 e a PEC n. 196/2019.

(425) Paulo Sérgio João (2021, p. 107) entende que a unicidade sindical foi rompida pelo Ministério do Trabalho, ao permitir, pela Portaria n. 186, de 2008, a pluralidade de entidades de grau superior (federações e confederações). A ideia de categoria, por sua vez, segundo o autor, foi definitivamente abandonada pela Portaria 501, de 2019, do Ministério da Justiça, que permitiu o retorno de algumas entidades sindicais extintas por meio de fusões. (JOÃO, Paulo Sergio. Democracia, pluralidade e representatividade sindical: qual é o modelo de organização que mais se adequa aos fundamentos constitucionais brasileiros? In: BELMONTE, Alexandre Agra; MARTINEZ, Luciano; NAHAS, Thereza (Coords.). *Liberdade sindical:* uma proposta para o Brasil. Campinas: Lacier Editora, 2021. p. 107).

(426) *Ibidem*, p. 104.

uma manifestação livre e espontânea. Caso se entenda que o ideal, para a garantia da representatividade, é a existência de um único sindicato, não há qualquer objeção, pois assim se alcançaria a unidade, fruto de uma coesão, e não a unicidade, oriunda da imposição.

A proposta de resolução aqui defendida não se traduz em uma lei, regulamentando, de forma detalhada, como se dará a organização sindical, sob pena de recorrência das deficiências apontadas. O caminho adequado é a manutenção da previsão do caput do art. 8º da Constituição, no sentido de que é livre a organização sindical, eliminando as amarras analisadas, que fazem com que o sistema brasileiro não se coadune com os primados da liberdade sindical, previstos na Convenção n. 87 da Organização Internacional do Trabalho. A desconformidade do modelo brasileiro com os ditames internacionais também se verifica pela afronta ao Precedente Normativo n. 478 do Comitê de Liberdade Sindical da Organização, que dispõe:

As disposições contidas em uma constituição nacional relativas à proibição de criar mais de um sindicato para uma determinada categoria profissional ou econômica, independentemente do nível de organização, em uma determinada área territorial, que não poderá ser inferior à área de um município, não estão em conformidade com os princípios da liberdade sindical[(427)].

> Com a alteração do texto constitucional, trilha-se o caminho para a ratificação da referida convenção, que, por se tratar de um diploma internacional de direitos humanos, ingressaria no ordenamento brasileiro como norma de natureza supralegal, conforme analisado no presente trabalho, mesmo que não seja aprovada com o status formal de emenda constitucional.

Curiosamente, o Brasil não ratificou a Convenção n. 87 da Organização Internacional do Trabalho, mas ratificou as Convenções ns. 98 e 154, já analisadas no presente trabalho, que tratam do direito de sindicalização e negociação coletiva. Trata-se de uma prova cabal no sentido de que não existe, no país, a dimensão de que as questões envolvendo liberdade sindical e negociação coletiva estão intimamente vinculadas.

---

(427) Redação original: "The provisions contained in a national constitution concerning the prohibition of creating more than one trade union for a given occupational or economic category, regardless of the level of organization, in a given territorial area which in no case may be smaller than a municipality, are not compatible with the principles of freedom of association". (INTERNATIONAL LABOUR ORGANIZATION. Compilation of decisions of the Committee on Freedom of Association). Disponível em: https://www.ilo.org/dyn/normlex/en/f?p=NORMLEXPUB:70002:0::NO:70002:P70002_HIER_ELEMENT_ID,P70002_HIER_LEVEL:3944462,1. Acesso em: 26 jun. 2022.

Como se vê, é impossível dissociar o modelo de organização sindical brasileiro do desenvolvimento das negociações coletivas[428]. O texto constitucional, por mais que tenha apresentado tímidos avanços, não rompeu com o corporativismo, mantendo o sistema de unicidade sindical. A modernização das relações trabalhistas no Brasil, segundo Silva[429], passa pela eliminação desta amarra, sem o que fica comprometida a representatividade dos sindicatos, e, consequentemente, a negociação coletiva por eles empreendida, que representa instrumento fundamental para a ação sindical.

Para consagrar, de forma definitiva, em sede constitucional, esta relação íntima existente entre liberdade sindical e negociação coletiva, é importante, destarte, que a Constituição disponha, de forma expressa, que a negociação coletiva é direito fundamental e constitui o processo prioritário para a definição das condições de trabalho.

Na seção 2.2.2, foi analisada a ideia de representatividade sindical, que consiste na efetiva tutela dos interesses dos indivíduos que integram o agregado profissional. João[430], tratando da representatividade sindical, ensina que os sindicatos são um corpo único, de modo que as manifestações deveriam respeitar a vontade coletiva, porém, presencia-se, frequentemente, um cenário no qual a cabeça está separada do corpo.

Com base territorial e representatividade garantida, os sindicatos ficam menos vinculados aos interesses dos seus representados, e se motivam menos a buscar melhorar as condições de vida dos trabalhadores. É inequívoco, portanto, que a inexistência de uma plena liberdade sindical impacta na ação sindical, em especial na negociação coletiva, que representa a principal função exercida pelas entidades sindicais[431].

Na medida em que aumenta a força e a representatividade dos sindicatos, diminui a necessidade de intervenção legislativa, motivo pelo qual, ao invés de

(428) Siqueira Neto afirma que as mazelas do sistema sindical brasileiro explicam, em grande parte, a fragilidade da negociação coletiva no país. Não adiantam estímulos normativos à negociação se os sindicatos não tiverem a força necessária para conduzir as tratativas. (SIQUEIRA NETO, José Francisco. *Contrato coletivo de trabalho:* perspectiva de rompimento com a legalidade repressiva. São Paulo: LTr, 1991. p. 20).

(429) SILVA, Walküre Ribeiro da. Autonomia privada coletiva. *Revista da Faculdade de Direito da Universidade de São Paulo* v. 102, p. 135-159, jan./dez. 2007, p. 145.

(430) JOÃO, Paulo Sergio. Democracia, pluralidade e representatividade sindical: qual é o modelo de organização que mais se adequa aos fundamentos constitucionais brasileiros? In: BELMONTE, Alexandre Agra; MARTINEZ, Luciano; NAHAS, Thereza (Coord.). *Liberdade sindical:* uma proposta para o Brasil. Campinas: Lacier Editora, 2021. p. 100.

(431) BARROSO, Luís Roberto; MELLO, Patrícia Perrone Campos. O Direito Coletivo do Trabalho no Supremo Tribunal Federal: planos de demissão incentivada e autonomia da vontade, um estudo de caso. *Revista de Direito do Trabalho*, v.190, p. 21-46, jun. 2018, p. 32.

focar tão somente nas alterações legislativas que tratam das possibilidades e limites da negociação coletiva, deve-se direcionar maior atenção à representatividade sindical, pois a sua atuação é essencial para o bom andamento de uma negociação. O processo negocial precisa de condições materiais para se desenvolver. Eis a razão pela qual não há como vislumbrar o desenvolvimento da negociação coletiva sem a modificação da estrutura sindical brasileira.

5.2. Intervenção do Judiciário

Conforme ensina Brito Filho[(432)], embora constitua o melhor meio de solução de conflitos, a negociação é, por vezes, subestimada, de modo que é parte da tradição sindical a transferência, a terceiros, da responsabilidade pela solução dos conflitos.

Dentre os elementos basilares do modelo brasileiro, está a competência normativa da Justiça do Trabalho, denominada também de poder normativo, que confere, a esta, a possibilidade de criar condições de trabalho aplicáveis à coletividade de trabalhadores e empregadores, o que se dá por meio de uma ação específica, chamada de dissídio coletivo.

O poder normativo da Justiça do Trabalho materializa um exercício atípico da função legiferante pelo Poder Judiciário trabalhista, ao criar normas e condições de trabalho aplicáveis às categorias profissional e econômica envolvidas no dissídio coletivo.

Esta possibilidade de o Judiciário trabalhista estabelecer condições de trabalho está disciplinada no art. 114, § 2º da Constituição Federal[(433)], nos seguintes termos:

> § 2º Recusando-se qualquer das partes à negociação coletiva ou à arbitragem, é facultado às mesmas, de comum acordo, ajuizar dissídio coletivo de natureza econômica, podendo a Justiça do Trabalho decidir o conflito, respeitadas as disposições mínimas legais de proteção ao trabalho, bem como as convencionadas anteriormente.

Brito Filho[(434)] afirma que a competência normativa da Justiça do Trabalho provoca um enfraquecimento dos sindicatos, pois desestimula a negociação e outras possibilidades de resolução de conflitos.

---

(432) BRITO FILHO, José Cláudio Monteiro de. *Direito sindical*. 8. ed. São Paulo: LTr, 2021. p. 257.

(433) BRASIL. [Constituição (1988)]. *Constituição da República Federativa do Brasil de 1988*. Brasília, DF: Presidência da República, [2016]. Disponível em: http://www.planalto.gov.br/ccivil_03/Constituicao/ Constituiçao.htm. Acesso em: 20 fev. 2022.

(434) BRITO FILHO, José Cláudio Monteiro de. *Direito sindical*. 8. ed. São Paulo: LTr, 2021a. p. 266.

É muito mais cômodo, para os sindicatos que não conseguem exercer suas funções de forma efetiva, recorrer à Justiça do Trabalho, para que o Estado estabeleça novas condições de trabalho aplicáveis à categoria.

Ademais, o poder normativo enfraquece a liberdade sindical, especialmente do ponto de vista do exercício das funções sindicais, ao desestimular a atividade negocial. Nesse particular, Magano(435) afirma que a Justiça do Trabalho é fator inibidor do florescimento da "convenção coletiva de trabalho". Transfere-se, ao Poder Judiciário, a responsabilidade de estabelecer condições aplicáveis a determinado grupo.

De igual forma, o poder normativo fere outra dimensão da liberdade sindical: a liberdade de administração, que coincide com a ideia de autonomia sindical, estando ligada ao direito dos sindicatos de definirem o seu modo de organização interno, sem que haja qualquer intromissão por parte do Estado ou de particulares.

A probabilidade é bem maior de que o poder normativo seja negativo do que positivo. Os elos exagerados entre Estado e representações sindicais geram uma tendência de controle das organizações pelo Poder Público, em desobediência às diretrizes da liberdade sindical. Mesmo que o objetivo propagado seja o de proteger o trabalhador, o efeito é de anestesiar a ação dos sindicatos, com a expectativa de que o Estado resolverá as questões coletivas e exercerá o papel que cabe aos sindicatos(436).

Não se pode, ao invés de buscar o aprofundamento do processo negocial, optar pela delegação da resolução do conflito ao Estado. O poder normativo, conforme salienta Santos(437), ao invés de auxiliar, prejudica a edificação de um sindicalismo forte e autêntico, que se aperfeiçoa no âmbito da prática democrática.

No contexto dos prejuízos causados pela competência normativa da Justiça do Trabalho, houve uma alteração importante no art. 114, § 2º, da Constituição Federal (promovida pela Emenda Constitucional n. 45/2004), que dispõe que, somente com a concordância de ambos os sindicatos envolvidos no conflito coletivo, é possível pleitear, junto aos Tribunais Trabalhistas, a resolução do conflito coletivo de natureza econômica. Em pesquisa anterior,

---

(435) MAGANO, Otávio Bueno. *Convenção coletiva de trabalho*. São Paulo: LTr, 1972. p. 168.

(436) PINTO, José Augusto Rodrigues. *Direito Sindical e Coletivo do Trabalho*. 2. ed. São Paulo: LTr, 2002. p. 372.

(437) SANTOS, Enoque Ribeiro dos. *Negociação coletiva do trabalho*. Rio de Janeiro: Forense, 2018.

foram analisados os impactos dessa modificação no texto constitucional sobre a negociação coletiva(438).

Os conflitos coletivos de natureza econômica, que são aqueles que apresentam maior repercussão nas relações coletivas trabalhistas, têm como objetivo fixar novas condições de trabalho aplicáveis a trabalhadores e empregadores abrangidos pelas entidades sindicais conflitantes.

Antes da mudança do texto constitucional, que alterou o art. 114, § 2º, os sindicatos recorriam, unilateralmente, à Justiça do Trabalho, para que o Estado interviesse e impusesse novas diretrizes para as relações de trabalho que regem as respectivas categorias. O ajuizamento de um dissídio coletivo, portanto, representava a incapacidade das partes de chegarem a um acordo por meio do diálogo.

O caráter impositivo da sentença normativa da justiça laboral, oriunda do dissídio coletivo, sofreu inúmeras críticas, até mesmo no plano internacional. Por esta razão, um dos objetivos da Emenda Constitucional n. 45, de 2004, foi a diminuição do poder normativo da Justiça do Trabalho, buscando privilegiar a autocomposição dos litígios coletivos.

Por conseguinte, a nova redação do § 2º do art. 114 da Constituição condicionou o ajuizamento do dissídio coletivo para a resolução de conflitos de natureza econômica à comunhão de interesses das partes envolvidas. Assim, ausente tal pressuposto, a negociação permanece em andamento, sem prejuízo da utilização da greve como instrumento de mobilização, para que se alcance um denominador comum.

A alteração do texto constitucional, mesmo que não tenha extinguido o poder normativo da Justiça do Trabalho, é uma importante reafirmação da negociação enquanto meio mais adequado para a resolução de conflitos coletivos de trabalho.

Inúmeros foram os questionamentos acerca da necessidade (e constitucionalidade) do comum acordo para a instauração do dissídio coletivo de natureza econômica, o que ensejou o ajuizamento da Ação Direta de Inconstitucionalidade n. 3.392. Na ação, a Confederação Nacional das Profissões Liberais requereu a declaração de inconstitucionalidade da parte do § 2º do art. 114, na parte em que consagra a exigência do comum acordo.

Em maio de 2020, o Supremo Tribunal Federal julgou improcedente o pedido formulado na ADI e sanou qualquer divergência nesse sentido, sob

---

(438) Acerca do tema, ver: MENDES, Felipe Prata; BRITO FILHO, José Claudio Monteiro de. Os impactos da exigência de comum acordo para o ajuizamento dos dissídios coletivos de natureza econômica no exercício da função negocial pelos sindicatos. In: NEMER NETO, Alberto *et al* (Coord.). *Coleção direito material e processual do trabalho constitucionalizado:* processo coletivo do trabalho. São Paulo: LEX; OAB Nacional, 2021.

o argumento de que a alteração do texto constitucional está alinhada com as boas práticas internacionais (com fulcro nas Convenções ns. 98 e 154 da OIT), acompanhando a tendência que privilegia a autocomposição coletiva.

A pacificação da questão pelo Supremo Tribunal Federal gerou reflexos no comportamento dos Tribunais Regionais do Trabalho, o que afetou sobremaneira a atuação de muitos sindicatos, especialmente aqueles que se apegavam à possibilidade de resolução das questões coletivas pela Justiça do Trabalho.

Em setembro de 2017, o Pleno do Tribunal Regional do Trabalho da 8ª Região (TRT-8) acolheu a declaração de inconstitucionalidade incidental da expressão "de comum acordo", constante no § 2º do art. 114 da Constituição, editando a seguinte súmula regional:

> Súmula n. 66. Por violar cláusula pétrea (art. 5º, XXXV. da Constituição de 1988), considera-se inconstitucional a dicção de comum acordo, inserta, pelo constituinte derivado, no § 2º do art. 114 do Texto Fundamental.

Na oportunidade, entenderam os Desembargadores que a nova exigência para o ajuizamento de dissídios coletivos violava o acesso à justiça das partes integrantes da negociação coletiva. E, por ser uma cláusula pétrea da Constituição, o acesso à justiça não pode ser violado ou modificado, razão pela qual o "comum acordo" não deveria ser exigido.

O entendimento do TRT-8 se sustentou até maio de 2020, quando o Supremo Tribunal Federal julgou improcedente a Ação Direta de Inconstitucionalidade n. 3.392, que questionava a inconstitucionalidade da parte do § 2º do art. 114 que exige o comum acordo como requisito para o ajuizamento dos dissídios de natureza econômica.

Por disciplina judiciária e para se adequar ao entendimento exarado pelo STF, em junho do mesmo ano, o TRT-8 editou a Resolução n. 17/2020, que suspendeu a aplicação da Súmula n. 66 e, por conseguinte, o entendimento de que a exigência do comum acordo para o ajuizamento do dissídio coletivo é inconstitucional.

Nota-se, pois, que após a fixação do entendimento pelo STF, não há mais espaço para a instauração de um dissídio coletivo de natureza econômica sem a anuência do Sindicato suscitado.

Com a decisão do Supremo Tribunal Federal e a tardia modificação do entendimento do TRT-8, cessou, de forma definitiva, a possibilidade de um dos conflitantes buscar, unilateralmente, a solução pela via jurisdicional.

Brito Filho[439] destaca que, apesar de a exigência de comum acordo modificar a estratégia dos sindicatos, que estão imersos em uma situação de necessidade de reforço da capacidade de mobilização, ainda se verifica uma timidez na alteração constitucional.

Em relação ao poder normativo, o caminho para privilegiar a negociação é a extinção da competência normativa da Justiça do Trabalho, retirando este componente do modelo de organização sindical brasileiro que representa mais uma ofensa à liberdade sindical. Trata-se de incentivo imprescindível para que a negociação se desenvolva. A própria edição de Precedentes Normativos do TST, que representam entendimentos oriundos das decisões em sede de dissídios coletivos, fragiliza a negociação, pois, na medida em que já se sabe como a situação vai ser resolvida, tal previsibilidade enfraquece o processo negocial.

Mesmo nos casos de greve, não se pode admitir a intervenção da Justiça do Trabalho para a estipulação de cláusulas econômicas e sociais, devendo a análise estar adstrita à análise de eventual abusividade e, caso esta se configure, é cabível a imposição de obrigações para saná-la.

Entretanto, a competência normativa não é o único meio de interferência do Poder Judiciário na autonomia da vontade coletiva. Passou-se a observar, como destaca Mannrich[440], uma grande interferência da Justiça do Trabalho nos instrumentos coletivos, anulando cláusulas regularmente negociadas coletivamente.

Um caso emblemático que ilustra tal interferência pode ser examinado no Recurso de Revista em sede de Ação Civil Pública (TST – RR: 852004920095150120, relator: José Roberto Freire Pimenta, Data de Julgamento: 07.10.2015, 2ª Turma, Data de Publicação: *DEJT* 16.10.2015)[441], no

(439) BRITO FILHO, José Cláudio Monteiro de. *Direito sindical*. 8. ed. São Paulo: LTr, 2021a. p. 268.

(440) MANNRICH, Nelson. Reconhecimento das convenções e acordos coletivos de trabalho. In: MARTINEZ, Luciano; TEIXEIRA FILHO, João de Lima (Coords.). *Comentários à Constituição de 1988 em matéria de direitos sociais trabalhistas (arts. 6º a 11):* uma homenagem aos 30 anos da Constituição da República e aos 40 anos da Academia Brasileira de direito do trabalho. São Paulo: LTr, 2019. p. 314.

(441) AÇÃO CIVIL PÚBLICA. USINA DE AÇÚCAR. JORNADA 5X1. DESCANSO SEMANAL REMUNERADO AOS DOMINGOS A CADA SETE SEMANAS. IMPOSSIBILIDADE. INTERPRETAÇÃO DO Art. 7º, INCISO XV, DA CONSTITUIÇÃO FEDERAL. O Ministério Público do Trabalho ajuizou ação civil pública contra a ré, usina de açúcar, para impedi-la de adotar o regime 5x1, que fixava a folga semanal do trabalhador rural aos domingos a cada sete semanas trabalhadas (com multa cominatória pelo descumprimento de obrigação de não fazer) e para condená-la ao pagamento de indenização por dano moral coletivo. O Regional firmou entendimento de que a legislação brasileira (arts. 7º, inciso XV, da CF e 1º da Lei n. 605/49) não exige obrigatoriedade de que o descanso semanal do empregado seja aos domingos, mas sim impõe uma preferência, dando provimento ao recurso ordinário interposto pela ré para julgar improcedentes as

qual a 2ª Turma do Tribunal considerou irregular a concessão de folga aos domingos a cada sete semanas trabalhadas no regime 5x1, adotado por uma usina de açúcar.

O aspecto perturbador da situação fática repousa no fato de que, tanto o Ministério Público do Trabalho, em suas alegações, quanto o TST, que reformou decisão regional, não fizeram qualquer distinção entre a previsão da jornada 5x1 em acordo individual ou em norma coletiva, como se as situações provocassem a mesma repercussão jurídica.

O Tribunal Superior do Trabalho entendeu que a expressão "preferencialmente aos domingos", insculpida no art. 7º, XV, da Constituição Federal, não pode ser restringida de modo a admitir-se lapso temporal superior a um mês para a concessão do repouso dominical, o que fere, de acordo com o entendimento, a norma constitucional.

Em verdade, a Constituição Federal não determinou, de forma absoluta, a obrigatoriedade de concessão dos repousos aos domingos, e, a propósito,

---

pretensões do Parquet. Acrescentou, ainda, que, "no regime de trabalho 5x1, há redução da jornada diária de 08 para 07 horas e 20 minutos, com folga no sexto dia em escala, de modo a recair em um domingo a cada sete semanas, não havendo qualquer óbice para a adoção deste sistema de trabalho, porquanto, conforme já definido linhas atrás, o descanso semanal remunerado é preferencialmente aos domingos". Discute-se, pois, a regularidade do regime 5x1 com folga aos domingos a cada sete semanas trabalhadas. Com efeito, n os termos do art. 7º, inciso XV, da Constituição Federal, o repouso semanal remunerado, preferencialmente aos domingos, é direito assegurado a todos os trabalhadores urbanos e rurais. A expressão "preferencialmente aos domingos", adotada no art. 7º, inciso XV, da Constituição Federal e secundada no art. 1º da Lei n. 605/49 pela expressão "preferentemente aos domingos", não pode ser restringida de modo a admitir-se lapso temporal superior a um mês para a concessão do descanso dominical, por ferir a teleologia da norma constitucional de resguardo máximo do convívio familiar dominical, sobretudo considerando a norma do art. 67, parágrafo único, da CLT – que destaca a necessidade de que, nos serviços que exijam trabalho aos domingos, estabeleça-se escala de revezamento mensal – e a Lei n. 10.101/2000 – que fixa critério condizente com o valor constitucional protegido, dispondo que o repouso semanal remunerado deverá coincidir, pelo menos uma vez no período máximo de três semanas, com o domingo. Em que pese a norma do art. 7º, inciso XV, da Constituição Federal não determine de forma absoluta a obrigatoriedade de concessão dos repousos aos domingos, ela nitidamente lhe atribui caráter preferencial e, nesse sentido, a prática adotada pela empresa de fazer coincidir o repouso semanal remunerado com o domingo na mesma proporção com que coincide com os demais dias da semana, ou seja, de conceder o repouso no domingo apenas a cada sete semanas, esvazia o conteúdo da norma constitucional, ignorando a preferência nela consagrada. Nesse mesmo sentido, precedentes desta Corte, proferidos em casos de empresas autorizadas a funcionarem aos domingos e que adotam regime de trabalho 5X1, em que foi aplicado o entendimento de que, para os repousos aos domingos, deve ser aplicável a periodicidade prevista na Lei n. 10.101/2000 (com a redação dada pela Lei n. 11.603/2007), mesmo que analogicamente. Dessa forma, o repouso semanal remunerado deve coincidir, pelo menos uma vez no período máximo de três semanas, com o domingo. Recurso de revista conhecido e provido. (TST – RR: 852004920095150120, relator: José Roberto Freire Pimenta, Data de Julgamento: 07.10.2015, 2ª Turma, Data de Publicação: *DEJT* 16.10.2015).

não estabeleceu qualquer parâmetro objetivo para definir o vocábulo "preferencialmente". Não cabe, portanto, ao Judiciário, nos casos de norma coletiva que discipline a matéria, a invalidação do ajuste, sob pena de ferir os preceitos constitucionais que consagram a autonomia privada coletiva. Acresce-se a isso que o Tribunal Superior do Trabalho, na decisão em comento, seguiu na linha de violação aos preceitos constitucionais que reconhecem tal autonomia, ao determinar que as partes se abstenham de celebrar acordos coletivos tratando do sistema de jornada 5x1.

No caso em exame, o Tribunal Superior do Trabalho utilizou como parâmetro de definição da expressão "preferencialmente" o art. 67, parágrafo único, da Consolidação das Leis do Trabalho, que destaca a necessidade de que, nos serviços que exijam trabalho aos domingos, estabeleça-se escalas de revezamento mensal, bem como o parágrafo único do art. 6º Lei n. 10.101/2000, que dispõe que, nas atividades do comércio em geral, o repouso semanal remunerado deverá coincidir, pelo menos uma vez no período máximo de três semanas, com o domingo, ressalvando, todavia, a necessidade de respeito ao negociado em sede coletiva. Veja-se que, além de ter utilizado referências infraconstitucionais, o Tribunal Superior do Trabalho aplicou um dispositivo legal aplicável ao comércio em geral a uma atividade no âmbito de uma usina de açúcar.

O não ferimento de preceito constitucional, pela norma coletiva, tem efeito prático importante, uma vez que o Supremo Tribunal Federal, em decisão do Ministro Gilmar Mendes, no Agravo em Recurso Extraordinário n. 1.121.633, determinou a suspensão de todos os processos pendentes, individuais ou coletivos, que versem sobre a validade de norma coletiva de trabalho na qual se limita ou restringe direito trabalhista não assegurado constitucionalmente, uma vez que o Supremo Tribunal Federal reconheceu a repercussão geral da matéria (Tema n. 1.046).

Como o Tribunal Superior do Trabalho não deferiu a suspensão do processo ora analisado, em sede de Reclamação, a Ministra Cármen Lúcia determinou a suspensão da tramitação da Ação Civil Pública n. 8520049.2009.5.15.0120, até o julgamento final, pelo Supremo Tribunal Federal, do Tema n. 1.046[442].

O julgamento da matéria ocorreu no dia 02 de junho de 2022, quando foi fixada a seguinte tese:

> São constitucionais os acordos e as convenções coletivos que, ao considerarem a adequação setorial negociada, pactuam limitações ou afastamentos de direitos trabalhistas, independentemente da explicitação especificada de vantagens compensatórias, desde que respeitados os direitos absolutamente indisponíveis.

---

(442) Reclamação 44.605, rel. Min. Cármen Lúcia, *DJe* 23.02.2021.

O Supremo Tribunal Federal, seguindo a mesma lógica das decisões paradigmáticas anteriores à Reforma Trabalhista, analisadas no capítulo 4, em mais uma oportunidade, assentou, agora por meio de tese vinculante, a necessidade de respeito ao que foi negociado coletivamente.

A anulação de cláusulas de acordos e convenções coletivas sem que exista uma violação a direito humano ou fundamental é fator de desequilíbrio no sistema das relações trabalhistas, representando fator de desincentivo à negociação.

Pires e Barbosa(443) sustentam que é inerente ao conceito de negociação coletiva a condição de que esta sirva a promover benefícios ao empregado, definindo-a como uma técnica de criação de condições mais favoráveis aos trabalhadores. No mesmo sentido, Gomes(444) afirma que a supremacia do negociado sobre o legislado só faz sentido se representar sempre a melhoria da condição social do trabalhador.

Todavia, conforme analisado no tópico 2.1, a negociação coletiva trabalhista é um processo democrático de resolução de demandas e conflitos, protagonizado por sujeitos coletivos representantes de trabalhadores e empresas (ou por elas próprias), que tem como objetivo a fixação de condições de trabalho e o estabelecimento de diretrizes que balizam as relações entre as partes negociantes. Não existe, assim, uma relação automática entre negociação coletiva e promoção dos interesses dos trabalhadores(445). Negociação não significa ganhar em tudo. É inerente ao processo o ganha-ganha, o perde-perde, a existência de contrapartidas.

Os mesmos fundamentos que autorizam a existência de restrições que, em uma primeira análise, podem ser interpretadas como prejudiciais aos trabalhadores, são aqueles que embasam a concessão de vantagens. Tais fundamentos estão ancorados na autonomia privada coletiva, que não constitui uma via de mão única.

---

(443) PIRES, Rosemary de Oliveira; BARBOSA, Arnaldo Afonso. *A prevalência do negociado sobre o legislado:* algumas reflexões quanto à constitucionalidade do art. 611-A da CLT. Belo Horizonte: RTM, 2018.

(444) GOMES, Miriam Cipriani. *Violação de direitos fundamentais na negociação coletiva de trabalho*. São Paulo: LTr, 2012b. p. 77.

(445) Bulgueroni atenta para a necessidade de romper com a ideia consagrada de que a negociação coletiva só pode atuar para aumentar direitos do trabalhador, "melhorando' a sua condição de vida. É questionável, inclusive, o alcance dessa noção de melhora, que não está associada, necessariamente à questão financeira. (BULGUERONI, Renata Orsi. *Negociação coletiva e fontes do Direito do Trabalho:* propostas para a prevalência do negociado sobre o legislado nas relações de emprego. São Paulo: USP, 2014. p. 119).

Mannrich[446] é preciso quando afirma que, na negociação coletiva, cabe aos interessados e não ao Estado avaliar se há vantagens no conjunto do negociado ou mesmo em relação à próxima negociação, não devendo ser analisada uma determinada cláusula de forma isolada. É inconcebível o cenário no qual uma cláusula pontual é anulada e por não conter um "benefício" ao trabalhador, mas o restante do que foi negociado é mantido, como se fosse possível realizar tal separação[447]. Os intérpretes procuram perceber o que é mais favorável aos trabalhadores, quando não estão na condição mais privilegiada para exercer este ofício.

A greve, direito constitucional, representa um poderoso instrumento que se coloca à disposição dos trabalhadores, não cabendo, na negociação, a imposição da lógica das relações individuais. O art. 468 da Consolidação das Leis do Trabalho, que consagra o princípio da imodificabilidade *in pejus* do contrato de trabalho, aplica-se tão somente aos contratos individuais, conforme se depreende do próprio texto. A assembleia, conforme assevera Belmonte[448], pode entender que o melhor caminho é a manutenção dos direitos previstos em lei, sem inovação no âmbito da negociação coletiva.

Do mesmo modo, não há sentido em aplicar o princípio da proteção do mesmo modo quando se trata das relações individuais de trabalho e da negociação coletiva, pois, no âmbito individual, o princípio se fundamenta na hipossuficiência do trabalhador. Nesse particular, João[449] afirma que, nas relações coletivas, diferentemente do que ocorre na seara individual, o trabalhador deixa de ser protegido em sua individualidade, para atingir o grupo de trabalhadores, devendo ser observada a opção manifestada em assembleia.

---

(446) MANNRICH, Nelson. Reconhecimento das convenções e acordos coletivos de trabalho. *In:* MARTINEZ, Luciano; TEIXEIRA FILHO, João de Lima (Coord.). *Comentários à Constituição de 1988 em matéria de direitos sociais trabalhistas (arts. 6º a 11):* uma homenagem aos 30 anos da Constituição da República e aos 40 anos da Academia Brasileira de direito do trabalho. São Paulo: LTr, 2019. p. 314.

(447) Belmonte (BELMONTE, Alexandre Agra. Autonomia negocial coletiva, liberdade sindical e o Direito Constitucional do Trabalho em tempos de incerteza. In: BELMONTE, Alexandre Agra; MARTINEZ, Luciano; NAHAS, Thereza (Coords.). *Liberdade sindical*: uma proposta para o Brasil. Campinas: Lacier Editora, 2021. p. 483) aponta a preocupação com as situações nas quais a cláusula considerada prejudicial é anulada, mas o restante da norma mantida, contexto no qual a empresa perde a contrapartida e é obrigada a pagar as diferenças oriundas das anulações.

(448) BELMONTE, Alexandre Agra. Autonomia negocial coletiva, liberdade sindical e o Direito Constitucional do Trabalho em tempos de incerteza. In: BELMONTE, Alexandre Agra; MARTINEZ, Luciano; NAHAS, Thereza (Coords.). *Liberdade sindical:* uma proposta para o Brasil. Campinas: Lacier Editora, 2021. p. 484.

(449) JOÃO, Paulo Sergio. Democracia, pluralidade e representatividade sindical: qual é o modelo de organização que mais se adequa aos fundamentos constitucionais brasileiros? In: BELMONTE, Alexandre Agra; MARTINEZ, Luciano; NAHAS, Thereza (Coords.). *Liberdade sindical:* uma proposta para o Brasil. Campinas: Lacier Editora, 2021. p. 109.

Como destacam Columbu e Massoni[(450)], frequentemente, confere-se mais atenção ao conteúdo da negociação coletiva do que à legitimidade das partes envolvidas. O princípio da norma mais favorável não é um valor fixo, estático, encontrando-se, na verdade, em constante mutação, que varia de acordo com uma série de circunstâncias. As soluções necessárias se diversificam, de acordo com o contexto fático.

A análise das negociações coletivas, pela Justiça do Trabalho, não pode ocorrer de forma abstrata. O resultado das negociações é importante, mas é essencial analisar o caminho percorrido[(451)]. Quando se fala de negociação coletiva, não existe um processo estático e sim uma experiência vivida no seio das relações sociais.

O Judiciário deve não só promover a negociação coletiva, mas conferir atenção especial a quem negocia, pois a legitimidade dos atores envolvidos é decisiva para que o processo negocial seja juridicamente válido. É claro que os limites constitucionais precisam ser respeitados, mas, fora das situações que ferem direitos humanos e fundamentais nas relações de trabalho, a negociação coletiva, que é direito humano e fundamental, deve ser prestigiada. E, para que este prestígio seja acompanhado de uma contribuição para o seu desenvolvimento, é preciso olhar para dentro da estrutura dos sindicatos, conforme analisado na seção anterior.

Poder-se-ia argumentar que existem muitos sindicatos fracos e pequenos, que não são capazes de conduzir um processo de negociação coletiva que traga benefícios aos trabalhadores. Tal problema, que de fato existe, não deve ser resolvido com a intervenção do Judiciário e sim pela reconfiguração da estrutura sindical brasileira. A atuação jurisdicional não pode servir de escudo para a estagnação da estrutura sindical.

No capítulo 3, foi identificada a existência de uma relação direta entre a insuficiência de um sistema normativo e a criação de outro (sub) sistema capaz de suprir referida limitação. A partir do momento em que a ideia é a de suprir

---

(450) COLUMBU, Francesca; MASSONI, Túlio de Oliveira. Sindicatos, autonomia privada coletiva e ordem democrática: análise da decisão do STF no ARE 1.121.633. In: MARTINS, Juliane Caravieri; MONTAL, Zélia Maria Cardoso; NUNES, Cicília Araújo (Orgs.). *O Supremo Tribunal Federal e o esvanecer dos direitos sociais: leading cases* sobre trabalho regulado e seguridade social. Londrina: Thoth, 2021. p. 315.

(451) COLUMBU e MASSONI (*Ibidem*, p. 316) apontam para a importância de analisar o iter procedimental que precedeu o ajuste coletivo. Deve ser apresentada a troca de pautas e contrapropostas, as convocações de assembleias realizadas e todo o cenário de negociação, o que demonstra a boa-fé e a transparência ao longo do processo. É igualmente importante, segundo os autores, analisar os critérios de representatividade da entidade sindical, por meio de critérios como antiguidade, número de filiados, quantidade de convenções e acordos coletivos celebrados.

insuficiências, é uma decorrência natural que existam sistemas diferentes entre si, sob pena de não haver necessidade de separação. O Direito Coletivo do Trabalho, não por outro motivo, existe porque se baseia em elementos estruturantes diferentes do Direito Individual do Trabalho.

Não se pode tratar o Direito Coletivo como se individual fosse. Os sujeitos coletivos não podem ser tratados como incapazes e dependentes da ação estatal. A interferência estatal retira, inclusive, a possibilidade de que a negociação coletiva funcione como um vetor de amadurecimento dos sindicatos. Frequentemente, segundo Siqueira Neto(452), parte-se da lógica de que a negociação coletiva precisa ter um desfecho, não sendo admissível que algum ponto fique em aberto.

Nessa linha de raciocínio, Barroso e Mello(453) sustentam que não deve ser vista com bons olhos a sistemática invalidação dos acordos coletivos de trabalho com base em uma lógica de limitação da autonomia da vontade exclusivamente aplicável às relações individuais de trabalho. Tal ingerência viola os diversos dispositivos constitucionais que prestigiam as negociações coletivas como instrumento de solução de conflitos coletivos, além de recusar aos empregados a possibilidade de participarem da formulação de normas que regulam as suas próprias vidas. Trata-se de postura que, de certa forma, compromete o direito de serem tratados como cidadãos livres e iguais.

O desenvolvimento da negociação está sujeito aos avanços e recuos, às tempestades e aos momentos de diálogo pacífico. É normal que existam erros, que precisam servir de aprendizado para as futuras negociações, o que propiciará o aperfeiçoamento da ação sindical e o amadurecimento dos envolvidos no processo. Não por outro caminho se alcançaram as conquistas. Proteger não significa, segundo Tupinambá, anular a autonomia da vontade, mas ensinar as pessoas a fazer boas escolhas(454).

O caminho para a resolução deste obstáculo é o do cumprimento, pelo Judiciário, do art. 8º, § 3º, da CLT (inserido pela Lei n. 13.467/2017), que dispõe que, no exame de convenção coletiva ou acordo coletivo de trabalho, a Justiça do Trabalho analisará a conformidade com os elementos essenciais do negócio jurídico, previstos no art. 104 do Código Civil, e guiará sua atuação pelo princípio da intervenção mínima na autonomia da vontade coletiva.

---

(452) SIQUEIRA NETO, José Francisco. *Contrato coletivo de trabalho:* perspectiva de rompimento com a legalidade repressiva. São Paulo: LTr, 1991. p. 176.

(453) BARROSO, Luís Roberto; MELLO, Patrícia Perrone Campos. O Direito Coletivo do Trabalho no Supremo Tribunal Federal: planos de demissão incentivada e autonomia da vontade, um estudo de caso. *Revista de Direito do Trabalho*, v.190, p. 21-46, jun. 2018, p. 31.

(454) TUPINAMBÁ, Carolina. Ao seu Dispor! A Lenda da Indisponibilidade dos Direitos dos Trabalhadores. In: TUPINAMBÁ, Carolina (Coord.). *Soluções de conflitos trabalhistas:* novos caminhos. São Paulo: LTr, 2018. p. 54.

Pires e Barbosa(455) sustentam que o dispositivo é inconstitucional, por ferir o Princípio da Separação dos Poderes. Entretanto, é preciso salientar que o legislador, em verdade, está cumprindo os mandamentos constitucionais que protegem a autonomia privada coletiva. O objetivo é o de permitir que os sindicatos possam negociar livremente e que o objeto da negociação tenha validade, não podendo ser posteriormente alterado pela Justiça do Trabalho, causando insegurança jurídica.

Veja-se que não se pode confundir intervenção mínima com intervenção inexistente. Martinez(456), nesse sentido, afirma que a ideia é que o Judiciário interceda o mínimo possível e o suficiente, no caminho de proteger a liberdade sindical, especialmente a autonomia da vontade coletiva e respeitar os direitos vedados à negociação.

Em nenhum momento, o legislador impediu a análise das normas coletivas pelo Judiciário, e sim estabeleceu critérios que norteiam a atuação dos magistrados. Ao contrário, permitiu a análise dos elementos essenciais do negócio jurídico, previstos no art. 104 do Código Civil, quais sejam agentes capazes, objeto lícito e forma prescrita ou não defesa em lei.

No âmbito desses requisitos, existe um espaço importante para a atuação do Judiciário. João(457) destaca que a reforma, nesse ponto, não trouxe novidades do ponto de vista normativo, porque os requisitos do negócio jurídico sempre foram objeto de análise em questões coletivas trabalhistas, tais como representatividade sindical, assembleia, forma e conteúdo do instrumento negocial.

Quanto ao agente, é necessário verificar se as partes celebrantes do instrumento coletivo têm legitimidade para representar o grupo correspondente.

Do mesmo modo, devem ser observados os parâmetros que impõem limites ao objeto das avenças coletivas, em especial a Constituição Federal, as normas internacionais de direitos humanos e o art. 611-B da Consolidação das Leis do Trabalho.

---

(455) PIRES, Rosemary de Oliveira; BARBOSA, Arnaldo Afonso. *A prevalência do negociado sobre o legislado:* algumas reflexões quanto à constitucionalidade do art. 611-A da CLT. Belo Horizonte: RTM, 2018.

(456) MARTINEZ, Luciano. Os limites para o exercício da autonomia coletiva sindical: uma análise das fronteiras da negociação coletiva de trabalho. In: SILVA NETO, Manoel Jorge e (Org.). *Desafios à autonomia negocial coletiva:* estudos em homenagem ao Professor José Augusto Rodrigues Pinto. Brasília: ESMPU, 2021b. p. 180.

(457) JOÃO, Paulo Sérgio. A intervenção mínima do Judiciário na autonomia da vontade coletiva. *Revista Consultor Jurídico.* Disponível em: https://www.conjur.com.br/2018-ago-24/reflexoes-trabalhistas-Intervencao-minima-judiciario-autonomia-vontade-coletiva. Acesso em: 02 jul. 2022.

No que diz respeito à forma, os requisitos do art. 613 da Consolidação das Leis do Trabalho devem ser observados, uma vez que a norma coletiva encontra elementos que devem, obrigatoriamente, constar em seu bojo, como a designação das partes acordantes, o prazo de vigência e as penalidades em caso de descumprimento(458).

Os responsáveis por zelar pela validade jurídica das negociações, no cotidiano prático, devem se preocupar com algumas questões formais, sob pena de controle pelo Poder Judiciário. Algumas questões chaves precisam ser analisadas como: quem representa o sindicato para assinar o acordo, segundo o estatuto da entidade sindical; qual é o documento que autoriza o representante a assinar pelo sindicato; se a assembleia que votou o objeto do acordo foi regularmente constituída; se os prazos de editais e sua forma foram respeitados; se os editais são anteriores à assembleia, pois não faz sentido que uma assembleia ocorra antes da data consignada no edital; quais são os quóruns exigidos no estatuto e como eles devem ser provados; se há necessidade de lista de presença firmada com identificação dos presentes e quais dados precisam constar; qual é a forma de votação prevista no estatuto (se é possível votação por aclamação ou votação secreta, por exemplo).

Como se observa, o texto da Consolidação das Leis do Trabalho, ao mesmo tempo em que privilegiou a autonomia privada coletiva, manteve a possibilidade de o Judiciário analisar os elementos essenciais do negócio jurídico, previstos no Código Civil vigente que, ao contrário do Código de 1916, caminhou na linha da constitucionalização, ao promover uma aderência dos institutos civilistas aos preceitos constitucionais. É equivocado afirmar que o dispositivo celetista permitiu somente a análise quanto à forma dos instrumentos coletivos, pois, conforme salientam Pamplona Filho e Amaral(459), o

(458) Art. 613 – As Convenções e os Acordos deverão conter obrigatòriamente:

I – Designação dos Sindicatos convenentes ou dos Sindicatos e emprêsas acordantes;

II – Prazo de vigência;

III – Categorias ou classes de trabalhadores abrangidas pelos respectivos dispositivos;

IV – Condições ajustadas para reger as relações individuais de trabalho durante sua vigência;

V – Normas para a conciliação das divergências sugeridas entre os convenentes por motivos da aplicação de seus dispositivos;

VI – Disposições sôbre o processo de sua prorrogação e de revisão total ou parcial de seus dispositivos;

VII – Direitos e deveres dos empregados e emprêsas;

VIII – Penalidades para os Sindicatos convenentes, os empregados e as emprêsas em caso de violação de seus dispositivos.

(459) PAMPLONA FILHO, Rodolfo Mário Veiga; AMARAL, Felipe Marinho. Anulação de cláusulas normativas e a atuação do Poder Judiciário na autonomia privada coletiva. *Academia Brasileira de Direito do Trabalho*. Disponível em: https://andt.org.br/wp-content/uploads/2021/04/

art. 104 do Código Civil, ao tratar do objeto dos contratos, dispõe que não se permite celebrar instrumentos com objetos ilícitos.

Deve-se privilegiar, segundo Souza, a preservação da vontade negocial, que representa nada mais nada menos do que o reconhecimento do valor da autonomia privada, que conduz ao empreendimento de todos os esforços para a conservação dos negócios jurídicos. A solidariedade social, que não pode ser ignorada, não pode ser um fator de rejeição da autonomia negocial. O intérprete tem, nesse sentido, o dever de tentar preservar aquilo que foi negociado(460).

A boa-fé, que se apresenta como base fundante do Direito Civil, é princípio basilar das negociações coletivas. Nascimento(461) *et al.*, remetendo aos princípios do Direito Civil, apresentam como essencial que as partes se pautem na boa-fé ao longo da negociação. A Justiça do Trabalho não pode presumir a má-fé na análise das normas coletivas. É vedado, ao Judiciário, atuar de forma a restringir o exercício do direito fundamental à negociação coletiva.

O Supremo Tribunal Federal, no julgamento do Tema n. 1.046, emitiu mais um sinal ao Judiciário trabalhista, deixando clara a importância do respeito ao negociado coletivamente. A liberdade de negociar, com fundamento na autonomia privada coletiva, que já fora reconhecida antes da Reforma Trabalhista, foi reafirmada pela nova decisão do Supremo Tribunal Federal. Em artigo escrito após a referida decisão, o magistrado Calvet, fazendo uma autocrítica à intervenção da Justiça do Trabalho no conteúdo das normas coletivas, afirma:

> Acostumamo-nos a nos sentir os paladinos da justiça social, como o próprio Tribunal Superior do Trabalho se identifica em buscas do site Google. Arvoramo-nos na soberba de acharmos que sabemos melhor as necessidades do trabalhador, como deveria ser a legislação e nos orgulhamos da atuação que efetiva uma verdadeira distribuição de riquezas.
>
> Se o Poder Legislativo cria uma lei que entendemos precarizante, ou simplesmente ruim, ignora-se a produção legislativa. Basta encontrar algum fundamento constitucional para justificar uma solução conforme a vontade do julgador. Na pior das hipóteses, basta dizer que há lesão ao valor social do trabalho, da dignidade da pessoa humana e, a pérola do momento: retrocesso social.

Anulac%CC%A7a%CC%83o-cla%CC%81usulas-normativas.Autonomia-provada-coletiva-Rodolfo.pdf. Acesso em: 02 jul. 2022.

(460) SOUZA, Eduardo Nunes de. *Teoria geral das invalidades do negócio jurídico:* nulidade a anulabilidade no Direito Civil contemporâneo. São Paulo: Almedina, 2017. p. 296-297.

(461) NASCIMENTO, Amauri Mascaro; NASCIMENTO, Sônia Mascaro; NASCIMENTO, Marcelo Mascaro. *Compêndio de direito sindical*. 8. ed. São Paulo: LTr, 2015. p. 428.

> Se os próprios trabalhadores negociam, como garante a Constituição e a lei em vigor, condições de trabalho que entendemos ruins, simples, basta anular o negócio jurídico por lesivo às conquistas sociais, vedação ao retrocesso e, adivinhem, lesão ao valor social do trabalho e à dignidade da pessoa humana(462).

É imperioso que os atores sociais se desvinculem do cobertor da tutela estatal para a resolução dos seus próprios problemas, pois os diretamente envolvidos se encontram em uma melhor posição para a definição dos seus destinos laborais pela via coletiva. Esta posição não pode, de modo algum, ser ignorada por um Judiciário que administra conflitos de toda a ordem, não possuindo conhecimento detalhado sobre o funcionamento dos setores da economia, tarefa esta humanamente impossível.

O magistrado trabalhista, ao examinar uma norma coletiva, deve realizar uma análise dissociada das suas opiniões pessoais, que privilegie uma interpretação coerente com o sistema normativo. A redução da intervenção do Judiciário permitirá uma maior aproximação da resolução efetiva dos conflitos, que se faz muito mais importante do que a resolução de um processo judicial que examine uma cláusula de convenção ou acordo coletivo. Resolver o processo não significa resolver o conflito coletivo.

5.3. Falta de oxigenação no conteúdo das negociações

A negociação coletiva, no Brasil, tem sido concentrada nas cláusulas econômicas, em especial no que diz respeito ao reajuste salarial na data-base da categoria. Superada essa questão, o que se verifica, com frequência, é uma reprodução do conteúdo da norma coletiva anterior, contexto este extremamente nocivo ao desenvolvimento do instituto da negociação(463).

João(464) observa este obstáculo e promove uma relação com o problema da intervenção do Judiciário no conteúdo das normas coletivas, ao identificar

---

(462) CALVET, Otávio. Negociado x legislado ou STF x Justiça do Trabalho. *Revista Consultor Jurídico*. Disponível em: https://www.conjur.com.br/2022-jun-07/trabalho-contemporaneo-negociado-legislado?imprimir=1. Acesso em: 16 jun. 2022.

(463) Siqueira Neto identifica uma estagnação no conteúdo das negociações, o que provoca uma consequente perda de qualidade. (SIQUEIRA NETO, José Francisco. *Contrato coletivo de trabalho:* perspectiva de rompimento com a legalidade repressiva. São Paulo: LTr, 1991. p. 27).

(464) JOÃO, Paulo Sérgio. A intervenção mínima do Judiciário na autonomia da vontade coletiva. *Revista Consultor Jurídico*. Disponível em: https://www.conjur.com.br/2018-ago-24/reflexoes-trabalhistas-intervencao-minima-judiciario-autonomia-vontade-coletiva#:~:text=coletivas%20do%20trabalho.-,A%20interven%C3%A7%C3%A3o%20m%C3%ADnima%20do%20Judici%C3%A1rio%20na%20autonomia%20da%20vontade%20coletiva,associativa%2C%20desqualifica%20a%20norma%20coletiva. Acesso em: 02 jul. 2022.

que a insegurança jurídica é elemento de dificuldade para os avanços nas negociações coletivas, que, em sua maioria, repetem direitos já assegurados por lei, com reduzida criatividade ou adaptação.

Conforme ensina Ruprecht(465), a negociação é o melhor sistema para solucionar os problemas existentes nas relações de trabalho, "não só para fixar salários e estabelecer condições laborais, mas também para regular todas as relações de trabalho entre empregador e trabalhador".

A pandemia da COVID-19 expôs esta fragilidade, uma vez que muitas entidades sindicais não estavam preparadas para negociar sobre temas como a proteção ao meio ambiente laboral e as diretrizes para o teletrabalho. Acresce-se a isto a questão das alarmantes desigualdades regionais existentes no Brasil, que refletem, também, na ação dos sindicatos. Segundo dados do DIEESE (Departamento Intersindical de Estatística e Estudos Socioeconômicos)(466), em pesquisa realizada no mês de abril de 2020, 68,8% dos trabalhadores contemplados com as negociações coletivas no contexto pandêmico se concentram na região Sudeste do país, o que comprova que a negociação coletiva se manifesta de forma diferente ao longo do território nacional.

Ora, a função negocial é das mais importantes atribuídas aos sindicatos. Um dos princípios basilares do Direito Coletivo do Trabalho é o da interveniência sindical nas negociações coletivas(467), que promove os sindicatos como atores obrigatórios do processo de celebração dos acordos e convenções coletivas.

Todavia, paradoxalmente, não houve, ao longo da história, investimento, por parte das entidades, voltado para o aprimoramento do exercício desse importante atribuição, em seus vários níveis. Muitas vezes, motivados por diversas razões, inclusive culturais, como analisado na seção anterior, os entes sindicais procuram a resolução dos conflitos pelo caminho mais fácil, qual seja, o encaminhamento da resolução para a Justiça do Trabalho. O texto

(465) RUPRECHT, Alfredo J. *Relações coletivas de trabalho*. São Paulo: LTr, 1995. p. 261.

(466) DIEESE. Departamento Intersindical de Estatística e Estudos Socioeconômicos. Acordos negociados pelas entidades sindicais para enfrentar a pandemia do coronavírus — Covid 19. In: *Estudos e Pesquisas 92*. Disponível em: https://www.dieese.org.br/estudosepesquisas/2020/estPesq92AcordosCovidAtualizacao.html#:~:text=DIEESE%20%2D%20estudos%20e%20pesquisas%20%2D%20EP,%2D%20Covid%2019%20%2D%20maio%2F2020&text=trabalho.&text=causados%20ao%20emprego%20e%20%C3%A0%20renda.&text=trabalhadores%3A%20comerci%C3%A1rios%2C%20metal%C3%BArgicos%2C%20qu%C3%ADmicos,banc%C3%A1rios%2C%20condutores%2C%20entre%20outras. Acesso em: 03 jul. 2022.

(467) Teixeira da Costa (TEIXEIRA DA COSTA, Orlando. A negociação coletiva no Brasil. In: TEIXEIRA FILHO, João de Lima (Coord.). *Relações coletivas de trabalho:* estudos em homenagem ao Ministro Arnaldo Süssekind. São Paulo: LTr, 1989. p. 375), realça que a Constituição Federal, no art. 8º, VI, consagrou a interveniência obrigatória dos sindicatos nas negociações coletivas.

constitucional, todavia, priorizou, claramente, o caminho mais difícil, porém mais engrandecedor, que é o da resolução pela via da autocomposição (art. 114, §§ 1º e 2º).

O aprofundamento do processo negocial não é tarefa simples, haja vista exigir intenso preparo técnico. Os dirigentes e aqueles que negociam pelos sindicatos precisam se qualificar, buscando cursos e treinamentos que desenvolvam suas aptidões técnico-negociais. Ao mesmo tempo, é necessário o desenvolvimento de habilidades comportamentais, que auxiliam no momento da negociação. Muitas dessas habilidades, como a proatividade, a boa comunicação e a capacidade de trabalhar sob pressão, são essenciais em um momento de crise, como o vivido na pandemia.

O resultado positivo de qualquer trabalho complexo é consequência de uma trajetória bem desenvolvida. Para quem opta pelo caminho menos difícil, fica mais difícil atingir o posicionamento adequado em momentos de crise, sobretudo em cenário pandêmico. Para os sindicatos que optaram pelo caminho mais difícil (mas recompensador), certamente a condição é muito mais favorável para poder fazer frente aos desafios que se apresentam, o que os confere uma concreta possibilidade de construir malha jurídica mais atrativa a seus substituídos e, assim, conquistar mais adeptos[(468)]. De todo modo, como salienta Santos[(469)], é impossível desenvolver a negociação coletiva sem desenvolver o sindicalismo. A criatura não se desenvolve sem as mãos do criador, motivo pelo qual a questão estrutural dos sindicatos precisa ser alçada ao patamar mais importante na discussão.

O obstáculo analisado nesta seção não se dissocia da questão da organização sindical, apresentado no tópico 5,1, uma vez que as negociações coletivas protagonizadas por sindicatos mais estruturados, naturalmente, apresentam um conteúdo mais completo, com cláusulas mais consentâneas com uma regulação que transcende aos contornos estabelecidos pela lei.

Os sindicatos, conforme assevera Silva[(470)], vêm sendo constantemente confrontados com a necessidade de aprofundar a experiência da participação em todas as esferas da vida social. Trata-se de um desafio complexo, mas

---

(468) A negociação, segundo Ruprecht, não pode ser confundida com o seu resultado, pois pode se limitar a uma troca de informações, de conhecimento, não resultando, necessariamente, na celebração de um contrato coletivo. (RUPRECHT, Alfredo J. *Relações coletivas de trabalho.* São Paulo: LTr, 1995. p. 270).

(469) SANTOS, Enoque Ribeiro dos. *Negociação coletiva de trabalho.* Rio de Janeiro: Forense, 2018.

(470) SILVA, Walküre Ribeiro da. Autonomia privada coletiva. *Revista da Faculdade de Direito da Universidade de São Paulo*, v. 102, p. 135-159, jan./dez, 2007, p. 147.

que, se cumprido, permitirá que a negociação coletiva seja o autêntico instrumento de adaptação do sistema de relações de trabalho, em um contexto de plena liberdade sindical.

No Brasil, o contrato coletivo se construiu como um produto artificial da lei, não tendo sido edificado por meio da prática dos envolvidos[(471)].

Nascimento[(472)] *et al.* demonstram a preocupação com a capacidade técnica dos indivíduos envolvidos na negociação, ao afirmarem que agentes da negociação são profissionais da área, especialistas em negociar, com qualificações, dentre as quais conhecimentos de legislação trabalhista, de economia, de psicologia e vocação para comunicar-se com outras pessoas.

Do ponto de vista dos juristas que participam das negociações coletivas, é necessária a humildade e a consciência de que a negociação dialoga com outras áreas do conhecimento, como a Administração, a Comunicação, a Psicologia, a Economia. Desse modo, os pré-conceitos devem ser abandonados, devendo haver a consciência de que o conhecimento jurídico não é suficiente para o sucesso na negociação coletiva. O cenário atual clama por uma abordagem multidisciplinar dos problemas. Os sindicatos estão dentro de um ecossistema trabalhista, formado por aspectos culturais, econômicos, políticos, dentre outros. Para problemas complexos, as soluções são necessariamente complexas.

Assim como são os dirigentes de empresas formados e especializados nas escolas de administração, os dirigentes sindicais e componentes das comissões de negociação devem se capacitar para que possam exercer o mister constitucional da negociação coletiva.

O caminho para a paulatina remoção deste obstáculo é, não há dúvidas, a preparação dos envolvidos na negociação coletiva. Os sindicatos e seus negociadores precisam estar preparados para os desafios impostos pela dinâmica da negociação.

A adequada preparação começa pelo conhecimento e entendimento da legislação (em sentido amplo), com o consequente domínio das possibilidades e limites impostos para o conteúdo resultante do processo negocial.

Mesmo os institutos clássicos do Direito do Trabalho, como a jornada de trabalho, permitem uma renovação no conteúdo das normas coletivas.

(471) VIANNA, Segadas. *Instituições de Direito do Trabalho*. 21. ed. São Paulo: LTr, 2003. p. 1.169.

(472) NASCIMENTO, Amauri Mascaro; NASCIMENTO, Sônia Mascaro; NASCIMENTO, Marcelo Mascaro. *Compêndio de direito sindical*. 8. ed. São Paulo: LTr, 2015. p. 427.

Quanto ao controle de jornada, a título de exemplo, a Portaria n. 671, de novembro de 2021, do Ministério do Trabalho e Previdência, dispõe, no art. 73, acerca do sistema de registro eletrônico de ponto, que constitui o conjunto de equipamentos e programas informatizados destinados à anotação do horário de entrada e de saída dos trabalhadores pela via eletrônica. O art. 77, da referida Portaria, permite que este registro não convencional seja previsto em convenção ou acordo coletivo, o que confere, claramente, um terreno a ser preenchido pela negociação coletiva.

Outro espaço que precisa, imperiosamente, ser ocupado pelas negociações coletivas, é o referente à regulamentação do trabalho à distância, em especial pelo fato de a CLT não conseguir suprir todas as lacunas existentes acerca da matéria. Até 2011, não havia, na legislação celetista, qualquer previsão acerca do trabalho à distância. Por meio da Lei n. 12.551, de 2021, a Consolidação das Leis do Trabalho foi alterada, com a inclusão do parágrafo único do art. 6º, que estabelece que os meios telemáticos e informatizados de controle e subordinação se equiparam aos meios pessoais de comando.

Em 2017, a Lei n. 13.467/2017 introduziu, na CLT, a regulamentação do teletrabalho, a partir do art. 75-B, que o conceituou como aquele exercido preponderantemente fora das dependências do empregador. A pandemia da Covid-19, indubitavelmente, acelerou o ritmo de inserção do teletrabalho nas relações laborais, sem que houvesse, contudo, uma preparação capaz de permitir uma adequada adaptação à nova realidade.

As normas coletivas, nesse sentido, representam um mecanismo fundamental não somente para a regulamentação do trabalho remoto, mas para a compatibilização dos diferentes modelos de trabalho, que precisam conviver em harmonia: o totalmente presencial, o híbrido (com divisão entre atividades na sede física da empresa e fora das dependências do empregador) e o integralmente remoto. Estas diversas modalidades de trabalho, quando tratadas pela negociação coletiva, funcionam como uma ferramenta de inclusão, que permite que um universo maior de trabalhadores conheça as conquistas dos sindicatos, o que representa um primeiro passo para a adesão.

Em pesquisa divulgada pela Fundação Instituto de Pesquisas Econômicas (FIPE)[(473)], que analisou a presença de cláusulas acerca do trabalho híbrido nas convenções e acordos coletivos entre o primeiro trimestre de 2021 e o primeiro trimestre de 2022, constatou-se que o tema vem ganhando espaço crescente na negociação coletiva. Verificou-se que os acordos coletivos são mais detalhados do que as convenções, o que se justifica pelo caráter mais específico daqueles.

---

(473) Disponível em: http://salariometro.fipe.org.br/assets/boletins/pdfs/boletim_2022_04.pdf. Acesso em: 18 jun. 2022.

A análise, porém, não pode ser realizada apenas do ponto de vista quantitativo, por meio da investigação do tratamento ou não, por uma norma coletiva, das questões envolvendo o trabalho remoto ou híbrido. É necessário perquirir o conteúdo destas cláusulas e se elas representam, de fato, uma renovação no conteúdo dos diplomas coletivos.

Nesse particular, a Convenção Coletiva celebrada entre o sindicato dos professores da rede particular no Estado do Pará (SINPRO/PA) e o sindicato dos estabelecimentos particulares de ensino do Estado do Pará (SINEPE/PA)[474], vigente no período de 01º de março de 2022 a 28 de fevereiro de 2023, constitui um exemplo emblemático, que demonstra que ainda existe uma grande margem de evolução no tratamento das questões que envolvem o trabalho à distância. A cláusula quadragésima sexta dispõe o seguinte:

> CLÁUSULA QUADRAGÉSIMA SEXTA – SAÚDE E SEGURANÇA
>
> As Instituições de Ensino deverão proporcionar condições satisfatórias aos docentes para cumprimento do trabalho do professor realizado à distância, bem como no âmbito das aulas híbridas, priorizando a preservação da saúde física e mental do professor.

Sem dúvida, é louvável a iniciativa de tratar do tema no âmbito da convenção coletiva[475], mais ainda pelo fato de conectar a questão do trabalho remoto do professor com a proteção da saúde em sua plenitude, abrangendo os aspectos físico e mental. Entretanto, ainda há muito a caminhar, pois, em verdade, existem questões importantes que precisam ser enfrentadas.

Alguns temas não podem ser ignorados pelas normas coletivas, como a responsabilidade pelos equipamentos e infraestrutura para que o trabalho se desenvolva; a orientação sobre como evitar doenças e acidentes de trabalho; a questão do controle de jornadas e direito à desconexão; acesso a sistemas do empregador; igualdade salarial entre teletrabalhadores em diferentes países; foro competente para a resolução de eventuais lides trabalhistas; pagamento de benefícios, como vale-transporte e vale-alimentação; regras sobre uso de redes sociais, recursos eletrônicos e quanto à privacidade e proteção de dados.

Sobre o importante tema da proteção de dados, a Lei n. 13.709/2018 apresenta disposições genéricas, que não conseguem atender à profundidade

(474) Disponível em: http://www3.mte.gov.br/sistemas/mediador/Resumo/ResumoVisualizar?NrSolicitacao=MR021616/2022. Acesso em: 18 jun. 2022.

(475) O tema do trabalho à distância foi abordado pela primeira vez na convenção coletiva que rege a categoria dos professores na rede privada do Estado do Pará no texto normativo que vigorou entre 1º de março de 2021 e 28 de fevereiro de 2022.

das relações laborais. Siqueira Neto[(476)] ressalta que a resolução de demandas pela via da negociação é eficaz no sentido de promover a proximidade dos interlocutores com os problemas.

Assim, a partir do momento em que são negociados temas referentes à proteção e privacidade dos dados dos trabalhadores, tem-se o reconhecimento de direitos sem base heterônoma, em que é possível, ainda, que os instrumentos coletivos funcionem como incentivo para a introdução de modificações legislativas.

Há diversos temas que podem ser objeto de pactuação coletiva, como questões de armazenamento de dados pessoais e de dados sensíveis, de acordo com os possíveis meios de mantê-los de forma segura no âmbito da empresa. Outra matéria relevante que pode ser abordada em instrumento coletivo diz respeito ao estabelecimento de regras de segurança da informação que as partes envolvidas deverão seguir, tendo em vista que o sindicato, como representante dos empregados constitucionalmente reconhecido, trata dados sensíveis dos seus filiados, nos termos do art. 5º, II da Lei n. 13.709/2017, assim como o fazem as empresas que efetuam o recolhimento da contribuição.

Ainda, existe a possibilidade de delimitação de algumas condições para a nomeação do encarregado, como a possibilidade de nomeação de uma única pessoa para exercer esta função no contexto de uma pluralidade de empresas integrantes de um grupo econômico.

A criatividade, desta maneira, apresenta-se como elemento fundamental para o aprimoramento do conteúdo das negociações. Existem "páginas em branco" que devem ser preenchidas pelos protagonistas do iter negocial. Ao invés de aguardar o trâmite dos projetos legislativos, que por vezes não se tornam leis e, quando se tornam, não raro apresentam soluções incompletas, a negociação coletiva é o mecanismo ideal para o tratamento jurídico destas situações que se impõem no cotidiano das relações de trabalho, mas que não encontram resposta nas fontes heterônomas.

Aguiar[(477)] afirma que as negociações não são mais formadas somente por cláusulas econômicas e jurídicas. Elas devem ser meta-negociações, no sentido de que precisam ir além de um padrão, propiciando a delineação de novos rumos programáticos.

---

(476) SIQUEIRA NETO, José Francisco. *Contrato coletivo de trabalho:* perspectiva de rompimento com a legalidade repressiva. São Paulo: LTr, 1991. p. 56.

(477) AGUIAR, Antonio Carlos. Metanegociação coletiva de trabalho é a chave em tempos de Covid-19. *Revista Consultor Jurídico*. Disponível em: https://www.conjur.com.br/2020-mai-14/aguiar-metanegociacao-coletiva-trabalho-covid-19. Acesso em: 02 jul. 2022.

Acresce-se a isso o fato de que, a partir do momento em que há uma renovação no conteúdo da negociação coletiva, abre-se um caminho para a aproximação das entidades sindicais de grupos que possuem notória representatividade social, elemento fulcral para a afirmação dos sindicatos, que devem funcionar como um agregador de coletivos sociais, que se volte para as necessidades dos grupos, atentando para questões como as raciais e de gênero.

Em outro plano, é necessário o aprofundamento nas melhores técnicas e práticas da negociação, com o objetivo de alcançar os melhores resultados possíveis.

A preparação, na negociação coletiva, é imprescindível, sendo de fundamental importância que as partes envolvidas tracem uma estratégia, baseada na compreensão das questões que serão debatidas no percurso negocial. O momento em que as partes estão na mesa de negociação é essencial, mas, mais importante é o trabalho prévio de preparação, que permite uma atuação mais assertiva nas reuniões entre as partes negociantes. É necessário conhecer os interlocutores, a realidade dos trabalhadores e das empresas, o ambiente sindical. Os sindicatos profissionais, por exemplo, precisam entender que existem determinados contextos nos quais as empresas estão mais expostas perante acionistas, consumidores, organizações, o que pode representar um trunfo na busca por melhores condições na negociação.

Um conhecimento consistente da conjuntura econômica, em especial, é essencial para que os sindicatos desempenhem um bom papel nas negociações coletivas, a fim de que, entendendo o cenário vivenciado (que é extremamente cambiante), possam chegar a resultados que conciliem a manutenção dos empregos, a garantia de condições dignas de trabalho e a conservação das atividades empresariais.

As pessoas, em geral, não aprendem a negociar, a conversar, a dialogar. Os advogados, que exercem papel fundamental na assessoria às partes negociantes, em geral, são formados em uma cultura de litigância, na qual se valoriza com veemência o estudo do processo.

A negociação carrega a necessidade de desenvolvimento de habilidades comportamentais importantes, em especial a capacidade de estabelecimento de uma comunicação direta, transparente, em que as partes exponham e ouçam, mutuamente, as suas perspectivas, dentro de um processo de escuta ativa. Uma comunicação bem empreendida evita a assimetria das informações, o que propicia um diálogo em alto nível e aumenta as chances de um resultado exitoso ao final do processo.

A oxigenação do conteúdo das negociações coletivas é caminho não só para o fortalecimento dos sindicatos, mas, sobretudo, para a legitimidade do instituto e sua afirmação como o melhor meio de resolução de conflitos e questões em matéria trabalhista. Tal título não pode ficar somente no passado, devendo ser objeto constante de comprovação por parte dos envolvidos no processo negocial.

5.4. Os desafios da contemporaneidade

Em estudo pretérito, foi possível analisar os desafios do sindicalismo no contexto das modificações das relações de trabalho, provocadas por fenômenos da contemporaneidade(478).

Historicamente, a atuação dos sindicatos se amoldou a um modelo de produção fordista, centrado em uma perspectiva clássica de subordinação, na qual o empregado recebe ordens de um empregador facilmente identificável, que assalaria e dirige a prestação dos serviços(479). Em grande medida, as entidades sindicais estavam habituadas a negociar para um único setor, sem a imposição de uma necessidade de diversificação das estratégias de atuação. O exercício do poder empregatício era essencialmente físico, tangível, material, geograficamente localizado. O Direito do Trabalho, segundo Supiot(480), deixou de ser um bloco monolítico, para dar lugar a uma diversidade cada vez maior de estatutos jurídicos, de modo que a subordinação não é mais um critério infalível para lidar com a diversidade de relações.

No âmbito da reestruturação das relações entre capital e trabalho, especialmente neste século XXI, presenciou-se o surgimento de diversas modalidades contratuais antes desconhecidas, bem como a proliferação de uma gama de vínculos não amoldáveis automaticamente aos requisitos caracterizadores de um vínculo empregatício, mas que, indubitavelmente, merecem a garantia de pilares mínimos de proteção. Eclodiram também uma miríade de artefatos

---

(478) Sobre o tema, ver: MARANHÃO, Ney; MENDES, Felipe Prata. Democracia e sindicalismo na contemporaneidade: breves notas reflexivas. In: SILVA NETO, Manuel Jorge e (Org.). *Desafios à autonomia negocial coletiva:* estudos em homenagem ao Professor José Augusto Rodrigues Pinto. Brasília: ESMPU, 2021.

(479) O paradigma atual, segundo Tupinambá e Aguiar, afasta-se cada vez mais das concepções fordista e taylorista. Fatores como a tecnologia da informação e ampliação da velocidade de modificação da realidade impactam decisivamente nos institutos tradicionais do Direito do Trabalho, como a clássica relação de emprego. (TUPINAMBÁ, Carolina; AGUIAR, Antonio Carlos. Acordos coletivo-trabalhistas atípicos para um Direito do Trabalho não analógico. In: BELMONTE, Alexandre Agra; MARTINEZ, Luciano; NAHAS, Thereza (Coords.). *Liberdade sindical:* uma proposta para o Brasil. Campinas: Lacier Editora, 2021. p. 389).

(480) SUPIOT, Alain. *Crítica do Direito do Trabalho.* Lisboa: Fundação Calouste Gulbenkian: 2016 p. 336.

técnicos propiciadores de pactuações em qualquer lugar do mundo, via empresas de plataformas digitais. Ademais, o controle e gestão do trabalho se dão agora de maneira mais impessoal, por meio de engenhosas programações algorítmicas. As pessoas não são mais as mesmas, as formas como se relacionam e os locais onde essas relações ocorrem também se modificaram. O "trabalho 4.0" já é uma realidade.

Contudo, a dinâmica dos fatos sociais e a velocidade dos avanços tecnológicos na presente era digital têm trazido à baila as enormes dificuldades de se esperar uma atuação estatal regulatória do trabalho intermediado via plataformas digitais. A morosidade do processo legislativo e os intermináveis embates ideológicos travados no contexto de produção de leis — sobretudo leis trabalhistas — são dificuldades sociopolíticas que têm ganhado contornos bem mais problemáticos no mundo hodierno.

Eis a razão pela qual, sobretudo até que mínima regulação estatal advenha, no tocante à solução de conflitos coletivos, mesmo os típicos da sociedade digital, encaminhamentos maximamente democráticos, mediante fomento ao diálogo direto entre os próprios atores sociais, constitui circunstância que, no mundo do trabalho, potencializa a importância dos entes coletivos, em especial os sindicais, para um exercício plural do poder no seio de comunidades politicamente maduras.

Trata-se de um desafio complexo, uma vez que, como destacam Tupinambá e Aguiar[481], o individualismo é inerente à era tecnológica, elemento este que distancia ainda mais os integrantes dos agrupamentos coletivos[482]. O sindicato trabalha para a construção da solidariedade. É por meio da síntese do direito individual no direito coletivo que se ganha força. O problema é que, no âmbito das novas formas de trabalho, existe um público extremamente heterogêneo. As características comuns da profissão se perdem. O espaço e o tempo de trabalho são menos compartilhados, o que dificulta a aglutinação e faz com que o sindicato perca as referências para que possa se estruturar.

Embora se reconheça a complexidade da questão, não se está diante de um cenário no qual é inviável vislumbrar as possibilidades de ação sindical. A propósito, deu-se na Espanha, recentemente, importantíssimo exemplo de como a ação obreira coletiva pode contribuir na visibilização da dimensão

(481) TUPINAMBÁ, Carolina; AGUIAR, Antonio Carlos. Acordos coletivo-trabalhistas atípicos para um Direito do Trabalho não analógico. In: BELMONTE, Alexandre Agra; MARTINEZ, Luciano; NAHAS, Thereza (Coord.). *Liberdade sindical:* uma proposta para o Brasil. Campinas: Lacier Editora, 2021. p. 395.

(482) Há, nas relações de trabalho contemporâneas, segundo Supiot, uma aversão à solidariedade e à prevalência do coletivo sobre o individual. (SUPIOT, Alain. *Crítica do Direito do Trabalho.* Lisboa: Fundação Calouste Gulbenkian: 2016. p. 36).

humana do mercado de trabalho, especialmente em tempos do tecnicamente intrigante capitalismo de plataforma. Na esteira do decidido pela Suprema Corte em setembro de 2020, que reconheceu natureza trabalhista ao vínculo havido entre entregadores e a plataforma digital Glovo, o Ministério do Trabalho espanhol decidiu deflagrar interessante processo de negociação com os atores sociais envolvidos, sendo que, após longo diálogo, representantes de trabalhadores de entrega e de empresas de plataformas digitais enfim chegaram a um acordo(483).

Conforme o negociado, o Estatuto dos Trabalhadores da Espanha, por meio de vindouro decreto real, será atualizado a fim de reconhecer direitos como a presunção (relativa) de laboralidade quanto ao vínculo jurídico dos entregadores que prestam os seus serviços mediante plataformas digitais; o direito dos trabalhadores de serem informados, por meio de suas representações legais, acerca de configurações algorítmicas ou sistemas de inteligência que possam afetar suas condições de trabalho, incluindo acesso e manutenção do emprego, bem como definição de perfis(484).

Sem dúvida, trata-se de inequívoca demonstração de amadurecimento democrático, a valorizar a capacidade de negociação dos próprios sujeitos sociais, inclusive no que refere a direitos de alta complexidade técnica, como os ínsitos à sociedade digital. O episódio revela, também, que, nada obstante todas as críticas e proclamações de tom apocalíptico, o sindicalismo, em verdade, remanesce vivo. Espera-se que o exemplo espanhol inspire movimentos sociais similares e já existentes em outros países do mundo, sobretudo porque a obscuridade das diretrizes algorítmicas utilizadas por plataformas digitais de trabalho, com todos os riscos que essa gestão digital envolve, constitui problemática há muito denunciada por especialistas — inclusive, recentemente, pela própria Organização Internacional do Trabalho(485).

A discussão sobre o vínculo de emprego no âmbito do trabalho em plataformas digitais, malgrado todo o justificado debate que envolve, não pode obscurecer discussões outras tão relevantes quanto, porquanto abarcadoras de situações igualmente afrontosas a direitos humanos e fundamentais. E a

---

(483) OPERAMUNDI. Suprema Corte da Espanha decide que entregador de aplicativo é funcionário. *Online*, 2020. Disponível em: https://operamundi.uol.com.br/politica-e-economia/66820/suprema-corte-da-espanha-decide-que-entregador-de-aplicativo-e-funcionario. Acesso em: 14 mar. 2021

(484) EL PAÍS. La ley de 'riders' obligará a las empresas a informar a los sindicatos sobre los algoritmos que afecten a las condiciones laborales. *Online*, 2021. Disponível em: https://elpais.com/economia/2021-03-10/trabajo-y-los-agentes-sociales-cierran-el-acuerdo-sobre-la-ley-de-riders-y-algoritmos.html. Acesso em: 14 mar. 2021.

(485) ILO. International Labour Organization. *World Employment and Social Outlook 2021:* The role of digital labour platforms in transforming the world of work. Geneva: ILO, 2021.

gestão algorítmica do trabalho é um desses delicados assuntos polêmicos e globais que há muito está a merecer nossa especial atenção, independentemente da discussão sobre a existência ou não de uma relação de emprego.

Com efeito, ao vislumbrar as possibilidades de os sindicatos no país enfrentarem questão tão complexa, mais uma vez, é possível encontrar um obstáculo relacionado à estrutura sindical existente no Brasil. O conceito de categoria, já demonstrado como uma violação contundente à liberdade sindical, impede o enquadramento dos trabalhadores não empregados na ideia de categoria profissional, uma vez que o art. 511, § 2º, da CLT, a define como resultante das situações de emprego em uma mesma atividade econômica ou em atividades econômicas similares ou conexas. Esse cenário faz com que os trabalhadores não empregados dependam, a nível negocial, da formação de associações, que possuem legitimidade para celebrar acordos de natureza civil, aplicáveis somente aos associados.

Um contexto de plena liberdade sindical, no caminho defendido na seção 5.1, oportunizará a possibilidade de representatividade em favor destes trabalhadores não empregados, que se apresentam em número cada vez maior, dada a dinâmica cambiante das relações de trabalho na contemporaneidade. Brito Filho e Garcia[486], analisando o impacto das novas tecnologias nas relações sindicais, afirmam que é a existência de sindicatos fortes que permitirá essa adaptação, em meio a um ritmo tão intenso de modificação no mundo do trabalho.

A renovação do movimento sindical é, assim, um pressuposto para a democratização do trabalho e para o fortalecimento da voz coletiva. A consolidação de um sistema democrático nas relações de trabalho passa pelo aumento da participação dos trabalhadores na gestão das relações trabalhistas. O movimento dos trabalhadores não é somente um resultado da sociedade onde se desenvolve. É também uma contribuição original, uma força que se impõe. Ao estudar o sindicalismo, não se pode ignorar seu aspecto propulsor e sua margem de liberdade criadora.

Mais uma vez, sobre a questão da inserção digital, o contexto pandêmico trouxe ensinamentos importantes às entidades sindicais. De mais a mais, a pandemia da Covid-19 também propiciou que o sindicalismo brasileiro se confrontasse com exigências da contemporaneidade, sobretudo quanto à instantaneidade da informação e simplificação de procedimentos. A respeito, uma das lições que ficará consiste na convicção de uma necessária desburocratização

(486) BRITO FILHO, José Claudio Monteiro de; GARCIA, Anna Marcella Mendes. O impacto das novas tecnologias nas relações de trabalho e a representação sindical. In: TUPINAMBÁ, Carolina (Coord.). *As novas relações trabalhistas e o futuro do Direito do Trabalho:* as novidades provenientes dos avanços tecnológicos. Belo Horizonte: Fórum, 2021. p. 143.

da dinâmica deliberativa da categoria e do próprio procedimento negocial, bem assim o estabelecimento de regras claras e seguras para atuação célere em tempos trágicos e mesmo de reiterado confinamento social. Ou seja, para além de otimizar o diálogo com seus interlocutores externos, os sindicatos e associações afins haverão de instituir novos e criativos canais de diálogo com suas próprias bases, intensificando também sua própria democracia interna.

Nesse particular, evidencia-se outra fragilidade do sistema sindical brasileiro: sua incisiva dissonância com o século XXI. Deveras, a pandemia também levantou a importante questão da pouquíssima inserção digital do sindicalismo brasileiro, de maneira a se permitir, por exemplo, de maneira generalizada e corriqueira, consultas, reuniões, deliberações e votações por meio de mecanismos telemáticos, valendo-se das aparentemente ilimitadas ondas da internet. A crise pandêmica evidenciou a excessiva formalidade no tocante ao procedimento de negociação coletiva. Não à toa, a Medida Provisória (MP) n. 936/2020, no período oficial de reconhecido estado de calamidade pública, permitiu a utilização de meios eletrônicos para atendimento dos requisitos formais inerentes à negociação coletiva, inclusive para convocação, deliberação, decisão, formalização e publicidade de convenção ou de acordo coletivo de trabalho.

Há de se pensar a legitimação de mecanismos e aparatos tecnológicos na cotidianidade da dinâmica sindical pátria, o que, sem dúvida, acabará também atraindo a questão do nível de inclusão digital de seus representados e da própria população brasileira — que, a propósito, será levado a outro patamar após a experiência de massivo exercício do teletrabalho.

A inserção digital contribuirá, também, com a adaptação sindical às novas roupagens contratuais trabalhistas, típicas do capitalismo de plataforma. Veja-se, por exemplo, as intrigantes plataformas digitais onde o trabalho se terceiriza mediante convocatória aberta a uma audiência geograficamente dispersa (*crowdwork*). As tarefas podem ser executadas por pessoas que estão em qualquer lugar do mundo. No âmbito do *crowdwork,* existe uma combinação entre oferta e demanda por meio do uso de tecnologia de informação, o que gera um aumento na quantidade de trabalhadores à disposição e uma diminuição dos custos da transação.

O fenômeno impõe reflexão não apenas quanto à real capacidade de mobilização sindical envolvedora de trabalhadores que não apenas estão dispersos, mas verdadeiramente espalhados por todo o globo, a atrair o enorme desafio de uma esperada atuação sindical em rede, a nível internacional, circunstância perante a qual a Organização Internacional do Trabalho, publicamente, manifestou recente preocupação[(487)]. É necessário, segundo

---

(487) OIT. Organização Internacional do Trabalho. *Las plataformas digitales y el futuro del trabajo:* cómo fomentar el trabajo decente en un mundo digital. Genebra: OIT, 2019.

Supiot[488], o desenvolvimento de um sindicalismo mais estratégico, o que envolve, também, a formação de redes internacionais, que possam alcançar um maior número de grupos que vivem problemas comuns nos diferentes países do mundo. A "virtualização" dos sindicatos deve ser uma aliada nesta integração, uma vez que facilita a união entre as entidades espalhadas pelo mundo.

Como a pandemia também revelou a fragilidade de nossas barreiras geográficas e territoriais, certamente essa temática haverá de ser debatida com maior profundidade em tempo breve. Não há dúvidas de que são problemáticas complexas, mas cujo urgente enfrentamento afigura-se mesmo inevitável.

Em verdade, a dificuldade de adaptação dos sindicatos aos tempos atuais, embora tenha sido exposta pela pandemia, também não é uma novidade. No julgamento da ADI n. 5.794, o ministro do Supremo Tribunal Federal, Alexandre de Moraes, demonstrou grande preocupação com a não modernização da estrutura sindical, que, segundo o mesmo, deve ser baseada na competência e eficiência das entidades, para que possam ampliar sua representatividade e atuação perante as bases, angariando o apoio dos representados de forma real. Muitos dirigentes, por exemplo, não dominam as modernas ferramentas de comunicação, o que dificulta a aproximação dos representados, bem como a condução do processo de negociação.

Enfim, a pandemia não criou, mas, sim, escancarou uma multiplicidade de fragilidades do sindicalismo brasileiro. Algumas são antigas e estruturais; outras, culturais e mesmo circunstanciais. Outras ainda decerto decorrem dos novos tempos. Todas, porém, relevantes, especialmente quando, hodiernamente, descortina-se cenário fático-jurídico extremamente desafiador aos sindicatos, em suas mais variadas frentes de atuação, no Brasil e no mundo.

Analisando a questão sob um prisma otimista, surge, no próprio seio do problema da inserção digital dos sindicatos, o caminho de solução. A pandemia mostrou que é possível que os sindicatos utilizem os meios virtuais para a busca de novos associados e para a aproximação daqueles que já aderem à entidade. As redes sociais, por exemplo, precisam ser um canal de comunicação efetivo, que leve informação de qualidade aos representados e permitam um maior conhecimento das atividades sindicais. Acresce-se a isso o fato de que as pessoas que estão ingressando no mercado de trabalho, em geral, pertencem a uma geração acostumada com a utilização das variadas tecnologias, de modo que a conquista deste público, pelo sindicato, passa por uma capacidade de conexão. Os sindicatos precisam utilizar as ferramentas

(488) SUPIOT, Alain. *Crítica do Direito do Trabalho.* Lisboa: Fundação Calouste Gulbenkian: 2016. p. 54.

tecnológicas para, efetivamente, se fazerem presentes no dia a dia do trabalhador. Tal interconectividade propiciará não só um conhecimento de quem são os representados, mas um melhor entendimento das suas necessidades.

Da mesma forma, as assembleias telepresenciais abrem um caminho para o aumento da quantidade e da qualidade das intervenções dos participantes, que muitas vezes têm dificuldade de se fazerem presentes nas reuniões presenciais. As assembleias virtuais também propiciam um incremento na segurança jurídica, uma vez que a gravação representa meio hábil para a comprovação de que a assembleia de fato ocorreu, com a participação dos representados nas deliberações.

Nesse sentido, Frediani salienta que os sindicatos estão sendo desafiados a se reorganizar e a buscar novas dimensões às suas funções e atividades sindicais em favor dos representados. Destacam-se, no contexto de reorganização, as mobilizações de trabalhadores pelas redes sociais, com convocação para participação em assembleias virtuais, divulgação das negociações coletivas concretizadas ou outros assuntos de real interesse da categoria, como a promoção de cursos de qualificação e requalificação profissional[(489)].

A partir do momento em que os sindicatos conseguem alcançar estes espaços, potencializam-se, também, as possibilidades de arrecadação pela entidade que, em um contexto de inexistência de contribuições obrigatórias por lei, passa a depender de uma efetividade na atuação para que possa auferir receitas. Acresce-se a isto o fato de que as tecnologias, atualmente, são menos custosas e mais acessíveis, o que permite um aumento nas possibilidades de geração de recursos pelos sindicatos.

A inserção digital das entidades sindicais, além de propiciar a aproximação com a base representada, faz com que os sindicatos estejam mais preparados para encarar as transformações constantes verificadas nas relações laborais. De mais a mais, a tecnologia também precisa ser utilizada para a promoção de cursos de qualificação e requalificação não só dos trabalhadores e empregadores, mas também daqueles que integram o corpo diretivo do sindicato.

As empresas, ensina Supiot[(490)], já não são coletividades homogêneas. A partir do momento em que estas se adaptam às novas estruturas, a ação coletiva dos trabalhadores deve acompanhar o mesmo ritmo, não podendo permanecer presa ao passado.

---

(489) FREDIANI, Yoni. O porvir da autonomia negocial coletiva. In:SILVA NETO, Manoel Jorge e (Org.). *Desafios à autonomia negocial coletiva:* estudos em homenagem ao Professor José Augusto Rodrigues Pinto. Brasília: ESMPU, 2021. p. 377.

(490) SUPIOT, Alain. *Crítica do Direito do Trabalho.* Lisboa: Fundação Calouste Gulbenkian: 2016. p. 50.

O mundo do trabalho está passando por um momento sem precedentes na história. As medidas editadas pelas autoridades públicas buscam, por vários caminhos, manter os empregos e a renda dos trabalhadores, garantir a continuidade das atividades empresariais e reduzir os impactos socioeconômicos provocados pelo estado de calamidade pública.

O alcance desses objetivos, porém, não depende apenas de atos das autoridades públicas. É necessário que as entidades privadas estejam preparadas para lidar com os desafios impostos pelo momento. Dentre essas, destacam-se os sindicatos, que são reconhecidos, pelo texto constitucional brasileiro, como os legítimos representantes das categorias profissionais e econômicas, cabendo-lhes a defesa dos respectivos interesses.

Por esses e outros fatores, temos que o sindicalismo brasileiro precisa se reinventar, cabendo-lhe o desafio de assumir papel de protagonista na garantia não apenas de direitos clássicos, como também daqueles de espectro mais contemporâneo, próprios à presente digitalização da vida e do trabalho, a exemplo dos direitos que envolvem gestão algorítmica, condições de teletrabalho, desconexão, proteção de dados, privacidade, inserção digital, alfabetização tecnológica, controle biométrico, reputação digital etc.

Quando se abordam as possibilidades de inovação no âmbito da negociação coletiva, é natural que existam reticências no que diz respeito aos riscos de desconsideração do que foi negociado. O risco, porém, é inerente a este processo disruptivo. Tudo o que é disruptivo interrompe o curso que estava sendo seguido até então. É assim que as estruturas se movimentam.

É necessária a adaptação a este novo jeito de se pensar o sindicalismo. O processo de negociação é formado por constantes aprendizagens, reaprendizagens, adaptações e readaptações. O reconhecimento desta realidade e o seu enfrentamento constitui um caminho viável para o protagonismo, do sindicato, na resolução das questões contemporâneas no mundo do trabalho, o que permite, também, que o sindicato se aproxime dos seus representados.

Conclusão

Os obstáculos ao desenvolvimento das negociações coletivas são de múltiplas ordens e se originaram em momentos diferentes da história brasileira. Em linhas gerais, existem problemas estruturais, que se originaram em um passado distante; igualmente, dificuldades que remontam a um passado recente, que foram escancaradas pelo contexto pandêmico; além de problemas mais atuais, traduzidos pelas alterações disruptivas que têm marcado as relações trabalhistas na contemporaneidade.

O poder de representação conferido pela Constituição Federal não é suficiente para a efetiva representatividade dos interesses dos representados. No plano fático, constata-se, atualmente, uma desorganização e uma desarticulação no movimento operário. Os sindicatos, em geral, não encontram meios eficazes para obter a adesão dos trabalhadores, tampouco para organizar uma luta coordenada contra os problemas econômicos e sociais.

Em boa medida, os problemas encontrados no cerne das negociações coletivas deriva das bases do modelo de organização sindical brasileiro, que, além de não respeitar, de forma plena, o princípio da liberdade sindical, não se coaduna com as diretrizes emanadas da Organização Internacional do Trabalho (OIT), com destaque para a Convenção n. 87, não ratificada pelo Brasil, que representa uma referência em matéria de liberdade sindical, integrando o rol de convenções fundamentais da Organização.

De fato, a estrutura sindical brasileira porta incongruências intrinsecamente graves já desde longos tempos, passando desde sua concepção originária de presença marcantemente estatal. A moldura estabelecida na Constituição Federal de 1988 para a dinâmica sindical brasileira recebeu avanços democráticos, todavia o sistema jurídico como um todo manteve sérios fatores restritivos da verdadeira liberdade sindical, tal como a unicidade sindical, a organização rigidamente estabelecida na ideia de categoria e a existência de base territorial mínima para a constituição dos sindicatos. Ora, a força do movimento sindical resulta da capacidade de arregimentação dos trabalhadores e não da imposição de um monopólio de representação e da forma de agregação dos trabalhadores.

Percebe-se, portanto, que as disposições normativas que elevam a negociação coletiva a um papel de protagonismo no Direito do Trabalho não são suficientes para apresentar soluções diante da complexidade das relações coletivas de trabalho. Nesse sentido, urge a necessidade de enfrentar os problemas que dificultam o desenvolvimento da negociação coletiva na raiz, a fim de que ela possa se constituir como um fator de promoção da democratização nas relações de trabalho, por meio da garantia de um maior protagonismo dos atores sociais nas questões de relevância para trabalhadores e tomadores de serviço.

No contexto pandêmico, este entrave à evolução das negociações coletivas foi escancarado. O obstáculo imposto pela organização sindical gera natural distanciamento entre as entidades e a base de representados, que se desnuda em momentos de crise. Em um cenário marcado por sindicatos fortes, próximos de sua base e capazes de capitanear um sistema de negociação coletiva bem estruturado, certamente as entidades sindicais seriam lembradas, de plano, por todos os atores sociais atingidos pelos reflexos da pandemia. Todavia, o que se percebe é que, constantemente, ou os sindicatos são ignorados ou a sua atuação é relegada a um momento posterior.

O Direito Coletivo precisa ser visto como uma unidade, de modo que a parte estática, que cuida da organização sindical e a dinâmica, que trata da negociação coletiva, devem estar em sintonia. Tal conexão, ao que parece, foi esquecida pelos críticos das alterações promovidas pela Reforma Trabalhista nas relações coletivas de trabalho, em especial aqueles que elegeram a Lei n. 13.467/2017 como a exterminadora do sindicalismo brasileiro e da negociação coletiva.

Ao contrário, a Reforma Trabalhista buscou dar vida aos dispositivos constitucionais que reconheceram a força das convenções e acordos coletivos, ao mesmo tempo em que estabeleceu limites para as avenças coletivas, reforçando a incolumidade do art. 7º da Constituição Federal. As inconstitucionalidades e inconvencionalidades precisam ser reconhecidas e afastadas do ordenamento jurídico, porém, como analisado, elas são pontuais e não maculam, de forma geral, a Lei n. 13.467/2017 que, com base nas lições de Dworkin, tratou de questões sensíveis à escolha do Legislativo.

Atribuir, à reforma trabalhista, a responsabilidade pelo não desenvolvimento da negociação coletiva no Brasil, é eleger o obstáculo errado. Existem problemas mais graves e anteriores à alteração legislativa. Ao mesmo tempo, não se pode esperar que, isoladamente, a legislação conseguirá promover a negociação coletiva ao patamar condizente com seu *status* consagrado em nível nacional e internacional.

Ilações como as que sustentam que a intervenção do Judiciário no exame das negociações coletivas é um "mal necessário" ou no sentido de que a liberdade sindical é inviável no Brasil devem ser abandonadas. A transição para um modelo de plena liberdade sindical não é fácil, mas é um preço necessário a se pagar, para que se presencie o pleno desenvolvimento da negociação coletiva no Brasil.

Não se pode permanecer no meio do caminho: ou existe liberdade sindical ou não existe. Ou a negociação coletiva é tratada como direito fundamental ou não é. A escolha sustentada no presente trabalho, reforça-se, é pela defesa insistente da liberdade sindical e do tratamento da negociação coletiva como direito humano e fundamental.

Autoridades públicas, responsáveis pela construção das disposições jurídicas, inclusive no âmbito constitucional, precisam redesenhar o espectro normativo a fim de garantir a liberdade sindical plena. É urgente a necessidade de modificação do art. 8º, II, da Constituição, extirpando-se a unicidade sindical e a sindicalização por categoria. Com a alteração do texto constitucional, abre-se o percurso para a ratificação da Convenção n. 87 da Organização Internacional do Trabalho, que constitui o principal diploma internacional acerca da liberdade sindical.

Para a consagração, na seara constitucional, da umbilical conexão existente entre liberdade sindical e negociação coletiva, propõe-se a previsão, no texto constitucional, de que a negociação coletiva é direito fundamental e constitui o processo prioritário para a definição das condições de trabalho.

O Poder Judiciário também precisa ser protagonista na promoção da liberdade sindical. Além da extinção da competência normativa da Justiça do Trabalho, que também depende de Emenda Constitucional, é imperioso que os magistrados trabalhistas cumpram o art. 8º, § 3º, da CLT, introduzido pela reforma trabalhista, que consagra a ideia de intervenção mínima na autonomia da vontade coletiva. O dispositivo, além de não eliminar as possibilidades de análise do conteúdo das normas, privilegia a autonomia privada coletiva, consagrada na Constituição. Nesse particular, é preciso respeitar o que vem sendo reiteradamente estatuído pelo Supremo Tribunal Federal sobre a matéria, em uma linha de separação entre Direito Individual e Coletivo do Trabalho, consagrando a ideia de que, em âmbito coletivo, não há outra saída que não seja a destinação de um considerável espaço para a manifestação autônoma das partes envolvidas.

Não basta o reconhecimento das convenções e acordos coletivos de trabalho, previsto no art. 7º, XXVI, da Constituição Federal. Os sindicatos precisam ser reconhecidos, verdadeiramente, por entes públicos e privados, como sujeitos fundamentais para o Estado Democrático de Direito. E esse reconhecimento só pode ser alcançado por meio de uma profunda e decisiva mudança na organização sindical brasileiro.

Para problemas de inúmeros fatores, as soluções também são diversas. A análise dos obstáculos à negociação coletiva não pode ser estritamente dogmática, mas deve considerar a complexidade do fenômeno social que envolve as relações coletivas de trabalho.

Nesse sentido, um olhar mais atento ao conteúdo das convenções e acordos coletivos é imperioso. É preciso superar a preocupação quase exclusiva com as questões salariais e abandonar o "copia e cola" em relação ao que foi convencionado anteriormente. Com efeito, a criatividade no conteúdo das normas coletivas, que demanda uma adequada preparação de todos os envolvidos na negociação, é caminho de aproximação das entidades sindicais de sua base, que precisam sentir, de perto, a relevância da ação sindical, conectada às demandas contemporâneas.

Mais uma vez, é emblemático o exemplo dos reflexos provocados pela pandemia. A tragicidade do cenário pandêmico ora vivenciado trouxe à luz a extrema fragilidade dos entes sindicais brasileiros como agentes preparados para atender às demandas especiais do momento. Além dos conhecidos problemas jurídico-estruturais, de gestão, culturais e mesmo circunstanciais, foi exposta a incômoda pouca inserção digital dos sindicatos, que acabaram contribuindo com a convicção da Presidência da República, traduzida pela Medida Provisória n. 936/2020, depois convalidada pelo Supremo Tribunal Federal, no sentido de que aos sindicatos caberia um papel relativamente secundário nas sérias problemáticas sociojurídicas advindas com a pandemia da Covid-19.

Da mesma forma que as tecnologias estão sendo utilizadas para a diversificação das formas de desenvolvimento de relações de trabalho, os sindicatos precisam responder por meio de uma eficaz utilização das ferramentas tecnológicas. O poder precisa de um contrapoder na mesma medida.

Um funcionamento mais intenso no âmbito virtual, permite, nesse sentido, aos sindicatos, inúmeros benefícios, como a redução de custos, o acesso mais rápido aos representados, uma facilidade na união com organizações espalhadas pelo mundo.

Se as relações de trabalho mudaram, o Direito Coletivo do Trabalho também deve mudar. As transformações no mundo capitalista impõem uma necessidade de modificações nas ações sindicais. A inserção digital das entidades sindicais propicia uma aproximação dos representados, o que promove uma maior oportunidade de adesão de novos membros e de fortalecimento dos laços com os associados. De mais a mais, permite que os sindicatos estejam mais preparados para fazer frente aos desafios impostos pela contemporaneidade, aumentando o seu repertório de atuação. As novas tecnologias exigem versatilidade dos sindicatos, que devem ser cada vez mais ágeis e inovadores.

O fato é que os sindicatos continuam, sim, detendo papel relevante, seja porque assim a Constituição Federal continua a dizer, seja porque a realidade das relações trabalhista demanda a sua presença, cabendo-lhes resgatar não apenas sua representatividade coletiva, mas sobretudo sua legitimidade social, atuando célere e proativamente para viabilizar instrumentos coletivos adequados à realidade de cada atividade profissional e setor empresarial, construindo uma rede jurídica suficientemente segura e colaborando, assim, para a construção coletiva de um mínimo de paz social.

Verbalizar a necessidade de valorização da negociação coletiva, em si, não é suficiente. O desenvolvimento da negociação coletiva é dependente de um ambiente propício para a sua promoção, no sentido de abrir o caminho para que os sujeitos envolvidos definam, de forma autônoma e pautados pelo princípio da boa-fé, os destinos das relações coletivas de trabalho. A forma como o ordenamento jurídico trata a negociação coletiva é de suma importância, mas o seu sucesso ou insucesso é também explicado por conjecturas políticas, econômicas e sociais, que obedecem a uma dinâmica de uma realidade cambiante.

O contexto descrito parece apocalíptico, mas, em verdade, não há dúvidas de que os sindicatos têm plenas condições de remover alguns desses obstáculos. Não se pode olvidar que as entidades sindicais exerceram um papel fundamental na redemocratização do país, superando adversidades que pareciam insuperáveis. Relembrar os fatos pretéritos é importante para que os dirigentes sindicais tenham consciência da sua responsabilidade e da importância da sua atuação para a pacificação social e maior democratização nas relações de trabalho. O primeiro passo para tanto é a autocrítica, capaz de identificar e reconhecer que tão grandes quanto os desafios externos são os problemas internos.

A crise que os sindicatos enfrentam não significa que eles não tenham mais qualquer função na democracia. Afinal, não existe qualquer indicação sobre quem possa ocupar o papel dos sindicatos na defesa dos interesses coletivos. Às entidades sindicais, cabe a responsabilidade de reinventar-se, habilitando-se para resgatarem seus expressivos papeis de liderança institucional e representação coletiva no seio da sociedade brasileira, honrando a importância a eles atribuída pelo texto constitucional brasileiro.

As pessoas se aproximam das organizações porque há identificação, porque há crença no que a entidade pode fazer para melhorar as suas condições de vida. O desejo de associação, no caso dos sindicatos, é movido, sobretudo, por um anseio de obtenção de melhores condições de trabalho e por um sentimento de pertencimento em relação à atividade sindical. O melhor instrumento para colocar estes intentos em prática é, sem dúvidas, o da negociação coletiva. Eis a razão pela qual investir esforços no aprimoramento da estrutura sindical brasileira e da negociação coletiva, que têm o condão de se fortalecerem mutuamente, constitui a saída para o desenvolvimento das relações coletivas do trabalho no Brasil, que são princípio, meio e fim do Direito do Trabalho.

Referências

AGUIAR, Antonio Carlos. Metanegociação coletiva de trabalho é a chave em tempos de Covid-19. *Revista Consultor Jurídico*. Disponível em: https://www.conjur.com.br/2020-mai-14/aguiar-metanegociacao-coletiva-trabalho-covid-19. Acesso em: 02 jul. 2022.

______. *Negociação coletiva de trabalho*. 2. ed. São Paulo: Saraiva Educação, 2018.

ALMEIDA, Renato Rua de. Justificação da autonomia da vontade coletiva no direito do trabalho. *Revista LTr*, n. 47, jul. 1983.

ÁLVARES DA SILVA, Antônio. Contratação coletiva. In: MALLET, Estêvão; ROBORTELLA, Luiz Carlos Amorim (Coords.). *Direito e Processo do Trabalho:* Estudos em homenagem a Octavio Bueno Magano. São Paulo: LTr, 1996.

ANAMATRA. Associação Nacional dos Magistrados da Justiça do Trabalho. *Enunciados aprovados na 2ª Jornada de Direito Material e Processual do Trabalho*, 2017. Disponível em: https://www.anamatra.org.br/attachments/article/27175/livreto_RT_Jornada_19_Conamat_site.pdf. Acesso em: 17 maio 2022.

ANTUNES, Ricardo. *O que é sindicalismo?* São Paulo: Brasiliense, 1985.

AROUCA, José Carlos. *Curso básico de direito sindical:* da CLT à reforma trabalhista de 2017 Lei n. 13.467). 6. ed. São Paulo: LTr, 2018.

ASSEF, Beatriz Alaíde de Souza. Transversalidade da Negociação. In: DALLEGRAVE NETO, José Affonso; DAL PIZZOL, Dineia Anziliero; GARCIA, Phelippe Henrique Cordeiro (Coords.). *Soluções de conflitos corporativos.* Brasília: Venturoli, 2020.

AZEVEDO NETO, Platon Teixeira de. *Controle de convencionalidade em matéria trabalhista*. 1. ed. Brasília: Editora Venturoli, 2021.

BARROSO, Luís Roberto; MELLO, Patrícia Perrone Campos. O Direito Coletivo do Trabalho no Supremo Tribunal Federal: planos de demissão incentivada e autonomia da vontade, um estudo de caso. *Revista de Direito do Trabalho*, v.190, p. 21-46, jun. 2018.

BELMONTE, Alexandre Agra. Autonomia negocial coletiva, liberdade sindical e o Direito Constitucional do Trabalho em tempos de incerteza. In: BELMONTE, Alexandre Agra; MARTINEZ, Luciano; NAHAS, Thereza (Coords.). *Liberdade sindical:* uma proposta para o Brasil. Campinas: Lacier Editora, 2021.

BERSANI, Humberto. A autonomia da vontade e a vontade da autonomia: análise do recurso extraordinário n. 590.415. In: MARTINS, Juliane Caravieri; MONTAL, Zélia Maria Cardoso; NUNES, Cicília Araújo (Orgs.). *O Supremo Tribunal Federal e o esvanecer dos direitos sociais: leading cases* sobre trabalho regulado e seguridade social. Londrina: Thoth, 2021.

BIER, Clerilei A. Transformações nas relações coletivas de trabalho: por uma concepção democrática de sindicalismo. *Revista Sequência*, n. 56, p. 305-320, jun. 2008.

BILBAO UBILLOS, Juan María. *La eficacia de los derechos fundamentales frente a la eficacia de los derechos fundamentales frente a particulares*. Madrid: Centro de Estudios Políticos y Constitucionales, 1997.

BILBAO UBILLOS, Juan María ¿En qué medida vinculan a los particulares los derechos fundamentales? In: SARLET, Ingo Wolfgang (Org.). *Constituição Direitos Fundamentais e Direito Privado*. 2. ed. Porto Alegre: Livraria do Advogado, 2006.

BOBBIO, Norberto. *O futuro da democracia:* uma defesa das regras do jogo. Rio de Janeiro: Paz e terra, 1986.

BRASIL. Consolidação das Leis do Trabalho. *Decreto-lei n. 5.452, de 1º de maio de 1943*. Aprova a consolidação das leis do trabalho. 104. ed. São Paulo: Atlas, 2000 (Coletânea de Legislação).

______. [Constituição (1988)]. *Constituição da República Federativa do Brasil de 1988*. Brasília, DF: Presidência da República, [2016]. Disponível em: http://www.planalto.gov.br/ccivil_03/Constituicao/ Constituiçao.htm. Acesso em: 20 fev. 2022.

______. *Decreto n. 3.321*. Promulga o Protocolo Adicional à Convenção Americana sobre Direitos Humanos em Matéria de Direitos Econômicos, Sociais e Culturais "Protocolo de São Salvador". Disponível em: http://www.planalto.gov.br/ccivil_03/decreto/d3321.htm. Acesso em: 12 abr. 2022.

______. *Lei n. 10.406, 10 de janeiro de 2002*. Institui o Código Civil. Diário Oficial da União, Brasília, DF, 11 jan. 2002. Disponível em: http://www.planalto.gov.br/ccivil_03/Leis/2002/L10406compilada.htm. Acesso em: 20 mar. 2022.

______. Ministério do Trabalho e Previdência. *Portaria/MTP n. 671, de 08 de novembro de 2021*. Data de publicação: 11.11.2021.

______. Supremo Tribunal Federal. *RE 590.415*. Rel. Min. Luís Roberto Barroso, *DJe* 29.05.2015.

______. Supremo Tribunal Federal. *RE 895.759*. Rel. Min. Teori Zavascki, *DJe* 23.05.2017.

______. Supremo Tribunal Federal. *Reclamação 44.605*. Relª. Minª. Cármen Lúcia, *DJe* 23.02.2021.

______. Tribunal Superior do Trabalho. *RR 852004920095150120*. Relator: José Roberto Freire Pimenta, 2ª Turma, Data de Publicação: *DEJT* 16.10.2015.

BRITO FILHO, José Cláudio Monteiro de. *Direito sindical*. 9. ed. São Paulo: LTr, 2021a.

______. *Justiça:* temas de liberalismo igualitário. Brasília: Editora Venturoli, 2021b.

______. *Trabalho decente:* análise jurídica da exploração do trabalho: trabalho escravo e outras formas de trabalho indigno. São Paulo: LTr, 2018.

______; GARCIA, Anna Marcella Mendes. O impacto das novas tecnologias nas relações de trabalho e a representação sindical. In: TUPINAMBÁ, Carolina (Coord.). *As novas relações trabalhistas e o futuro do Direito do Trabalho:* as novidades provenientes dos avanços tecnológicos. Belo Horizonte: Fórum, 2021.

BULGUERONI, Renata Orsi. *Negociação coletiva e fontes do Direito do Trabalho:* propostas para a prevalência do negociado sobre o legislado nas relações de emprego. São Paulo: USP, 2014.

CALVET, Otávio. Negociado x legislado ou STF x Justiça do Trabalho. *Revista Consultor Jurídico*. Disponível em: https://www.conjur.com.br/2022-jun-07/trabalho-contemporaneo-negociado-legislado?imprimir=1. Acesso em: 16 jun. 2022.

CARVALHO, Guilherme. Dessindicalização, institucionalização e representação sindical. *REED – Revista Espaço de Diálogo e Desconexão*, Araraquara, SP, v. 1, n. 2, jan./jul. 2009.

COLUMBU, Francesca; MASSONI, Túlio de Oliveira. Sindicatos, autonomia privada coletiva e ordem democrática: análise da decisão do STF no ARE 1.121.633. In: MARTINS, Juliane Caravieri; MONTAL, Zélia Maria Cardoso; NUNES, Cicília Araújo (Orgs.). *O Supremo Tribunal Federal e o esvanecer dos direitos sociais: leading cases* sobre trabalho regulado e seguridade social. Londrina: Thoth, 2021.

COMPARATO, Fábio Konder. *A afirmação histórica dos direitos humanos*. 12. ed. São Paulo: Saraiva Educação, 2019.

CORTE IDH. Corte Interamericana de Derechos Humanos. *Cuadernillo de Jurisprudencia de la Corte Interamericana de Derechos Humanos*, n. 7. Disponível em: https://www.corteidh.or.cr/sitios/libros/todos/docs/cuadernillo7.pdf. Acesso em: 05 abr. 2022.

COSTA, Judith Martins. Os direitos fundamentais e a opção multiculturalista do novo Código Civil. In: SARLET, Ingo Wolfgang (Org.). *Constituição, Direitos Fundamentais e Direito Privado*. 2. ed. Porto Alegre: Livraria do Advogado, 2006.

COSTA, Ligia Maura. *Negociação:* como negociam brasileiros e franceses? São Paulo: Quartier Latin, 2010.

COURTIS, Christian. La eficacia de los derechos humanos en las relaciones entre particulares. In: SARLET, Ingo Wolfgang (Org.). *Constituição, Direitos Fundamentais e Direito Privado*. 2. ed. Porto Alegre: Livraria do Advogado, 2006.

CROZIER, Michel. Sociologia do sindicalismo. In: RODRIGUES, Leôncio Martins. *Sindicalismo e sociedade*. São Paulo: Difusão Europeia do Livro, 1968.

DALLEGRAVE NETO, José Affonso. Negociação, Neurociência e Felicidade. Reflexões a partir do Método Harvard. In: DALLEGRAVE NETO, José Affonso, DAL PIZZOL; Dineia Anziliero; GARCIA, Phelippe Henrique Cordeiro (Coords.). *Soluções de conflitos corporativos.* Brasília: Venturoli, 2020.

DELGADO, Mauricio Godinho. *Direito Coletivo do Trabalho*. 6. ed. São Paulo: LTr, 2015.

______. *Direito Coletivo do Trabalho*. 7. ed. São Paulo: LTr, 2017.

DIEESE. Departamento Intersindical de Estatística e Estudos Socioeconômicos. Acordos negociados pelas entidades sindicais para enfrentar a pandemia do coronavírus – Covid 19. *Estudos e Pesquisas,* n. 92. Disponível em: https://www.dieese.org.br/estudosepesquisas/2020/estPesq92AcordosCovidAtualizacao.html#:~:text=DIEESE%20%2D%20estudos%20e%20pesquisas%20%2D%20EP,%2D%20Covid%2019%20%2D%20maio%2F2020&text=trabalho.&text=causados%20ao%20emprego%20e%20%C3%A0%20renda.&text=trabalhadores%3A%20comerci%C3%A1rios%2C%20metal%C3%BArgicos%2C%20qu%C3%ADmicos,banc%C3%A1rios%2C%20condutores%2C%20entre%20outras. Acesso em: 03 jul. 2022.

DWORKIN, Ronald. *Levando os direitos a sério*. São Paulo: Martins Fontes, 2007.

______. *A virtude soberana:* a teoria e a prática da igualdade. São Paulo: Martins Fontes, 2005.

EL PAÍS. *La ley de 'riders' obligará a las empresas a informar a los sindicatos sobre los algoritmos que afecten a las condiciones laborales. Online*, 2021. Disponível em: https://elpais.com/economia/2021-03-10/trabajo-y-los-agentes-sociales-cierran-el--acuerdo-sobre-la-ley-de-riders-y-algoritmos.html. Acesso em: 14 de mar. 2021.

FACHIN, Luiz Edson; RUZYK, Carlos Eduardo Pianovski. Direitos fundamentais, dignidade da pessoa humana e o novo Código Civil: uma análise crítica. In: SARLET, Ingo Wolfgang (Org.). *Constituição, Direitos Fundamentais e Direito Privado*. 2. ed. Porto Alegre: Livraria do Advogado, 2006.

FERREIRA, Antonio Casimiro. Para uma concepção decente e democrática do trabalho e dos seus direitos. (Re)pensar o direito das relações laborais. In: SANTOS, Boaventura de Sousa (Org.). *Globalização e as Ciências Sociais*. São Paulo: Cortez, 2002.

FISHER, Roger; URY, William; PATTON, Bruce. *Como chegar ao sim*. 10. ed. Alfagride: Lua de Papel, 2012.

FRANCO FILHO, Georgenor de Sousa Franco; MAZZUOLI, Valerio de Oliveira. Incorporação e aplicação das convenções internacionais da OIT no Brasil. In: FRANCO FILHO, Georgenor de Sousa; MAZZUOLI, Valério de Oliveira (Orgs.). *Direito internacional do trabalho:* o estado da arte sobre a aplicação das convenções internacionais da OIT no Brasil. São Paulo: LTr, 2016.

FREDIANI, Yoni. O porvir da autonomia negocial coletiva. In: SILVA NETO, Manoel Jorge (Org.). *Desafios à autonomia negocial coletiva:* estudos em homenagem ao Professor José Augusto Rodrigues Pinto. Brasília: ESMPU, 2021.

GABBAY, Daniela Monteiro. Negociação. In: SALLES, Carlos Alberto de; LORENCINI, Marco Antônio Garcia Lopes; SILVA, Paulo Eduardo da (Orgs.). *Negociação, mediação, conciliação e arbitragem:* curso de métodos adequados de solução de controvérsias. 3. ed. Rio de Janeiro: Forense, 2020.

GARCIA, Gustavo Filipe Barbosa. Liberdade sindical e negociação coletiva no Direito Internacional do Trabalho. In: BELMONTE, Alexandre Agra; MARTINEZ, Luciano; NAHAS, Thereza (Coord.). *Liberdade sindical*: uma proposta para o Brasil. Campinar: Lacier Editora, 2021.

GEDIEL, José Antônio Peres. A irrenunciabilidade a direitos de personalidade pelo trabalhador. In: SARLET, Ingo Wolfgang (Org.). *Constituição, Direitos Fundamentais e Direito Privado.* 2. ed. Porto Alegre: Livraria do Advogado, 2006.

GOMES, Ângela de Castro. Autoritarismo e corporativismo no Brasil: o legado de Vargas. In: BASTOS, Pedro Paulo Zahluth; FONSECA, Pedro Cezar Dutra (Orgs.). *A Era Vargas:* desenvolvimentismo, economia e sociedade. São Paulo: Unesp, 2012a.

GOMES, Miriam Cipriani. *Violação de direitos fundamentais na negociação coletiva de trabalho.* São Paulo: LTr, 2012b.

GOMES, Orlando; GOTTSCHALK, Elson. *Curso de direito do trabalho.* Rio de Janeiro: Forense, 1995.

GOMES NETO, Indalécio. Modalidades da negociação coletiva. *Revista do TST.* Brasília, n. 64, p. 32-45, 1995.

GUERRA FILHO, Willis Santiago. Direitos fundamentais, processo e princípio da proporcionalidade. In: GUERRA FILHO, Willis Santiago (Coord.). *Dos direitos humanos aos direitos fundamentais.* Porto Alegre: Livraria do Advogado, 1997.

HOUAISS. *Dicionário on-line de Língua Portuguesa.* Disponível em: https://houaiss.uol.com.br/corporativo/apps/uol_www/v6-0/html/index.php#1. Acesso em: 10 jan. 2021.

ILO. International Labour Organization. *World Employment and Social Outlook 2021:* The role of digital labour platforms in transforming the world of work. Geneva: ILO, 2021.

JOÃO, Paulo Sergio. Democracia, pluralidade e representatividade sindical: qual é o modelo de organização que mais se adequa aos fundamentos constitucionais brasileiros? In: BELMONTE, Alexandre Agra; MARTINEZ, Luciano; NAHAS, Thereza (Coords.). *Liberdade sindical:* uma proposta para o Brasil. Campinas: Lacier Editora, 2021.

______. Negociações coletivas de trabalho no Brasil. In: FORJAS, Paula; SILVA, J. A. Ferreira da; MADEIRA, Auta; CORREIA, Nilton (Coords.). *Temas Laborais Luso-Brasileiros.* Coimbra: Editora Coimbra – JUTRA, 2007.

______. A intervenção mínima do Judiciário na autonomia da vontade coletiva. *Revista Consultor Jurídico*, 2018. Disponível em: https://www.conjur.com.br/2018-ago-24/reflexoes-trabalhistas-intervencao-minima-judiciario-autonomia-vontade-coletiva. Acesso em: 02 jul. 2022.

KAUFMANN, Marcus de Oliveira. Da formal representação à efetiva representatividade sindical: problemas e sugestões em um modelo de unicidade. *Revista do Tribunal Superior do Trabalho*, v. 76, n. 2, p. 109-157, abr./jun. 2010.

______. A representação dos empregados na empresa: dogmatização mínima e incompletude sistêmica na regulação das relações coletivas de trabalho intraempresariais. In: SIVOLELLA, Roberta Ferme; COLNAGO, Lorena de Mello Rezende; BOUCINHAS FILHO, Jorge Cavalcanti. *Temas de Direito Coletivo e Processual Coletivo do Trabalho.* Brasília: Editora Venturoli, 2021.

LACLAU, Ernesto; MOUFFE, Chantal. *Hegemonia e estratégia socialista:* por uma política democrática radical. São Paulo: Intermeios, 2015.

LOPES, Alice Casimiro; MENDONÇA, Daniel de; BURITY, Joanildo A. A contribuição de hegemonia e estratégia socialista para as ciências humanas e sociais. In: LACLAU, Ernesto; MOUFFE, Chantal. *Hegemonia e estratégia socialista:* por uma política democrática radical. São Paulo: Intermeios, 2015.

LOPES, Mônica Sette. *A convenção coletiva e sua força vinculante*. São Paulo: LTr, 1998.

LORENCINI, Marco Antônio Garcia Lopes. "Sistema Multiportas": opções para tratamento de conflitos de forma adequada. In: SALLES, Carlos Alberto de; LORENCINI, Marco Antônio Garcia Lopes; SILVA, Paulo Eduardo da (Orgs.). *Negociação, mediação, conciliação e arbitragem:* curso de métodos adequados de solução de controvérsias. 3. ed. Rio de Janeiro: Forense, 2020.

MAGANO, Otávio Bueno. *Convenção coletiva de trabalho*. São Paulo: LTr, 1972.

______. *Manual de direito do trabalho:* direito coletivo do trabalho. São Paulo: LTr, 1980. v. 3.

MANNRICH, Nelson. Pluralismo jurídico e Direito do Trabalho. *Revista do Advogado*, São Paulo, Ano XXII, n. 66, 2002.

______. Reconhecimento das convenções e acordos coletivos de trabalho. In: MARTINEZ, Luciano; TEIXEIRA FILHO, João de Lima (Coords.). *Comentários à Constituição de 1988 em matéria de direitos sociais trabalhistas (arts. 6º a 11):* uma homenagem aos 30 anos da Constituição da República e aos 40 anos da Academia Brasileira de direito do trabalho. São Paulo: LTr, 2019.

MANUS, Pedro Paulo Teixeira. *Negociação coletiva e contrato individual de trabalho*. São Paulo: Atlas, 2001.

MARANHÃO, Ney; MENDES, Felipe Prata. Democracia e sindicalismo na contemporaneidade: breves notas reflexivas. In: SILVA NETO, Manuel Jorge e (Org.). *Desafios à autonomia negocial coletiva:* estudos em homenagem ao Professor José Augusto Rodrigues Pinto. Brasília: ESMPU, 2021.

______; SAVINO, Thiago Amaral Costa. O futuro do trabalho sob o olhar da OIT: análise do relatório "Trabalhar para um futuro melhor" (março/2019). *Revista de Direito do Trabalho*, v. 203/2019, p. 213-230, jul. 2019.

MARMELSTEIN, George. *Curso de direitos fundamentais*. 8. ed. São Paulo: Atlas, 2019.

MARQUES, Bruna Maria Expedido; BRASILEIRO, Carol Matias; SCHAEFER, Matheus Karl Schmidt. Crise de civilização, sindicato e jornada de trabalho: a construção do instituto do negociado sobre o legislado pela jurisprudência do STF e a usurpação dos tempos livres das classes trabalhadoras a partir do RE 895.759. In: MARTINS, Juliane Caravieri; MONTAL, Zélia Maria Cardoso; NUNES, Cicília Araújo (Orgs.). *O Supremo Tribunal Federal e o esvanecer dos direitos sociais: leading cases* sobre trabalho regulado e seguridade social. Londrina: Thoth, 2021.

MARTINEZ, Luciano. Condutas antissindicais. São Paulo: Saraiva, 2013.

______. *Curso de Direito do Trabalho*. 12. ed. São Paulo: Saraiva Educação, 2021a.

______. Os limites para o exercício da autonomia coletiva sindical: uma análise das fronteiras da negociação coletiva de trabalho. In: SILVA NETO, Manoel Jorge e (Org.). *Desafios à autonomia negocial coletiva:* estudos em homenagem ao Professor José Augusto Rodrigues Pinto. Brasília: ESMPU, 2021b.

______. *Revista Magister de Direito do Trabalho,* n. 64, jan./fev. 2015.

MARTINS, Sérgio Pinto. *Flexibilização das condições de trabalho.* São Paulo: Atlas, 2009.

MARTINS, Adalberto; GURGEL, Christianne Moreira Moraes. A autonomia privada coletiva de trabalho: da reforma trabalhista à Covid-19. *Revista de Direito do Trabalho,* v. 213, p. 147-168, set./out. 2020.

MATOS, Francisco Gomes de. *Negociação e conflito.* São Paulo: Saraiva, 2014.

MAZZUOLI, Valerio de Oliveira. *Curso de direito internacional público.* 12. ed. Rio de Janeiro: Forense, 2019.

______. Teoria geral do controle de convencionalidade no direito brasileiro. *Revista dos Tribunais*, São Paulo, v. 98, n. 889, p.105-148, nov. 2009.

MEDEIROS, Orione Dantas de. O controle de constitucionalidade na Constituição brasileira de 1988: do modelo híbrido à tentativa de alteração para um sistema misto complexo. *Revista de Informação Legislativa*, v. 50, n. 200, out./dez. 2013. Disponível em: https://www12.senado.leg.br/ril/edicoes/50/200/ril_v50_n200_p189.pdf. Acesso em: 10 abr. 2022.

MEIRELLES, Davi Furtado. *Negociação coletiva em tempos de crise.* São Paulo: LTr, 2018.

MENDES, Felipe Prata. *Os sindicatos no Brasil e o modelo de democracia ampliada.* São Paulo: LTr, 2018.

______; BRITO FILHO, José Claudio Monteiro de. Os impactos da exigência de comum acordo para o ajuizamento dos dissídios coletivos de natureza econômica no exercício da função negocial pelos sindicatos. In: NEMER NETO, Alberto *et al* (Coords.). *Coleção direito material e processual do trabalho constitucionalizado:* processo coletivo do trabalho. São Paulo: LEX; OAB Nacional, 2021.

______; MARANHÃO, Ney. Sindicalismo e pandemia: reflexões críticas. In: MENDES, Felipe Prata; MENDES NETO, João Paulo; MARANHÃO, Ney; MENDES FILHO, Sérgio. *Direito e Pandemia:* olhares críticos sobre a crise. Homenagem ao professor João Paulo do Valle Mendes. Brasília, Editora Venturoli, 2020.

MIGUEL, Luis Felipe. *Democracia e representação:* territórios em disputa. São Paulo: Unesp, 2014.

MORAES FILHO, Evaristo de. *O problema do sindicato único no Brasil:* seus fundamentos sociológicos. São Paulo: Alfa-Ômega: 1978.

MOUFFE, Chantal. *Sobre o político.* São Paulo: Martins Fontes, 2015.

NASCIMENTO, Amauri Mascaro. *Compêndio de Direito Sindical.* 6. ed. São Paulo: LTr, 2009.

______; NASCIMENTO, Sônia Mascaro; NASCIMENTO, Marcelo Mascaro. *Compêndio de direito sindical*. 8. ed. São Paulo: LTr, 2015.

OIT. *C098 — Direito de Sindicalização e de Negociação Coletiva*. Disponível em: https://www.ilo.org/brasilia/convencoes/WCMS_235188/lang--pt/index.htm. Acesso em: 21 set. 2021.

______. *C154 — Fomento à Negociação Coletiva*. Disponível em: https://www.ilo.org/brasilia/convencoes/WCMS_236162/lang--pt/index.htm. Acesso em: 21 set. 2021.

______. Constituição da Organização Internacional do Trabalho e seu Anexo (Declaração de Filadélfia). Disponível em: https://www.ilo.org/wcmsp5/groups/public/---americas/---ro-lima/---ilobrasilia/documents/genericdocument/wcms_336957.pdf. Acesso em: 21 set. 2021.

______. Organização Internacional do Trabalho. *La negociación colectiva em países industrializados com economia de mercado*. Genebra: OIT, 1974.

______. Organização Internacional do Trabalho. *Liberdade sindical:* Recopilação de Decisões e Princípios do Comitê de Liberdade Sindical do Conselho de Administração da OIT. 1. ed. Brasília: Organização Internacional do Trabalho, 1997.

______. Organização Internacional do Trabalho. *Las plataformas digitales y el futuro del trabajo:* cómo fomentar el trabajo decente en un mundo digital. Genebra: OIT, 2019.

OPERAMUNDI. Suprema Corte da Espanha decide que entregador de aplicativo é funcionário. *Online*, 2020. Disponível em: https://operamundi.uol.com.br/politica-e-economia/66820/suprema-corte-da-espanha-decide-que-entregador-de-aplicativo-e-funcionario. Acesso em: 14 mar. 2021.

PAMPLONA FILHO, Rodolfo. *Pluralidade sindical e democracia*. 2. ed. São Paulo: LTr, 2013.

PAMPLONA FILHO, Rodolfo Mário Veiga; AMARAL, Felipe Marinho. Anulação de cláusulas normativas e a atuação do Poder Judiciário na autonomia privada coletiva. *Academia Brasileira de Direito do Trabalho*. Disponível em: https://andt.org.br/wp-content/uploads/2021/04/Anulac%CC%A7a%CC%83o-cla%CC%81usulas-normativas.Autonomia-provada-coletiva-Rodolfo.pdf. Acesso em: 02 jul. 2022.

PATEMAN, Carole. *Participação e teoria democrática*. Rio de Janeiro: Paz e Terra, 1992.

PEREIRA, Ricardo José Macedo de Britto. *Constituição e liberdade sindical*. São Paulo: LTr, 2007.

PINHEIRO, Rogerio Neiva. *Técnicas e estratégias de negociação trabalhista*: como negociar para solucionar conflitos trabalhistas. 3. ed. São Paulo: LTr, 2019.

PINTO, Almir Pazzianotto. *A velha questão sindical e outros temas*. São Paulo: LTr, 1995.

PINTO, José Augusto Rodrigues. *Direito Sindical e Coletivo do Trabalho*. 2. ed. São Paulo: LTr, 2002.

PIRES, Rosemary de Oliveira; BARBOSA, Arnaldo Afonso. *A prevalência do negociado sobre o legislado:* algumas reflexões quanto à constitucionalidade do art. 611-A da CLT. Belo Horizonte: RTM, 2018.

PLÁ RODRIGUES, Américo. Democracia e Sindicatos. In: MALLET, Estêvão; ROBORTELLA, Luiz Carlos Amorim (Coord.). *Direito e Processo do Trabalho:* Estudos em homenagem a Octavio Bueno Magano. São Paulo: LTr, 1996.

PORTUGAL. [Constituição] *Constituição da República Portuguesa.* Disponível em: https://www.parlamento.pt/Legislacao/Paginas/ConstituicaoRepublicaPortuguesa.aspx. Acesso em: 21 set. 2021.

RANCIÈRE, Jacques. *O ódio à democracia.* São Paulo: Boitempo, 2014.

ROBORTELLA, Luiz Carlos Amorim. *O moderno direito do trabalho.* São Paulo: LTr, 1994.

RODRIGUES JR., Edson Beas (Org.). *Convenções da OIT e outros instrumentos de direito internacional público e privado relevantes ao direito do trabalho.* 4. ed. São Paulo: LTr, 2019.

ROMITA, Arion Sayão. Os limites da autonomia negocial coletiva segundo a jurisprudência. *Rev. TST*, Brasília, v. 82, n. 4, out./dez. 2016.

______. *O princípio da proteção em xeque:* e outros ensaios. São Paulo: LTr, 2003.

RUPRECHT, Alfredo J. *Relações coletivas de trabalho.* São Paulo: LTr, 1995.

RUSSOMANO, Mozart Victor. *Princípios gerais de direito sindical.* 2. ed. Rio de Janeiro: Forense, 1997.

SÁ, Maria Cristina Haddad de. *Negociação coletiva de trabalho no Brasil.* São Paulo: LTr, 2002.

SANTOS, Enoque Ribeiro dos. *Direitos humanos na negociação coletiva:* teoria e prática jurisprudencial. São Paulo: LTr, 2004.

______. *Negociação coletiva de trabalho.* Rio de Janeiro: Forense, 2018.

______. *Teoria das normas coletivas.* 3. ed. São Paulo: LTr, 2014.

SARLET, Ingo Wolfgang. *Dignidade da pessoa humana e direitos fundamentais na Constituição Federal de 1988.* 10. ed. Porto Alegre: Livraria do Advogado, 2015.

______. *A eficácia dos direitos fundamentais*: uma teoria geral dos direitos fundamentais na perspectiva constitucional. 13. ed. Porto Alegre: Livraria do Advogado, 2018.

SARMENTO, Daniel; GOMES, Fábio Rodrigues. *Rev. TST*, Brasília, v. 77, n. 4, out./dez. 2011.

SCAFF, Fernando Facury. Notas sobre Direitos Humanos, Direitos Fundamentais e Direitos Sociais. In: GOES, Gisele Fernandes; MARANHÃO, Ney; LEAL, Pastora do Socorro Teixeira (Coords.). *Direitos humanos e relações trabalhistas*: estudos em homenagem à professora Rosita de Nazaré Sidrim Nassar. São Paulo: LTr, 2021.

SILVA, Sayonara Grillo Coutinho Leonardo da. *Relações coletivas de trabalho.* São Paulo: LTr, 2008.

SILVA, Walküre Ribeiro da. Autonomia privada coletiva. *Revista da Faculdade de Direito da Universidade de São Paulo* v. 102, p. 135-159, jan./dez. 2007.

SIQUEIRA NETO, José Francisco. *Contrato coletivo de trabalho*: perspectiva de rompimento com a legalidade repressiva. São Paulo: LTr, 1991.

______. *Direito do trabalho e negociação coletiva*. São Paulo: Associação Brasileira de Estudos do Trabalho – ABET, 1998.

______. *Liberdade sindical e representação dos trabalhadores nos locais de trabalho*. São Paulo: LTr, 1999.

SOUZA, Eduardo Nunes de. *Teoria geral das invalidades do negócio jurídico:* nulidade a anulabilidade no Direito Civil contemporâneo. São Paulo: Almedina, 2017.

SOUZA JÚNIOR, Antonio Umberto de; SOUZA, Fabiano Coelho de; MARANHÃO, Ney; AZEVEDO NETO, Platon Teixeira de. *Reforma trabalhista:* análise comparativa e crítica da Lei n. 13.467/2017 e da MP n. 808/2017. 2. ed. São Paulo: Editora Rideel, 2018.

STÜRMER, Gilberto. Negociação coletiva de trabalho como Direito Fundamental. *Revista Justiça do Direito*, v. 31, n. 2, p. 409-431, maio/ago. 2017.

SUPIOT, Alain. *Crítica do Direito do Trabalho.* Lisboa: Fundação Calouste Gulbenkian: 2016.

SÜSSEKIND, Arnaldo. *Instituições de Direito do Trabalho*. 21. ed. São Paulo: LTr, 2003.

TAVARES DE ALMEIDA, Maria Hermínia. *Crise econômica e interesses organizados:* o sindicalismo no Brasil nos anos 80. São Paulo: Edusp, 1996.

TEIXEIRA DA COSTA, Orlando. A negociação coletiva no Brasil. In: TEIXEIRA FILHO, João de Lima (Coord.). *Relações coletivas de trabalho:* estudos em homenagem ao Ministro Arnaldo Süssekind. São Paulo: LTr, 1989.

TEIXEIRA FILHO, João de Lima. *Instituições de Direito do Trabalho*. 21. ed. São Paulo: LTr, 2003.

TEODORO, Maria Cecília Máximo. *O princípio da adequação setorial negociada no direito do trabalho*. São Paulo: LTr, 2018.

TOURAINE, Alain. *O que é a democracia*. Petrópolis: Vozes, 1996.

TUPINAMBÁ, Carolina. Ao seu Dispor! A Lenda da Indisponibilidade dos Direitos dos Trabalhadores. In: TUPINAMBÁ, Carolina (Coord.). *Soluções de conflitos trabalhistas:* novos caminhos. São Paulo: LTr, 2018.

______; AGUIAR, Antonio Carlos. Acordos coletivo-trabalhistas atípicos para um Direito do Trabalho não analógico. In: BELMONTE, Alexandre Agra; MARTINEZ, Luciano; NAHAS, Thereza (Coords.). *Liberdade sindical:* uma proposta para o Brasil. Campinas: Lacier Editora, 2021.

URIARTE, Oscar Ermida. *Liberdade sindical*: normas internacionais, regulação estatal e autonomia. In: TEIXEIRA FILHO, João de Lima (Coord.). *Relações coletivas de trabalho*. São Paulo: LTr, 1989.

VENEZIANI, Bruno. Negociación colectiva y disciplina autónoma del conflicto. In: AVILÉS, Antonio Ojeda; URIARTE, Óscar Ermida (Orgs.). *La negociación colectiva en América Latina*. Madrid: Instituto Europeo de Relaciones Industriales, 1993.

VIANNA, Luiz Werneck. *Liberalismo e sindicato no Brasil*. Belo Horizonte: UFMG, 1999.

VIANNA, Segadas. *Instituições de Direito do Trabalho*. 21. ed. São Paulo: LTr, 2003.

VIEIRA DE ANDRADE, José Carlos. Os direitos, liberdades e garantias no âmbito das relações entre particulares. In: SARLET, Ingo Wolfgang (Org.). *Constituição, Direitos Fundamentais e Direito Privado*. 2 ed. Porto Alegre: Livraria do Advogado, 2006.

ZAPPAROLLI, Célia Regina. Procurando entender as partes nos meios de resolução pacífica de conflitos, prevenção e gestão de crises. In: SALLES, Carlos Alberto de; LORENCINI, Marco Antônio Garcia Lopes; SILVA, Paulo Eduardo Alves da (Coords.). *Negociação, mediação, conciliação e arbitragem:* curso de métodos adequados de solução de controvérsias. 3. ed. Rio de Janeiro: Forense, 2020.

